# Kulturwissenschaftliche Japanstudien

Herausgegeben von
Stephan Köhn und Martina Schönbein

Band 10

2019

Harrassowitz Verlag · Wiesbaden

# Outcasts in Japans Vormoderne

# Mechanismen der Segregation in der Edo-Zeit

Festschrift für Ingrid Fritsch

Herausgegeben von
Stephan Köhn und Chantal Weber

2019

Harrassowitz Verlag · Wiesbaden

Gedruckt mit freundlicher Unterstützung der
Deutschen Gesellschaft der JSPS-Stipendiaten e.V.

Umschlagabbildung: Ausschnitt aus: *Imado Minowa Asakusa ezu* 今戸箕輪浅草絵図.
Owariya Seishichi 尾張屋清七 (Hrsg.): *Edo kiriezu* 江戸切絵図. Edo, 1849.
(http://dl.ndl.go.jp/info:ndljp/pid/1286208)

Bibliografische Information der Deutschen Nationalbibliothek
Die Deutsche Nationalbibliothek verzeichnet diese Publikation in der Deutschen
Nationalbibliografie; detaillierte bibliografische Daten sind im Internet
über http://dnb.dnb.de abrufbar.

Bibliographic information published by the Deutsche Nationalbibliothek
The Deutsche Nationalbibliothek lists this publication in the Deutsche
Nationalbibliografie; detailed bibliographic data are available in the internet
at http://dnb.dnb.de.

Informationen zum Verlagsprogramm finden Sie unter
http://www.harrassowitz-verlag.de

ISSN 1860-2320
ISBN 978-3-447-11167-6

# Inhalt

# Vorwort

Das Thema marginalisierter Gruppen ist in jeder Gesellschaft, ob modern oder historisch, von großer Bedeutung. Die Mechanismen, die zum Ausschluss von Personen oder ganzen Gruppen führen, sind dabei kultur-, religiös-, sozial- oder ideologisch-geleitet. In der Vormoderne Japans können einige Mechanismen beobachtet werden, die wie das Konzept der Verunreinigung (*kegare* 穢れ) eine historische Verwurzelung, aber keine geschichtliche Kontinuität aufweisen. In der Edo-Zeit (1603–1868) herrschte nach rund einem Jahrhundert Bürgerkrieg nicht nur Frieden, sondern es etablierte sich auch eine Gesellschaftsordnung, die jedem Einzelnen seinen ihm gebührenden Platz im neuen Herrschaftsgefüge vorgab. Das viel zitierte Vier-Stände-System mit seiner hierarchischen Ordnung von Samurai, Bauern, Handwerkern und Händlern (*shi nō kō shō* 士農工商), welches lange Zeit als Allgemeinwissen – auch unter Japanologen! – galt, bildet die Lebenswirklichkeit der edo-zeitlichen Gesellschaft jedoch nicht nur nicht ab, es täuscht vor allem auch darüber hinweg, dass zahlreiche andere Gruppen in der damaligen Gesellschaft ebenso wichtig für historische und kulturelle Entwicklungen dieser Epoche waren. Dieser Band versucht daher, sich anhand verschiedener Gruppierungen, ihrer Aufgaben innerhalb der Gesellschaft und ihrer kulturellen Repräsentationen von überkommenen Deutungsschemata zu lösen und so einen neuen Blick auf die Segregationsmechanismen der Edo-Zeit zu werfen.

Bei den Vorüberlegungen zu einer Tagung, die im November 2017 in der Japanologie der Universität zu Köln stattfand, stellte sich die Frage, welche anderen Gruppierungen – außer den bekannten Outcast-Gruppen der *hinin* 非人 und *eta* 穢多 – sinnvoll und repräsentativ für eine Betrachtung sein könnten. Dabei kam man nicht umhin, Prostituierte, Künstler, Schauspieler, blinde Sänger, aber auch Bergleute und Gefangene in die Diskussion mit einzubeziehen. Es galt, neben der Analyse interner Strukturen dieser Gruppen, auch die Gründe der Marginalisierung, ihr Zusammenspiel mit der so genannten „Normgesellschaft" und ihre Bedeutung für die Gesellschaft der Edo-Zeit zu beleuchten. Repräsentationen der Outcasts auf Karten, Bildern, Theaterbühnen und schließlich auch auf Fotografien in der Meiji-Zeit (1868–1912) lassen überdies deutlich werden, dass Outcasts keinesfalls eine ignorierte oder stigmatisierte Minderheit waren – vielmehr weckten sie verschiedene Sehnsüchte bei den Betrachtern, sei es aus gruseligem Voyeurismus, heldenhafter Verehrung oder einfach nur sinnlicher Begierde.

Nun sollte man jedoch so ehrlich sein und nicht nur die bloße wissenschaftliche Neugierde als Anlass der Tagung mit dem Titel „Im Schatten der Gesellschaft, im Zentrum der Kultur? Zu Bedeutung und Einfluss der Outcasts auf das Leben der Edo-Zeit" anführen. Im Hinterkopf hatten die Organisatoren damals bereits eine bestimmte Person, die zu diesem Thema Substantielles erarbeitet und geschrieben hat, und über die Gerald GROEMER schrieb: „well known for her outstanding work on Japanese shakuhachi music and the various groups of Japanese blind musicians."[1]

Der vorliegende Band, der auf Basis dieser Tagung entstand, ist eben dieser Person, Ingrid FRITSCH, als Festschrift gewidmet, um damit ihre lange wissenschaftliche Karriere und ihre Leistungen zu würdigen. Da sie selbst als Vortragende an der Veranstaltung teilgenommen hat, ist sie nun auch in diesem Band mit einem Beitrag vertreten – eine zweifelsohne eher ungewöhnliche Vorgehensweise bei einer Festschrift.

Ingrid FRITSCH, die nach einem Klavierstudium an der Akademie für Tonkunst in Darmstadt ein Studium der Musikwissenschaft, Völkerkunde, Vergleichenden Religionswissenschaften und Japanologie in Köln und Bonn absolvierte, befasste sich schon vor Jahren mit Gruppen, die aus der Gesellschaft ausgeschlossen waren, namentlich mit Japans blinden Sängern, die das Thema ihrer Habilitationsschrift waren. Darin konzentrierte sie sich vor allem auf die historischen Ursprünge, die Entwicklung der Organisationsstrukturen blinder Sänger und die Verehrung von Myōon Benzaiten als ihre Schutzgottheit. Mögen die blinden Sänger zur Entstehungszeit der Habilitationsschrift noch „at the margins of research about Japan" gelegen haben, so stieg das wissenschaftliche Interesse an verschiedenen Outcast-Gruppen in den folgenden Jahren an.[2]

Es wäre jedoch zu kurz gegriffen, wenn man die wissenschaftlichen Leistungen von Ingrid FRITSCH auf die Beschäftigung mit Outcasts beschränken würde. In ihrer Promotionsschrift in der Musikwissenschaft befasste sie sich mit der japanischen Bambusflöte, der Shakuhachi, und schuf damit das erste Werk in westlicher Sprache zu diesem Thema. In diesen zwei Schriften zeigt sich das einzigartige Spannungsfeld, in dem sich die wissenschaftliche Forschung von Ingrid

---

1   Aus der Rezension von GROEMER, Gerald: „Fritsch, Ingrid. Wax Cylinder Recordings of Japanese Music (1901–1913). Berliner Phonogramm-Archiv – Historische Klangdokumente BPhA-WA 1. CD + 96 seitiges Beiheft (deutsch / englisch). Berlin: Staatliche Museen zu Berlin – Stiftung Preußischer Kulturbesitz 2003". In: *Asian Folklore Studies*, Nr. 62.2 (2003), S. 329–331.

2   Rezension von KNECHT, Peter: „Fritsch, Ingrid: Japans blinde Sänger im Schutz der Gottheit Myōon-Benzaiten. München: iudicium Verlag, 1996". In: *Asian Folklore Studies*, Nr. 58.2 (1999), S. 444–445.

FRITSCH bewegt: Die Japanologie und die Musikwissenschaft hat sie gleichermaßen um neue Erkenntnisse bereichert.

Kolleginnen und Kollegen bezeichnen ihre Themenwahl als „merkwürdig abseitig" – dies darf aber durchaus als Lob aufgefasst werden, erschließt sie doch mit ihren Arbeiten immer wieder neue Forschungsfelder. Dies kann auch für das Thema des Habilitationskolloquiums gelten, das selbst unter Studierenden der Kölner Japanologie als legendär galt, als sie die versammelte Professorenschaft mit einem Vortrag zu Pachinko, den japanischen Spielhallen, fast schon schockierte – noch war Populärkultur kein angesehenes Forschungsfeld. Auch die folgende Antrittsvorlesung zu den Chindon'ya, lautstarken Straßenmusikern, deren Ruf in Japan bis heute nicht immer der beste ist, blieb im kollektiven Gedächtnis des Instituts verhaftet. 2003 erfolgte die Ernennung zur außerplanmäßigen Professorin an der Universität zu Köln.

Dass abseitige Interessen auch ungewöhnliche Früchte tragen können, zeigt die Entdeckung der Stimme von Sada Yakko (KAWAKAMI Sadayakko 川上貞奴, 1871–1946) auf einer Walzenaufnahme aus dem Jahr 1901 durch Ingrid FRITSCH. Hatte man bis dahin die Walzen zu langsam abgespielt und daher eine männliche Stimme wahrgenommen, so gelang es ihr nachzuweisen, dass es sich bei dieser Stimme, bei korrekter, d. h. schnellerer Abspielgeschwindigkeit, in Wahrheit um die der sagenumworbenen Schauspielerin handelt, die um die Jahrhundertwende mit dem Theaterensemble ihres Mannes, KAWAKAMI Otojirō 川上音二郎 (1864–1911), durch die Welt tourte und 1901 auch in Berlin Station machte.

Ein weiteres großes Forschungsprojekt war die Herausgabe eines Bandes zu Eta HARICH-SCHNEIDER (1894–1984), der lange in Vergessenheit geratenen Pionierin für japanische Musikethnologie. Die gelungene Zusammenstellung von Texten aus HARICH-SCHNEIDERs Zeit in Japan als Musikerin und Wissenschaftlerin ergänzt Ingrid FRITSCH mit Hintergrundinformationen und Einträgen aus HARICH-SCHNEIDERs Tagebüchern und Briefwechseln. Die dadurch entstandene Collage zeigt ein Stück Zeitgeschichte aus ganz persönlicher Sicht.

So wie HARICH-SCHNEIDER fürchtete auch Ingrid FRITSCH neue Herausforderungen an unterschiedlichen Orten nicht: Forschungsaufenthalte in Japan, Lehrtätigkeiten an verschiedenen Universitäten in Deutschland und Österreich. Aber bis heute bleibt sie mit der Kölner Japanologie verbunden, was ihr (ehemalige) Studierende sowie Kolleginnen und Kollegen von Herzen danken.

Der vorliegende Band wäre ohne die Autorinnen und Autoren natürlich nicht denkbar. Wir danken allen, die mit ihren Texten das Spektrum des Themas wesentlich erweitert und das Bild der edo-zeitlichen Gesellschaft und der marginalisierten Gruppen um weitere Facetten bereichert haben.

Wir danken ferner der Deutschen Gesellschaft der JSPS-Stipendiaten e. V. für die finanzielle Unterstützung des Drucks. Diese Förderung hat besondere Bedeutung, denn Ingrid FRITSCH ist Gründungsmitglied des JSPS-Clubs, wie die Gesellschaft abgekürzt bezeichnet wird, und hat von 1997 bis 2010 im Vorstand mitgearbeitet und so zum heutigen Erfolg der Alumni-Gemeinschaft nachhaltig beigetragen. Als kleines Aperçu: Zwei ihrer bisher drei Nachfolgerinnen auf der Vorstandsposition als Schriftführerin sind ebenfalls in diesem Band mit einem Beitrag vertreten.

Dieser Band wäre ohne die tatkräftige Unterstützung von Frau Dr. Anne GENTES und Herrn Martin THOMAS nicht möglich gewesen. Herr THOMAS, wissenschaftlicher Mitarbeiter in der Japanologie Köln, hat die erste Endkorrektur aller Beiträge vorgenommen und mit viel Mühe und großem Zeitaufwand die Texte genau geprüft. Frau Dr. Anne GENTES hat als letzte externe Lektorin einen kritischen Blick auf die Texte geworfen und uns unsere Betriebsblindheit immer wieder vor Augen geführt. Wir danken beiden von Herzen für ihre Mühe! Alle nun noch verbleibenden Fehler gehen alleine zu Lasten der Herausgeber.

Köln, im Januar 2019                                    Die Herausgeber

# Outcasts in der Edo-Zeit
## – einige konzeptionelle Vorüberlegungen zu diesem Band –

Stephan Köhn, Michael Kinski und Chantal Weber

Am 2. Oktober 2018 wurde zur abendlichen Primetime das von TV Tōkyō produzierte Fernsehformat „Warum nur ist dieser [Teil] der Geschichte verschwunden?" (*Naze ano rekishi wa kieta no ka* なぜあの歴史は消えたのか?) ausgestrahlt. Die beiden Moderatoren IMADA Kōji 今田耕司 und FUKUZAWA Akira 福澤朗 stellen in der Rolle von „Sachverständigen" (*kantei* 鑑定) jeweils verschiedene „aktuelle" Lehrmeinungen vor, die längst, ohne Kenntnis der meistens älteren Fernsehzuschauer, zum neuen Allgemeinwissen der jüngeren Generation in puncto Geschichte (*rekishi no shinjōshiki* 歴史の新常識) geworden sind. Gegenstand der diesmaligen Ausstrahlung war unter anderem[1] das Wegfallen des so genannten Vier-Stände-Systems der Edo-Zeit (1603–1868) aus den japanischen Geschichtslehrbüchern für Schulen (vgl. Abb. 1).
Begleitet von den für diese Fernsehformate nahezu obligatorischen Exklamationen „Ah" und „Oh" aus dem Off wurde hierbei vor allem der Generationsunterschied zwischen den in der Shōwa-Zeit (1926–89) und den in der Heisei-Zeit (1989–2019) Geborenen hinsichtlich ihres erlernten Geschichtswissens als dramaturgischer Rahmen genutzt. Denn die eingestreuten

Abb. 1: Screenshot aus *Naze ano rekishi wa kieta no ka?* © TV Tōkyō.

Umfragen bei den entsprechenden Altersgruppen zeigten deutlich: Während erstere noch ein rigides, vierstufiges Ständesystem, bestehend aus Samurai, Bauern, Handwerkern und Händlern (*shi nō kō shō* 士農工商), als Basis des edo-zeitlichen Gesellschaftsgefüges in der Schule lernen mussten, bekamen letztere diese Gesellschaftsstruktur in ihren Schulbüchern erst gar nicht mehr zu sehen. Die berechtigte Frage, die sich daher bei vielen der Befragten – und sicherlich auch bei

---

1    In der Sendung wurden z. B. auch die historischen Neubewertungen von AKECHI Hidemitsu 明智秀満 (1537–82), dem berühmt-berüchtigten Verräter von ODA Nobunaga 織田信長 (1534–82), von KATSU Kaishū 勝海舟 (1823–99), dem zuständigen Chefunterhändler, der für die Zwangsöffnung japanischer Häfen für amerikanische Walfangflotten verantwortlich war, oder von TANUMA Okitsugu 田沼意次 (1719–88), dem als korrupt verrufenen Finanzgenie der TOKUGAWA-Regierung, vorgestellt.

vielen Fernsehzuschauern – zwangsläufig stellen musste, war: Warum wurde uns denn etwas anscheinend völlig Falsches in der Schule beigebracht?

Tatsächlich wurde bereits rund ein halbes Jahr zuvor im Frühjahr 2018 in einigen Infotainment-Sendungen wie z.B. in der beliebten *Morning Show* von TV Asahi zur großen Überraschung der anwesenden Studiogäste über den Wegfall des hierarchischen Vier-Stände-Systems *shi nō kō shō* aus den japanischen Schulbüchern berichtet (vgl. Abb. 2). Auslöser

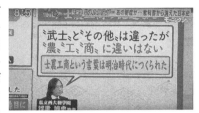

für diese Berichte[2] war die im März 2018 erschienene Monographie von WADA Kōji 和田 幸司 mit dem Titel „Wie ist das ‚Vier-Stände-System' bis heute unterrichtet worden?" (‚*Shi nō kō shō' wa dō oshierarete kita ka*「士農工商」 はどう教えられてきたか). Im Zentrum von WADAS Untersuchung stehen die im Zeitraum 1971– 2015 bzw. 1969–2016 vom Verlagshaus Ni-

Abb. 2: Screenshot aus *Morning Show* © TV Asahi.

hon bunkyō shuppan 日本文教出版 für die Großräume Ōsaka und Tōkyō (bzw. West- und Ostjapan) publizierten Lehrbücher für den Geschichtsunterricht in der Grund- und Mittelschule. In seiner Schulbuchanalyse richtet der Autor dabei zum Zweck der besseren Vergleichbarkeit der Lehrinhalte den Fokus auf Aussagen zu fünf zentralen Aspekten, die vor allem auch in akademischen Debatten dieses Zeitraums vielfach diskutiert wurden: 1) die hierarchische Ordnung des Vier-Stände-Systems, 2) die Machtausübung durch Segregation, 3) die Exklusion diskriminierter Bevölkerungsgruppen, 4) die Einheit von Stand, Erwerb und Wohnort sowie 5) die Stände als Bevölkerungsgruppen.[3] Im Falle der Lehrbücher für die Grundschule vermag WADA zunächst aufzuzeigen, dass zum einen bis Mitte der 1990er Jahre die Vorstellung einer strengen hierarchischen Ordnung gemäß des Vier-Stände-Systems zur Standardlehrmeinung zählte und dass zum anderen erst ab den 2000er Jahren die außer- bzw. unterhalb dieses Ständesystems stehenden und starker Stigmatisierung ausgesetzten Bevölkerungsgruppen – jedoch ohne konkrete Namensbezeichnungen – zum ersten Mal über den Zustand ihres Diskriminiertsein hinaus eine, wenn auch zweifelsohne noch recht schablonenhaft wirkende Charakterisierung, erfahren. So heißt es bei WADA nun:

> [...] Sie haben Ackerbau und Lederverarbeitung betrieben, Steuern entrichtet, exzellente Alltagsgegenstände gefertigt, unter der Aufsicht von Beamten Aufgaben zur allgemeinen Sicherheit erledigt, traditionelle Künste weitergegeben und waren eine Stütze der Gesellschaft und der damaligen Kultur.[4]

2  In Internet-Blogs finden sich bereits im Jahr 2015 bzw. 2016 vereinzelte Beiträge dazu (als Reaktion auf die Revision der Schulbücher), doch bekommt das Thema erst im Frühjahr 2018 besagte mediale Tragweite.

3  Vgl. WADA: *„Shi nō kō shō' wa dō oshierarete kita ka?*, S. 31ff.

4  Ebd., S. 47.

Bei WADAS anschließender Analyse der Geschichtslehrbücher für die Mittelschule wird deutlich, dass sich einerseits die Vorstellung des hierarchisch geordneten Vier-Stände-Systems sogar noch bis zu Beginn der 2000er Jahre als Standardlehrmeinung behauptet, d. h. im Vergleich zu den Grundschullehrbüchern länger Teil des schulischen Curriculum ist. Andererseits werden die diskriminierten Bevölkerungsgruppen zwar bereits Ende der 1970er Jahre mit den – in anderer Hinsicht problematischen – Bezeichnungen *eta* und *hinin* eingeführt und ab Mitte der 1980er Jahre mit einigen als typisch erachteten Tätigkeitsfeldern (Lederverarbeitung, Kadaverentsorgung, Hilfsdienste bei Verhaftungen und Hinrichtungen) charakterisiert; ihr Beitrag für die edo-zeitliche Kultur und Gesellschaft beginnt jedoch erst ab den 2000er Jahren eine wirkliche Rolle in der Darstellung zu spielen.[5] WADAS anschaulich aufgezeigter Paradigmenwechsel, dass frühere rigide Darstellungen, gemäß derer „Das Tokugawa-Shōgunat zur Aufrechterhaltung der Herrschaft der Samurai [...] eine Ständeordnung in Krieger sowie Bauern, Handwerker und Händler hat unterteilen und im ganzen Land verbreiten lassen" (1990), nun zugunsten der moderateren Sicht, nach der „Das Tokugawa-Shōgunat [...] eine Ständeordnung, bestehend aus Kriegern, Bauern und Stadtbürgern, im ganzen Land hat verbreiten lassen" (2016)[6], ausgetauscht worden sind, führt dazu, dass der bis dahin fest etablierte Terminus des *shi nō kō shō* zur Kennzeichnung einer vormodernen hierarchischen Vier-Stände-Ordnung aus den Geschichtslehrbüchern verschwindet. Die Kenntnis um die Ständeordnung wird somit, wie in der oben genannten Fernsehsendung dargestellt, zur Generationenfrage in puncto Geschichts- und Gesellschaftsbild der Edo-Zeit. Doch bedeutet der Wegfall des Begriffs aus den japanischen Geschichtsbüchern für die Schule gleich, dass es den Begriff in der Edo-Zeit gar nicht gegeben hat? Und was hat es dann mit dem so genannten Ausschluss bestimmter Bevölkerungsgruppen auf sich, wenn es erst gar keine innere Ständeordnung gab, aus der man sie hätte ausschließen können?

*Das Problem mit der Modellgesellschaft:* shi nō kō shō *und die andere Realität*

Der problematische Terminus *shi nō kō shō* geht, wie viele in Japan scheinbar fest verankerte Konzepte, auf chinesische Vorstellungen zurück, die bereits im Zeitraum des 5.–3. Jahrhunderts v. u. Z. in verschiedenen Schriften anskizziert sind. So heißt es beispielsweise im *Chunqiu Guliang zhuan* 春秋穀梁傳 („Guliangs Überlieferungen aus den Zeiten von Frühling und Herbst", 5.–3. Jh.): „Früher gab es die vier Berufe der vier Bevölkerungsgruppen: die Fähigen (*shi*), die

---

5　Vgl. ebd., S. 106; 135.
6　Ebd., S. 102; 105.

Händler (*shang*), die Bauern (*nong*) und die Handwerker (*gong*)."[7] Das *Guan-zi* 管子 („Meister Guan", ca. 5.–3. Jh.) führt in ähnlicher Manier aus: „Fähige, Bauern, Handwerker und Händler sind die vier Berufe der vier Bevölkerungsgruppen, sie bilden gemeinsam das Fundament des Reiches."[8] Und das *Han-shu* 漢書 („Annalen der Han-Dynastie", 1. Jh. n. u. Z.) erklärt: „Fähige, Bauern, Handwerker und Händler – die vier Bevölkerungsgruppen verfügen alle über eine berufliche Aufgabe."[9] Auffällig bei diesen frühen Erwähnungen des einen starken Modellcharakter aufweisenden *shi nō kō shō* ist dabei zum einen, dass mit *shi* 士 zunächst Personen bezeichnet werden, die sich durch ihre Gelehrsamkeit und ihre Fähigkeit bzw. ihr Talent auszeichnen und aufgrund dessen für die Übernahme bestimmter Aufgaben und Tätigkeiten zum Wohle der Gemeinschaft prädestiniert sind.[10] Zum anderen sticht heraus, dass es sich um vier mehr oder weniger gleichberechtigte Bevölkerungsgruppen handelt, die, ohne eine ausgeprägte hierarchische Ordnung aufzuweisen, alle zusammen das Fundament der Gesellschaft eines Staatswesens bilden. HORI Shin weist darauf hin, dass die Idee der vier Bevölkerungsgruppen selbst in ihren frühen Nennungen in Japan, wie beispielsweise in den „Fortgesetzten Reichsannalen" (*Shoku Nihongi* 続日本紀, 797), zunächst in ihrer ursprünglichen Konnotation aus China übernommen wurde, wenn es dort in Anlehnung an das *Hanshu* heißt: „Die vier Bevölkerungsgruppen verfügen alle über eine berufliche Aufgabe."[11]

Die Transformierung der modellhaften vier Bevölkerungsgruppen in eine hierarchische Ordnung japanischer Prägung, bei der anstatt der „Fähigen" nun konkret die „Samurai" an der Spitze derselben standen, vollzog sich ASAO Naohiro zufolge in Japan erst während des 15. und 16. Jahrhunderts, also in der Muromachi-Zeit (1336–1573), als sich ein politisch schwaches *bakufu* 幕府 (Shōgunatsregierung) auf lange Sicht nicht gegen aufstrebende Provinzherren durchsetzen konnte. Als ein frühes Beispiel führt ASAO u. a. ein Schreiben des Mönches Rennyo 蓮如 (1415–99) an, der darin explizit von *shi nō kō shō* in der Schreibweise 侍能工商 spricht und unter *shi* Personen versteht, die bei einem Fürsten oder Adeligen in Dienst stehen und mit Pfeil und Bogen ausgerüstet ihr eigenes Leben für das ihres Dienstherrn bereitwillig opfern.[12] Diese Transformierung vom „Fähigen" zum „Krieger" ist zunächst nicht weiter verwunderlich, da die Synthese von Gelehrsamkeit und Kriegskunst (*bunbu* 文武) bereits seit dem japanischen Mittelalter als Ideal eines Samurais eine immer größere Rolle zu spielen

---

7   *Chunqiu Guliang zhuan*, Heft 5 (Kap. 8), Bl. 1u.
8   *Guanzi*, Heft 5 (Kap. 8), Bl. 9o.
9   *Hanshu*, Heft 7 (Kap. 24), Bl. 1u.
10   Vgl. auch die Erörterungen bei YAMADA („Chūgoku ni okeru ‚shi' to ‚min'", 2011).
11   *Shoku Nihongi*. In: *Shintei zōho: Kokushi taikei*, Bd. 2, S. 59 sowie die Erläuterung bei HORI: „‚Shi nō kō shō' to kinsei no chōten mibun", S. 194f.
12   Vgl. ASAO: „Kinsei no mibun to sono hen'yō", S. 15ff.

beginnt, d. h. die Gleichsetzung von „Fähigen" und „Samurai" für Rennyo und seine Zeitgenossen sicherlich naheliegend war. Doch bleiben explizite Aus- bzw. Reformulierungen des chinesischen Modells für die japanische Gesellschaft, wie dies Rennyo unternommen hat, zunächst noch die große Ausnahme. Einträge in den großen Lexika der Zeit zeigen, dass der Terminus *shi nō kō shō* zwar schnell einen festen Platz unter den als wissens- und tradierungswert erachteten Begriffen und Wörtern gefunden hat, eine Konkretisierung jedoch in der Regel ausbleibt. So findet sich in der „Sammlung zum Lernen aus dem Naheliegenden" (*Kagakushū* 下学集, 15. Jh.) unter dem Lemma *shi nō kō shō* 士農工商 die kurze Erläuterung „Dies sind die so genannten vier Bevölkerungsgruppen [*shimin*]"[13], und das *Ekirinbon* 易林本, ein Lexikon zum zeitsparenden Nachschlagen (*setsuyōshū* 節用集) aus dem Jahr 1597, erklärt unter dem Lemma *shimin* 四民 kurz: „Dies sind *shi nō kō shō*".[14] Diese reduktionistische und unspezifische Erklärung der vier Bevölkerungsgruppen wird zu einem festen Bestandteil zahlreicher nachfolgender *setsuyōshū*, und dies nicht nur als kursorischer Eintrag im Lexikonteil (hier vor allem unter dem Lemma *shimin*), sondern auch als anschauliche Illustration in den enzyklopädischen Zusätzen (*furoku* 附録) dieser Nachschlagewerke. So finden sich beispielsweise im „Speicher des Zeichenmeeres zum zeitsparenden Gebrauch aus [der Ära] Hōreki" (*Hōryaku setsuyō jikai kura* 宝暦節用字海蔵, 1756) auf zwei gegenüberliegenden Seiten im oberen Teil knappe Beschreibungen der konfuzianischen Tugenden („Kindliche Pietät" (*kō* 孝), „Brüderlicher Gehorsam" (*tei* 悌) und „Treuherzigkeit" (*chū* 忠) sowie „Vertrauenswürdigkeit"

Abb. 3: Abbildungen von Samurai und Händlern im *Hōryaku setsuyō jikai kura*.

Abb. 4: Abbildungen von Handwerkern und Samurai im *Taihō setsuyō jufukukai*.

(*shin* 信)) und im unteren Teil eine Vorstellung der *shi nō kō shō* mit jeweils einer Illustration und einer kurzen Erklärung von rechts nach links (vgl. Abb. 3). Und auch das „Reichhaltige Meer des Glücks und langen Lebens zum zeitsparenden Gebrauch" (*Taihō setsuyō jufukukai* 大豊節用寿福海) aus dem Jahr 1777 stellt dem Leser zu Anfang auf einer Doppelseite die vier modellhaften Grup-

13 *Zōho Kagakushū*, Bd. 1, S. 91.
14 *Ekirinbon setsuyōshū*, Bd. 2, Bl. 35o.

pen mit ihren „charakteristischen" Tätigkeiten vor (vgl. Abb. 4).[15] Lediglich das
*Vocabulario da Lingoa de Iapam* (*Nippo jisho* 日葡辞書) aus dem Jahr 1603 gibt
unter dem Lemma *ximin* (i. e. *shimin*) eine etwas konkretere Erklärung, wenn es
heißt: „Damit sind die vier Bevölkerungsgruppen gemeint. D. h. *shi nō kō shō*,
mit anderen Worten: Samurai, Bauern, Handwerker und Händler. D. h. Krieger
von Stand sowie einfache Soldaten, Bauern, Handwerker und Händler."[16] Doch
auch hier ist von einer hierarchischen Ordnung derselben nicht die Rede.

Diese diskursive Verankerung des Begriffs *shi nō kō shō* in den vormodernen Wissensspeichern bedeutete jedoch nicht, dass es in der Edo-Zeit nicht auch
schon eine bei weitem reflektiertere Sicht auf das *shi nō kō shō* und seine Adaption für die japanische Gesellschaft gegeben hätte. So skizziert zum Beispiel der
Geograf und Astronom NISHIKAWA Joken 西川如見 (1648–1724) in „Beutel [mit
allerlei Müll] für Stadtbewohner" (*Chōnin bukuro* 町人囊, 1719) ein differenzierteres Bild:

> Jemand sagte: „[...] Wenn man über die Schriften der Weisen nachdenkt, [ergibt sich], dass es
> unter den Menschen fünf Rangsorten (*shina gurai* 品位) gibt. Diese nennt man die fünffälti-
> ge menschliche Ordnung (*gotō no jinrin* 五等の人倫). Das sind an erster Stelle der Himmels-
> sohn / Kaiser, an zweiter die zahlreichen Fürsten, an dritter die Minister und die Großwürden-
> träger, an vierter die Fähigen (*shi* 士) und an fünfter die Gemeinen (*shonin* 庶人). Wenn man
> darüber auf Japan übertragen spricht, dann ist der Himmelssohn die Eminenz im verbotenen
> [Palast] (*kinchū-sama* 禁中様), die zahlreichen Fürsten sind die verschiedenen Großnamens-
> herren (*sho daimyōshu* 諸大名主), Minister und Großwürdenträger sind die Gruppenanführer
> mit Bannermann-Amtsposten (*hatamoto kan'i no sho monogashira* 旗本官位の諸物頭), und
> die Fähigen entsprechen den Leuten mit Bannermann-[Rang] ohne Amt (*sho hatamoto mukan
> no tomogara* 諸旗本無官の等). Da es sich bei der Eminenz im Öffentlichen Geviert / Shōgun
> (*Kubō-sama* 公方様) um den Höchsten nach der Eminenz im verbotenen [Palast] und den Vor-
> steher der zahlreichen Fürsten handelt, ist es Brauch, die Bediensteten (*saburai* 侍) des Hauses
> vom Öffentlichen Geviert, obwohl sie ohne Amt sind, von Geburt an dem sechsten [Hof]rang
> gleichzustellen. Abgesehen von den Bediensteten des Hauses vom Öffentlichen Geviert hei-
> ßen die in den verschiedenen Häusern [Dienenden] (*sho kachū* 諸家中) allesamt Hintersassen,
> und man sollte wissen, dass außerdem die Untervasallen (*matauchi no saburai* 又内の侍) je-
> weils in die Gemeinen hineinzählen. Weil unter diesen diejenigen, die in einem Staat Hausäl-
> teste sind, den Großwürdenträgern der zahlreichen Fürsten entsprechen, dürften sie wohl den
> Bediensteten des Hauses vom Öffentlichen Geviert gleichgestellt sein. Darüber hinaus sind
> die verschiedenen Bediensteten der unterschiedlichen Staaten, die Personen, die Reisrationen
> beziehen, allesamt Gemeine. Nun, unter den Gemeinen gibt es vier Sorten. Diese bezeichnet
> man als die vier Bevölkerungs[gruppen]. Bei den Krieger-Fähigen, Bauern, Handwerkern und
> Kaufleuten (*shi nō kō shō* 士農工商) handelt es sich um diese. Die Krieger-Fähigen entspre-
> chen den oben genannten zahlreichen Bediensteten der verschiedenen Staaten und den Unter-
> vasallen. Bauern sind die Leute, die [das Land] kultivieren und anbauen. Heutzutage bezeich-
> net man diese als „hundert Familiennamen / zahlreiches Volk" (*hyakushō* 百姓). Handwerker
> sind die vielen Leute, die [Dinge] herstellen. Und Kaufleute entsprechen denen, die kaufen

15   Vgl. *Taihō setsuyō jufukukai*, S. 6f.
16   *Hōyaku: Nippo jisho*, S. 767.

und verkaufen. Die oberen fünf Ränge und diese vier Bevölkerungs[gruppen] machen die aufgrund des himmlischen Prinzips so seiende menschliche Ordnung (*tenri shizen no jinrin* 天理自然の人倫) aus, und wenn insbesondere diese vier Bevölkerungs[gruppen] nicht wären, könnten auch die menschlichen Beziehungen der fünf Ränge nicht bestehen. Deshalb gibt es unter den zehntausend Ländern der Welt keines, in dem es diese vier Bevölkerungs[gruppen] nicht gäbe. Die Menschen außerhalb dieser vier Bevölkerungs[gruppen] nennt man Herumtreiber (*yūmin* 遊民), und man sollte wissen, dass es sich dabei um Menschen handelt, die für Staat und Boden ohne Nutzen sind.[17]

Das offensichtliche „Fehlen" einer hierarchischen Struktur der vier Bevölkerungsgruppen, die bei Joken wiederum als Teil einer größeren Ordnung verstanden werden, ist dabei nicht nur möglichen elitären Diskursen inhärent, sondern tritt auch bei populären Drucken, die in der Tradition der bebilderten Aufklärungsenzyklopädien (*kinmō zui* 訓蒙図彙) des ausgehenden 17. Jahrhunderts stehen, zu Tage. So zeigt das „Bildbuch der vier Bevölkerungsgruppen" (*Ehon shi nō kō shō* 絵本士農工商, 1720er Jahre) des Ukiyoe-Künstlers Nɪsʜɪᴋᴀᴡᴀ Sukenobu 西川祐信 (1671–1750) in drei Kapiteln seinen Lesern die jeweiligen Lebenswelten von Samurai (Heft 1), Bauern (Heft 2), Handwerkern und Händlern (Heft 3) in zahlreichen Abbildungen zuzüglich kurzer Erläuterungen. Auffällig dabei ist der egalitäre Charakter dieser vier über ihre Tätigkeiten charakterisierten Bevölkerungsgruppen: Alle sind in dem, was sie tun, wichtig und nützlich, und alle haben einen Grund, stolz auf ihre zu erfüllende Aufgabe zu sein. An keiner Stelle, auch nicht in den jeweiligen Vorworten zu den einzelnen Kapiteln, wird eine Rangordnung suggeriert. Die einzelnen Gruppen – auch hier werden interessanterweise unter *saburai* in erster Linie in einem Vasallenverhältnis stehende einfache Samurai verstanden, daher auch ihre Zuordnung unter die „Gemeinen" bei Joken – existieren nebeneinander, nicht übereinander.[18]

Nicht nur, dass die vermeintlich hierarchische Ordnung der Bevölkerungsgruppen somit zu Recht suspekt erscheinen muss, auch der rechtliche Status des *shi nō kō shō* ist höchst problematisch. Doch obwohl es keinen nachweisbaren offiziellen Regierungserlass zur Regelung der vier Bevölkerungsgruppen bzw. ihres Status (*mibun* 身分) aus der Edo-Zeit gibt, hielt bzw. hält sich in zahlreichen klischeehaften Geschichtsdarstellungen die Vorstellung, dass das neue Tᴏᴋᴜɢᴀᴡᴀ-Shōgunat zu Beginn der Edo-Zeit die gesamte Gesellschaft per Dekret in vier Gruppen als *shi nō kō shō* irreversibel einteilte. Selbst in der aktuellen und ansonsten eher kritischen Arbeit von Gerald Gʀᴏᴇᴍᴇʀ *Street Performers and Society in Urban Japan, 1600–1900* aus dem Jahr 2016 findet sich gleich in der Zusammenfassung zu Beginn des Buches der Verweis auf die ominöse

17 Nɪsʜɪᴋᴀᴡᴀ: *Chōnin bukuro*, S. 13f.
18 Vgl. Nɪsʜɪᴋᴀᴡᴀ (*Ehon shi nō kō shō*, [o.A.]) sowie die Analysen bei Kōɴᴏ („Nishikawa Sukenobu ‚Ehon shi nō kō shō' no no bu to sono eikyō", 2000) und Wᴀᴅᴀ (*‚Shi nō kō shō' wa dō oshierarete kita ka?*, S. 12–27).

„official four-caste order" der Edo-Zeit.[19] Auch wenn das Tokugawa-Shōgunat, wie später von Groemer treffend formuliert, den *mibun*, also den Status, in den Dienst einer „effective economic exploitation, political domination, and bureaucratic administration"[20] stellte und im Zusammenhang damit neue Kontrollinstanzen einführte, handelte es sich nicht um eine rechtliche Norm, weder lokal noch landesweit, von einer sechsstufigen Gesellschaftshierarchie *shi nō kō shō eta hinin*, wie sie ebenfalls in etlichen Abhandlungen zu finden ist, einmal ganz zu schweigen.[21]

Auch der Begriff des *mibun* ist in diesem Kontext als problematisch zu erachten, ist doch eine Konkretisierung dessen, was einen Status bzw. eine Statusgruppe in der Edo-Zeit charakterisiert hat, alles andere als einfach. Zunächst fällt auf, dass der Begriff als solches weder im *Kagakushū*, *Ekirinbon*, *Nippo jisho* oder einem anderen der frühen *setsuyōshū* aufgelistet wird. Selbst im „Ewig unerschöpflichen Speicher für die zeitsparende Benutzung" (*Eitai setsuyō mujinzō* 永代節用無尽蔵), einem der umfangreichsten *setsuyōshū* der ausgehenden Edo-Zeit, ist der Begriff nicht gelistet.[22] Groemer macht auf die Problematik des Begriffs aufmerksam, wenn er die Konnotationen von *mibun* als einem der häufig verwendeten Ausdrücke zur Charakterisierung der edo-zeitlichen Gesellschaftsordnung erörtert.

---

19  Vgl. Groemer: *Street Performers and Society in Urban Japan, 1600–1900*, unpaginiert.

20  Ebd., S. 17.

21  Saitō / Ōishi (*Mibun sabetsu shakai no shinjitsu*, S. 33ff.) verweisen darauf, dass die ebenfalls in viele Geschichtsdarstellungen eingegangene sechs- statt vierstufige Gesellschaftsordnung der Edo-Zeit genauso ein ahistorisches Produkt späterer Zeiten in Auseinandersetzung mit dem eigenen feudalen Erbe sei. Takahashi Sadaki 高橋貞樹 (1905–35), ein Aktivist der 1922 gegründeten Vereinigung Suiheisha 水平社, die sich für eine Aufhebung der Diskriminierung marginalisierter und stigmatisierter Bevölkerungsgruppen (*burakumin* 部落民) einsetzt, spricht beispielsweise in seiner 1924 veröffentlichten Arbeit zur tausendjährigen Geschichte der „Sondergruppen" (*Hisabetsu buraku issennen shi*, S. 114–118) von einem rechtlich (*hōsei* 法制 bzw. *hōritsu* 法律) verankerten System in der Edo-Zeit, bei dem die unüberwindbaren Schranken zwischen den Klassen (*kaikyū* 階級) *shi nō kō shō eta hinin* im Grunde genommen dem rigiden Kastensystem in Indien gleichen würde. Tatsächlich scheint in dem Spannungsfeld zwischen a) der ahistorischen Rekonstruktion feudaler Edo-Geschichte als Abgrenzung zum modern-demokratischen Regierungsprogramm der neuen Meiji-Regierung, die sich schließlich für die Aufhebung der Ständeordnung und Diskriminierung durch das „Befreiungsedikt" (*kaihōrei* 解放令) im Jahr 1871 einsetzte, und b) dem Schreiben einer Art counterhistory von Seiten der verschiedenen Aktivistengruppierungen zur Aufhebung der Diskriminierung gegenüber den in der Meiji-Zeit umbenannten, nichtsdestotrotz Stigmatisierung und Diskriminierung ausgesetzten *burakumin* der zentrale Ausgangspunkt für die diskursive Formierung der Vorstellung einer von der Regierung per Dekret erlassenen vier- bzw. sechsstufigen, hierarchisch strukturierten Gesellschaftsordnung zu suchen sein.

22  Vgl. hierzu die Faksimiles in Nakada (*Kohon setsuyōshū rokushu*, 1968) sowie der „Ewig unerschöpfliche Speicher für die zeitsparende Benutzung" (*Eitai setsuyō mujinzō*, 1841).

Das Wort erscheine, so GROEMER, nach den 1770er Jahren in Gesetzestexten auffallend häufiger. Auch er benutze es bequemlichkeitshalber, obwohl es sich um ein „highly overdetermined" Konzept handle. In seiner krudesten Variante könne die *mibun*-Ordnung auf die „four grand, timeless categories *shi-nō-kō-shō*" reduziert werden.[23] Diese „quadratic formula", deren Gebrauch nach 1720 immer selbstverständlicher werde, verlasse sich wahrscheinlich auf das chinesische Schema von „Edelmännern (*shimin*), Kaufleuten (*shangmin*), Bauern (*nongmin*) und Handwerkern (*gongmin*)", habe aber nie in befriedigender Weise der sozialen Realität entsprochen.[24] GROEMER geht stattdessen davon aus, dass sich *mibun* vielmehr aus einem Konglomerat verschiedener Berufsgruppen, die damit assoziiert worden seien, zusammensetze, wie dies aus einem Dokument von 1773 ersichtlich wird, in dem die städtischen Behörden von Edo beklagten, dass sich in Quartieren, die eigentlich für Handwerker und Kaufleute vorgesehen seien, in letzter Zeit auch Leute „not of townsperson *mibun*" niederließen, angefangen von herrenlosen Samurai (*rōnin* 浪人), über konfuzianische Gelehrte und Ärzte, buddhistische Mönche, Gläubige anderer religiöser Praktiken bis hin zu Schauspielern, Kalligraphiemeistern, Astrologen und Masseuren.[25] Doch gibt er gleichzeitig zu bedenken, dass daneben auch andere Faktoren wie Geburt, Bräuche, historische Präzedenzien, die Art des Treueverhältnis zu einem Fürsten und Siege oder Niederlagen vor Gericht eine Rolle gespielt haben.[26] Da soziale Rollen oder Pflichten oftmals an *mibun* gebunden gewesen seien, habe man Verantwortlichkeiten, die nicht als lästig oder anstößig empfunden wurden, in der Regel energisch als ein Zeichen dafür verteidigt, dass man innerhalb eines ausgewiesenen Rahmens einen anerkannten *mibun* einnehme.[27]

Diese Fixierung auf den vornehmlich beruflichen Aspekt (*shokugyō* 職業) bei *mibun* ist im Grundverständnis jedoch zu reduktionistisch angelegt. Der Begriff *mibun* meint eigentlich den „Teil" (*bun*), der jeder „Person" (*mi*) zukommt. Dieser ergibt sich aus den Verschränkungen und einander mitunter bedingenden Beziehungen zwischen Herkunft, dem relationalen und relativen Rang und Ansehen der eigenen Familie in einem hierarchischen Familiengefüge, Amt/Aufgabe/Beruf und einem diesen entsprechenden Einkommen (umgekehrt kann das an einen Rang gebundene Einkommen einer Familie das Amt bedingen) und den vielfältigen Aspekten des täglichen Lebens wie des Auftretens in formellen Zusammenhängen, die eine Visualisierung und Symbolisierung des jewei-

---

23  Vgl. GROEMER: *Street Performers and Society in Urban Japan, 1600–1900*, S. 16.

24  GROEMER verweist dabei auf die hierarchischen Abstufungen unter den Samurai, privilegierten Bauern und ihren Pächtern und die vielen Gruppen außerhalb des viergliedrigen Schemas wie Hofadlige und Priester. Vgl. ebd.

25  Vgl. ebd.

26  Vgl. ebd.

27  Vgl. ebd.

ligen „Teils" implizieren. Gerade der Aspekt der Visualisierung bzw. Visibilität beginnt in der Edo-Zeit eine zentrale Rolle zu spielen, wie sich an den zahlreichen öffentlichen Bekanntmachungen (*ofuregaki* 御触書) ablesen lässt, die von der „Angemessenheit" (*sōō* 相応) des Handelns und Auftretens gemäß des einem Status-Möglichen bzw. -Geziemenden (*bungen* 分限) sprechen.[28]

Der Aspekt der zu erbringenden Aufgabe (*yaku* 役 bzw. *shokubun* 職分), vermittelt über Familie, Herkunft etc., der bereits früh von BITŌ Masahide 尾藤正英, später von YOKOTA Fuyuhiko 横田冬彦 u. a. als ein alternatives Erklärungsmodell für die Verfasstheit der edo-zeitlichen Gesellschaft stark gemacht wurde, scheint ein lohnenswerterer Zugang zum Verständnis des schwer greifbaren Konzepts von *mibun* als „Baustein" der Gesellschaft zu sein, das, wie gesehen, der edo-zeitlichen Ordnungssprache nicht inhärent war, sondern sich im Bewusstsein zeitgenössischer und späterer Betrachter mit Konnotationen vermischte, die auf die damalige Gesellschaftsordnung projiziert wurden.

Die Weichen für eine erste systematische Ordnung der Gesellschaft nach ihren Aufgaben wurden, so YOKOTA, bereits unter TOYOTOMI Hideyoshi 豊臣秀吉 (1536–98) gestellt, der nach der landesweiten Entwaffnungskampagne (*katanagari* 刀狩) für alle Nicht-Samurai im Jahr 1588 eine deutliche Trennung von Samurai und Nicht-Samurai (*heinō bunri* 兵農分離) gezogen und mit dem anschließenden Edikt aus dem Jahr 1591[29] auch eine klare Aufgabenzuweisung durchgeführt hat, indem nur noch höhere Samurai für den Heeresdienst als Krieger zur Verfügung stehen, niedere Samurai hingegen in den Städten oder auf dem Land einer anderen Arbeit und somit Aufgabe nachgehen mussten. Das noch im selben Jahr eingeführte Instrument der Statuserhebung (*hitobarai rei* 人掃令) war dabei, so YOKOTA, ein wichtiges Mittel, um in den Dörfern und Städten das jeweilige *yaku* (bzw. *fuyaku* 夫役) für die einzelnen Gemeinschaften zu ermitteln. Vor allem in der Edo-Zeit habe sich das Instrument der Statuserhebung zu einer Art Diskursmarker der sozialen In- und Exklusion entwickelt.[30] Nicht die indivi-

---

28  Angefangen von einer Bekanntmachung aus dem Jahre 1597 bis zu Bekanntmachungen aus den 1840er Jahren wird bei den verschiedenen Regeln und Vorschriften stets von *bungen* als Maßstab statusgerechten Handelns und Verhaltens gesprochen. Vgl. TAKAYANAGI / ISHII (*Ofuregaki shūsei*, 1976).

29  Später wird dieses Edikt unglücklicherweise als „Befehl zur Kontrolle der Stände" (*mibun tōsei rei* 身分統制令) bezeichnet und als Grundlage des späteren „Ständesystems" der Edo-Zeit angesehen. Vgl. auch YOKOTA: „Kinsei-teki mibun seido no seiritsu", S. 43ff.

30  Die Statuserhebungen waren zunächst ein Kontrollmittel, um einem Wiedererstarken des verbotenen Christentums durch die seit den 1660er Jahren jährlich vorzulegenden „Personenregister zum Glaubensstatus" (*shūmon ninbetsu aratamechō* 宗門人別改帳) vorzubeugen, wurden dann seit den 1720er Jahren ein alle sechs Jahre eingesetztes Instrument zur allgemeinen Ermittlung der Bevölkerungszusammensetzung auf dem Land und in den Städten (*ninbetsuchō* 人別帳). Vgl. ebd., S. 71–78. YOKOTA bestreitet nicht den Sonderstatus der Samurai in der edo-zeitlichen Gesellschaft, sieht jedoch Gestalt und Funktion der *ninbetsuchō*

duelle Tätigkeit als solches spielt eine Rolle, sondern die Aufgabe, die damit für die jeweilige Gemeinschaft erfüllt wird, wird zu einem Identitätskennzeichen in der Gesellschaft.

Die zentrale Rolle, welche dem *yaku / shokubun* allem Anschein nach zukam, wird besonders an den Teilen der Gesellschaft deutlich, die nicht von den Statuserhebungen erfasst wurden bzw. durch eine Anführung in Sonderspalten oder gar eigenen Verzeichnissen (z.B. *hinin ninbetsuchō* 非人人別帳) als „different" bzw. „deviant" markiert waren. Doch dieses diskursive „Andere" ist bei weitem mehr als nur ein leerer Signifikant zur Konstituierung eines vermeintlichen „Innen" der edo-zeitlichen Gesellschaft gewesen.

*Verortung des Marginalen: was ist „Innen" und was „Außen" in der Edo-Zeit?*

Tsukada Takashi 塚田孝, der sich um die Erforschung marginalisierter Bevölkerungsgruppen im Großraum Ōsaka verdient gemacht hat, beschreibt folgende Begebenheit aus dem Jahr Kanbun 10 (1670).[31] Als der einflussreiche Tempel der Vier Himmelskönige (Shitennnōji 四天王寺) – der Überlieferung nach von Prinz Shōtoku (Shōtoku taishi 聖徳太子)[32] 593 gegründet und der damaligen Stadt im Süden vorgelagert – Reparaturarbeiten an den Klosteranlagen durchführte, traten die „Nichtmenschen" oder *hinin* des Tennōji-Quartiers (Tennōji kaito 天王寺垣外) auf, um das Überlassen des restlichen Bauholzes zu erbitten. Sie wollten damit auf dem Gelände der ehemaligen „Halle barmherziger Taten" (Segyōin 施行院) eine Andachtsstätte errichten. Um ihrem Anliegen Nachdruck zu verleihen, legten sie ein Dokument vor, das sowohl die Herkunft der Gruppe als auch ihre Beziehung zum Tempel erklären sollte. Letzterer habe nach dem Willen Shōtokus vier Institutionen umfasst: die „Halle [der Ausgabe von] Medizin" (Seyakuin 施薬院), die „Halle der wohltätigen Felder" (Hiden'in 悲田院), die „Halle der Heilung von Krankheiten" (Ryōbyōin 療病院) und eben die „Halle barmherziger Taten". Die Bewohner des Hiden'in stünden in unmittelbarer Verbindung zu den heutigen *hinin* vom Tennōji, und ihre Häuser lägen dort, wo sich ursprünglich das Segyōin befunden habe – ein Ort, den der Prinz für die Aufnahme von Armen ohne Anverwandte vorgesehen habe. Damals sei es die Aufgabe

---

als wichtiges Indiz dafür, dass eine Unterteilung geschweige denn Hierarchisierung von Bauern, Handwerkern und Händlern nicht Teil des gesellschaftlichen Selbstverständnisses der Edo-Zeit gewesen sei. Vgl. hierzu auch die näheren gesetzlichen Regelungen zu den zu meldenden Personen und die Musterbeispiele zum Verfassen der per Dekret seit dem Jahr Kyōhō 11 (1726) in städtischen und ländlichen Regionen zu erbringenden Statuserhebungen in *Tokugawa kinrei kō*, Bd. 6, S. 343–374.

31 Die folgende Darstellung basiert auf Tsukada: *Ōsaka no hinin*, S. 15–19.

32 Auf die Zweifel an der Historizität dieser Gestalt soll hier nicht eingegangen werden. Siehe dazu z.B. Ōyama (*Shōtoku taishi*, 2014).

der Leute vom Hiden'in gewesen, sich um diese Hilfsbedürftigen zu kümmern, und sie hätten von Shōtoku ein Edikt (*rinji* 綸旨) erhalten, das sie zu den „Aufsehern der Armen der beiden Provinzen Settsu und Kawachi" [heutige Präfekturen Ōsaka und Hyōgo] ernannte.

Viele Jahrhunderte später hätte Kaiser Godaigo (Godaigo tennō 後醍醐天皇; 1288–1339, reg. 1318–39) den Nachfahren die Echtheit der Shōtoku-Anordnung schriftlich bestätigt. Der Verlust dieser Dokumente wird mit den Wirren der nachfolgenden Bürgerkriegszeit erklärt. Am Ende dieser Epoche habe TOYOTOMI Hideyoshi eine Umsiedlung befohlen, und die Gruppe sei von ihrer ursprünglichen Wohnstätte auf dem Hiden'in-Gelände zum Grundstück des ehemaligen Segyōin umgezogen, wo man jetzt als Ersatz der ehemaligen Einrichtung eine Andachtshalle bauen wolle.

Die Vorgänge um Shōtoku taishi und Godaigo tennō entsprächen natürlich nicht den Tatsachen, meint TSUKADA, aber die Benennung der vier Institutionen beruhe auf der schriftlichen Gründungslegende (*engi* 縁起) des Shitennōji, die vom Bau der „vier Ämter" berichte. Bei diesen habe es sich unter anderem um das Hiden'in als Aufnahmeort für Wohnsitzlose und Alte gehandelt[33], und dieser Name habe sich als Ausdruck für Gruppen von Armen (*hinin* 貧人) und Bettlern, wie es die *hinin* 非人 gewesen seien, festgesetzt. Gleichzeitig sei in dem Schreiben die Institution des Segyōin als Ort neu ersonnen worden, um den fürsorgebedürftigen Armen = *hinin* eine Heimstatt zu bieten.[34] Und die eigene Gruppe, die eigentlich *hiden'in* genannt werde, stellte eine direkte Verbindung zu denjenigen her, die Shōtoku bei der Betreuung der Armen = *hinin* unterstützt hätten. Dabei, so TSUKADA, käme der Name Segyōin in der schriftlichen Gründungslegende gar nicht vor. Vielmehr sei der Name einer anderen Institution weggelassen worden, um ihn einführen und auf vier „Ämter" kommen zu können. In dieser Textkonstruktion spiegele sich gleichzeitig eine andere Entwicklung der Zeit um 1670 wieder: die Übernahme von Funktionen der Kontrolle wie auch der Unterstützung von anderen neuen Armen und Bettlern in der Region durch diese *hinin*-Gruppe.[35]

Die Eckpfeiler dieser Schilderung – die Herleitung der eigenen Gruppe und die Anbindung an eine bedeutende historische Persönlichkeit der fernen Vergangenheit, die Verbriefung der eigenen Stellung und Legitimierung der Kontrollfunktionen über andere in Form von teils verlorengegangenen Schriftstücken – sind nichts Ungewöhnliches und haben eine lange Geschichte.[36] Von den *eta* エタ / 穢多 in Edo ist ein ähnliches Vorgehen bekannt. Das sechste Oberhaupt

---

33  Vgl. TSUKADA: *Ōsaka no hinin*, S. 17.
34  Vgl. ebd., S. 18.
35  Vgl. ebd.
36  Zu dieser Tradition vgl. auch MORITA: „Kinsei hisabetsumin ni okeru engi", S. 254–259.

der Gruppe, Chikamura 集村 (1698–1758), das den Namenstitel Danzaemon 弾
左衛門 trug, legte 1715 erstmals ein Schriftstück über die eigene Herkunft und
das Recht zur Herrschaft über alle verfemten[37] Bevölkerungsgruppen des Kantō-
Gebiets vor. Die Berufung auf die Bestallung durch MINAMOTO no Yoritomo 源頼
朝 (1147–99), Gründer der kamakura-zeitlichen Kriegerherrschaft, wurde durch
das Beifügen von so genannten Abstammungsnachweisen (*yuishogaki* 由緒書)
aus jener Zeit in den sehr viel bestimmteren Versionen von 1719 und 1725 er-
härtet.

Aus heutiger Sicht wird vermutet, dass edo-zeitliche Behörden in Streitfällen wie dem von 1719 die Berufung des Danzaemon auf seine schon durch Yoritomo verbriefte Zuständigkeit nicht für bare Münze genommen haben dürften.
Mit dieser modernen Sensibilität für Fälschungen gehen auch gegenwärtige Historiker an die Aufarbeitung der Dokumente heran, die von verschiedenen Gruppen eingebracht gebracht wurden. TSUKADA erklärt, dass der Dokumententyp
des *rinji* in der Zeit Shōtokus noch nicht existierte und daher auch die Bekräfti-
gung durch Godaigo nicht erfolgt sein kann. Ein Segyōin habe bei der Gründung
des Shitennōji nicht existiert. NAKAO Kenji wiederum entlarvt die Fälschung der
Dokumente, die der sechste Danzaemon vorlegte, dadurch, dass in der Zeit Yori-
tomos der „Blumen-Stempel" (*kao* 花押), den die Schriftstücke des Danzaemon
trugen, noch gar nicht Verwendung fand.[38] Eine solche Betrachtungsweise ist

37  Die Wörter „Verfemte" oder „verfemt" dienen hier als Entsprechung für das Schriftzeichen 賤
   (Chin. *jian* / Jap. *sen* / *iyashi*). Das *Dai Kanwa jiten* (Bd. 10, S. 785ff.) erklärt *iyashi* als 1.„bil-
   lig" und 2. „vom Stand / Status her niedrig". Für die verbale Form *iyashimu* nennt der Eintrag
   die Synonyme „verachten" (*sagesumu*) und „herabblicken" (*misageru*) bzw. 2. „hassen" (*ni-
   kumu*). Für die Zusammensetzung *senmin* (Bd. 10, S. 786) finden sich die Erklärungen „ge-
   meines / unehrliches / verachtetes Volk" (*iyashii tami* いやしい民) und „niedriges / äußerst ge-
   meines / unehrliches / verachtetes Volk" (*gesen no tami* 下賤の民). Als zweite Erklärung wird
   der Hinweis (für die Qing-Zeit) auf Schauspieler, Prostituierte und andere „unehrliche" Berufsgruppen gegeben. In dieser Bedeutung erscheint *senmin* als Übernahme aus der chinesischen Verwaltungssprache auch in Japan bereits in den Ritsuryō-Erlassen des frühen 8. Jahrhunderts. Die Einträge des *Nihon kokugo daijiten* (Bd. 1, S. 1363f.) zu *iyashii* beginnen mit
   „Stand / Status und Stellung sind niedrig" gefolgt von „arm, armselig", „verachtenswert [...]
   und vulgär, minderwertig". Für *senmin* (Bd. 8, S. 173) werden zunächst dieselben Synonyme
   wie im *Dai Kanwa jiten* genannt. Dann folgt der Hinweis auf die als *iyashii* erachteten Leute,
   die von ihrem Status her unterhalb des „guten Volkes" standen. Für Übersetzungsvarianten
   ins Deutsche vgl. VOLLMER („Die Begriffswelt des Marginalen", 1994) und WOLDERING („*Eta wo
   osamuru no gi*",2002). Die Beiträge sprechen mitunter von „Paria" oder „Pariaschicht", und
   WOLDERING gibt *senmin* mit „Schäbige Bürger" wieder. Die Entsprechung „Bürger" für *tami*
   ist insofern zutreffend, als *senmin* – ebenso wie die Untergruppen *eta* und *hinin* – nicht außerhalb jeglicher gesellschaftlicher und politischer Ordnung standen. „Schäbig" dagegen vermittelt die niedrige Stellung, aber die Konnotation „verachtenswert" ist weniger stark.

38  Vgl. TSUKADA: *Ōsaka no hinin*, S. 16 sowie NAKAO: *Edo no Danzaemon*, S. 41.

aber sicher zu eindimensional und dürfte den edo-zeitlichen Sensibilitäten und der Aufmerksamkeit für Gültigkeitsstrukturen nicht wirklich entsprechen.

Die Autorität der Dokumente sowohl der *hinin* des Tennōji-Quartiers wie auch der *eta* in Edo wurde unabhängig von der Frage ihrer tatsächlichen Authentizität wohl nicht bezweifelt. Sie waren so verbindlich wie alle anderen Gültigkeits- und Wahrheitsansprüche auf der politischen Bühne auch, wie dies Luke ROBERTS in seiner Studie herausgearbeitet hat.[39] Nach ihm ist von einem dualen Gültigkeitssystem auszugehen, das unter der Oberfläche verborgene, den Beteiligten nach innen hin bewusste und ihr Handeln anleitende Tatsachen (*naishō* 内証) kannte, während es für den Bestand der sozialen und politischen Ordnung erforderlich und akzeptiert war, auf der Ebene der nach außen hin sichtbaren zwischenmenschlichen Beziehungen und Entscheidungsvorgänge eine andere, offizielle Realität (*omote* 表 bzw. 面) im Sinne des *performative turn* aufzuführen.[40] Es war diese Doppelbödigkeit, die dem politischen Gefüge Stabilität verlieh und seine Langlebigkeit ermöglichte. In diesem System hatten die Ansprüche der *eta*- wie auch der *hinin*-Führer ihren Platz; sie waren unter bestimmten Voraussetzungen und von einem bestimmten Zeitpunkt an anerkannt und justiziabel.

Die Tatsache, dass sich die Stadtmagistrate (*machi bugyō* 町奉行) immer wieder mit den verschiedenen Abstammungsnachweisen von *eta*, *hinin* und anderen mit ihnen in Zusammenhang stehenden Gruppierungen in langwierigen Prüfungen auseinandersetzten und sich wegen der regelmäßig aufflammenden Strei-

---

39   In diesen Rahmen fügt sich, dass der Danzaemon im Auftrag des *bakufu* Aufgaben der Zivilverwaltung übernahm. Das entspricht dem Prinzip der edo-zeitlichen Regierung, die Zuständigkeit für bestimmte Segmente der Gesellschaft an Vertreter zu delegieren, die aus diesen selbst hervorgingen. Beispiele sind die Autorität, welche die YOSHIDA-Familie über Schreine erhielt, die nicht mit dem Kaiserhaus in Verbindung standen, oder die Autonomie der Dörfer, die nur über ihre Vorsteher an das *bakufu* oder die Regionalfürsten gebunden waren. Vgl. MIZUBAYASHI: *Nihon tsūshi 2*, S. 288–291. In gleicher Weise werden auch die *hinin* von Ōsaka im Verlauf der Edo-Zeit zu immer mehr Verwaltungs- und Polizeiaufgaben herangezogen.

40   Vgl. ROBERTS: *Performing the Great Peace*, S. 3–8; 15–18; 37–40. Ein eindrucksvolles Beispiel stellen die Fälle dar, in denen ein Regionalfürst im Sterben liegt und keinen Erben von mehr als siebzehn Jahren hinterlässt. In einer solchen Situation hätte das Fürstentum eigentlich aufgelöst werden müssen. Um das zu verhindern, entwickelte sich die Adoption eines geeigneten Nachfolgers am Krankenlager des Daimyō. Ein Großinspekteur der Regierung musste zugegen sein und schriftlich bestätigen, dass der Fürst noch lebte und selbst seinen Namensstempel unter das Dokument gesetzt hatte, mit dem die Adoption erfolgt war. Nur lässt sich nachweisen, dass in vielen Fällen ein Fürst schon Tage oder sogar Wochen (manchmal Monate) tot war, bevor die Zeremonie in Gegenwart des Beamten durchgeführt werden konnte, die Dokumente aber so arrangiert wurden, als läge er noch auf dem Krankenbett und habe selbst gehandelt. Die Todesdaten in offiziellen Dokumenten des TOKUGAWA-Shōgunats und auch auf Grabsteinen sind daher *omote*-Angaben, die sich mitunter von den tatsächlichen Daten unterscheiden, während die Gedächtnisfeierlichkeiten, mit denen eines Daimyō gedacht wurde, auf den Tagen des Ablebens liegen konnten. Vgl. ebd., S. 74–104.

tigkeiten um Zuständigkeiten und Machtbefugnisse auf lange Prozesse mit den involvierten Parteien einließen[41], muss dabei als Indiz gesehen werden, dass es hierbei um die Regelung und Verhandlung von Aufgaben (*yaku*) ging, die für das gesellschaftliche Leben von großer Relevanz waren. Wären *eta* und *hinin* tatsächlich nur Ausgestoßene aus der edo-zeitlichen Gesellschaftsordnung gewesen, dann hätten die jeweiligen Autoritäten / Behörden sicherlich nicht den (Zeit-)Aufwand betrieben, die einzelnen Gesuche, Petitionen und Beschwerden in einer solchen Intensität zu prüfen und zu behandeln, wie sich dies aus den überlieferten Dokumenten rekonstruieren lässt. Dass *eta*, *hinin* und andere Opfer der gesellschaftlichen Verfemung, der Segregation und der Diskriminierung waren, ist unbestritten. Andererseits kann aber nicht die Rede davon sein, dass sie völlig außerhalb der gesicherten Ordnung standen. Ungeachtet der Verwendung von zeitgenössischen, einen solchen Ausschluss aus der „guten" Gesellschaft (*ryōmin* 良民) nahelegenden Bezeichnungen, wäre es sinnvoller, von einem sozialen Kontinuum auszugehen, das auf der *omote*-Ebene die unterschiedlichsten Funktionen, Verwerfungen und Stigmatisierungen enthält, aber dazu neigt, nicht nur diese Gruppen einer anerkannten Kontrolle zu unterstellen, sondern ihnen auch Funktionen bzw. Aufgaben zuzuweisen, die im Laufe der Zeit immer anspruchsvoller und tragender für das Gesellschaftsleben werden. Durch die Inkorporation in das nach MIZUBAYASHI Takeshi für das TOKUGAWA-Shōgunat charakteristische System des Delegierens von Verantwortlichkeiten waren *eta* und *hinin* trotz ihrer Segregation Teil des edo-zeitlichen Gesellschaftsgefüges.[42] Es stellt sich daher die Frage, wie und warum die Segregation stattfand und welche Gruppierungen davon mit welchen Konsequenzen bzw. Auswirkungen für das damalige Leben tatsächlich betroffen waren.

*Mechanismen der Segregation: marginalisierte Gesellschaftsgruppen im Fokus*

Wie in den vorangegangenen Ausführungen bereits deutlich geworden sein sollte, geht es in dem vorliegenden Band nicht um ein klischeehaftes „Außen" vs. „Innen" der edo-zeitlichen Gesellschaft. Dass das vermeintliche „Innen" eben nicht als ein historischer Block in Form des vielbeschworenen Vier-Stände-Systems verstanden werden kann, dürfte spätestens durch die Publikation der Reihen „Reihe: die statusabhängige soziale Peripherie in der frühen Neuzeit" (*Shirīzu Kinsei no mibun-teki shūen* シリーズ近世の身分的周縁, 2000–01), „Die statusabhängige soziale Peripherie und die frühneuzeitliche Gesellschaft" (*Mibun-teki shūen to kinsei shakai* 身分的周縁と近世社会, 2006–08) und „Menschen und Status in <Edo>" (<*Edo*> *no hito to mibun* <江戸>の人と身分, 2010–11) des Verla-

---

41 Vgl. z. B. die Darstellung in TAKAYANAGI: *Edo jidai hinin no seikatsu*, S. 116–130.
42 Vgl. MIZUBAYASHI: *Nihon tsūshi 2*, S. 288–291.

ges Yoshikawa kōbunkan deutlich geworden sein, die mit ihren verschiedenen
Beiträgen zeigen, dass einer bis dahin immer wieder in der Literatur postulier-
ten naiven Gleichsetzung von gelehrter Utopie mit sozialer Realität eine Absage
zu erteilen ist.[43] Genauso gilt es sich daher auch von der überholten Vorstellung
zu verabschieden, dass der Konfuzianismus als Staatsideologie in der Edo-Zeit
fungiert habe und der treibende Motor der Diskriminierung und Stigmatisierung
bestimmter Gruppierungen wie der *eta* und *hinin* gewesen sei. Zwar verbreiteten
sich Idealbilder von Moralität, Rollen und Gesellschaftsordnung in den entsprechenden Gelehrtendiskursen und fanden seit der mittleren Edo-Zeit von Ogyū
Sorai 荻生徂徠 (1666–1728) bis zu Kaiho Seiryō 海保青陵 (1755–1817) auch Eingang in die Gültigkeitsebene der Tokugawa-Regierung, doch waren sie nicht
wirklichkeitsformend für die Ordnung der edo-zeitlichen Gesellschaft.

In demselben Maße, in dem die modellhaften vier Stände des *shi nō kō shō*
Ergebnis einer Diskursformation sind und daher einer systematischen Dekonstruktion bedürfen, sind selbstverständlich auch die Kategorien *eta* und *hinin* an
sich diskursiv und müssen in ihrer Konstruiertheit erfasst und dekonstruiert werden. Es scheint verführerisch zu sein, wie in etlichen früheren reduktionistischen
Geschichtsdarstellungen zu sehen, von „den" *eta* und „den" *hinin* in der Edo-
Zeit zu sprechen. Dabei wird außer Acht gelassen, dass sich kein einheitliches,
landesweit gültiges Bild rekonstruieren lässt.[44] Der „Raum" scheint hierbei eine
ganz wesentliche Rolle für die diskursive Formierung der Kategorien *eta* und *hinin* gespielt zu haben. Dies betrifft, um nur zwei markante Punkte aufzugreifen,
a) zum einen die Frage des generellen Kräfteverhältnisses von *eta* und *hinin* zueinander, das nicht nur in den einzelnen Urbanisierungszentren wie Edo, Ōsaka,
Kyōto oder Nagasaki nachweisbar stark divergierte, sondern selbst innerhalb
ein und desselben Einzugsgebietes große Differenzen zwischen städtischem und
ländlichem Raum aufwies[45]; b) zum anderen die Frage der Kontrolle und Regulierung durch die offiziellen Autoritäten in Form von Stadtmagistraten, öffentlichen Bekanntmachungen etc., die für die Regelung der Aufgaben im Sinne des

---

43   Die Bände entstanden unter der Federführung namhafter Historiker wie Tsukada Takashi 塚
田孝, Yabuta Yutaka 薮田豊, Yokota Fuyuhiko 横田冬彦 oder Fukaya Katsumi 深谷克己,
um nur einige zu nennen. Für den westlichen Leser kommt insbesondere den ersten Kapiteln
in David Howells *Geographies of Identity* (2005) Bedeutung zu, die den neuen Diskussions-
stand in gelungener Form zusammenfassen und dabei von den Quellenstudien des Autors profitieren.

44   Erschwerend für eine historische Rekonstruktion kommt hinzu, dass je nach Region alternati-
ve Bezeichnungen verwendet wurden, d. h. bereits eine Auswertung von historischen Quellen
hat mit diversen terminologischen Problemen zu kämpfen. Beispielsweise bezeichnet *chōri* 長
吏 in Edo den Anführer der *eta*, in Ōsaka aber findet der Begriff Verwendung für die Anführer
der *hinin*.

45   Vgl. hierzu beispielsweise die Beiträge in den Sammelbänden von Teraki / Yabuta (*Kinsei
Ōsaka to hisabetsumin shakai*, 2015) und Ishii (*Edo jidai no hisabetsu shakai*, 1994).

*yaku* und die Maßregelungen hinsichtlich der gesellschaftlichen Konformität im Sinne des *bungen* verantwortlich waren, jedoch nicht landesweit wirksam, geschweige denn einheitlich gewesen wären.[46]

Der vorliegende Band löst sich bewusst von dem verengenden Blick auf die problematischen Begriffe *eta* und *hinin* und favorisiert stattdessen den Begriff „Outcast" für die erneute wissenschaftliche Inaugenscheinnahme marginalisierter Gruppen im oben betrachteten Sinn des *mibun-teki shūen*, wohlwissend, dass der aus dem Englischen ins Deutsche übernommene Begriff „Outcast" an sich gewisse terminologische Schwierigkeiten aufweist. Gerald GROEMER hat sich in seiner oben erwähnten Arbeit *Street Performers and Society in Urban Japan, 1600–1900* ebenfalls mit dem Problem einer korrekten bzw. sinnvollen Bezeichnung von Straßenkünstlern, die gemeinhin unter die Kategorie *hinin* subsumiert wurden, auseinandergesetzt. In seiner Arbeit spricht er von *outcasts* und *outcastes* und plädiert dafür, mit beiden Ausdrücken zu operieren, trotz der Assoziationen zu „analogen indischen Gesellschaftsgruppen". Alternativen wie „special status people"[47] seien nicht überzeugend, da sie nicht zu erkennen gäben, dass der soziale Status des Kaisers, der Hofaristokratie oder der Priester, die auch einen „speziellen" Status besäßen, sich in ihrer gesellschaftlichen Stellung radikal von den *outcast(e)s* – in negativer Weise als „gemein", „nicht-menschlich", „unrein" oder sogar als nicht-existent konnotierte Menschen – am anderen Ende des Spektrums unterschieden.[48] Obwohl die beiden Wörter genau identisch klängen, könne die Person, dem ein *cast out* aus der Gesellschaft widerfahren sei, in gewissen Fällen wieder zurückkehren – etwa durch einen Berufswechsel, Heirat oder die Adoption in eine andere Familie. Der *outcaste* dagegen bleibe ausgeschlossen, bis das ökonomische, politische oder rechtliche Gefüge, das der Bezeichnung zugrunde liegt, transformiert werde. Die Verwendung des Begriffspaars sei daher im Rahmen seiner Interpretation der Existenz bzw. der Abwesenheit einer „kasten-artigen" Gesellschaftsordnung in Japan sinnvoll.[49] Entgegen seinem etymologischen Ursprung ist der Begriff „Outcast", der in diesem Band stark gemacht wird, als generischer Oberbegriff aber inkludierender, verweist er doch einerseits auf Personen, die von der Gesellschaft ausgestoßen bzw. verachtet werden, andererseits aber auch auf Außenseiter, Eigenbrötler, Freaks

---

46  Gerade die Vorstellung der Edo-Zeit als Feudalzeitalter mit einem zentralisierten Machtapparat verleitet zu der Vorstellung, dass die durch die Behörden ausgesprochenen Regelungen, Vorschriften etc. landesweit zwingend Gültigkeit gehabt hätten, dabei zeigen Arbeiten wie die von WATANABE (*Ōsaka machi bugyō to shihaijo, shihaikoku*, 2005), dass die Funktionsweisen hegemonialer Machtausübung de facto regional stark divergierten.

47  GROEMER verweist hiermit auf die Arbeit von OHNUKI-TIERNEY (*The Monkey as Mirror*, 1989).

48  Vgl. GROEMER: *Street Performers and Society in Urban Japan, 1600–1900*, S. 8 (Fußnote 5).

49  Vgl. ebd.

oder Sonderlinge. „Outcast(s)" ist hier in erster Linie als „sozialer Raum" zu verstehen, in dem zwar sowohl die zuvor angeführten Verfemten als auch andere aus den sozialen Ordnungsschemata herausfallenden Personengruppen ihren „Platz" haben, jedoch nicht zwingend irreversibel darin festgeschrieben sein müssen. Gerade für die Fluidität und Ambiguität dieser diskursiven Raumordnungen in der Edo-Zeit soll mit dem Begriff sensibilisiert und Möglichkeit zur Diskussion geboten werden.

Die nachfolgenden Beiträge beleuchten ganz unterschiedliche Gruppierungen der edo-zeitlichen Gesellschaft und arbeiten Aspekte der inneren Struktur sowie ihre Einbettung in das edo-zeitliche Gesellschaftsgefüge heraus. Der Beitrag von Anke SCHERER bietet Hintergrundinformationen aus sozialpsychologischer Sicht zu dem Konzept der „Unreinheit/Verunreinigung" (*kegare* 穢れ), welches bereits im Altertum zur Ausgrenzung von bestimmten Gesellschaftsgruppen aus religiösen Gründen verwendet wurde. In der Edo-Zeit jedoch werden andere Mechanismen unter dem Vorwand der Unreinheit aktiv, die ganzen Gruppen die Teilhabe am gesellschaftlichen Leben verwehren. Die „Normgesellschaft" definiert nach SCHERER ihre Identität über die Abgrenzung zu einer anders gearteten Entität, welche als das „Andere" angesehen wird. Die „Unreinheit" wird somit mit einer ideologischen Weltsicht gleichgesetzt, in der alles Unerwünschte und Ekelerregende aus der Gesellschaft ausgestoßen wird – personifiziert in den *eta* und *hinin* –, um die politisch gewünschte Ordnung zu erhalten.

Um die innerhalb der Gruppen wirkenden Strukturen zu verstehen, wirft der Beitrag von Volker ELIS einen Blick auf die *eta* und ihr Anführersystem des „Danzaemon". Auch wenn die *eta* von geringem Ansehen in der Edo-Zeit waren, erfüllten sie doch eine wichtige Funktion in der damaligen Gesellschaft. Dies wussten ihre Anführer zu ihrem persönlichen Vorteil auszunutzen und konnten ökonomisches, soziales, kulturelles und symbolisches Kapital anhäufen. Entgegen der Vorstellung, dass Outcasts arm und ohne Einfluss seien, führt das Amt der Danzaemon vor Augen, dass sie innerhalb der Gruppe der *eta* absolute Macht ausübten und diese auch nach außen transportieren konnten.

Auch die andere Gruppe der Outcasts, die *hinin*, ist gekennzeichnet von einem hierarchischen Machtsystem, welches parallel zu offiziellen Strukturen des *bakufu* existierte. Der Beitrag von Stephan KÖHN zeichnet die historische Entwicklung der *hinin* als Gruppe nach, welche sich als Sammelbecken für Arme, Kranke, Verbrecher oder auf andere Weise gesellschaftlich Ausgestoßene entpuppt. Während die *eta* keine Chance hatten, in die „Normgesellschaft" aufgenommen zu werden, bestand bei einigen *hinin* die Möglichkeit einer Rückkehr. Diese Gruppen stellten eine Gefahr für die Gesellschaft dar, konnten so aber auch politische Macht für sich in Anspruch nehmen; sie fungierten als wichtiges Regulierungs- und Kontrollinstrument der „Normgesellschaft".

Werden in den vorangegangenen Beiträgen bereits die herkömmlichen Vorstellungen über Outcasts – ohne Vermögen, ohne Ansehen, ohne Einfluss – auf den Kopf gestellt, so macht Klaus VOLLMER klar, dass es durchaus zahlreiche Interaktionen zwischen der „Normgesellschaft" und den marginalisierten Gruppen gab. Denn obwohl Tätigkeiten, die mit dem Tod verbunden waren, als „unrein" und verwerflich angesehen wurden, herrschte bei der Verarbeitung von Fleisch und anderen tierischen Produkten ein Konkurrenzkampf zwischen verschiedenen Akteuren, die sich ökonomische Vorteile versprachen. So entstanden Netzwerke, in denen die *eta*, deren verbriefte Aufgabe es war, sich um die Tierkadaver zu kümmern, und andere Akteure wie Bauern oder Viehhändlern, die für die lebendigen Tiere zu sorgen hatten, zusammenarbeiteten.

Trotz dieser Kooperationen bestand eine Segregation verschiedener Bevölkerungsgruppen, die ideologisch gewollt und gerechtfertigt wurde. Michael KINSKI stellt anhand KAIHO Seiryō dar, wie nach dessen Vorstellungen die Gesellschaft reformiert und damit von sozialen Problemen befreit werden könnte. Hier ging es zunächst weniger um die *eta* und *hinin*, sondern um alle Randgruppen, die keinen produktiven Beitrag zur Gesellschaft leisteten. Dazu zählten nicht nur Räuber und Diebe, sondern auch Meister verschiedener Künste wie Haiku-Dichtung oder Blumenstecken sowie Konfuzianer. Auch bei Seiryō tauchen die *eta* schließlich als „verunreinigte" Personen auf, die aufgrund ihrer Andersartigkeit nicht in die Gesellschaft integriert werden könnten. Die *hinin* hingegen hatten die Möglichkeit, in die Gesellschaft zurückgeführt zu werden, da sie aus der japanischen Gesellschaft hervorgegangen seien.

Ein ähnliches Konzept kommt bei der Etablierung der so genannten *ninsoku yoseba* 人足寄場 zum Tragen, welche im Beitrag von Chantal WEBER thematisiert werden. Diese besondere Form eines Lagers hatte im Gegensatz zu üblichen Gefängnissen das Ziel, die Inhaftierten wieder der Gesellschaft zuzuführen. Außerhalb der Stadt Edo auf der Insel Ishikawa gelegen, wurde das Lager 1790 eingerichtet, um der wachsenden Zahl von Wohnsitzlosen (*mushuku* 無宿) Herr zu werden. Während das Gefängnis der Edo-Zeit grundsätzlich eine Durchgangsstation zur Vollstreckung der eigentlichen Strafe wie Hinrichtung oder Verbannung war, wurden in Ishikawa vor allem unschuldige Personen auf eine Wiedereingliederung in die Gesellschaft vorbereitet.

Die räumliche Abgrenzung der marginalisierten Gruppen wird auch in dem Beitrag von Elisabeth SCHERER herausgearbeitet. Das Kartenmaterial aus der Edo-Zeit zeigt, dass sich die Stellung der Outcasts auch in der Lage ihrer Wohnorte widerspiegelte. Auf den ansonsten aus der Vogelperspektive gezeigten Karten werden Gebäude bedeutender Orte häufig mittels Aufrisstechnik dargestellt und die gesellschaftlichen Bevölkerungsgruppen farblich markiert; auch die *hinin* sind als klar differenzierte Gruppe auf Karten zu identifizieren. Dies führt im digitalen Zeitalter, in dem historisches Kartenmaterial einem breiten Publikum zur Verfügung gestellt wird, zu Problemen, da heute dort ansässige Personen mit dem edo-zeitlichen Outcastmakel belegt werden.

Auch Bergleute können zu den räumlich abgetrennten und somit gesellschaftlich marginalisierten Gruppen gezählt werden, wie Regine MATHIAS in ihrem Beitrag darlegt. Zeitgenössische Quellen belegen, dass Bergleute meist als soziale Randgruppen beschrieben werden, die bevorzugt in abgelegenen Bergdörfern nach ihren eigenen Regeln und Gesetzen lebten. Strenge Hierarchien hatten sich entwickelt, die den Bergleuten einen gewissen Schutz vor den Herrschenden boten und gleichzeitig ein auf Abhängigkeit beruhendes Netzwerk schufen. Merkmale der Bergdörfer waren unter anderem Isolation und eigene Gerichtsbarkeit, so dass eine Interaktion mit anderen Gesellschaftsschichten meist die Ausnahme blieb und häufig zu negativen Vorstellungen von Bergleuten in der Gesellschaft führte.

Aber nicht nur wegen mangelnder Interaktion oder Präsenz in der Gesellschaft wurden einzelne Gruppierungen von der edo-zeitlichen „Normgesellschaft" ausgegrenzt, wie dies der Beitrag von Ingrid FRITSCH zu blinden Männern und ihrem gesellschaftlichen Selbstverständnis zeigt. Durch ihre Behinderung waren Blinde für Dorfgemeinschaften oder Handwerkerbetriebe von geringem Nutzen und wurden deswegen Gegenstand von Marginalisierung und Diskriminierung. Um dem Status als *hinin* und vor allem der Kontrolle der *hinin*-Anführer zu entgehen, schlossen sich Blinde zu Gruppen zusammen, die zum einen bestimmte Berufe für sich beanspruchten und sich zum anderen durch starke Hierarchien auszeichneten. Die *tōdō-za* 当道座, die Dachorganisation für blinde Männer, konnte sich so dem Machtanspruch von anderen wie beispielsweise den *hinin*-Anführern entziehen und gleichzeitig die eigenen Gruppenmitglieder unter Kontrolle halten. Auch für diese Gruppe gilt, wie bereits bei anderen festgestellt, dass sich die Mitglieder einer eigenen Gerichtsbarkeit unterwarfen.

Outcasts und Outlaws bieten eine beliebte Projektionsfläche für die Sehnsüchte und geheimen Wünsche der Gesellschaft; dies zeigt sich besonders im Theater, wo Gesetzlose zu Helden und Untaten zu Wohltaten hochstilisiert wurden. Martina SCHÖNBEIN verdeutlicht, wie die Karrieren von Räubern, Dieben oder Personen, die durch äußere Umstände in kriminelle Karrieren gezwungen wurden, in Theaterstücken verklärt und die ehemaligen Outlaws nun zu Verteidigern der Schwachen und Armen glorifiziert wurden. Darin zeigt sich im Grunde eine Doppelkodierung des Outcaststatus, denn nicht nur die dargestellten Helden im intradiegetischen Raum der Bühne waren Ausgestoßene aus der Gesellschaft, sondern auch die Schauspieler selbst standen aufgrund ihrer beruflichen Tätigkeit extradiegetisch am Rande der edo-zeitlichen Gesellschaft.

Wie die Theaterschauspieler nahmen auch die Bewohnerinnen der Freudenviertel eine Position außerhalb der Gesellschaft ein und entwickelten eigene, gruppenimmanente Traditionen. Trotz des geringen gesellschaftlichen Ansehens der Prostituierten und Freudenmädchen erfreuten sich Spiele aus den Freudenvierteln auch in der „Normgesellschaft" bald großer Beliebtheit und haben sich wie das *ken* 拳 -Spiel, um das es im Beitrag von Sepp LINHART geht, sogar noch in modernen Kinderspielen erhalten können. Die lizensierten Freudenviertel, allen voran Shin'yoshiwara in Edo, verdeutlichen besonders eindrucksvoll die Fluidität der vermeintlich sozialen Grenzen. Denn ungeachtet ihrer diskursiven Marginalisierung aufgrund der beruflichen Tätigkeit avancieren die Kurtisanen zu regelrechten Stilikonen in puncto Lifestyle, so dass viele Elemente der verruchten Freudenhauskultur, wie eben auch das *ken*-Spiel, mühelos Einzug in den Lebensalltag der „Normgesellschaft" finden konnten und bald nicht mehr aus diesem fortzudenken waren.

Theaterschauspieler, Freudenmädchen und Diebe sind ein zentrales Sujet der in der Edo-Zeit sehr beliebten Holzschnitte. Besonders populär waren dabei Drucke, die von berühmten Orten und Landschaften handelten – sei es, um den Betrachter an eine Reise zu erinnern, sei es, um Sehnsüchte nach fernen Orten zu befriedigen. Im Beitrag von Franziska EHMCKE kommen nun zwei Aspekte, Freudenmädchen und Reisen, in den Bildern der Tōkaidō-Serien zusammen. Die Freudenmädchen an den Raststationen der großen Überlandstraße, die Edo und Kyōto verband, wurden als *meshimorionna* 飯盛女 bezeichnet und als „Spezialitäten" ihrer jeweiligen Häuser angepriesen. Dies führte dazu, dass die *meshimorionna* in den Abbildungen als Erkennungsmerkmal für bestimmte Raststationen dienten; einzelne Motive werden gar auf Bildern verschiedener Reihen unterschiedlicher Künstler wiederholt. Auch wenn die *meshimorionna* weit seltener auf Abbildungen vorkommen als die Prostituierten der lizensierten Freudenviertel gehören sie in den kulturellen Kanon der Edo-Zeit.

Die Popularität medialer Repräsentationen von Outcasts und Outlaws nahm auch mit der beginnenden Meiji-Zeit (1868–1912) zunächst nicht ab. Waren jedoch in der Edo-Zeit Holzschnitte mit betörend-verführerischen Prostituierten oder ruchlos-verwegenen Verbrechern vor allem bei japanischen Käufern ein beliebtes Sujet, so wurden in der Meiji-Zeit Fotografien mit Prostituierten und Verbrechern vor allem für ausländische Kunden produziert. Der Text von Lena FRITSCH verdeutlicht, wie in Japans Moderne mit einem Mal Fotografien von Outcasts und Outlaws im Westen en vogue wurden und die voyeuristische Lust am Exotischen ihrer neuen Klientel zu befriedigen suchten. Dramatische Enthauptungsszenen, makabre Richtplätze mit den sterblichen Überresten der Hingerichteten oder unschuldig-schüchtern posierende Prostituierte in einem

Bordell waren begehrte Motive, wenn es darum ging, das exotische Andere der japanischen Gesellschaft mit der Kamera einzufangen.

Die in dem vorliegenden Band versammelten Beiträge verdeutlichen einmal mehr, dass die sozialen Peripherien der edo-zeitlichen Gesellschaft noch nicht hinreichend erforscht worden sind. Vielmehr zeigen sie, dass einzelnen sichtbar gewordenen Mechanismen und Strukturen für die weiterführende Forschung in diesem Bereich bei weitem mehr Aufmerksamkeit zu zollen sein wird. Mit der Fokussierung auf den Begriff „Outcast" sind nicht nur die sozialen Peripherien der Gesellschaft in den Blick genommen worden, sondern eben auch die Peripherien dieser Peripherien, d. h. die Graubereiche, die sich den meisten bisherigen Betrachtungen, die von einem plakativen „Innen" vs. „Außen" der edo-zeitlichen Gesellschaft ausgegangen sind, entzogen haben.

Deutlich wird durch die Beiträge zum einen der starke subsidiäre Systemcharakter der einzelnen untersuchten Gruppierungen. Ob Bergleute, Lederproduzenten / -händler, Bettler, Schausteller, Straßenkünstler, Sehbehinderte, usw. – das Herausbilden und Konsolidieren von selbstregulativen Netzwerken scheint dabei ein zentrales Charakteristikum der edo-zeitlichen Gesellschaft zu sein.[50] Die hierarchische Ordnung, die Selbstkontrolle, die weitgehend autonome Gerichtsbarkeit und – nicht zu vergessen – die besondere Rolle so genannter Anteilsscheine (*kabu* 株), die als Zeichen der Zugehörigkeit ausgeteilt oder erworben wurden, teilen erstaunlicherweise die meisten dieser Netzwerke. Die organisatorische Nähe zu den Berufsgenossenschaften (*nakama* 仲間), die seit Beginn des 18. Jahrhunderts von nahezu allen führenden Berufsbranchen zum Zweck der Kontrolle durch Selbstkontrolle gegründet werden mussten, ist dabei frappierend.[51] Es dürfte sicherlich mehr als reiner Zufall sein, dass während der Kyōhō-Zeit (1716–36) einerseits die Verwaltungs- und Regierungsstruktur auf Befehl der TOKUGAWA-Regierung systematisch auf- bzw. umgebaut[52] und andererseits die *nakama*-Gründung für immer mehr Berufssparten (und letztlich auch soziale Gruppierungen) forciert und die *nakama* zu ökonomischen und sozialen, selbstregulierenden Systemen wurden. Diese Ökonomisierung des Sozialen scheint sich zum eigentlichen Gesellschaftsmodell zu Beginn des 18. Jahrhunderts für viele Bereiche des Sozialen – fernab modellhafter Gesellschaftsvorstellungen in gelehrten Spezialdiskursen – zu entwickeln, wie die in dem Band untersuchten Outcast-Gruppen verdeutlichen.[53]

---

50  Vgl. z. B. zu Handwerker-Netzwerken SASAMOTO („Shokunin to shokunin shūdan", 1992).

51  Vgl. ausführlich die Darstellung zur Entstehung der *nakama* bei MIYAMOTO: *Nihon kinsei ton'yasei no kenkyū*, S. 282–373.

52  Vgl. hierzu auch die Beiträge in ŌISHI (*Kyōhō kaikaku to shakai hen'yō*, 2003).

53  Dazu darf nicht vergessen werden, dass schließlich auch die Rechtsstreitigkeiten zwischen *eta* und *hinin* durch die Stadtmagistrate zu Edo während der Kyōhō-Zeit entschieden wurden.

Relativiert wird durch die Beiträge zum anderen auch der Blick auf den Zusammenhang von Segregation und Diskriminierung von Outcasts aufgrund ihres Status. Zwar ist die vor allem von Regierungsseite vorangetriebene Visibilisierung der sozialen Peripherie durch Ansiedlungspflicht in Sonderbezirken wie z. B. im Falle Edos Shin'yoshiwara für lizensierte Prostitution, Saruwakachō für Kabukitheater und -schauspieler, das Viertel Shinchō für *eta* etc.[54], Regelungen zur Kleider-, Haar- und Raumordnung oder aber Kenntlichmachung von so genannten *eta*- oder *hinin*-Siedlungen in zeitgenössischem Kartenmaterial als zentrales Element der sozialen Segregation zu sehen, doch wird in gleichem Maße deutlich, dass mit dem wirtschaftlichen Wandel in der Edo-Zeit die Ausübung vermeintlich tabuisierter Berufe im Lauf der Zeit genauso wenig auf Ablehnung innerhalb der Gesellschaft stößt wie das Wohnen und Arbeiten in *eta*-Vierteln und -Dörfern, solange es zur Sicherung des eigenen Lebensunterhaltes dienen kann. Überhaupt scheinen die Mechanismen der Prekarisierung der edo-zeitlichen Gesellschaft ein stärkerer Antrieb für Diskriminierung und Segregation gewesen zu sein als die vielfach beschworene Zugehörigkeit zu einer definierten Bevölkerungsgruppe. Wie die jüngere Forschung zur Prekarisierung in modernen Gesellschaften zeigt, ist der Aspekt der ökonomischen und somit auch sozialen Teilhabe die zentrale Triebkraft für die gesellschaftliche Stratifizierung, und dies sowohl objektiv aufgrund der vorhandenen Finanzkraft als auch subjektiv aufgrund der geglaubten Finanzkraft.[55] Die Gruppe der Wohnsitzlosen (*mushuku / yado nashi*), die sich aus all jenen speist, die aufgrund fehlender bzw. verlorengegangener ökonomischer Teilhabe wohnsitzlos geworden sind, verdeutlicht dies besonders eindrucksvoll.[56] Denn *mushuku*, die sozial Abgestiegenen der edo-zeitlichen Gesellschaft, haben Diskriminierung von allen Teilen der Gesellschaft, d. h. auch von *eta*, *hinin* etc., erfahren. Für die Untersuchung der Mechanismen der Segregation und Diskriminierung von Outcasts in der Edo-Zeit scheint es somit von zentraler Bedeutung zu sein, sich zunächst von der Idee einer rein schematischen Ausgrenzung aufgrund einer bloßen Statuszugehörigkeit zu verabschieden. Vielmehr ist es erforderlich, in den Aspekten ökonomische und soziale Teilhabe bzw. Nichtteilhabe, die sich einerseits durch einen gesellschaftskonform erachteten Minimallebensstandard (wohnsitzhaft vs. wohnsitzlos), andererseits durch die Erfüllung einer bestimmten Aufgabe (*yaku*) für die Gemeinschaft zeigt (nützlich vs. nutzlos), die zugrundeliegenden Ursachen für die Marginalisierung zu suchen. Outcasts sind in diesem Sinne ein Symptom, nicht jedoch eine Ursache der Segregation und Diskriminierung in der Edo-Zeit.

54  Eine ähnliche räumliche Ghettoisierung lässt sich selbstverständlich auch in anderen Städten der Zeit wie Kyōto oder Ōsaka nachweisen.
55  Vgl. ausführlich KÖHN („Das Zeitalter der Prekarisierungsgesellschaften?", 2016).
56  Vgl. hierzu auch ABE: *Edo no autorō*, S. 106–153.

Schließlich stellt sich durch die Beiträge zwangsläufig auch die Frage nach Funktion und Gehalt des viel zitierten Konzepts des *mibun* und somit auch des *mibunsei* als konstituierendes Element der edo-zeitlichen Gesellschaft. Wie die einzelnen Beiträge deutlich machen, fungieren Outcasts in der Regel als leere Signifikanten, als antagonistisches Anderes zur Bildung einer alles andere als homogenen „Normgesellschaft" innerhalb eines hegemonialen Gesellschaftsdiskurses, gestützt und getragen durch zahlreiche zeitgenössische Spezialdiskurse wie z. B. in konfuzianischen Gelehrtenkreisen und Interdiskurse wie z. B. in Text- oder Bildmedien der Zeit.[57] Neben einer Dekonstruktion der edo-zeitlichen Diskurse scheint es dabei, wie zuvor bereits kurz angemerkt, für die weiterführende Erforschung der edo-zeitlichen Gesellschaft ebenso von Bedeutung zu sein, die Meiji-Zeit kritischer in den Blick zu nehmen, denn für das große Erneuerungs- und Modernisierungsprojekt des Meiji-Staates war gerade die Abgrenzung zur Edo-Zeit als Zeichen eines grundlegenden Paradigmenwechsels des neuen Regierungsapparates von Wichtigkeit. So bedeutete zum einen das „Befreiungsedikt" (*kaihōrei*) aus dem Jahr 1871 im Grunde genommen weniger die Abschaffung eines feudalistisch geprägten Ständesystems der Edo-Zeit als vielmehr die Basis für die Etablierung eines neuen und hinsichtlich der Frage der Diskriminierung zweifelsohne rigideren Gesellschaftssystems. Zum anderen führte das Inkrafttreten des Gesetzes zur obligatorischen Registrierung im so genannten Haushaltsregister (*kosekihō* 戸籍法) im selben Jahr zu einer nahezu lückenlosen und vor allem irreversiblen Einpassung aller Individuen in das neue Gesellschaftsgefüge der Meiji-Zeit.[58] Diese diskursive Re-Konfiguration der Edo-Zeit als anachronistisches Anderes zu einer sich modern und liberal gebenden Meiji-Zeit prägt maßgeblich frühe wissenschaftliche Arbeiten zur Edo-Zeit und macht einmal mehr eine archäologische Spurensuche im Sinne Michel FOUCAULTs in den Wissensbeständen der Meiji-Zeit für die weitere Forschung zum Thema Outcasts erforderlich.

57  Zu den Textmedien zählen dabei nicht nur literarische Darstellungen von Outcasts in der Edo-Zeit, die, wie NAKAO (*Edo jidai no hisabetsu kannen*, S. 57–107) anschaulich aufzeigt, einer kolonialen Binnenlogik folgen, in der der Outcast (genauer gesagt: der *hinin*) für das irgendwie fremde, aber durchaus gebildete „Andere" in der Gesellschaft steht. Ebenso sind beispielsweise die „Abstammungsnachweise" (*yuishogaki*) sowie die verschiedenen Formate von „Bekanntmachungen" (*ofuregaki*) als eigene Textgattungen in den Blick zu nehmen.

58  So denke man hier nur an das „Entdecken" der sog. *sanka* サンカ, eine ahistorische Bezeichnung für die unterschiedlichsten Gruppen von „Fahrendem Volk" in Japan, im Zuge der gesetzlich geforderten Registrierung zu Beginn der Meiji-Zeit. Diese wurden als störende Elemente der neuen Gesellschaftsordnung zwangsweise sesshaft gemacht und durch die Registrierung als *burakumin* im *koseki* Gegenstand von Diskriminierung im Meiji-Staat. Vgl. hierzu die Arbeiten von OKIURA (*Maboroshi no hyōhakumin, sanka*, 2004) und NAGANO (*Hōrō, kaiyūmin to Nihon no kindai*, 2016).

LITERATURVERZEICHNIS

ABE, Akira 阿部昭: *Edo no autorō* 江戸のアウトロー (Kōdansha sensho mechie 講談社選書メチエ 152). Tōkyō: Kōdansha 1999.

ASAO, Naohiro 朝尾直弘: „Kinsei no mibun to sono hen'yō 近世の身分とその変容". In: *Nihon no kinsei* 日本の近世, Bd. 7: *Mibun to kakushiki* 身分と格式. DERS. (Hrsg.). Tōkyō: Chūō kōronsha 1992, S. 7–40.

*Chunqiu Guliang zhuan* 春秋穀梁傳, 7 Hefte (12 Kapitel). Kyōto: Arakawa Sōchō 1668.

*Dai Kanwa jiten* 大漢和辞典, 13 Bde. MOROHASHI Tetsuji 諸橋轍次 (Verf.). Tōkyō: Taishūkan 1966–68 [Kompaktausgabe].

*<Edo> no hito to mibun* <江戸>の人と身分, 6 Bde. Tōkyō: Yoshikawa kōbunkan 2010–11.

*Eitai setsuyō mujinzō* 永代節用無尽蔵. KAWABE Sōyō 河辺桑揚 (Hrsg.). Edo, Kyōto: Suharaya Mohē u. a. 1841.

*Ekirinbon setsuyōshū* 易林本節用集. Kyōto: Hirai Katsuzaemon Kyūyo 平井勝左衛門休與 1597.

GROEMER, Gerald: *Street Performers and Society in Urban Japan, 1600–1900. The Beggar's Gift*. London, New York: Routledge 2016.

*Guanzi* 管子, 13 Hefte (24 Kapitel). Edo: Suharaya Mohē u. a. 1796.

*Hanshu* 漢書, 20 Hefte (100 Kapitel). [o. A.]: Kyūkokaku 1665.

HORI, Shin 堀新: „‚*Shi nō kō shō*' to kinsei no chōten mibun 「士農工商」と近世の頂点身分". In: *Mibunron wo hirogeru* 身分論をひろげる (Edo no hito to mibun 江戸の人と身分 6). ŌHASHI Yukihiro 大橋幸泰 u. FUKAYA Katsumi 深谷克己 (Hrsg.). Tōkyō: Yoshikawa kōbunkan 2011, S. 194–198.

*Hōryaku setsuyō jikai kura* 宝暦節用字海蔵. Ōsaka: Ōno Ichibē u. a. 1756; online abrufbar unter: https://babel.hathitrust.org/cgi/pt?id=keio.10101454376;view=1up;seq=1 (letzter Zugriff am 31.10.2018).

HOWELL, David: *Geographies of Identity in Nineteenth Century Japan*. Berkeley: University of California Press 2005.

*Hōyaku: Nippo jisho* 邦訳日葡辞書 [übers. v. DOI Tadao 土井忠生, MORITA Takeshi 森田武 u. CHŌNAN Minoru 長南実]. Tōkyō: Iwanami shoten 1980 [Titel der Originalausgabe: *Vocabulario da Lingoa de Iapam*, 1603].

ISHII, Ryōsuke 石井良助 (Hrsg.): *Edo jidai no hisabetsu shakai. Zōho: Kinsei Kantō no hisabetsu buraku* 江戸時代の被差別社会　増補近世関東の被差別部落. Tōkyō: Akashi shoten 1994.

KÖHN, Stephan: „Das Zeitalter der Prekarisierungsgesellschaften?". In: *Prekarisierungsgesellschaften in Ostasien? Aspekte der sozialen Ungleichheit in China und Japan*. DERS. u. Monika UNKEL (Hrsg.). Wiesbaden: Harrassowitz 2016, S. 1–35.

KŌNO, Michiaki 河野通明: „Nishikawa Sukenobu ‚Ehon shi nō kō shō' nō no bu to sono eikyō 西川祐信「絵本士農工商」農之部とその影響". In: *Rekishi to minzoku* 歴史と民俗, Nr. 16 (2000), S. 209–249.

*Mibun-teki shūen to kinsei shakai* 身分的周縁と近世社会, 9 Bde. Tōkyō: Yoshikawa kōbunkan 2006–08.

MIYAMOTO, Mataji 宮本又次: *Nihon kinsei ton'yasei no kenkyū* 日本近世問屋制の研究. Tōkyō: Tōkō shoin 1971.

MIZUBAYASHI, Takeshi 水林彪: *Nihon tsūshi 2: Hōkensei no saihen to Nihon-teki shakai no kakuritsu* 日本の通史 2: 封建制の再編と日本的社会の確立. Tōkyō: Yamakawa shuppansha 1989.

MORITA, Yasuo 森田康夫: „Kinsei hisabetsumin ni okeru engi, yuishogaki no seiritsu jijō ni tsuite 近世被差別民における縁起・由緒書の成立事情について". In: *Kinsei Ōsaka to hisabetsumin shakai* 近世大坂と被差別民社会. TERAKI Nobuaki 寺木伸明 u. YABUTA Yutaka 薮田貫 (Hrsg.). Ōsaka: Seibundō 2015, S. 254–266.

NAGANO, Hironori 長野浩典: *Hōrō, kaiyūmin to Nihon no kindai* 放浪・廻遊民と日本の近代. Fukuoka: Gen shobō 2016.

NAKADA, Norio 中田祝夫: *Kohon setsuyōshū rokushu kenkyū narabi ni sōgō sakuin* 古本節用集六種研究並びに総合索引. Tōkyō: Kazama shobō 1968.

NAKAO, Kenji 中尾健次: *Edo jidai no hisabetsu kannen* 江戸時代の被差別観念. Tōkyō: San'ichi shobō 1997.

NAKAO, Kenji 中尾健次: *Edo no Danzaemon. Hisabetsu minshū ni kunrin shita „kashira"* 江戸の弾左衛門　被差別民衆に君臨した"頭" (San'ichi shinsho 三一新書 1137). Tōkyō: San'ichi shobō 1996.

*Nihon kokugo daijiten* 日本国語大辞典 [*dainihan* 第二版], 13 Bde. + 1 Indexband. NIHON KOKUGO DAIJITEN DAINIHAN HENSHŪ IINKAI 日本国語大辞典第二版編集委員会 (Hrsg.). Tōkyō: Shōgakukan 2000–02.

NISHIKAWA, Joken 西川如見: *Chōnin bukuro, Hyakushō bukuro, Nagasaki yobanashigusa* 町人嚢, 百姓嚢, 長崎夜話草 (Iwanami bunko ao 岩波文庫青 18-1). Tōkyō: Iwanami shoten $^5$2000 (1942).

NISHIKAWA, Sukenobu 西川祐信: *Ehon shi nō kō shō* 絵本士農工商. O.A: o.A. (Mikrofilm in der National Library, Tōkyō).

OHNUKI-TIERNEY, Emiko: *The Monkey as Mirror. Symbolic Transformations in Japanese History and Ritual*. Princeton: Princeton University Press 1989.

ŌISHI, Manabu 大石学 (Hrsg.): *Kyōhō kaikaku to shakai hen'yō* 享保改革と社会変容 (Nihon no jidaishi 日本の時代史 16). Tōkyō: Yoshikawa kōbunkan 2003.

OKIURA, Kazuteru 沖浦和光: *Maboroshi no hyōhakumin, sanka* 幻の漂泊民・サンカ (Bunshun bunko 文春文庫). Tōkyō: Bungei shunjū 2004.

ŌYAMA, Seiichi 大山誠一: *Shōtoku taishi no shinjitsu* 聖徳太子の真実 (Heibonsha raiburarī 平凡社ライブラリー 806). Tōkyō: Heibonsha 2014.

ROBERTS, Luke: *Performing the Great Peace. Political Space and Open Secrets in Tokugawa Japan*. Honolulu: University of Hawai'i Press 2015.

SAITŌ, Yōichi 斎藤洋一 u. ŌISHI Shinzaburō 大石慎三郎: *Mibun sabetsu shakai no shinjitsu* 身分差別社会の真実 (Kōdansha gendai shinsho 講談社現代新書 1258). Tōkyō: Kōdansha 1995.

SASAMOTO, Shōji 笹本正治: „Shokunin to shokunin shūdan 職人と職人集団". In: *Nihon no kinsei* 日本の近世, Bd. 7: *Mibun to kakushiki* 身分と格式. ASAO Naohiro 朝尾直弘 (Hrsg.). Tōkyō: Chūō kōronsha 1992, S. 79–124.

*Shirīzu Kinsei no mibun-teki shūen* シリーズ近世の身分的周縁, 6 Bde. Tōkyō: Yoshikawa kōbunkan 2000–01.

*Shoku Nihongi* 続日本紀. In: *Shintei zōho: Kokushi taikei* 新訂増補国史体系, Bd. 2. Tōkyō: Yoshikawa kōbunkan 1966.

*Taihō setsuyō jufukukai* 大豊節用寿福海. In: *Setsuyōshū taikei* 節用集大系, Bd. 49. Tōkyō: Ōzorasha 1994.

TAKAHASHI, Sadaki 高橋貞樹: *Hisabetsu buraku issennen shi* 被差別部落一千年史 (Iwanami bunko ao 岩波文庫青 191–1). Tōkyō: Iwanami shoten 1992 [Originaltitel *Tokushu buraku issennen shi* 特殊部落一千年史, 1924].

TAKAYANAGI, Kaneyoshi 高柳金芳: *Edo jidai hinin no seikatsu* 江戸時代非人の生活. (Seikatsushi sōsho 生活史叢書 21). Tōkyō: Yūzankaku shuppan 1981.

TAKAYANAGI, Shinzō 高柳眞三 u. ISHII Ryōsuke 石井良助 (Hrsg.): *Ofuregaki shūsei* 御触書集成, 5 Bde. Tōkyō: Iwanami shoten 1976–77.

TERAKI, Nobuaki 寺木伸明 u. YABUTA Yutaka 薮田貫 (Hrsg.): *Kinsei Ōsaka to hisabetsumin shakai* 近世大坂と被差別民社会. Ōsaka: Seibundō 2015.

*Tokugawa kinrei kō* 徳川禁令考, 11 Bde. HŌSEISHI GAKKAI 法制史学会 (Hrsg.). Tōkyō: Sōbunsha 1959–61.

TSUKADA, Takashi 塚田孝: *Ōsaka no hinin. Kojiki, Shitennōji, korobi kirishitan* 大坂の非人 乞食、四天王寺、転びキリシタン (Chikuma shinsho ちくま新書 1034). Tōkyō: Chikuma shobō 2013.

VOLLMER, Klaus: „Die Begriffswelt des Marginalen im mittelalterlichen Japan. Zum Problem der Klassifizierung gesellschaftlicher Randgruppen und ihrer Bezeichnungen". In: *Oriens Extremus*, Nr. 37.1 (1994), S. 5–40.

WADA, Kōji 和田幸司: *‚Shi nō kō shō' wa dō oshierarete kita ka? Shō-chūgakkō ni okeru kinsei mibun gakushū no tenkai* 「士農工商」はどう教えられてきたか 小中学校における近世身分学習の展開. Tōkyō: Minerva shobō 2018.

WATANABE, Tadashi 渡邊忠司: *Ōsaka machi bugyō to shihaijo, shihaikoku* 大坂町奉行と支配所・支配国. Ōsaka: Tōhō shuppan 2005.

WOLDERING, Guido: „*Eta wo osamuru no gi* oder ‚Erörterung der Herrschaft über die Schmutzigen'. Gedanken eines Schwertdadeligen der späten Edo-Zeit zum ‚Abschaum' seiner Gesellschaft". In: NOAG, Nr. 171–172 (2002), S. 21–37.

YAMADA, Masaru 山田賢: „Chūgoku ni okeru ‚shi‘ to ‚min‘ 中国における「士」と「民」“. In: *Mibunron wo hirogeru* 身分論をひろげる (Edo no hito to mibun 江戸の人と身分 6). ŌHASHI Yukihiro 大橋幸泰 u. FUKAYA Katsumi 深谷克己 (Hrsg.). Tōkyō: Yoshikawa kōbunkan 2011, S. 127–155.

YOKOTA, Fuyuhiko 横田冬彦: „Kinsei-teki mibun seido no seiritsu 近世的身分制度の成立“. In: *Nihon no kinsei* 日本の近世, Bd. 7: *Mibun to kakushiki* 身分と格式. ASAO Naohiro 朝尾直弘 (Hrsg.). Tōkyō: Chūō kōronsha 1992, S. 41–78.

*Zōho Kagakushū* 増補下学集, 2 Bde. + 1 Indexband. KINSEI BUNGAKUSHI KENKYŪ NO KAI 近世文学史研究の会 (Hrsg.). Tōkyō: Bunka shobō Hakubunsha 1967–71.

# „Unreinheit" als Mechanismus der Ausgrenzung der „Schmutzigen" und „Nicht-Menschen" in der Edo Zeit

Anke Scherer

## 1 EINLEITUNG

Die Gesellschaft der Edo-Zeit (1603–1868) wurde lange Zeit als rigides, nach konfuzianischen Vorstellungen in vier Stände unterteiltes Gefüge dargestellt.[1] Außerhalb des Ständesystems werden am oberen Ende die Kaiserfamilie und der Hofadel und am unteren Ende aus der Gesellschaft Ausgestoßene lokalisiert. Diese Ausgestoßenen werden auf Englisch entweder mit dem Begriff *outcast* oder in einer leicht abweichenden Schreibweise als *outcaste* bezeichnet, wobei das Wort *outcaste* die Konnotation „außerhalb des Kastensystems" enthält. Auf Japanisch werden für die Edo-Zeit normalerweise die beiden Bezeichnungen *eta* エタ im Sinne von „die Schmutzigen" und *hinin* 非人 im Sinne von „Nicht-Menschen" verwendet. Als Begründung für die Ausgrenzung aus der „Normalgesellschaft"[2] werden für *hinin* zum Beispiel kriminelle oder moralisch unsaubere Lebensführung angeführt. Bei den *eta* werden zur Rechtfertigung der Ausgrenzung die von dieser Gruppe ausgeübten Berufe herangezogen, d. h. Tätigkeiten, bei denen man in der Regel in Berührung mit Tod, toten Menschen und Tieren oder aus toten Lebewesen gewonnenen Materialien kam. Da Tod und tote Körper bedingt durch verschiedene religiöse Vorstellungen in Japan als Quelle von Verschmutzung angesehen wurden, übertrug sich diese Verschmutzung auf die Menschen, die damit in direkten Kontakt kamen.

Unreinheit und Verunreinigung durch den Kontakt mit Tod greift aber als Erklärung für die in der Edo-Zeit vorherrschende rigide Ausgrenzung und Diskriminierung der Gruppe der *eta* und *hinin* oft zu kurz. Die am oberen Ende der Gesellschaft verorteten *bushi* 武士 definierten sich ursprünglich über das Kriegs-

---

1    Vgl. HALL: „Rule by status in Tokugawa Japan", S. 44f.
2    Der Begriff der „Normalgesellschaft" ist eine Übersetzung des englischen *mainstream society*, der je nach Kontext auch als „Mehrheitsgesellschaft" übersetzt wird. Da es beim vorliegenden Thema aber nicht um das Zahlenverhältnis Mehrheit vs. Minderheit, sondern vor allem um Vorstellungen davon, was „normal" auch im Sinne von „nicht verachtungswürdig" ist, wird der Begriff der „Normalgesellschaft" im folgenden Text ohne Anführungszeichen verwendet.

handwerk, das selbstverständlich das Töten von Gegnern beinhaltet, waren aber
nie von Diskriminierung aufgrund dieser offensichtlichen Verbindung ihrer Tätigkeit zum Tod betroffen. Es stellt sich deshalb die Frage, wie die Ausgrenzung
ganzer Bevölkerungsgruppen mit Vorstellungen von Unreinheit in der Edo-Zeit
funktionierte. Um die Mechanismen der Ausgrenzung zu analysieren, wird zuerst die Entstehung der erst in der Edo-Zeit fest definierten Bevölkerungsteile
der *eta* und *hinin* kurz skizziert. Um deren Klassifikation unter dem gemeinsa-
men Nenner der Unreinheit besser zu verstehen, wird danach das Bedeutungs-
umfeld des für die Verschmutzung der ausgegrenzten Bevölkerungsgruppen in
der Regel verwendeten Begriffes *kegare* 穢れ ausgelotet. Um Ausgrenzung und
Diskriminierung ganzer Bevölkerungsgruppen besser zu verstehen, ist es zudem
notwendig, die sozialpsychologischen Mechanismen zu beleuchten, die mit der
Einteilung in eine eigene Gruppe in Abgrenzung zu den als „Fremde", „Außenstehende" oder sogar „Ausgeschlossene" Klassifizierten einhergehen. Mithilfe
dieser theoretischen Überlegungen aus der Sozialpsychologie können dann die
Mechanismen genauer diskutiert werden, die in der Edo-Zeit im Konstrukt der
„Unreinheit" zur Anwendung kamen, um *eta* und *hinin* aus der Normalgesellschaft auszugrenzen und ihnen in vielen Bereichen die Teilhabe am gesellschaftlichen Leben sowie soziale und physische Mobilität zu verwehren.

## 2   ENTSTEHUNG VON *ETA* UND *HININ*

NAGAHARA Keiji erklärt den Ursprung der Diskriminierung der in der Edo-Zeit
als *eta* und *hinin* bezeichneten Bevölkerungsgruppen mit einer schon für das Altertum in Japan nachweisbaren Furcht vor der mit dem Tod einhergehenden Verunreinigung. Diese Vorstellung, so NAGAHARA, sei tief in ursprünglichen religiösen Vorstellungen des später so genannten Shintōismus verwurzelt und führte
zum Beispiel zur physischen Distanzierung von derart verunreinigten Plätzen
sowie zu elaborierten Riten, mit denen sich der japanische Kaiser und die Angehörigen des Hofes vor Verunreinigung schützten. Nach dem Import des Buddhismus im 6. Jahrhundert mit den dort ebenfalls existierenden Vorstellungen
von Unreinheit durch Kontakt mit toten Tieren und Menschen begann in der späteren Heian-Zeit (794–1185) die Diskriminierung von Menschen, die mit toten
Lebewesen in Berührung kamen. NAGAHARA fasst hier allerdings in der Gruppe
der Diskriminierten vor allem Menschen zusammen, die aufgrund von Krankheit (hier vor allem Lepra) oder Armut ausgeschlossen wurden. Neben Betteln
übernahmen einige von ihnen dann auch Arbeiten, bei denen sie zum Beispiel
mit toten Tieren in Berührung kamen. Auf diese Art und Weise entstanden Strukturen, die bestimmte Bevölkerungsgruppen diskriminierten. Allerdings ist de-

ren Umgang mit Tod nicht das konstituierende Element. NAGAHARA führt weiter
aus, dass die Krieger in der Kamakura-Zeit (1185–1333) als Teil ihrer Aufgaben
Menschen töteten und Jagd auf Tiere auch zu Trainingszwecken für Kampfsitu-
ationen pflegten. Es sei deshalb nicht sinnvoll anzunehmen, dass diese de facto
herrschende Schicht alle Menschen, die mit Tod bzw. dem Töten von Lebewesen zu tun hatten, ausgrenzten. Vielmehr nutzten die Krieger ab der Muromachi-
Zeit (1336–1573) die prekäre Lage der aus der Gesellschaft Ausgeschlossenen,
um sie zu kontrollieren und sich ihrer Dienste zum Beispiel für die Lederherstellung zu versichern.[3] In seiner Konklusion führt NAGAHARA dann aber als die
wichtigste Erklärung für die Entstehung der *eta* und *hinin* den Zusammenhang
zwischen Diskriminierung und der Auffassung, dass Tod Verunreinigung verur-
sache, aus:

> The special status of these *hisabetsumin*[4] emerged and was sustained basically because of be-
> liefs held regarding pollution caused by death. This belief, rooted in the uniquely Japanese
> religion of ancient times, was expressed, as it were, in the particular social status assigned to
> these *hisabetsumin* [...] *because of society's belief about the pollution caused by death, these
> people were in effect ejected from their villages and became rootless and mobile groups.* [Her-
> vorhebung durch die Autorin][5]

Demgegenüber weist Gerald GROEMER darauf hin, dass die Klassifikation der
Ausgestoßenen anhand des Merkmals „Schmutz" bzw. „Unreinheit" in der Edo-
Zeit weniger etwas mit Vorstellungen von Hygiene zu tun hatte, sondern diese
Kategorien nur benutzt wurden, um politische, wirtschaftliche und soziale Verhältnisse zu stabilisieren, die die betroffenen Gruppen ausgrenzten. Die Gruppe der bereits vor der Edo-Zeit so genannten *hinin* weise viele Merkmale auf,
die nicht hauptsächlich mit Verschmutzung zu tun haben. Der Aspekt des Unreinen sei ein Nebeneffekt der von dieser Gruppe oft ausgeführten Tätigkeiten
im Zusammenhang mit Töten, Tod und Verarbeitung von tierischen Produkten.
Bis zur eindeutigen Klassifizierung als Ausgestoßene im frühen 18. Jahrhundert
wurden *hinin* meist zusammen mit Bettlern einfach als arm und heruntergekom-
men beschrieben.[6] Anders sei dies im Fall der Bezeichnung *eta* 穢多, die seit dem
15. Jahrhundert mit den Schriftzeichen geschrieben wurde, die „viel Schmutz"
bedeuten. Hiermit wurden vor der Edo-Zeit oft die Personen beschimpft, die als
*kawaramono* 河原者 an Flüssen siedelten und dort Tätigkeiten ausübten, für die
das Flusswasser benötigt wurde, wie zum Beispiel Schlachten von Tieren und
Lederherstellung, aber auch Färben. Mitte des 17. Jahrhunderts tauche der Begriff dann in Verordnungen der TOKUGAWA-Regierung auf und wurde bis Mitte

---

3    Vgl. NAGAHARA: „The medieval origins of the *eta-hinin*", S. 396f.
4    Der Begriff *hisabetsumin* 被差別民 heißt wörtlich übersetzt „von Diskriminierung betroffene
     Bevölkerung".
5    NAGAHARA: „The medieval origin of the *eta-hinin*", S. 401f.
6    Vgl. den Beitrag von Stephan KÖHN in diesem Band.

des 18. Jahrhunderts die Standardbezeichnung für eine ausgegrenzte Gruppe, in die man hineingeboren wurde und die man nicht verlassen konnte, auch nicht durch Adoption.[7]

Bis ins japanische Mittelalter waren folgende Charakteristika wichtige Kriterien für die Zuordnung zur Gruppe der Ausgestoßenen: a) nicht in der Landwirtschaft tätig und b) nicht sesshaft. Dies änderte sich in der Edo-Zeit, da die TOKU-GAWA-Regierung zur besseren Kontrolle und Besteuerung der Bevölkerung die Mobilität aller Menschen stark einschränkte und den Ausgestoßenen Wohnbezirke zuwies. Meistens übten diese dort dann weiterhin die oben beschriebenen Tätigkeiten aus, aber auch in Fällen, wo die Ausgestoßenen Land bewirtschafteten und damit eigentlich die Kriterien landwirtschaftlich tätig und sesshaft als Grundvoraussetzung für die Mitgliedschaft in der Normalgesellschaft erfüllten, blieben sie weiterhin im nun vererbten und nicht mehr zu verlassenden Status der *eta* bzw. *hinin*, da sie als in designierten Gebieten lebende Ausgestoßene bei den regelmäßigen Volkszählungen entweder gar nicht gezählt wurden oder aber in gesonderten Registern und nicht in den Registern der Normalbevölkerung auftauchten.[8]

GROEMER zeigt, wie im Verlauf der Edo-Zeit die Ansiedlung und Organisation der unter der Bezeichnung *hinin* zusammengefassten Bevölkerungsteile vor allem deren Kontrolle und Einsatz bei der Aufrechterhaltung der öffentlichen Ordnung diente, wenn sie zum Beispiel zur Mithilfe bei Exekutionen herangezogen oder verpflichtet wurden, bei der Beseitigung von Leichen nach Großbränden zu helfen:

> Oppressive edicts, flagrantly biased legal decisions, and inhumane discriminatory policies thus played a major role in creating, solidifying, and reproducing the Edo outcaste order. Discrimination was further amplified by occupational and economic factors, not because any job was more intrinsically polluting than any other, or even simply because most outcastes were paid only a starvation wage, but because outcastes could be forced to work at jobs that others shunned, including those considered polluting.[9]

Das zeigt, dass der Status der Ausgestoßenen in der Edo-Zeit weniger durch deren Berührung mit dem Unreinen definiert war, sondern vielmehr ihre Verortung in einer sozialen Gruppe mit wenig Rechten und ökonomischer Teilhabe sie dazu zwang, auch Beschäftigungen nachzugehen, die von denen, die es vermeiden konnten, aufgrund der unreinen Natur der Arbeit gemieden wurden. GROE-MER geht sogar so weit zu sagen, dass es nicht eigentlich die unreine Natur der Tätigkeiten war, die die Ausführenden zu *hinin* machten, sondern dass Tätigkeiten deshalb als unrein angesehen wurden, weil sie von *hinin* ausgeübt wurden.

---

7   Vgl. GROEMER: „The creation of the Edo outcaste order", S. 60–63.
8   Vgl. NEARY: „Burakumin in contemporary Japan", S. 53f. sowie CHAPMAN: „Geographies of Self and Other", S. 3ff.
9   GROEMER: „The creation of the Edo outcaste order", S. 77.

Die Definition dessen, was unrein und deshalb von Ausgestoßenen zu verrichten sei, wurde dazu genutzt, die Strukturen der Ausgrenzung zu stabilisieren und den Status der Ausgestoßenen als etwas Natürliches und Unabänderliches zu rechtfertigen. Besonders plastisch sieht man dies an der Position des Danzaemon 弾左衛門.[10] Dieses erbliche Amt als Anführer der Ausgestoßenen hatte das Oberhaupt einer zur Gruppe der *eta* gehörenden Familie in Edo inne. Für seine Funktion als Kontrollorgan der *eta* und *hinin* und als deren Verbindungsmann zur TOKUGAWA-Regierung durfte der Danzaemon in wirtschaftlich sehr guten Verhältnissen leben, erfuhr aber in sozialer Hinsicht die gleiche Ausgrenzung wie die von ihm Kontrollierten.[11]

## 3 SCHMUTZ IN JAPAN

Klaus VOLLMER erklärt das Phänomen des Schmutzes (*kegare*), das auch mit Befleckung oder Unreinheit übersetzt werden kann, als etwas das weniger eine Kategorie der Hygiene oder physischen Sauberkeit ist, sondern in Japan eher als ein Maßstab zur Beurteilung von Situationen, Verhaltensweisen und Wertigkeiten herangezogen wird. *Kegare* entsteht vor allem durch Kontakt mit Tod (von Menschen und Tieren) und wird in einem umfassenderen Verständnis von „Unreinheit" oft mit Vorstellungen von „Schuld" und „Vergehen" (*tsumi* 罪) in Verbindung gebracht. Neben der physischen gibt es also noch eine moralische Dimension von *kegare*, die VOLLMER auch im Zusammenhang mit dem Konzept der „Unehrlichkeit" diskutiert.[12] Schließlich gibt es einen Zusammenhang zwischen *kegare* und Armut, der dazu führt, dass sich die davon Betroffenen nicht in dem Maße vor Befleckung schützen können wie die Wohlhabenden und Mächtigen, einerseits weil sie nolens volens befleckende Tätigkeiten ausführen müssen, und andererseits weil ihnen das symbolische Kapital an Reinheit – auch im moralischen Sinne – gar nicht erst zugestanden wird.[13]

Der Zusammenhang von „Schmutz" und Fehlverhalten ist Gegenstand einer der klassischen Studien der Kulturanthropologie von Mary DOUGLAS. Sie erklärt, dass Schmutz keine absolute Kategorie ist, sondern von kulturellen Klassifikationen abhängig „deplatzierte" (*out of place*) Dinge sind:

> If we can abstract pathogenicity and hygiene from our notion of dirt, we are left with the old definition of dirt as matter out of place. This is a very suggestive approach. It implies two conditions: a set of ordered relations and a contravention of that order. Dirt then, is never a unique isolated event. Where there is dirt there is system. Dirt is the by-product of a systematic or-

---

10  Vgl. den Beitrag von Volker ELIS in diesem Band.
11  Vgl. GROEMER: „The creation of the Edo outcaste order", S. 78; 81.
12  Vgl. VOLLMER: „Ordnung des Unreinen", S. 198f.
13  Vgl. ebd., S. 204.

dering and classification of matter, in so far as ordering involves rejecting inappropriate elements. This idea of dirt takes us straight into the field of symbolism and promises a link-up with more obviously symbolic systems of purity.[14]

Die Klassifikation von „Schmutz" dient also vor allem auch dazu, Orthodoxie klar zu definieren und damit das „Richtige" vom „Falschen" zu trennen. Diese Klassifikation wird allerdings nicht nur auf Dinge, sondern auch auf Menschen angewandt. So untersuchen Giuseppa SPELTINI und Stefano PASSINI in einem Artikel zur Sozialpsychologie der Konzepte von Reinheit und Unreinheit[15] die Frage des Zusammenhangs zwischen Vorstellungen von Reinheit und der Intoleranz gegenüber Gruppen, die als unrein angesehen werden. Basierend auf Studien zur sozialen Identität und zur Herausbildung von Stereotypen erklärt der Artikel, wie Zuschreibungen von Krankheit und Unreinheit dazu genutzt werden, um nicht zur eigenen Gruppe zugehörige Menschen auszugrenzen. Die Ausgrenzung findet in der Regel aufgrund vermeintlicher Unreinheit statt, dient der Stärkung der eigenen Gruppenidentität und kann bis zur Entmenschlichung der Ausgeschlossenen führen.[16]

Ein wichtiges Element dieser Ausgrenzung ist der Faktor Ekel. In seinem Buch zum Thema erklärt Ian William MILLER, wie Ekel funktioniert und wodurch er ausgelöst wird. Er weist auf die enge Verbindung zwischen Ekel und Konzepten von Reinheit und Moral hin. Die Missachtung dieser Konzepte löst beim Betrachter das Gefühl des Ekels aus und führt zu einer psychischen und oft auch physischen Distanzierung von den Objekten oder Menschen, die als ekelerregend klassifiziert werden. Interessant an MILLERs Studien ist, dass er ausführt, wie wichtig Ekelgefühle in der Zuschreibung von gesellschaftlichem Status sind und wie sie letztendlich zur Schaffung von Klassen- und Rassenschranken führen können.[17]

## 4 EIGEN- UND FREMDGRUPPEN

Legt man die anthropologische Erklärung von „Schmutz" und die sozialpsychologischen Mechanismen zur Ausgrenzung von Gruppen anhand der Zuschreibung von ekelerregenden Eigenschaften zugrunde, dann ergibt sich eine logische Verbindung zwischen dem Konzept der Unreinheit, wie es laut NAGAHARA die Basis für die Klassifizierung von Menschen als *eta* und *hinin* in der Edo-Zeit bildete, und dem von GROEMER in den Vordergrund gestellten Aspekt der sozialen

---

14 DOUGLAS: *Purity and danger*, S. 60.
15 Vgl. SPELTINI / PASSINI („Cleanliness / dirtiness, purity / impurity as social and psychological issues", 2014).
16 Vgl. ebd., S. 213f.
17 Vgl. MILLER (*The anatomy of disgust*, 1997).

Kontrolle dieser Bevölkerungsgruppe. Die für die Ausgrenzenden als ekelerregend angesehene Assoziation mit Tod macht die Betroffenen zu „deplatzierten" Personen in der Normalgesellschaft und damit zu einer so genannten Fremdgruppe im sozialpsychologischen Sinn, die mit Namen belegt wurden, die wie das Wort *eta* die Konnotation „viel Schmutz" haben oder wie in *hinin* – wörtlich „Nicht-Mensch" – sogar das Element der von Speltini und Passini erwähnten Entmenschlichung der Ausgeschlossenen zeigen.[18]

Das Konzept der Eigen- und Fremdgruppe geht auf den Sozialpsychologen Henri Tajfel zurück, der um 1980 seine Theorie von der sozialen Identität formulierte. In seinen Experimenten zeigte Tajfel, dass Menschen denen, die sie als Angehörige ihrer eigenen Gruppe (Eigengruppe) wahrnahmen, in der Regel positivere Eigenschaften zusprachen als Menschen, die sie als Angehörige anderer Gruppen (Fremdgruppe) einschätzten.[19] Diese Unterscheidung in Eigen- und Fremdgruppe wird für Japan in der Regel mit den Konzepten von *uchi* 内 (innen) und *soto* 外 (außen) vorgenommen. In ihrem Klassiker zum Verständnis der japanischen Gesellschaft erklärt die Anthropologin Joy Hendry, wie das Verhalten von Japanern gegenüber anderen stark davon beeinflusst ist, ob die andere Person als Mitglied des *uchi* oder des *soto* gesehen wird.[20] Dabei baut sie auf einem Modell auf, das im Westen in den 1970er Jahren große Popularität erlangt hat. In diesem Modell erklärt die Anthropologin Nakane Chie 中根千枝 die Struktur der von ihr als vertikal bezeichneten Gesellschaft (*tate shakai* タテ社会) in Japan so, dass die Verortung in einer hierarchisch strukturierten Gruppe als Rahmen für eine erfolgreiche soziale Interaktion als essentiell angesehen wird. Die Definition der eigenen Gruppe (*uchi*) als Rahmen, die Loyalität gegenüber der Eigengruppe und die klare Abgrenzung zur Fremdgruppe (*soto*) in der alltäglichen Praxis sind dabei konstituierende Elemente der japanischen Gesellschaft.[21]

## 5 Mechanismen der Ausgrenzung der *eta* und *hinin* in der Edo-Zeit

Eine extreme Form der Abgrenzung zum *soto* fand dabei in der Edo-Zeit gegenüber den *eta* bzw. *hinin* genannten Gruppen statt. Da die Konzepte der Eigen- und Fremdgruppen insofern zusammenhängen, als die Definition der Grenze zwischen der Zugehörigkeit zur Fremdgruppe bzw. die Gründe für die Einordnung in eine Fremdgruppe wesentlich zur Konkretisierung der Identität der Eigengruppe beitragen, ist eine Analyse dessen, was das Wesen der *eta* und *hinin*

---

18  Vgl. Speltini / Passini: „Cleanliness / dirtiness, purity / impurity as social and psychological issues", S. 213f.
19  Vgl. Tajfel (*Human groups and social categories*, 1980).
20  Vgl. Hendry: *Understanding Japanese society*, S. 43ff.
21  Vgl. Nakane (*Tate shakai no ningen kankei*, 1967).

genannten Gruppen ausmachte, ein wichtiger Indikator dafür, was als gesellschaftliche Norm und Normalität in der Edo-Zeit angesehen wurde. Bereits 1955
hatte Herbert PASSIN in einem Artikel Konzepte der Unberührbarkeit in Indien,
Japan, Korea und Tibet miteinander verglichen und war zu dem Ergebnis gekommen, dass eine wichtige Gemeinsamkeit der Strukturen in diesen asiatischen
Kulturen das Ausschlusskriterium der moralischen Inferiorität der Ausgegrenzten darstellt. Die Ausgrenzung findet in einem System statt, in dem Menschen
einen naturgegebenen – und deshalb in der Regel vererbten – Platz in einer Hierarchie haben, und Arbeiten, die als unrein gelten, von denen auszuführen sind,
die sich am unteren Ende der Hierarchie befinden. Die Definition dessen, was als
unrein klassifiziert wurde, hatte je nach kulturellem Hintergrund unterschiedliche Ausmaße, und zwar je nachdem, was in der vorherrschenden Ideologie der
Eigengruppe als „deplatziert" angesehen wurde.[22] Demnach kann das, was eine
Gruppe als deplatziert in der Normalgesellschaft charakterisiert, als eine Art Negativ dieser Gesellschaft betrachtet werden. In ihrer Studie über japanische Ver-
haltensmuster führt Takie SUGIYAMA LEBRA dazu aus:

> As deviancy is either the opposite or the complement of the dominant cultural configuration,
> knowing what behaviour is considered deviant and is avoided or enjoined by a culture will
> throw the culture's normative patterns into relief.[23]

Als eine mögliche Funktion solcher Gruppen, die als Negativ der Normalgesellschaft marginalisiert wurden, nennen Emiko OHNUKI-TIERNEY[24] und Masao
YAMAGUCHI[25] deren Aufgabe in der vormodernen Gesellschaft, Unreinheit und
Sünden auf sich zu nehmen und aus der Gruppe der „Normalen" fortzuschaf-
fen. In ihrer Klassifikation als Fremdgruppe konnte der Kontakt zur Eigengruppe nur zu dem Zweck erfolgen, aus der Eigengruppe Unerwünschtes – wie zum
Beispiel als unrein Deklariertes – zu entfernen. OHNUKI-TIERNEY analysiert das
besonders für die Gruppe der mit Affen arbeitenden Schausteller (*sarumawa-
shi* 猿回し), die in der Edo-Zeit besonders beliebt waren. Affen und die sie mit
sich führenden Schausteller, die zur Gruppe der Ausgegrenzten zählten, übernahmen als „Medien" Unreinheit und Sünden ihrer Zuschauer, brachten die Sünden aus den Gemeinden der Normalgesellschaft weg und hielten so die Reinheit
der Eigengruppe aufrecht.[26] Ausgestoßene, die in ihren verschiedenen Funktionen Unreinheit und Sünden wegschafften, erwiesen damit der Gemeinschaft
einen Dienst und hatten deshalb anfangs, wie YAMAGUCHI ausführt, eine insofern gesellschaftlich angesehene Stellung, wie zum Beispiel wandernde Priester

22   Vgl. PASSIN („Untouchability in the Far East", 1955).
23   SUGIYAMA LEBRA: *Japanese patterns of behaviour*, S. 169.
24   Vgl. OHNUKI-TIERNEY (*The monkey as mirror*, 1987).
25   Vgl. YAMAGUCHI („Kingship, theatricality and marginal reality in Japan", 1977).
26   Vgl. OHNUKI-TIERNEY: *The monkey as mirror*, S. 94.

im Altertum als Manifestationen von Gottheiten betrachtet wurden.[27] Allerdings verschlechterte sich das Ansehen solcher Gruppen bis zur Edo-Zeit stark, so dass dann der Aspekt der Bedrohung der Werte der Normalgesellschaft in den Vordergrund rückte.

In seiner Diskussion des Konzepts der Marginalität in der japanischen Gesellschaft führt James VALENTINE aus, warum ausgegrenzte, also marginalisierte Bevölkerungsgruppen als Bedrohung angesehen werden. Sie verkörpern Elemente, die den Werten der Normalgesellschaft entgegenstehen: je bedeutender der Werteunterschied, desto größer die empfundene Bedrohung. Assoziationen mit Tod und Unreinheit rangieren bereits sehr hoch auf dieser Skala, aber die größtmögliche Bedrohung stellt einen Angriff auf die Homogenität des japanischen Volkes dar.[28] Diese Homogenität wird vor allem auch im ideologischen Konstrukt des japanischen Blutes gesehen, dessen Reinheit durch eine etwaige Beimischung nicht-japanischen Blutes als gefährdet betrachtet wird.

Den mit dem Mechanismus der Verbindung mit Unreinheit ausgeschlossenen *eta* und *hinin* wurde deshalb auch bisweilen nicht-japanisches Blut unterstellt. So geht eine lange Zeit populäre, aber haltlose Theorie davon aus, dass die *eta* und *hinin* Nachfahren von im 4. bis 7. Jahrhundert von der koreanischen Halbinsel freiwillig oder unfreiwillig (als Flüchtlinge oder Sklaven) Übergesiedelten seien.[29] Damit werden sie zu einer anderen „Rasse"[30] innerhalb der Gesellschaft gemacht; eine Vermischung mit Angehörigen der Normalgesellschaft zum Beispiel in Form von Heirat würde daher die Reinheit des japanischen Blutes bedrohen. Die Genealogie einer klar abgegrenzten Gruppe von seit der japanischen Frühzeit aus der Gesellschaft Ausgeschlossenen ist aber weder nachweisbar noch sinnvoll. OHNUKI-TIERNEY zeigt in einer Geschichte der Menschen mit einem besonderen Status in Japan, dass weder die im japanischen Mittelalter am Rande der Gesellschaft lebenden Gruppen direkte Nachfahren der im Altertum „niederen / verfemten Menschen" (*senmin* 賤民) genannten Bevölkerungsteile waren, noch dass es einen direkten Übergang von im Mittelalter am Rande der Gesellschaft Lebenden in die Gruppe der dann in der Edo-Zeit rigide als *eta* bzw. *hinin* Klassifizierten gibt.[31]

---

27  Vgl. YAMAGUCHI: „Kingship, theatricality and marginal reality in Japan", S. 157.
28  Vgl. VALENTINE: „On the borderlines", S. 48–51.
29  Vgl. HANE: *Peasants, rebels and outcastes*, S. 139.
30  WAGATSUMA / DE VOS (*Japan's invisible race*, 1967) benutzen das Wort Rasse im Titel ihres Sammelbandes für die Nachfahren der *eta / hinin*, erklären aber in der Einleitung „The Problem: Caste and Race, A Syncreativ View", dass hiermit keine von anderen Japanern unterschiedliche Herkunft gemeint, sondern vielmehr ein Vergleich in der Behandlung dieser Bevölkerungsgruppe mit der rassistischen Diskriminierung von Afro-Amerikanern intendiert sei.
31  Vgl. OHNUKI-TIERNEY: *The monkey as mirror*, S. 77–92.

Die Klassifizierung der Bevölkerung in der Edo-Zeit wurde lange Zeit als in der Regel basierend auf konfuzianischen Vorstellungen von sozialer Ordnung erklärt. Dabei erfolgte die Anordnung der vier Stände von Kriegern, Bauern, Handwerkern und Kaufleuten auf der in dieser Reihenfolge abnehmenden Tugendhaftigkeit, die die konfuzianische Weltsicht den vier Ständen zubilligte. Oft wird darauf hingewiesen, dass die Stände der Edo-Zeit nicht mit dem indischen Kastenwesen gleichzusetzen seien, da hier die Einteilung nach Reinheitskriterien vorgenommen werden.[32]

Allerdings wurde oben bereits diskutiert, dass die japanischen Vorstellungen von Unreinheit weniger etwas mit physischer Hygiene als mit Vorstellungen von Schuld und Vergehen zu tun haben. Wie im Bereich der Definition von Tugendhaftigkeit geht es um situationsangepasste Verhaltensweisen, die auch mit dem richtigen Platz – in diesem Fall in der Gesellschaft – zusammenhängen. So ergab sich im Diskurs die Tugendhaftigkeit der vier Stände aus der konfuzianischen Wertschätzung ihrer Tätigkeiten, unter denen die edelste das Herrschen und Regieren ist, gefolgt von der Produktion von Lebensmitteln und dann der Herstellung von nicht unbedingt zum Leben benötigten Dingen. Die am wenigsten tugendhaft angesehene Tätigkeit war die der Kaufleute, da sie nichts herstellten, sondern Profit mit den Dingen, die andere hergestellt hatten, machten.[33] Auch hier ist Tugend an die berufliche Tätigkeit gekoppelt, weshalb die Verortung von *eta* und *hinin* am unteren Ende außerhalb des Ständesystems – also auf der Stufe der völligen Abwesenheit von Tugend und damit absoluter Verschmutzung im moralisch-ideologischen Sinne – sinnvoll in der Logik der gesellschaftlichen Stratifizierung der Edo-Zeit ist.

Vorkommnisse und Tätigkeiten, die nach japanischer Auffassung unrein sind, zum Beispiel Kontakt zu Tod und Blut, kommen in allen Ländern und Kulturen vor, deshalb kann eine Analyse des Umgangs damit zu Erkenntnissen über wichtige Wertvorstellungen führen, die dem zugrunde liegen. PASSIN behauptet in seinem Vergleich mehrerer asiatischer Länder, dass je mehr Aufmerksamkeit eine Gesellschaft Konzepten von Unreinheit und Verunreinigung widmet, desto wahrscheinlicher sei es, dass es Gruppen von als „unberührbar" Ausgestoßenen gäbe.[34] Die Tendenz, Mitgliedern einer Fremdgruppe pauschal zu unterstellen, sie seien unsauber, kann dabei als ein allgemeines Merkmal der Abgrenzung der Eigen- von der Fremdgruppe ansehen werden.[35] Der Grad der systematischen Ausgrenzung einer Gruppe, wie das bei den *eta* und *hinin* der Edo-Zeit der Fall

---

32  Vgl. DUMONT: *Homo hierarchicus*, S. 73.
33  Vgl. MARUYAMA: *Studies in the intellectual history of Tokugawa Japan*, S. 339.
34  Vgl. PASSIN: „Untouchability in the Far East", S. 43.
35  Vgl. SPELTINI / PASSINI: „Cleanliness / dirtiness, purity / impurity as social and psychological issues", S. 210.

ist, weist allerdings auf eine besondere Wichtigkeit von Reinheit in japanischen Wertvorstellungen hin.

Diese Vorstellungen diskutiert OHNUKI-TIERNEY in einer Studie zur kulturellen Verortung von Krankheit in Japan ausführlich.[36] Zur Erklärung alltäglicher Praktiken, mit denen die eigene Wohnung (ein *uchi* im oben ausgeführten Sinne des Inneren) sauber gehalten wird, verweist sie auf die tradierte Vorstellung, dass das Außen (*soto*) in der Regel mit Schmutz und Verunreinigung und das Innen (*uchi*) mit Reinheit assoziiert wird. Zur Aufrechterhaltung der Reinheit des *uchi* sind dabei oft stark ritualisierte Handlungen notwendig, wie der Wechsel der Fußbekleidung (von Straßenschuhen zu Hausschuhen beim Betreten von Wohnungen oder von Hausschuhen zu Toilettenschlappen vor der Benutzung der Toilette etc.), saisonale Reinigungsriten (wie Firmen- und Hausputz vor Neujahr) oder das Werfen von Salz zur Reinhaltung des Sumorings. Das *soto* ist eine ständige Quelle von Bedrohungen der Reinheit des *uchi*, eine Quelle von Schmutz und Krankheiten:

> [...] in the past calamities and epidemics were believed to come from outside, and often to be brought by strangers and foreigners. Therefore, it would be essential culturally to control any outside force, lest it exercise the negative power.[37]

Hier taucht auch wieder das Element der Bedrohung durch „Fremde" oder Fremdgruppen auf, die als Quelle negativen Einflusses kontrolliert werden müssen.

OHNUKI-TIERNEYS Untersuchung betont darüber hinaus auch den Zusammenhang von Reinheitskonzepten und moralischen Vorstellungen sowie den kulturabhängigen Charakter der positiven und negativen psychologischen Reaktionen, die Reinheit bzw. Verschmutzung auslösen. Sie fasst dazu die in allen Erörterungen zur Konzeptualisierung von Reinheit und Unreinheit in der japanischen Kultur herangezogenen klassischen Stellen wie zum Beispiel aus den „Aufzeichnungen alter Begebenheiten" (*Kojiki* 古事記, 712) zusammen, um zu zeigen, dass die Dichotomie zwischen Reinheit und Unreinheit ein konstituierendes Prinzip der japanischen Weltsicht ist, in der Leben mit Reinheit und Tod mit Unreinheit korreliert werden, und Unreinheit, zum Beispiel durch Berührung mit Tod, die größte aller möglichen Sünden darstellt.[38] Unreinheit ist demnach immer auch eine moralische Kategorie, mit der der Umgang besonders geregelt und kontrolliert werden muss, um negative Auswirkungen auf die moralische Reinheit des *uchi* zu vermeiden.

Für die Betrachtung der in der Edo-Zeit aus dem *uchi* der Normalgesellschaft ausgeschlossenen *eta* und *hinin* ist es demnach zweitrangig zu erforschen, ob

36 Vgl. OHNUKI-TIERNEY: *Illness and culture in contemporary Japan*, S. 21–50.
37 Ebd., S. 33f.
38 Vgl. ebd., S. 36ff.

ihr Status durch den Kontakt mit als unrein angesehenen Tätigkeiten erklärt werden kann oder ob diese Tätigkeiten eine Folge ihrer Verortung im *soto* sind, die
aus ihrer ursprünglich nicht-agrarischen bzw. nicht-sesshaften Natur resultierte.
Aus kulturanthropologischer Sicht liegt der Kausalzusammenhang in der japanischen Weltsicht begründet. Die ab Ende des 16. Jahrhunderts eingeführte und
von der TOKUGAWA-Regierung perfektionierte Kontrolle der *eta* und *hinin* und
der von ihnen ausgehenden „Bedrohung" ist eine logische Folge dieser Weltsicht
in einem Prozess der Schaffung und Aufrechterhaltung sozialer Ordnung.

Nicht zu unterschätzen ist hierbei die psychologische Dimension, die bereits
als konstituierendes Element der Unterscheidung in Eigen- und Fremdgruppe erwähnt wurde. Die mit den *eta* und *hinin* assoziierte Vorstellung von Unreinheit
beinhaltet vor allem auch emotionale Elemente wie den gegenüber den deplatzierten Dingen und Menschen empfundenen Ekel. Dieser ist, weil nicht über den
Intellekt steuerbar, ein wirksames Mittel zur Aufrechterhaltung der Grenze zwischen der Normalgesellschaft und der Gruppe der Ausgestoßenen. Noch in der
Endphase der Edo-Zeit wird in einer Schrift, die inhaltlich zu einem rationalen
Umgang mit den *eta* ermahnt und in der die Existenz einer Schicht von Ausgestoßenen als ein staatspolitisches Problem gesehen wird, das dem internationalen
Ansehen Japans schaden könne, das diesen Menschen entgegengebrachte Ekel-
gefühl als selbstverständlich angesehen: „Vom Anblicke her hält man [die *eta*]
für eine abstoßende Art."[39] Sogar das Element der potentiellen Bedrohung ist im
Text enthalten, wenn der Autor SENJŪ Fujiatsu 千秋藤篤 mutmaßt:

> [...V]ielleicht erzürnen sie eines Tages [...]. Wenn sie die Ärmel aufstreifen und großes Ge-
> schrei anstimmen, sich in Scharen zusammenrotten, wenn gar die Ansiedlungen des ganzen
> Landes den Stock in die Hand nehmen und den Prügel schwingen, wenn man sich dem überall
> anschließt, die Länder und Gauen überfällt, ausraubt und dadurch Rache nimmt, [...] so kann
> noch nicht einmal unser gesamtes Aufgebot an Soldaten sie niedermachen.[40]

## 6   SCHLUSSBETRACHTUNG

Die Analyse der verschiedenen Facetten, für die in der Abgrenzung der Normalgesellschaft der Edo-Zeit von den als *eta* und *hinin* Ausgegrenzten das Symbol
der Unreinheit benutzt wurde, lässt einige Rückschlüsse auf die Wertvorstellungen der edo-zeitlichen Gesellschaft zu. Diese war geprägt von einem starken Bedürfnis der Definition von Abgrenzungen, um sich der eigenen Identität in klarer
Unterscheidung zu Fremdgruppen zu versichern. So wie in den meisten Jahren
der Edo-Zeit sowohl die Landesgrenzen als auch die Grenzen zwischen den ein-

---

39  Zitiert nach WOLDERING: „*Eta wo osamuru no gi*", S. 30.
40  Zitiert nach ebd., S. 30 f.

zelnen Lehensgebieten (*han* 藩) betont und kontrolliert wurden, so waren auch die sozialen Grenzen zwischen den Ständen und die klare Abgrenzung zu denjenigen Menschen, die aus dem Ständesystem herausfielen, konstituierende Elemente der Identität der Menschen in der Edo-Zeit.

Um Grenzen aufrecht zu erhalten, muss mit der Andersartigkeit der Fremdgruppe der Sinn der Abgrenzung legitimiert werden. Der dabei einsetzende sozialpsychologische Mechanismus ist die Abwertung der Fremdgruppe gegenüber der Eigengruppe. Dies wird dadurch erreicht, dass der Fremdgruppe ein der Eigengruppe besonders wichtiges Merkmal abgesprochen wird. Im Falle der Ausgrenzung von *eta* und *hinin* ist dies die für die Normalgesellschaft besonders wichtige und deshalb in zahlreichen Alltagspraktiken prioritär integrierte Herstellung oder Erhaltung von Reinheit. Reinheit kann erhalten oder hergestellt werden, indem verunreinigende Tätigkeiten an Bevölkerungsteile delegiert werden, die sich aufgrund ihrer geringeren wirtschaftlichen und sozialen Teilhabe nicht dagegen wehren können. Diese beseitigen Verunreinigungen und halten sie auch deshalb aus der Normalgesellschaft fern, weil sie selbst, wie der Schmutz, nicht Teil der Normalgesellschaft sind. In dieser wären sie ebenso deplatziert wie der Schmutz.

Unreinheit ist dabei weniger eine physikalisch-biologische Kategorie als vielmehr eine Chiffre für das Deplatzierte und Unerwünschte, vor dem man sich ekelt und das man fürchtet. Die größte Furcht löste in Japan das Phänomen Tod aus, um das herum sich durch religiöse Einflüsse aus dem Shintōismus und dem Buddhismus im Verlauf der geschichtlichen Entwicklung ein System von Vermeidungsstrategien entwickelte, die in einem ideologischen System mündeten, das in der Edo-Zeit zur Grundlage der Diskriminierung ganzer Bevölkerungsgruppen wurde. Die Betonung von Grenzen und das Bedürfnis, Menschen klar in Gruppen und Hierarchien zu verorten, führte zur rigiden Kontrolle der Mobilität von Menschen in der Edo-Zeit im Allgemeinen und Falle der *eta* und *hinin* im Besonderen, denen noch weniger physische und soziale Mobilität möglich war, als den Mitgliedern der Normalgesellschaft zugestanden wurde. In der Weltsicht der Edo-Zeit war eine Ordnung, bei der alles fest am richtigen Platz ist, ein hoher Wert. Unreinheit ist in dieser Weltsicht ein Symbol für eine ganze Gruppe von negativen Eigenschaften, die den *eta* und *hinin* zugeschrieben wurden: von niederer Moral, arm, ekelhaft, außerjapanischen Ursprungs etc. Die Abgrenzung von einer Gruppe, der diese Eigenschaften als negatives Spiegelbild zur Aufrechterhaltung der eigenen Gruppenidentität zugeschrieben werden, erfolgte in einem politischen System, das zur Wahrung der Ordnung rigide Kontrollmechanismen enthielt, basierte aber vor allem auch auf den psychologischen Mechanismen von dem durch diese „Unreinheit" ausgelösten Ekel und der Furcht vor

dem „Anderen". Dabei ist die fortwährende Existenz des Anderen und die klare
Abgrenzung davon ein konstituierendes Element der Identität der Eigengruppe.

LITERATURVERZEICHNIS

CHAPMAN, David: „Geographies of Self and Other: Mapping Japan through the
    koseki". In: *The Asia-Pacific Journal*, Nr. 9.29.2 (2011), S. 1–20; online ab-
    rufbar unter: https://apjjf.org/2011/9/29/David-Chapman/3565/article.html
    (letzter Zugriff am 02.11.2018).
DOUGLAS, Marie: *Purity and danger. An analysis of the concept of pollution and
    taboo*. London: Routledge & Kegan Paul 1966.
DUMONT, L.: *Homo hierarchicus. The caste system and its implications*. Chicago:
    Chicago University Press 1970.
GROEMER, Gerald: „The creation of the Edo outcaste order". In: *Race, ethnicity
    and migration in modern Japan*, Bd. 2. Michael WEINER (Hrsg.). London,
    New York: Routledge 2004, S. 60–89.
HALL, John W.: „Rule by status in Tokugawa Japan". In: *Journal of Japanese
    Studies*, Nr. 1.1 (1974), S. 39–49.
HANE, Mikiso: *Peasants, rebels, and outcastes. The underworld of modern
    Japan*. New York: Pantheon Books 1982.
HENDRY, Joy: *Understanding Japanese society*. New York: Routledge ⁴2012
    (1987).
MARUYAMA, Masao: *Studies in the intellectual history of Tokugawa Japan* [Orig.:
    *Nihon seiji shisōshi kenkyū*, übers. v. Mikiso HANE]. Tōkyō: University of
    Tōkyō Press 1974.
MILLER, Ian William: *The anatomy of disgust*. Cambridge: Harvard University
    Press 1997.
NAGAHARA, Keiji: „The medieval origin of the *eta-hinin*". In: *Journal of Japanese
    Studies*, Nr. 5.2 (1979), S. 385–403.
NAKANE, Chie 中根千枝: *Tate shakai no ningen kankei* タテ社会の人間関係. Tōkyō:
    Kōdansha 1967.
NEARY, Ian: „Burakumin in contemporary Japan". In: *Japan's minorities. The
    illusion of homogeneity*. Michael WEINER (Hrsg.). London, New York:
    Routledge 1997, S. 50–78.
OHNUKI-TIERNEY, Emiko: *The monkey as mirror. Symbolic transformation in
    Japanese history and ritual*. Princeton: Princeton University Press 1987.
OHNUKI-TIERNEY, Emiko: *Illness and culture in contemporary Japan. An an-
    thropological view*. Cambridge: Cambridge University Press 1984.

PASSIN, Herbert: „Untouchability in the Far East". In: *Monumenta Nipponica*, Nr. 11.3 (1955), S. 27–47.

SPELTINI, Giuseppa u. Stefano PASSINI: „Cleanliness / dirtiness, purity / impurity as social and psychological issues". In: *Culture & Psychology*, Nr. 20.2 (2014), S. 203–219.

SUGIYAMA LEBRA, Takie: *Japanese patterns of behaviour*. Honolulu: University Press of Hawai'i 1976.

TAJFEL, Henri: *Human groups and social categories. Studies in Social Psychology*. Cambridge: Cambridge University Press 1980.

VALENTINE, James: „On the borderlines. The significance of marginality in Japanese society". In: *Unwrapping Japan. Society and culture in anthropological perspective*. Eyal BEN-ARI, Brian MOERAN u. DERS. (Hrsg.). Manchester: Manchester University Press 1990, S. 36–57.

VOLLMER, Klaus: „Ordnungen des Unreinen. Zur Typologie von *kegare* in der japanischen Kultur der Vormoderne". In: NOAG, Nr. 179–180 (2006), S. 197–208.

WAGATSUMA, Hiroshi u. George A. DE VOS (Hrsg.): *Japan's invisible race. Caste in culture and personality*. Berkeley: University of California Press 1967.

WOLDERING, Guido: „*Eta wo osamuru no gi* oder ‚Erörterung der Herrschaft über die Schmutzigen'. Gedanken eines Schwertadligen der späten Edo-Zeit zum ‚Abschaum' seiner Gesellschaft". In: NOAG, Nr. 171–172 (2002), S. 21–37.

YAMAGUCHI, Masao: „Kingship, theatricality and marginal reality in Japan". In: *Text and context. The social anthropology of tradition*. Ravindra K. JAIN (Hrsg.). Philadelphia: Institute for the Study of Human Issues 1977, S. 151–179.

# Ökonomisches, soziales, kulturelles und symbolisches Kapital als Determinante der Danzaemon-Herrschaft in der Edo-Zeit

Volker Elis

## 1 EINLEITUNG

Dieser Beitrag ist dem Thema der Danzaemon 弾左衛門 gewidmet, welche die Oberhäupter verschiedener diskriminierter Gruppen in der Edo-Zeit (1603–1868) waren. Sie standen den *chōri* 長吏[1] und den Affenschaustellern (*sarukai* 猿飼い) vor und herrschten seit Anfang des 18. Jahrhunderts indirekt über verschiedene Gruppen von so genannten „Nicht-Menschen" (*hinin* 非人), deren Oberhäuptern sie übergeordnet waren. Ihre Residenz in Edo befand sich im Viertel Shinchō – heute ein Arbeiterviertel im Stadtteil Asakusa –, ein mit einer Mauer und einem Graben umgebenes Stadtquartier, in dem etwa tausend Menschen abgegrenzt von der übrigen Bevölkerung lebten. Die wichtigsten Gründe für ihre Diskriminierung bildeten, wie bereits vielfach in der einschlägigen Literatur hervorgehoben, religiöse Tabus wie das buddhistische Gebot, keine Tiere zu töten, sowie das shintōistische Konzept der rituellen Verunreinigung *kegare* 穢れ durch Kontakt mit dem Tod oder anderen biologisch-körperlichen Prozessen.[2] Indes soll im vorliegenden Beitrag weniger im Vordergrund stehen, welche Formen die Diskriminierung der marginalisierten Gruppierungen im konkreten Fall angenommen hatte.[3] Vielmehr wird das Hauptaugenmerk auf die ökonomischen, politischen und sozialen Bedingungen gelegt, unter denen die *chōri* lebten und arbeiteten. Vor diesem Hintergrund wird untersucht, welche Ziele die Danzaemon verfolgten und wie sie versuchten, diese durchzusetzen.

---

1  Für den vorliegenden Beitrag wurde die Regelung gewählt, überwiegend auf den Begriff *chōri* zurückzugreifen, die Eigenbezeichnung der Angehörigen dieser diskriminierten Gruppe im Kantō-Gebiet.
2  Vgl. z. B. GROEMER: „The creation of the Edo outcaste order", S. 269 oder VOLLMER: „Ordnungen des Unreinen", S. 198.
3  Vgl. hierzu den Beitrag von Anke SCHERER in diesem Band.

## 1.1 *Begriffsklärung*

Der Begriff *eta* 穢多 (wörtl. „viel Schmutz") war seit dem 17. Jahrhundert eine pejorative Bezeichnung, weshalb Angehörige dieser marginalisierten Gruppe sich selbst vorzugsweise *chōri* (Angehöriger einer nicht-bürgerlichen Gruppe) nannten.[4] Deshalb ziehen ihn japanische Autoren, die über die marginalisierten Gruppen schreiben, nicht selten vor. Trotz seiner Vorteile weist der Begriff die Problematik auf, je nach Region sehr unterschiedliche und sich widersprechende Konnotationen zu haben. Wollte man ihn ins Deutsche übersetzen, wäre „Angehöriger einer nicht-bürgerlichen Gruppe" der kleinste gemeinsame Nenner. In der Edo-Zeit war *chōri* in einigen Regionen als Bezeichnung für alle *eta* gebräuchlich. Dies gilt für die acht Provinzen der Kantō-Region unter der Herrschaft des Danzaemon, Izu (Präfektur Shizuoka), die Städte Tsuruoka und Sakata (Präfektur Yamagata), den Norden von Shinshū (Präfektur Nagano), die Stadt Kurashiki (Präfektur Okayama), die Provinzen Nagato und Suō (Präfektur Yamaguchi) sowie den westlichen bzw. nordwestlichen Teil Kyūshūs (Provinzen Hizen und Chikugo, d. h. Präfektur Saga sowie Teile der Präfekturen Fukuoka und Nagasaki). In der Stadt Ōsaka und ihrem Umland sowie in Teilen der Kinai-Region hatte *chōri* hingegen eine völlig andere Bedeutung: Dort meinte man damit Oberhäupter der *hinin* oder *hinin* allgemein.[5]

Noch zu Beginn der Edo-Zeit war *kawata* 皮多 (Lederverarbeiter) üblich, ein Begriff, der sich stärker auf die berufliche Spezialisierung dieser Gruppe bezog und im Mittelalter verbreitet war. Um die Genroku-Zeit (1688–1704) wurde indes durch Verordnungen festgelegt, dass *kawata* und ähnliche Bezeichnungen durch *eta* ersetzt werden sollten, wodurch die Diskriminierung dieser Gruppe systematisiert und verschärft wurde.[6]

Die Bezeichnung „Danzaemon" verweist auf ein erbliches Amt, fungierte jedoch gleichzeitig auch als Familienname, Berufsbezeichnung und Titel. Mit dem Amt verbunden war ein Herrschaftssystem, das als „Danzaemon-System" bezeichnet wird. Es gab 13 Menschen, die das Amt des Danzaemon während der Edo-Zeit ausübten (vgl. Tab. 1). Die Familie hieß eigentlich YANO 矢野; der letzte Danzaemon, Chikayasu 集保 (1823–89), nannte sich 1868 in Dan 弾 um.

| Name | Amtszeit | Name | Amtszeit |
| --- | --- | --- | --- |
| 1 Chikafusa 集房 | 1590–? | 8 Shūeki 集益 | 1775–1790 |

---

4   Vgl. URAMOTO: *Danzaemon to Edo no hisabetsumin*, S. 17f. und SEKIGUCHI: „Danzaemon shihai to sono kyōkai", S. 158.

5   Vgl. UCHIDA: „Chōri", S. 218f. sowie YANASE: *Eta hinin*, S. 25.

6   Vgl. KANEKO: „Der Gebrauch des Wortes *eta* und einige Bemerkungen zur Geschichte der Buraku-Diskriminierung", S. 17.

| Name | Amtszeit | Name | Amtszeit |
|---|---|---|---|
| 2 Shūkai 集開 | ?–1617 | 9 Chikashige 集杯 | 1793–1804 |
| 3 Chikasue 集季 | 1617–1640 | 10 Chikamasa 集和 | 1804–1821 |
| 4 Chikanobu 集信 | 1640–1669 | 11 Chikatami 集民 | 1822–1828 |
| 5 Chikahisa 集久 | 1669–1709 | 12 Chikamori 集司 | 1829–1838 |
| 6 Chikamura 集村 | 1709–1748 | 13 Chikayasu 集保 | 1840–1871 |
| 7 Chikasono 集園 | 1748–1775 | | |

Tab. 1: Amtszeiten der 13 Danzaemon aus: IKUE: „Danzaemon 13-dai no sokuseki", S. 39ff.

## 1.2 *Forschung zum Thema Danzaemon*

Die besondere Relevanz der Danzaemon-Forschung ergibt sich daraus, dass ihre Ergebnisse dazu geeignet sind, ein besseres Bild der Lebens- und Arbeitsbedingungen nicht nur der *chōri*, sondern vieler unterschiedlicher marginalisierter Untergruppen in der Edo-Zeit zu gewinnen, da die Macht- und Herrschaftsstrukturen innerhalb der Gruppe der Outcasts auf diesem Weg untersucht werden können. Daraus ergeben sich weiterführende Einsichten in die Beziehung zwischen den verschiedenen Outcast-Gruppen. An der Grundlagenforschung zum Thema „Danzaemon" beteiligt waren der Rechtshistoriker ARAI Kōjirō 荒井貢次郎, der sich seit den 1950er Jahren mit den edo-zeitlichen Quellen zu den Danzaemon beschäftigt hat[7], und der Historiker NAKAO Kenji 中尾健次, der das Thema mit seinen Arbeiten in umfassender Weise erschlossen hat, die in den 1990er Jahren erschienen sind.[8] Als Beiträge von nicht-japanischen Wissenschaftlern sind unter anderem die des amerikanischen Musikethnologen Gerald GROEMER zu erwähnen, der sich dem Thema besonders aus kulturgeschichtlicher Perspektive im Hinblick auf die darstellenden Künste genähert hat[9], und die des australischen Sozialhistorikers Timothy AMOS, der sich mit der Frage nach der Identität der marginalisierten Gruppen in der frühen Neuzeit beschäftigt.[10]

In Japan ist das Thema „Danzaemon" mittlerweile zu einem Modethema avanciert, was nicht zuletzt auch auf die zahlreichen Bücher des Autors SHIOMI Sen'ichirō 塩見鮮一郎 zurückzuführen ist, der die Erkenntnisse aus der For-

---

7  Vgl. z. B. ARAI („Edo jidai ni okeru senmin shihai no ichi-kōsatsu", 1957; „Toshi gyōseijō ni okeru senmin shūraku no sonzoku keitai", 1961; „Danzaemon yuishogaki ni tsuite", 1978).

8  Vgl. NAKAO (*Edo shakai to Danzaemon*, 1992; *Danzaemon*, 1994; *Edo no Danzaemon*, 1996 oder *Danzaemon kankei shiryōshū*, 3 Bde., 1995).

9  Vgl. z. B. GROEMER („The creation of the Edo outcaste order", 2001 oder *Street Performers and Society in Urban Japan, 1600–1900*, 2016).

10  Vgl. AMOS („Asakusa 'Newtown'", 2015). Diese Darstellung baut auf eine frühere Veröffentlichung von AMOS („Genealogy and Marginal Status in Early Modern Japan", 2013) auf.

schung und die Ergebnisse eigener Quellenrecherchen in essayistischer Form
mit einer Nacherzählung der allgemeinen historischen Ereignisse der Edo-Zeit
verbindet.[11] Die vorhandenen Quellen zu den Danzaemon sind mittlerweile recht
gut erschlossen, was auch der 2006 erschienene großformatige Band „Der Danzaemon von Asakusa: Das Oberhaupt der *eta* der Kantō-Region und die Kultur von Edo" (*Asakusa Danzaemon: Kantō etagashira to Edo bunka* 浅草弾左衛
門　関東穢多頭と江戸文化, 2006) dokumentiert, der eine Überblicksdarstellung
bietet, die den bisherigen Forschungsstand dokumentiert und das Thema in seiner ganzen Breite abdeckt. Neue Erkenntnisse ergeben sich weiterhin aus der
Auswertung von Materialien aus dem regionalen Kontext, die ein Schlaglicht
auf die Herrschaft des Danzaemon über Mitglieder der marginalisierten Gruppen
abseits des Regierungssitzes Edo werfen.[12]

Eine neue Perspektive führte Timothy AMOS in die Danzaemon-Forschung
ein, indem er in den Fokus nahm, welche Art von Kapital – ökonomisches, soziales und kulturelles – der jeweilige Danzaemon akkumulierte und wie sich diese
Aktivitäten während der Edo-Zeit veränderten.[13] Seine Beschreibung geht von
einer berechnenden Umwandlung von kulturellem in weiteres ökonomisches
und soziales Kapital aus, das mit den Bestrebungen des letzten Danzaemon in
Zusammenhang gesetzt wird, am Übergang von der Bakumatsu-Zeit (1854–67)
zur Meiji Zeit (1868–1912) eine Statuserhebung der ihm unterstellten Gruppen
herbeizuführen. Dieser Ansatz wird in diesem Beitrag aufgenommen, um gestützt auf zusätzliche Überlegungen und unter Berücksichtigung weiterer Gesichtspunkte die Beziehung zwischen den einzelnen Kapitalsorten herauszuarbeiten und die Reihenfolge und Tragweite ihrer Umwandlung in einen jeweils
anderen Typ zu konkretisieren.

## 2   SOZIALES KAPITAL IN DER DANZAEMON-HERRSCHAFT

Im Folgenden soll die Macht der Danzaemon in der Edo-Zeit vor dem Hintergrund von Pierre BOURDIEUS Konzept des sozialen Kapitals untersucht werden[14],
das in diesem Falle nicht auf eine kapitalistische, sondern auf eine Feudalgesellschaft angewandt wird. Die Betrachtung erfolgt in diesem Kapitel getrennt nach
den vier Kapitalarten ökonomisches, kulturelles, soziales und symbolisches Ka-

---

11  In Auswahl: SHIOMI (*Danzaemon to sono jidai*, 2008; *Edo no hiningashira*, 2008; *Edo no hin-
      min*, 2014).
12  Vgl. die Publikationen von HIGASHI NIHON BURAKU KAIHŌ KENKYŪJO (*Higashi Nihon no kinsei
      buraku no gutaizō*, 1992) oder ZENKOKU BURAKUSHI KENKYŪ KŌRYŪKAI (*Danzaemon taisei to
      kashira shihai*, 2000).
13  Vgl. AMOS: „Asakusa 'Newtown'", S. 222; 230f.
14  Vgl. BOURDIEU: *Die verborgenen Mechanismen der Macht*, S. 49ff.

pital. Im darauffolgenden Abschnitt wird die Danzaemon-Herrschaft chronologisch in vier Phasen eingeteilt, die durch unterschiedlich geartete Transformationen zwischen den einzelnen Kapitalarten charakterisiert waren. Der Zweck dieser Vorgehensweise besteht darin, die Stoßrichtung der von den Danzaemon gewählten Strategien herauszuarbeiten, um zu einem besseren Verständnis ihrer Herrschaft über die marginalisierten Gruppen während der Edo-Zeit zu gelangen.

## 2.1 *Ökonomisches Kapital*

Der Danzaemon verfügte 1847 über ein Vermögen von 3000 *koku* 石 und ein Einkommen von 4300 *koku*, wobei ihm 2620 *koku* (60,9 %) als Steuern und Lizenzgebühren von gewöhnlichen *chōri* zuflossen.[15] Sein Lebensstil war herrschaftlich und entsprach dem eines *hatamoto* 旗本 (Bannerherren).[16] Neben dem Danzaemon gab es noch weitere Menschen im Viertel, die als wohlhabend bezeichnet werden konnten, wie einige Großhändler (*ton'ya* 問屋), die mit Waren handelten, für die die *chōri* ein Monopol hatten.

Das Viertel Shinchō, das die Basis des Danzaemon-Systems bildete, fungierte als Zentrum eines überregionalen Handelsnetzwerkes und als zentraler Gerichtsstandort. Es war ein Ort, an dem ökonomisches Kapital akkumuliert wurde und bildete ein Reservoir an spezialisierter Arbeitskraft. Die benötigten Rohstoffe kamen auch von Zulieferern von außerhalb der Hauptstadt, die Rinder- und Pferdehäute von den dezentralen Sammelstellen in den einzelnen Provinzen entweder an lokale Händler oder an den Danzaemon in Edo lieferten.[17] Für jedes Stück Leder war an ihn 1 *monme* 匁 Silber zu entrichten.[18] Alle Lederwaren mussten über das Kontor des Danzaemon vertrieben werden; bei Zuwiderhandeln drohte die Todesstrafe.[19]

Die wichtigsten Gewerbe innerhalb des Viertels Shinchō waren die Gerberei und die Verarbeitung von Tierhäuten, die Herstellung von Sandalen mit Ledersohle (*setta* 雪踏) und der Handel mit tierischen Produkten, vor allem Leder. Laut einem Dokument aus dem Jahr 1849, einer der wenigen Quellen, die Aufschluss

---

15  Vgl. Hikaku sangyō enkakushi hensan iinkai: *Hikaku sangyō enkakushi*, S. 59 und Price: „The Economic Organisation of the Outcasts of Feudal Tokyo", S. 215. Bei *koku* handelt es sich um ein Hohlmaß, das für Reis verwendet wurde, der neben den Edelmetallen auch als Währung diente. Ein *koku* waren etwa 180 Liter.

16  Vgl. Nakao: *Edo no Danzaemon*, S. 13.

17  Es war den *eta* nicht erlaubt, mit Häuten von Hirschen und jeglichen weißen Tierhäuten umzugehen oder zu handeln. Vgl. Smythe / Naitoh: „The Eta class in Japan", S. 21. Vgl. auch den Beitrag von Klaus Vollmer in diesem Band.

18  Dies würde heutzutage etwa einem Betrag von 1250 Yen entsprechen.

19  Vgl. Brooks: *Outcaste society in early modern Japan*, S. 78f.

über die Geschäftsbeziehungen der Großhändler von Shinchō überhaupt geben
können, existierte ein differenziertes Netzwerk von Kunden innerhalb Edos, die
von Shinchō aus mit Leder, Sehnen oder Tierhaaren beliefert worden sind. Bei
dem überwiegenden Teil der Kunden (81,9 %) handelte es sich um solche, die
sich an Standorten außerhalb von Shinchō befanden und deren Geschäftsfeld in
der Weiterverarbeitung ebendieser tierischen Produkte bestand. Diese Betriebe
waren jeweils spezialisiert auf Fußbekleidung (Geta und Geta-Riemen, Strohsandalen, Sandalen mit Ledersohlen), Pferdezubehör, Musikinstrumente (Shamisen), Pinsel und Lederwaren. Nur bei den Geschäften für Leder und *setta*,
18,1 % der genannten Kunden, dürfte es sich um solche mit Standort innerhalb
des Viertels Shinchō gehandelt haben.[20] Weiterhin war die Herstellung und der
Handel mit weiteren Produkten von Bedeutung, für die die *chōri* ein Monopol
hatten, wie Kerzen- und Lampendochte, Webblätter und Schleifsteine, die mit
dem Monopol über Häute und Leder von Rindern und Pferden die Quelle des
Wohlstandes der *chōri* im Viertel Shinchō bildeten.[21]

Ein weiteres Dokument, das einen begrenzten Einblick in die Ökonomie des
Viertels Shinchō ermöglicht, ist eine Schuldenaufstellung des vorletzten Danzaemon aus dem Jahr 1848. Aus dieser Liste lässt sich herauslesen, dass es sich
bei 38,7 % der Schulden um Summen handelte, die der Danzaemon von Menschen von in- und außerhalb des Ghettos geliehen und in das Geschäft mit der
Verarbeitung von Kerzen- und Lampendochten investiert hatte. 30,1 % machten
Schulden aus, deren Gläubiger Untergebene des Danzaemon in den Provinzen
waren. Weitere 19,8 % der Schuldensumme lieh sich der Danzaemon von Leder-
geschäften und 11,4 % von *setta*-Geschäften in Shinchō.[22]

Da die *chōri* in Shinchō über Monopole und Sonderrechte verfügten und
gut ausgebaute Bezugs- und Abnehmernetzwerke nutzen konnten, sind sie im
Durchschnitt wohlhabender gewesen, als ihr marginalisierter Status es nahelegen würde. Ihr Wohlstand wurde gesichert durch die Verbindungen ihres Ober-
hauptes zum Stadtmagistrat (*machi bugyō* 町奉行), über die Vertrauen gebildet
wurde, was für den Gang der Geschäfte vorteilhaft war. In der Meiji-Zeit wan-
delte sich Shinchō in ein normales Arbeiterviertel, allerdings mit überdurch-
schnittlichem Pro-Kopf-Einkommen.[23] Der Danzaemon profitierte von den Mo-
nopolen auf unterschiedliche Weise. Bereits erwähnt wurden die Abgaben, die
ihm aus dem Ledermonopol zustanden. Darüber hinaus agierte er auch als mono-
polistischer Unternehmer beim Vertrieb von Kerzen- und Lampendochten, dessen Zentrum der Umschlagplatz für Dochte (*tōshin kaisho* 灯心会所) im Viertel

---

20   Vgl. NAKAO: *Edo no Danzaemon*, S. 136ff.
21   Vgl. KURAMOTO: „Eta no nariwai", S. 188ff.
22   Vgl. NAKAO: *Edo no Danzaemon*, S. 138f.
23   Vgl. AMOS: „Asakusa 'Newtown'", S. 228ff.

Shinchō bildete. Da es sich um Monopole handelte, waren die Produzenten vor den Markteintritten Unbefugter geschützt und konnten höhere Preise erzielen als unter Wettbewerbsbedingungen. Zudem waren sie von bestimmten Steuern befreit, was darauf zurückzuführen ist, dass Shinchō sich in einem Randbereich der Metropole Edo befand und deshalb nicht als Stadtviertel im eigentlichen Sinne behandelt wurde, sondern als eine periphere Siedlung außerhalb der Stadt.[24] Dies erklärt auch, warum der Danzaemon Shinchō als „Dorf" bezeichnete.

Dazu kamen die Abgaben, die die Unterführer aus den Provinzen an den Danzaemon zahlen mussten. Diese hatten dem Danzaemon zu Jahresanfang in seiner Residenz in Shinchō ihre Aufwartung zu machen. Dabei waren die Abrechnungsbücher und Personenregister vorzuzeigen und vier Arten von Gebühren zu entrichten: Eine Betriebsstättenabgabe (*shokuba nengu gin* 職場年貢銀), eine *chōri*-Haushaltsabgabe (*iebetsu yaku gin* 家別役銀), eine Abgabe, deren Bemessungsgrundlage die Zahl der *chōri*-Haushalte im Verwaltungsbezirk des jeweiligen Unterführers bildete, und eine *hinin*-Hütten-Abgabe (*koya yaku gin* 小屋役銀), die nach der Zahl der Hütten der dienstverpflichteten *hinin* berechnet wurde. 1854 kam noch eine vierte Gebühr hinzu, die Rinder- und Pferdehäute-Abgabe (*gyūba kawa kuchi gin* 牛馬皮口銀).[25]

Der Danzaemon hatte darüber hinaus noch eine weitere Einkommensquelle, die sich aus der Übernahme von Sonderaufgaben für die städtischen Behörden ergab. Dies umfasste die Organisation und Durchführung von Hinrichtungen sowie die Bereitstellung von Bütteln und Gefängniswärtern[26], damit er für die Aufrechterhaltung von Recht und Ordnung unter den marginalisierten Gruppen sorgen konnte. Außerdem war er zuständig für die Bestattung der Pferde aus der Familie des Shōguns und die Verwertung der Pferde der Daimyō und Bannerherren sowie die Bereitstellung von Trommeln für militärische Zwecke, für die Bestückung der Signaltürme und für die Feuerwehr.[27] Zusätzlich lieferten die *chōri* Pferdezeug wie zum Beispiel Zügel an das Shōgunat. Zu guter Letzt sind noch geringfügigere Abgaben aus den wirtschaftlichen Aktivitäten in Shinchō selbst zu erwähnen, die dem Danzaemon zugeflossen sind, wie die Abgaben von den vier Friseuren (die auch *hinin* bedienten) und dem Badehaus im Viertel.[28] Nicht zu unterschätzen waren dagegen die Einkünfte, die dem Danzaemon für die Bereitstellung der Sitzränge bei Theateraufführungen zustanden, bis der Prozess gegen die Kabukiveranstalter verloren wurde.

Von enormem Wert muss es weiterhin gewesen sein, seit Beginn des 18. Jahrhunderts als quasi autokratischer Herrscher auf ein Arbeitskräftepotential von

24    Vgl. SEKIGUCHI: „Danzaemon shihai to sono kyōkai", S. 158; 178.
25    Vgl. ŌKUMA: „Danzaemon yakusho no san'yakugin fuka to inban", S. 272.
26    Vgl. hierzu auch den Beitrag von Chantal WEBER in diesem Band.
27    Vgl. KURAMOTO: „Eta no nariwai", S. 188f.
28    Vgl. ebd., S. 188.

mehr als 5000 *hinin* zugreifen zu können. Zu seinem Vorteil wird schließlich auch ausgeschlagen haben, dass der Danzaemon selbst Recht sprach und so Einfluss nehmen konnte auf die Spielregeln, unter denen Produktion und Handel stattfanden, und darauf, wie Profite unter den Beteiligten aufgeteilt wurden.

## 2.2 *Kulturelles Kapital*

Die Bildung von kulturellem Kapital wird bislang vor allem in Bezug auf den offenkundig recht erfolgreichen Versuch des letzten Danzaemon diskutiert, einen Literaturzirkel zu unterhalten, in dessen Rahmen sich 25 Gelehrte aus Edo bei ihm trafen.[29] AMOS vertritt die Ansicht, dass die Intention dahinterstand, das kulturelle Kapital, das durch die Treffen mit der kulturellen Elite gebildet wurde, später in politisches und ökonomisches Kapital umzuwandeln, beispielsweise im Zusammenhang mit seinem Plan, eine Statuserhebung zu erwirken.[30]

Möglicherweise ist es jedoch lohnenswert, auch die Entwicklung desjenigen kulturellen Kapitals zu betrachten, das dem Danzaemon dadurch erwuchs oder eben nicht, dass er mit Aufführungen und Veranstaltungen im Bereich der darstellenden Künste in Verbindung gebracht wurde, zum Beispiel, indem er organisatorische Dinge in die Hand nahm oder die Bühne oder die Zuschauerränge zur Verfügung stellte. Die Argumentation, die die Oberhäupter der *chōri* ins Feld führten, um am Geschäft mit Theater- und anderen Aufführungen zu partizipieren, lief über fingierte Herkunftsnachweise (*yuishogaki* 由緒書), in denen verschiedene Künstlergruppen und Kunstgattungen auftauchten, denen die Vorfahren der Danzaemon vorstehen würden.[31] Eine Konstante im Handeln der Danzaemon bestand darin, dass sie mit wechselndem Erfolg versuchten, ihre Herrschaft und Privilegien aus ihrer Herkunft und vergangenen Begegnungen mit bekannten politischen Führern abzuleiten. So bezogen sie sich auf einen fiktiven Urahnen namens FUJIWARA Danzaemon Yorimasa 藤原弾左衛門頼兼, der von MINAMOTO no Yoritomo 源頼朝 (1147–99) das Recht erhalten haben soll, Schwerter zu tragen und über andere Outcast-Gruppen zu herrschen. Von besonderer Bedeutung für die privilegierte Beziehung des Danzaemon zur Shōgunatsregierung war ein *yuishogaki*, in dem von einer angeblichen Begegnung des ersten Danzaemon Chikafusa 集房 (Lebensdaten unbekannt) am ersten Tag des achten Monats Tenshō 18 (1590) die Rede ist, das ihn mit dem dritten Reichseiniger TOKUGAWA Ieyasu 徳川家康 (1543–1616) zusammenführte, bevor dieser sich in Edo niederließ, das er als seinen Regierungssitz gewählt hatte. Darin ist von treuer

---

29   Vgl. AMOS: „Asakusa 'Newtown'", S. 222.
30   Vgl. ebd., S. 230.
31   Für eine tabellarische Übersicht zu den Gruppen, auf die in den verschiedenen *yuishogaki* Bezug genommen wird, siehe MASE: „Danzaemon yuishogaki", S. 204ff. Vgl. auch den Beitrag von Ingrid FRITSCH in diesem Band.

Pflichterfüllung des Danzaemon die Rede, der sich auf den Schlachtfeldern der verstorbenen Menschen und toten Tiere angenommen hatte. Es existieren Versionen dieses *yuishogaki* aus den Jahren 1715, 1719 und 1725.[32] Bei den ersten beiden Versionen handelt es sich auf jeden Fall um Fälschungen, weil sie nachweislich nach 1725 entstanden sind. Aus den *yuishogaki* leitete der Danzaemon ab, dass er über die älteren Rechte verfügte, die ihn Kuruma Zenshichi 車善七 und auch dem *sarukai*-Oberhaupt Chōdayū 長太夫 überordneten und seine Herrschaft über die *hinin* legitimierte.

Eine weitere Grundlage für solche Ansprüche war auch das Vorhandensein von tierischen Bestandteilen in Musikinstrumenten, die bei künstlerischen Darbietungen zum Einsatz kamen. Von dem Versuch, kulturelles Kapital durch Kennerschaft in künstlerischen Bereichen zu erlangen, ist vor dem letzten Danzaemon nichts bekannt. Gewisse Defizite, die sich daraus ergaben, dass Amtsträger (*tedai* 手代)[33] des Danzaemon Aufführungen sprengten und beendeten, um die Ansprüche des Danzaemon geltend zu machen[34], könnten sich negativ auf die Entscheidungen ausgewirkt haben, die in den Streitfällen gegen Künstler vom Stadtmagistrat von Edo ergingen, zumal es nicht auszuschließen ist, dass sich im Publikum einflussreiche Persönlichkeiten befanden, die mit den Entscheidungsträgern in der Shōgunatsregierung bekannt waren.

## 2.3 *Soziales Kapital*

Soziales Kapital wird in diesem Beitrag verstanden als definiert durch die „Ausdehnung des Netzes von Beziehungen", die jemand mobilisieren kann inklusive des „Umfangs des (ökonomischen, kulturellen und sozialen) Kapitals, das diejenigen besitzen, mit denen er in Beziehung steht."[35] Das soziale Kapital des Danzaemon beruhte auf seinen angestammten Beziehungen zum Shōgunat, die durch rechtlich und sozial bindende Verträge (*goyō kankei* 御用関係) gekennzeichnet waren. Dadurch erhielt er seit Mitte des 17. Jahrhunderts Privilegien, die dadurch gerechtfertigt wurden, dass er sich zur Erfüllung bestimmter Pflich-

---

32  Vgl. GROEMER: „The creation of the Edo outcaste order", S. 270, Fußnote 21. Zu den einzelnen Versionen der *yuishogaki* siehe auch ARAI („Danzaemon yuishogaki ni tsuite", 1978).

33  *Tedai* wörtlich mit „Gehilfe" zu übersetzen scheint nicht ganz angemessen, zumal diese zum Teil mit sehr wichtigen und verantwortungsvollen Aufgaben betraut waren. Es scheint sich eher um Amtsträger gehandelt zu haben, die innerhalb des Viertels Shinchō eine gehobene Stellung inne hatten. NAKAO (*Edo no Danzaemon*, S. 56ff.) geht sogar davon aus, dass die *tedai* die eigentlichen Entscheidungsträger hinter dem Danzaemon gewesen sind und nennt dies „Führungskollektivsystem" (*shūdan shidō taisei* 集団指導体制). Sie waren zum Teil auch dafür verantwortlich, nach Ableben oder Rücktritt des alten Danzaemon den neuen auszuwählen.

34  Vgl. auch den Beitrag von Martina SCHÖNBEIN in diesem Band.

35  Vgl. BOURDIEU: *Die verborgenen Mechanismen der Macht*, S. 64.

ten bereit erklärte, zu der er die ihm unterstellte Gruppe der *chōri* heranzog. Auch andere Statusgruppen wie die *hinin* handelten in dieser Zeit ihr Verhältnis zu den Behörden aus, das ihre Position innerhalb des Beziehungsnetzwerks der verschiedenen marginalisierten Gruppen mitbestimmte.[36] Vor allem mithilfe der Herkunftsnachweise gelang es den Danzaemon, ihre Herrschaft über die Oberhäupter der *hinin* zu etablieren. In Edo herrschte Danzaemon – anders als die *eta*-Führer in Ōsaka und Kyōto – über Kuruma Zenshichi und die Führer unter ihm. Das gelang ihm, indem er in einer Reihe von Prozessen siegreich war. Die Shōgunatsregierung (*bakufu* 幕府) verhielt sich dabei durchaus parteiisch, um eine hierarchische Ordnung unter den marginalisierten Gruppen zu schaffen.[37]

## 2.4 *Symbolisches Kapital*

Symbolisches Kapital erwuchs den Danzaemon insbesondere aus ihrem Recht, mit gewissen Abstrichen in einer Weise aufzutreten und sich zu präsentieren, als käme ihre Stellung der eines Samurai oder gar eines Daimyō gleich.[38] Dies beginnt mit dem Titel bzw. der Amtsbezeichnung „Danzaemon", die auch als Familienname verwendet wurde, obwohl das Führen eines Familiennamens einem Nicht-Samurai nicht zustand, geschweige denn einem Angehörigen einer marginalisierten Gruppe außerhalb der Gesellschaft. Samurai-ähnlich kann man weiterhin seinen Kleidungsstil bei repräsentativen und zeremoniellen Anlässen nennen. Bei diesen Gelegenheiten trug er eine formelle Tracht, bestehend aus einem die Schultern betonenden Überwurf mit passender Rockhose (*kamishimo* 裃) über einem seidenen Untergewand (*noshime* 熨斗目), und war berechtigt, dazu wie ein Samurai zwei Schwerter zu tragen. Zudem war es ihm gestattet, sich in einer Sänfte tragen zu lassen und mit einer ähnlichen Entourage (*daimyō gyōretsu* 大名行列) aufzutreten, wie sie sonst nur einem Daimyō gebührte. Bestimmte Einschränkungen wiesen jedoch darauf hin, dass es sich dann doch nicht um ein echtes Mitglied des Kriegeradels handelte. So hatte der *kamishimo* aus Leinen und nicht aus einem als höherwertiger geltenden Material zu sein[39]; auch die Zusammensetzung der Entourage wies gewisse Abweichungen auf.

Die genannten Privilegien erfüllen das Kriterium, dass es dabei nicht darauf ankam, welche Güter man hatte, sondern auf welche Weise diese verwendet wurden, so dass sie als symbolisches Kapital im Sinne von BOURDIEU bezeichnet werden können, das als Mittel der sozialen Distinktion dient. Der entschei-

---

36  Vgl. AMOS: „Asakusa 'Newtown'", S. 216.

37  Vgl. GROEMER: „The creation of the Edo outcaste order", S. 276.

38  FUKUSHIMA (*Sharebon and the Courtesans*, S. 94f.) vertritt sogar die Ansicht, dass die Danzaemon so etwas wie Neben-Shōgune darstellten, die mit Einverständnis des *bakufu* über die Schattenseite des Lebens in Edo herrschten.

39  Vgl. JINBO: „Danzaemon no bushi-teki seikaku no rekishi haikei", S. 74.

dende Faktor beim symbolischen Kapital ist sein Seltenheitswert. Dass das symbolische Kapital in den Händen des Danzaemon die Eigenschaft hat, besonders selten zu sein, da man es nicht im Besitz eines Angehörigen der marginalisierten Gruppe der *chōri* vermuten würde, wird seine Wirksamkeit noch unterstrichen haben. Es ist denkbar, dass dieses symbolische Kapital in entscheidenden Situationen den Ausschlag gegeben hat, wenn soziales oder ökonomisches Kapital des Danzaemon auf dem Spiel standen. Möglicherweise hing die drakonische Bestrafung der sieben Unterführer des Kuruma Zenshichi, von der weiter unten noch die Rede sein wird, mit der impliziten Einschätzung der Regierungsmitglieder zusammen, dass die Anklageführer in Bezug auf ihr symbolisches Kapital dem angeklagten Danzaemon nicht ebenbürtig waren.

## 3 Die Herrschaft der Danzaemon

Im folgenden Abschnitt soll der Frage nachgegangen werden, nach was die Danzaemon in der Edo-Zeit strebten und wie sich die Stoßrichtung ihres Handelns veränderte. Zu diesem Zweck wird untersucht, wie die Danzaemon verschiedene Kapitalarten ansammelten, ausbauten oder schützten und welche Kapitalumwandlungen im Bourdieuschen Sinne stattfanden.

Was die Danzaemon von Oberhäuptern marginalisierter Gruppen in anderen Teilen des Landes unterschied, war die Weiträumigkeit ihres Einflussgebietes und ihre Machtfülle.[40] Ihre Macht erstreckte sich auf die acht Provinzen des Kantō-Raums – mit Ausnahme der Daimyate Mito (Präfektur Ibaraki) und Kitsuregawa sowie das Gebiet Nikkō (beides in der Präfektur Tochigi) – und Teile der Außengebiete Izu und Suruga (Präfektur Shizuoka) sowie auf Kai (Präfektur Yamanashi) und Mutsu (davon nur der ehemalige Landkreis Shirakawa in der Präfektur Fukushima).[41] Einen Schwerpunkt bildeten dabei die Provinzen Musashi (heutige Präfekturen Tōkyō und Saitama) und Kōzuke (Gunma), die mit der Stadt Edo gut 70 % der *chōri*-Haushalte stellten (vgl. Tab. 2).

| Region | *eta* | *hinin* | *sarukai* |
|---|---|---|---|
| Edo | 232 | 734 | 15 |
| Musashi (Tōkyō, Saitama) | 2305 | 220 | 7 |
| Kōzuke (Gunma) | 1711 | 151 | 8 |
| Shimotsuke (Tochigi) | 457 | 150 | 7 |
| Shimōsa (Chiba) | 315 | 170 | 2 |

40  Vgl. Narizawa: „Danzaemon", S. 199.
41  Vgl. Sekiguchi: „Danzaemon shihai to sono kyōkai", S. 158f.

| Region | *eta* | *hinin* | *sarukai* |
|---|---|---|---|
| Sagami (Kanagawa) | 307 | 224 | 3 |
| Hitachi (Ibaraki) | 100 | 41 | 1 |
| Kazusa (Chiba) | 90 | 150 | 17 |
| Izu (Shizuoka) | 64 | 14 | 0 |
| Awa (Chiba) | 29 | 17 | 1 |
| Suruga (Shizuoka) | 10 | 21 | 0 |
| Mutsu (Fukushima) | 6 | 8 | 0 |
| Summe | 5626 | 1900 | 61 |

Tab. 2: Haushalte unter der Herrschaft des Danzaemon (1800) aus: JINBO: „Senmin shihai kikō", S. 125.

### 3.1 *Shinchō und die Etablierung der Danzaemon-Herrschaft (1603–67)*

Ursprünglich war der Danzaemon nur einer unter vielen Outcast-Oberhäuptern in der Region gewesen, der sich zunächst gegen Konkurrenten wie den Tarōzaemon 太郎左衛門 von Odawara durchsetzen musste, der durch ein Schreiben des Clans der späteren Hōjō 北条 legitimiert war und seine Basis in der Provinz Sagami (entspricht in etwa der heutigen Präfektur Kanagawa) hatte. Dies gelang dem Danzaemon, indem er seine Legitimation als Oberhaupt der Gerber und Lederverarbeiter aus der bereits erwähnten Begegnung mit TOKUGAWA Ieyasu ableitete. Obwohl der Herkunftsnachweis, aus dem dies hervorging, offensichtlich nicht besonders zuverlässig war, ließ das TOKUGAWA-Shōgunat den Danzaemon gewähren, möglicherweise auch, weil Tarōzaemon die alte Hōjō-Ordnung repräsentierte, deren Stärkung den Interessen der TOKUGAWA zuwiderlief.[42]

Nach einigen Ortswechseln etablierte sich der Danzaemon im Viertel Shinchō am nordöstlichen Rand der Hauptstadt Edo. Das Viertel, in dem die *chōri* und die *sarukai* lebten, war ein administrativ und sozial marginalisierter Raum und als solcher ein Beispiel für soziale Segregation; heute würde man von einem Ghetto sprechen.[43] Die Gruppe der *hinin* lebte dagegen über die ganze Stadt verteilt. Shinchō bildete die Machtbasis der Danzaemon von der Mitte des 17. Jahrhunderts bis in die 1870er Jahre. Das Leben im Viertel war von einer ungleichen Einkommensverteilung und einer ausgeprägten sozialen Binnendifferenzierung charakterisiert. Der Danzaemon fungierte als quasi autokratischer Herrscher, der mitunter milde Gaben an die Armen verteilte. Ihm zur Seite standen Unterführer (*kumigashira* 組頭) und Amtsträger (*tedai*). Eine ähnliche Hierarchie mit einem

---

42   Vgl. GROEMER: „The creation of the Edo outcaste order", S. 271.
43   Vgl. AMOS: „Asakusa 'Newtown'", S. 213ff.

Oberhaupt, Unterführern und Amtsträgern, die den Angehörigen gewöhnlicher Haushalte vorstanden, gab es auch bei den *sarukai*.

Das Viertel hatte eine längliche Rechtecksform; an den kurzen Seiten befanden sich ein bewachtes Haupttor im Süden und ein Nebentor im Norden. Zusätzlich gab es an den Längsseiten zwei kleinere Tore, die ebenfalls bewacht wurden. Es wurde längsseits gequert von einer Hauptstraße, die auch von Menschen frequentiert wurde, die nicht zu den *chōri* oder *sarukai* gehörten. In der Nähe des Haupttors befand sich die Residenz des Danzaemon, wo es sowohl private als auch öffentliche Gebäude (*yakusho* 役所) gab. Unter den öffentlichen Gebäuden war ein Gerichtshof und ein Gefängnis sowie die Büros der Unterführer und Amtsträger. Innerhalb des Viertels gab es auch Gasthäuser, Werkstätten, Läden, ein Badehaus und Friseurgeschäfte sowie den Shintō-Schrein Hakusansha. Jedes Jahr im September fand ein Schreinfest statt, an dem auch Angehörige der nicht marginalisierten Gruppen teilzunehmen pflegten.[44] Obwohl die *chōri* und *sarukai* in Shinchō wie in einem Ghetto lebten, waren sie wirtschaftlich voll in die städtische Ökonomie Edos eingebunden und es gab durchaus Berührungspunkte und Kontakte zu den anderen Bewohnern der Hauptstadt.

## 3.2 *Prozesse gegen verschiedene Personen und Personengruppen (1667–1721)*

Die Strategie, sich über das Mittel der *yuishogaki* die Oberhoheit über verschiedene Randgruppen anzueignen oder zu bewahren, hatte eine wechselvolle Geschichte, die von einer Abfolge von Streitfällen geprägt war, die vom Shōgunat mal zu Gunsten und mal zu Ungunsten des Danzaemon entschieden wurden. Vier Fälle sollen hier betrachtet werden: Gegen den Nō-Schauspieler Kongō Tayū 金剛太夫 (1667), gegen die Gilde der blinden Sänger *tōdō-za* 当道座 (1703–10), gegen die Kabukischauspieler (1708–10) und gegen Kuruma Zenshichi (1719–21).

Kongō Tayū veranstaltete 1667 in Edo eine groß angelegte Nō-Aufführung, ohne dass er vorher beim Danzaemon vorgesprochen hätte. Das verstieß gegen die etablierten Gepflogenheiten, denn diesen hätte man mit der Errichtung der Zuschauerränge betrauen müssen, womit ihm ein Anspruch auf ein Entgelt zugestanden hätte. So kam es dazu, dass ein bewaffneter *tedai* des Danzaemon mit 50 Mann Verstärkung die Vorführung sprengte. Im Nachhinein wurde entschieden, dass dem Danzaemon für seine Intervention kein Tadel zu erteilen und im Gegenteil das Verhalten des Schauspielers zu rügen sei, der diesen in seinen Rechten beschnitten hätte.[45]

---

44  Vgl. Kuramoto: „Eta no nariwai", S. 185ff.
45  Vgl. Shiomi: *Edo no hiningashira*, S. 101ff.

Jedoch waren die Bemühungen der Danzaemon nicht immer von Erfolg gekrönt. Einen Präzedenzfall bildete der verlorene Prozess gegen die *tōdō-za*, eine
Organisation blinder Sänger, die von 1703 bis 1710 gegen die Herrschaft des
Danzaemon klagte.[46] Die ökonomische Bedeutung und der Wohlstand dieser
Gruppe nahm im Laufe der Edo-Zeit stark zu, nachdem sie begannen, sich neben der Rezitation der „Geschichte des Hauses Taira" (*Heike monogatari* 平家
物語), begleitet von Biwa, Koto oder Shamisen, auf das Geldverleihen zu verlegen. Vorgelegt vom Danzaemon wurde ein Schreiben, das die Abstammung seiner Vorfahren von Prinz Saneyasu 人康, dem vierten Sohn des Ninmyō tennō 仁
明天皇 (810–50), belegen sollte, der wegen einer Erkrankung erblindete und sich
dem Biwa-Spiel widmete.[47] Das *bakufu* entschloss sich, den weniger gut gelun-
genen Herkunftsnachweis geflissentlich zu ignorieren und die Gruppe der Herrschaft der Gilde zu unterstellen.[48]

Auch bei seiner nächsten Petition musste der Danzaemon eine Niederlage
hinnehmen, als er 1708 die Kabukischauspieler und die Angehörigen der Puppentheater unter seine Herrschaft bringen wollte. Dies wurde abschlägig beschieden, da 1709 bis 1710 in einem Gerichtsverfahren bekräftigt wurde, dass Pup-
penspieler, die in Theatern auftreten, nicht unter die Herrschaft des Danzaemon
fallen würden – eine Entscheidung, die auch auf die lizensierten Kabukitheater
angewandt wurde.[49] In der Literatur wird als Begründung für die Entscheidung
gegen den Danzaemon im Bereich der darstellenden Künste stets angeführt, dass
seine Petition auf der Grundlage der *yuishogaki* Widersprüche enthielt, die von
seinen Gegnern mithilfe spitzfindiger Argumentationen offengelegt wurden. Jedoch sollte auch bedacht werden, dass das Stören und der Abbruch von Theateraufführungen etwas war, dass den Danzaemon bei Theaterbesuchern nicht unbedingt beliebter gemacht haben wird. Möglicherweise fehlte hier das kulturelle
Kapital, um eine Oberhoheit durchzusetzen, die im Grunde genommen hauptsächlich darauf beruhte, dass Musikinstrumente auch Bestandteile tierischen Ursprungs (Sehnen, Häute, Haare) hatten, deren Verwertung den *chōri* oblag.

---

46   Vgl. hierzu auch den Beitrag von Ingrid FRITSCH in diesem Band.
47   Die blinden Sänger verehrten Prinz Saneyasu unter dem Namen Amayo no shinnō 雨夜親王.
     Ihm zu Ehren wurden in Kyōto und Edo zweimal im Jahr – außerhalb dieser Städte einmal
     im Jahr – Zeremonien abgehalten, bei denen die Göttin Myōō Benzaiten 明王弁財天 verehrt
     wurde. Es handelt sich dabei um eine Tradition, die gesellschaftlich von einiger Bedeutung
     war, jedoch auf historisch unzuverlässigen Überlieferungen beruhte, zumal eine Quelle fehlt,
     aus der hervorgehen würde, dass der (historische) Prinz Saneyasu tatsächlich blind gewesen
     ist. Vgl. FRITSCH: „The Sociological Significance of Historically Unreliable Documents in the
     Case of Japanese Musical Guilds", S. 147f.
48   Vgl. ARAI: „Edo jidai ni okeru senmin shihai no ichi-kōsatsu", S. 238f.
49   Vgl. GROEMER: *Street Performers and Society in Urban Japan, 1600–1900*, S. 59f.

Der Rückgriff auf gefälschte Herkunftsnachweise spielte ebenfalls eine Rolle beim Machtkampf zwischen dem sechsten Danzaemon Chikamura (1698–1758) und dem *hinin*-Oberhaupt Kuruma Zenshichi, der in Asakusa unweit des *chōri*-Viertels residierte und dem Danzaemon in Bezug auf seine Machtfülle zunächst in nichts nachstand. Kuruma Zenshichi war im 17. Jahrhundert das wichtigste von vier *hinin*-Oberhäuptern und für Asakusa und Shiba zuständig.[50] Die Hauptaufgabe der *hinin*-Oberhäupter war, die Aufsicht über die nicht registrierten *hinin* (*no-hinin* 野非人) zu übernehmen und diese in ihre Obhut zu nehmen, wenn sie aufgegriffen wurden. So kam leicht eine Arbeitstruppe von tausenden Menschen zusammen.[51] Er leitete das Gefängnishospital und Arrestgebäude *tame* 溜 in Asakusa und war wirtschaftlich so erfolgreich, dass er an Bürger und Samurai Geld verlieh.

Der Streit zwischen dem Danzaemon und Kuruma Zenshichi entzündete sich an der Frage, wie weit die Verfügungsrechte des Danzaemon über die *hinin* gingen. Unbestritten war dessen Recht, *hinin* zu bestimmten niederen Polizeidiensten heranzuziehen. Zu Beginn des 18. Jahrhunderts begann der Danzaemon jedoch, diese auch als Gefängniswärter und bei der Festnahme gesuchter Verbrecher einzusetzen. Nicht zuletzt aus diesem Grund strengte Kuruma Zenshichi 1719 einen Prozess gegen den Danzaemon an.[52] Weiterhin spielte dabei eine Rolle, dass sich seit Mitte des 17. Jahrhunderts das Prozedere bei der Anforderung von *hinin*-Arbeitskräften schrittweise zu Ungunsten des Kuruma Zenshichi verändert hatte. Die Bereitstellung von *hinin* war ursprünglich eine außerordentliche Leistung gewesen, für die ein Dank oder eine Gegenleistung fällig war. So wurde beispielsweise noch verfahren, als es dem Danzaemon gelang, mithilfe eines Arbeitstrupps von 5000 *hinin*, die Kuruma Zenshichi zur Verfügung gestellt hatte, der Bitte des Stadtmagistrats nachzukommen, sich an der Beseitigung der Leichen zu beteiligen, die der Meireki-Großbrand 1657 gefordert hatte. Jedoch ging der Danzaemon bald zu der Praxis über, *hinin* in immer größerer Zahl auf Befehl zu sich zu beordern.[53]

Kuruma Zenshichi verbuchte 1719 zunächst einen Teilerfolg, als der Stadtmagistrat entschied, dass dem Danzaemon nur noch die Hälfte der bisher angeforderten Arbeitskräfte zustünden, während seinem Ersuchen nicht entsprochen worden war, ihm den Danzaemon zu unterstellen. Ein Gegenschlag erfolgte im Folgejahr, als der Danzaemon umgekehrt beantragte, ihm den Kuruma Zenshichi zu unterstellen, da dieser seiner Berichtspflicht nicht nachgekommen sei. Der Stadtmagistrat folgte der Argumentation des Danzaemon in allen Punkten, was

50   Vgl. auch den Beitrag von Stephan Köhn in diesem Band.
51   Vgl. Nakao: *Edo no Danzaemon*, S. 119.
52   Vgl. Ikue: „Kuruma Zenshichi to Danzaemon", S. 98.
53   Vgl. Nakao: *Edo no Danzaemon*, S. 119ff.

Kuruma Zenshichi nicht akzeptieren konnte, so dass er noch auf dem Sterbebett
seine sieben Unterführer (*kumigashira*) bat, abermals Klage einzureichen.[54] Die
daraufhin 1721 angestrengte Klage endete in einem Desaster für die klageführende Partei, da ein hohes Gremium, bestehend aus dem Älteren Staatsrat (*rōjū*
老中) und den zwei Stadtmagistraten, die Klage nicht nur abschlägig beschied,
sondern gegen drei der Unterführer die Todesstrafe und gegen vier lebenslängliche Haftstrafen verhängte.[55]

Die Frage bleibt offen, was die Ursache für die drakonische Bestrafung war.
Nicht ausgeschlossen ist, dass die hohen Beamten damit ihrem Unmut darüber Ausdruck gaben, innerhalb eines Jahres erneut über eine Streitigkeit unter
den Oberhäuptern der marginalisierten Gruppen entscheiden zu müssen, obwohl
man seine Position schon hinlänglich klargestellt hatte. Die Bestrafung erfolgte dieser Argumentation nach wegen Insubordination und Missachtung von bewährten Praktiken, die sich eingebürgert hatten und für Ruhe unter den Verfemten sorgten. Erschwerend wird hinzugekommen sein, dass wie oben bereits
erwähnt für die *hinin*-Partei kein Anführer verantwortlich zeichnete, der in Bezug auf sein symbolisches Kapital ein ebenbürtiges Gegengewicht zu dem angeklagten Danzaemon bilden konnte.

Es ist davon auszugehen, dass das Shōgunat und der Stadtmagistrat durchschaut haben werden, dass es sich bei den beigebrachten *yuishogaki* um gefälschte Dokumente gehandelt haben muss. Dass sie die Danzaemon trotzdem
gewähren ließen, wird daran gelegen haben, dass es ihnen zupassgekommen
sein mag, in Edo ein voll legitimiertes Oberhaupt der marginalisierten Gruppen als Ansprechpartner zu haben, das aufgrund seiner unanfechtbaren Stellung
durchgreifen und innerhalb und außerhalb der Stadt für Ordnung sorgen konnte.
Unklar ist, warum das *bakufu* im Kantō-Raum eine Zentralisierung der Macht
favorisierte und im Kansai-Raum nicht[56]; möglich ist aber, dass das erhöhte Sicherheitsbedürfnis des Shōgunats in der Stadt, in der sich die Regierung befand,
eine Rolle gespielt hat.

## 3.3 *Verstärkte Kontrolle über die Geschäfte in den Provinzen (1721–1840)*

Die Herrschaft des Danzaemon reichte weit und wirkte sich auch auf die Governance-Strukturen auf dem Lande aus. Der Grundstein hierfür wurde mit dem
gewonnenen Prozess gelegt, der von den sieben *kumigashira* des Kuruma
Zenshichi angestrengt wurde. Mit einer Mitteilung an die *chōri*-Führer in der
Umgebung im Jahr 1724 stellte der Danzaemon klar, dass er in Zukunft zusätz-

---

54  Vgl. ebd., S. 122ff. sowie IKUE: „Kuruma Zenshichi to Danzaemon", S. 98f.
55  Vgl. NAKAO: *Edo no Danzaemon*, S. 125ff.
56  Vgl. GROEMER: „The creation of the Edo outcaste order", S. 273.

liche Abgaben verlangen würde. Die Begründung bestand darin, dass er in Edo aufgrund der neuen Sachlage zahlreiche zusätzliche Aufgaben übernehmen müsse, bei denen er Hilfe benötige. Dabei handelte es sich um die Aufsicht über die Strafgefangenen, die Verwaltung des *tame* in Asakusa, die Obhut über die Obdachlosen und die Beseitigung von Brandfolgen. Da die *chōri*, die außerhalb von Edo lebten, wegen der großen Entfernung Schwierigkeiten gehabt haben dürften, ihn dabei zu unterstützen, erlaubte er sich, stattdessen Abgaben von ihnen zu erheben.[57] Dieses Vorgehen kann dahingehend interpretiert werden, dass der Danzaemon nun daranging, sein durch den gewonnenen Machtkampf gegen Kuruma Zenshichi gewachsenes soziales Kapital in ökonomisches Kapital umzuwandeln. Dies konnte wiederum in soziales Kapital umgewandelt werden, das die Hegemonie des Danzaemon politisch absicherte.

Es gibt Hinweise darauf, dass der Danzaemon regelmäßig einmal im Jahr den Gebieten unter seiner Herrschaft einen Besuch abstattete, um seiner Machtstellung Ausdruck zu verleihen.[58] Aus den an den Danzaemon in Edo vergebenen Rechten leitete sich auch der Anspruch der Unterführer (*kogashira* 小頭) in den Provinzen ab, die *hinin* zu beherrschen und die Sammlung und Verwertung von Tierkadavern zu regeln. Als Gegenleistung für die Gewährung einer Bettellizenz konnten die Unterführer die *hinin* zu Arbeiten heranziehen. Aufgaben wie die Zerlegung der Tierkadaver wurden daher nicht von *chōri*, sondern von *hinin* übernommen. Im Gegensatz zu den *hinin* waren die *chōri* zum Teil nicht nur dem Danzaemon in Edo verpflichtet, sondern darüber hinaus auch den dörflichen Eliten, falls sie Felder besaßen, für die Steuern (*nengu* 年貢) entrichtet werden mussten.[59]

In den Außengebieten kam es oft vor, dass einzelne Personen oder Gruppen sich zum Ziel machten, die Herrschaft der Unterführer (*kogashira*) des Danzaemon abzustreifen. Beispiele für die Infragestellung der Danzaemon-Herrschaft gibt es aus den Daimyaten Kai und Izu.[60] Generell lässt sich sagen, dass in den Außengebieten die Herrschaft des Danzaemon über die Outcast-Gruppen schwächer war, die weder zu den *chōri* noch zu denjenigen *hinin* zählten, die über das Hütten-System erfasst wurden und von den Hütten-Verwaltern der *hinin* kontrolliert wurden.[61] Angehörige anderer Gruppierungen hatten durchaus

---

57  Vgl. NAKAO: *Edo no Danzaemon*, S. 127ff.
58  Vgl. ŌKUMA: „Danzaemon shihai no kōzō to seikaku“, S. 9f.
59  Vgl. SEKIGUCHI: „Danzaemon shihai to sono kyōkai“, S. 160f.
60  Vgl. ebd., S. 173ff.
61  Im Rahmen der Kyōhō-Reformen (1716–36) wurde verfügt, dass *hinin* in Hütten zu leben hatten und bestehende höherwertige Bauten abgerissen werden mussten. Hütten-Verwalter (*koya-gashira*, *koya-nushi* oder *koya-mochi*) waren befugt, an registrierte *hinin* das Recht zu vergeben, in bestimmten Straßenzügen zu betteln, wenn sie dort zusätzliche Aufgaben zu

die Möglichkeit, die Instanz zu wählen, deren Herrschaft sie sich unterstellen wollten.[62]

## 3.4 *Plan der Erwirkung einer Statusanhebung (1840–68)*

Der 13. und letzte Danzaemon Chikayasu, der von 1840 bis 1871 amtierte, verfolgte gegen Ende der Edo-Zeit den Plan, sein ökonomisches und kulturelles Kapital in soziales Kapital umzuwandeln, auf das er sich stützen konnte, um mit einer politischen Initiative die Befreiung der marginalisierten Gruppen aus dem Verfemtenstatus zu betreiben. Bereits 1777 hatte der achte Danzaemon Shūeki (1746–90) eine Eingabe ans Shōgunat gemacht, dass die *eta* und *hinin* nicht mehr als Ausgestoßene betrachtet werden sollten, welche jedoch abgewiesen wurde.[63] Es ist möglich, dass Chikayasu an diese Erfahrung anknüpfte. Diesmal erfolgte die Bildung von sozialem Kapital über die Bereitstellung von *chōri* als Truppen für militärische Zwecke.

Dem letzten Danzaemon gelang es, im Jahr 1865 die Erlaubnis dafür zu erwirken, dass sich 500 *chōri* als Soldaten am zweiten Vergeltungsfeldzug des vorletzten Shōguns Tokugawa Iemochi 徳川家茂 (1846–66) gegen die Provinz Chōshū (Präfektur Yamaguchi) beteiligen durften, der für den Shōgun 1866 mit einer Niederlage endete. Diese Truppe gelangte unter der Führung von zwei *tedai* bis nach Ōsaka, wo sie zu logistischen Zwecken verwendet wurde, ohne an Kampfhandlungen teilzunehmen. Die Idee, *chōri* zu Soldaten zu machen, wird auch dadurch inspiriert worden sein, dass in Antizipation einer kriegerischen Auseinandersetzung mit dem Shōgunat das Daimyat Chōshū dazu übergegangen war, Einheiten aus Verfemten aufzustellen.[64]

Als nächstes betrieb der Danzaemon im ersten Monat des Jahres 1868 die Aushebung und Ausbildung einer Einheit von 100 Gewehrschützen, die ebenfalls aus *chōri* bestand und auf einem alten Bogenschießgelände in Asakusa trainieren sollte. Dem Danzaemon gelang es, vom Stadtmagistrat Gewehre geliehen zu bekommen und einen Heeresausbilder als Übungsleiter zu finden. Das Vorhaben wurde schließlich nicht in die Tat umgesetzt, da die Truppen des Shōguns nach der Niederlage bei Toba Fushimi (im Süden der Stadt Kyōto) nach Edo

übernehmen bereit waren. Siehe dazu Vollmer: „Die Begriffswelt des Marginalen im mittelalterlichen Japan", S. 8f. und Groemer: „The creation of the Edo outcaste order", S. 280f.

62   Vgl. Sekiguchi: „Danzaemon shihai to sono kyōkai", S. 178f.
63   Vgl. Neary: *Political Protest and Social Control in Pre-war Japan*, S. 20.
64   Vgl. Jinbo: „Saigo no Danzaemon no Bakumatsu", S. 155 und Shiomi: *Danzaemon to sono jidai*, S. 85f.

zurückkehrten und die Dienste der *chōri* daher nicht mehr zur Verteidigung der Hauptstadt erforderlich waren.[65]

Das militärische Engagement des letzten Danzaemon sollte als Faustpfand dienen, damit parallel eine Statusanhebung (*mibun hikiage* 身分引│上) der *chōri* betrieben werden konnte, um der Diskriminierung der Mitglieder der marginalisierten Gruppen ein Ende zu bereiten und diese von Verfemten zu *heimin* 平民 (Bürgern) zu machen. Diese Taktik sollte von Erfolg gekrönt werden. Am 13. Tag des ersten Monats des Jahres Keiō 4 (1868) wurde dem Danzaemon vom Stadtmagistrat die Entscheidung des Staatsrats (*bakkaku* 幕閣) verkündet, dass sein Status angehoben würde; zu Beginn des zweiten Monats folgten auf seinen Antrag hin auch seine 65 *tedai*. Diese Erhebungen erfolgten lange vor dem offiziellen Befreiungsedikt (*mibun kaihōrei* 解放令) der Meiji-Regierung vom 12. Oktober 1871. Ob der nach Edo zurückgekehrte Shōgun selbst an der Entscheidung beteiligt war, gilt als umstritten.[66]

Ermutigt von diesem Coup fuhr Chikayasu fort, eine weitere Eingabe an die Shōgunatsregierung zu machen, in der er die Anhebung des Status aller *chōri* und danach auch der *sarukai*, der *hinin* und der *gōmune* 乞胸 (besondere Gruppe von Straßenkünstlern, die von Almosen lebten und dem Danzaemon unterstellt waren) forderte.[67] Um seiner Forderung nach einer schrittweisen Statusanhebung der marginalisierten Gruppen zusätzlich Nachdruck zu verleihen, schickte Chikayasu ein weiteres Mal *chōri*-Soldaten in den Krieg, als nach dem geschlossenen Rücktritt des Älteren Staatsrats die Falken unter den verbliebenen Resten der Shōgunatsregierung zum letzten Gefecht gegen die kaiserlichen Truppen aufriefen.[68] Unter der Führung von Chikamori (1815–72), des Vorgängers von Chikayasu im Amt des Danzaemon, bildeten 40 oder 50 *chōri*-Soldaten einen Teil der von Kondō Isami 近藤勇 (1834–68) angeführten Truppen, welche die kaiserlichen Truppen auf einem der wichtigsten Einfallstore nach Edo aufhalten sollten. Die ursprünglich 300 Mann starke Einheit wurde in der Folge in der Schlacht von Katsunuma in der Provinz Kōshū (Präfektur Yamanashi) besiegt.[69] Da wegen der unsicheren politischen Lage von Seiten des Shōgunats nicht mehr über den Antrag auf Statusanhebung aller Angehörigen marginalisierter Gruppen befunden werden konnte, blieb dieses letzte militärische Engagement des Danzaemon am Ende ohne Wirkung.

---

65 Vgl. Jinbo: „Saigo no Danzaemon no Bakumatsu", S. 156 und Shiomi: *Danzaemon to sono jidai*, S. 87ff.

66 Vgl. ebd., S. 90f. und Uramoto: *Danzaemon to Edo no hisabetsumin*, S. 210.

67 Vgl. Shiomi: *Danzaemon to sono jidai*, S. 93.

68 Vgl. Uramoto: *Danzaemon to Edo no hisabetsumin*, S. 212f.

69 Vgl. Shiomi: *Danzaemon to sono jidai*, S. 96f.

## 4 DIE BEDEUTUNG DER DANZAEMON-HERRSCHAFT INNERHALB DES FEUDALSYSTEMS

Die Danzaemon-Herrschaft war ein System im Rahmen der Herrschaft durch die Oberhäupter marginalisierter Gruppen (*kashira shihai* 頭支配), das auf einem Outsourcing von Hegemonie beruhte. Innerhalb des Danzaemon-Systems sorgten festgezurrte subalterne Hierarchien für eine Stabilisierung von Subgruppen, was als generelles Merkmal der Machtgewährung durch die Shōgunatsregierung gelten kann. Durch die verhältnismäßig gut funktionierende Herrschaftsstruktur, die intern kaum in Frage gestellt wurde, wurde paradoxerweise das Ständesystem gestützt. Obwohl es zahlreiche Machtkämpfe unter den einzelnen Oberhäuptern gab, reichte es, wenn das Shōgunat Recht sprach und für einen neuen Status quo sorgte, der dann für eine relativ stabile Grundlage für die nächsten Jahre sorgte. Direkte Interventionen des *bakufu* in die Belange der Outcast-Gemeinschaften erübrigten sich dadurch. Es zeigt sich hier eine Parallele zu anderen Ereignissen in der Edo-Zeit, bei denen sich die Shōgunatsregierung ebenfalls unwillig zeigte, sich mit den komplexen Interessensgeflechten verschiedener Parteien in ökonomischen Verteilungskämpfen auseinanderzusetzen.

Die Ursache dafür, dass die besondere Gunst, die den Danzaemon durch die Shōgunatsregierung gewährt wurde, in der Regel kaum wankte, war deren Ansammlung von sozialem Kapital im BOURDIEUschen Sinn, das im Laufe der Edo-Zeit geschützt und gemehrt werden konnte, sowie die geschickte Umwandlung der einzelnen Kapitalsorten in andere. In der ersten Phase ihrer Herrschaft (1603–67) etablierten sich die Danzaemon als Herrscher der marginalisierten Gruppen und sicherten auf der Grundlage ihres sozialen und symbolischen Kapitals, das auf der privilegierten Beziehung zum Shōgunat beruhte, die Quellen ihres ökonomischen Kapitals. Die zweite Phase ihrer Herrschaft (1667–1721) war von Konflikten zu konkurrierenden Personen und Organisationen geprägt, in denen die Danzaemon mit wechselndem Erfolg versuchten, ihr soziales Kapital zu schützen und auszubauen. Im Zuge des Sieges gegen Kuruma Zenshichi vor Gericht wurde sowohl eine Expansion der ökonomischen Basis als auch eine Mehrung des sozialen Kapitals erreicht. Aufgrund fehlenden kulturellen Kapitals konnten sich die Danzaemon jedoch gegen die Repräsentanten der Musiker und darstellenden Künstler letztlich nicht durchsetzen. Die dritte Phase (1721–1840) nutzte man dann dazu, auf der Grundlage der nun gesicherten Hegemonie die Herrschaft in den Provinzen auszubauen, was zu sich gegenseitig verstärkenden Effekten in Bezug auf ökonomisches und soziales Kapital führte. In der letzten Phase (1840–68), die mit der Amtszeit des dezidiert und gezielt politisch handelnden letzten Danzaemon Chikayasu zusammenfällt, versuchte dieser, sein ökonomisches Kapital in soziales und in geringerem Maße in kulturelles Kapital umzuwandeln, um eine Statuserhebung der *chōri* und anderer marginalisierter Gruppen zu erwirken, was nur für ihn selbst und 65 seiner Untergebenen gelang. Sein militärisches Engagement, bei dem er *chōri* als Soldaten in die Gefechte gegen die kaiserlichen Kräfte schickte, diente ihm als Faustpfand gegenüber der Shōgunatsregierung, um seine Ziele zu verfolgen. Das ökonomische Kapital, das er der Gunst des Shōgunats verdankte, wurde in einer Zeit, als die Tage des feudalen Regimes gezählt waren, in die Waagschale geworfen, um einer jahrhundertelangen Geschichte der Diskriminierung und Benachteiligung ein Ende zu setzen.

## LITERATURVERZEICHNIS

AMOS, Timothy: „Asakusa 'Newtown': The transformation of outcaste space in early modern Edo / modern Tokyo". In: *Japan Forum*, Nr. 27.2 (2015), S. 213–234.

AMOS, Timothy: „Genealogy and Marginal Status in Early Modern Japan: The Case of Danzaemon". In: *Japanese Studies*, Nr. 33.2 (2013), S. 147–159.

ARAI, Kōjirō 荒井貢次郎: „Danzaemon yuishogaki ni tsuite 弾左衛門由緒書について". In: *Kinsei Kantō no hisabetsu buraku* 近世関東の被差別部落. ISHII Ryōsuke 石井良助 (Hrsg.). Tōkyō: Akashi shoten 1978, S. 209–218.

ARAI, Kōjirō 荒井貢次郎: „Toshi gyōseijō ni okeru senmin shūraku no sonzoku keitai – Edo-Danzaemon inai no kindai chōseika suru made no baai 都市行政上における賤民集落の存続形態 — 江戸・弾左衛門囲内の近代町制化するまでの場合". In: *Tōyō hōgaku* 東洋法学, Nr. 4.2 (1961), S. 191–206.

ARAI, Kōjirō 荒井貢次郎: „Edo jidai ni okeru senmin shihai no ichi-kōsatsu – Mibunhōjō no eta no chii 江戸時代における賤民支配の一考察 — 身分法上の穢多の地位". In: *Tōyō hōgaku* 東洋法学, Nr. 1 (1957), S. 215–240.

BOURDIEU, Pierre: *Die verborgenen Mechanismen der Macht* (Schriften zu Politik & Kultur 1). Jürgen BOLDER u. Ulrike NORDMANN (Übers.). Hamburg: VSA 2015 (durchges. Neuaufl. der Erstaufl. 1992).

BROOKS, William L.: *Outcaste society in early modern Japan*. Diss. New York: Columbia Univ.; zugl. Ann Arbor: University of Michigan 1976.

DŌWA BUNKEN HOZONKAI 同和文化保存会 (Hrsg.): *Asakusa Danzaemon: Kantō etagashira to Edo bunka* 浅草弾左衛門　関東穢多頭と江戸文化. Tōkyō: Dōwa bunken hozonkai 2006.

FRITSCH, Ingrid: „The Sociological Significance of Historically Unreliable Documents in the Case of Japanese Musical Guilds". In: *Tradition and its Future in Music*. TOKUMARU Yoshihiko u. a. (Hrsg.). Tōkyō, Ōsaka: Mita Press 1991, S. 147–152.

FUKUSHIMA, Nahoko: *Sharebon and the Courtesans: A Phase of Edo Aesthetics as the Dispersal of Ideology*. Diss. Ann Arbor: University of Michigan 2011.

GROEMER, Gerald: *Street Performers and Society in Urban Japan, 1600–1900: The Beggar's Gift* (Routledge studies in the modern history of Asia 114). London, New York: Routledge 2016.

GROEMER, Gerald: „The creation of the Edo outcaste order". In: *Journal of Japanese Studies*, Nr. 27.2 (2001), S. 263–293.

HIGASHI NIHON BURAKU KAIHŌ KENKYŪJO 東日本部落解放研究所 (Hrsg.): *Higashi Nihon no kinsei buraku no gutaizō* 東日本の近世部落の具体像 (Higashi Nihon buraku kaihō kenkyūjo rekishi ronshū 東日本部落解放研究所歴史論集 1). Tōkyō: Akashi shoten 1992.

HIKAKU SANGYŌ ENKAKUSHI HENSAN IINKAI 皮革産業沿革史編纂委員会 (Hrsg.): *Hikaku sangyō enkakushi* 皮革産業沿革史, Bd. 1. Tōkyō: Tōkyō hikaku seinenkai 1989.

IKUE, Hisashi 生江久: „Danzaemon 13-dai no sokuseki 弾左衛門十三代の足跡". In: *Asakusa Danzaemon: Kantō etagashira to Edo bunka* 浅草弾左衛門　関東穢多頭と江戸文化. DŌWA BUNKEN HOZONKAI 同和文化保存会 (Hrsg.). Tōkyō: Dōwa bunken hozonkai 2006, S. 39–48.

IKUE, Hisashi 生江久: „Kuruma Zenshichi to Danzaemon 車善七と弾左衛門". In: *Asakusa Danzaemon: Kantō etagashira to Edo bunka* 浅草弾左衛門　関東穢多頭と江戸文化. DŌWA BUNKEN HOZONKAI 同和文化保存会 (Hrsg.). Tōkyō: Dōwa bunken hozonkai 2006, S. 92–100.

JINBO, Kōzaburō 神保光三郎: „Danzaemon no bushi-teki seikaku no rekishi haikei 弾左衛門の武士的性格の歴史背景". In: *Asakusa Danzaemon: Kantō etagashira to Edo bunka* 浅草弾左衛門　関東穢多頭と江戸文化. DŌWA BUNKEN HOZONKAI 同和文化保存会 (Hrsg.). Tōkyō: Dōwa bunken hozonkai 2006, S. 72–82.

JINBO, Kōzaburō 神保光三郎: „Senmin shihai kikō to kakushu shokunōmin-tachi 賤民支配機構と各種職能民たち". In: *Asakusa Danzaemon: Kantō etagashira to Edo bunka* 浅草弾左衛門　関東穢多頭と江戸文化. DŌWA BUNKEN HOZONKAI 同和文化保存会 (Hrsg.). Tōkyō: Dōwa bunken hozonkai 2006, S. 120–129.

JINBO, Kōzaburō 神保光三郎: „Saigo no Danzaemon no Bakumatsu 最後の弾左衛門の幕末". In: *Asakusa Danzaemon: Kantō etagashira to Edo bunka* 浅草弾左衛門　関東穢多頭と江戸文化. DŌWA BUNKEN HOZONKAI 同和文化保存会 (Hrsg.). Tōkyō: Dōwa bunken hozonkai 2006, S. 150–159.

KANEKO, Martin: „Der Gebrauch des Wortes *eta* und einige Bemerkungen zur Geschichte der Buraku-Diskriminierung". In: NOAG, Nr. 124 (1978), S. 11–20.

KURAMOTO, Tadashi 蔵元正: „Eta no nariwai – Kakoi no uchi (hikaku kakōya, hikaku ton'ya, settaya) no katsudō 穢多の生業 ― 囲内(皮革加工屋・皮革問屋・雪駄屋)の活動". In: *Asakusa Danzaemon: Kantō etagashira to Edo bunka* 浅

草弾左衛門　関東穢多頭と江戸文化. Dōwa bunken hozonkai 同和文化保存会 (Hrsg.). Tōkyō: Dōwa bunken hozonkai 2006, S. 183–192.

Mase, Kumiko 間瀬久美子: „Danzaemon yuishogaki 弾左衛門由緒書“. In: Burakushi yōgo jiten 部落史用語事典. Kobayashi Shigeru 小林茂, Haga Noboru 芳賀登, Miura Keiichi 三浦圭一 u. a. (Hrsg.). Tōkyō: Kashiwa shobō 1985, S. 203–207.

Nakao, Kenji 中尾健次: Edo no Danzaemon. Hisabetsu minshū ni kunrin shita „kashira“ 江戸の弾左衛門　被差別民衆に君臨した"頭" (San'ichi shinsho 三一新書 1137). Tōkyō: San'ichi shobō 1996.

Nakao, Kenji 中尾健次: Danzaemon kankei shiryōshū 弾左衛門関係資料集, 3 Bde. Ōsaka: Kaihō shuppansha 1995.

Nakao, Kenji 中尾健次: Danzaemon. Ō-Edo mō hitotsu no shakai 弾左衛門　大江戸もう一つの社会. Ōsaka: Kaihō shuppansha 1994.

Nakao, Kenji 中尾健次: Edo shakai to Danzaemon 江戸社会と弾左衛門. Ōsaka: Kaihō shuppansha 1992.

Narizawa, Eiju 成澤栄寿: „Danzaemon 弾左衛門“. In: Burakushi yōgo jiten 部落史用語事典. Kobayashi Shigeru 小林茂, Haga Noboru 芳賀登, Miura Keiichi 三浦圭一 u. a. (Hrsg.). Tōkyō: Kashiwa shobō 1985, S. 199–203.

Neary, Ian: Political Protest and Social Control in Pre-war Japan: The Origins of Buraku Liberation. Manchester: Manchester University Press 1989.

Ōkuma, Tetsuo 大熊哲雄: „Danzaemon shihai no kōzō to seikaku – Zaikata no jittai wo fumaete 弾左衛門支配の構造と性格 — 在方の実態を踏まえて“. In: Danzaemon taisei to kashira shihai 弾左衛門体制と頭支配 (Burakushi kenkyū 部落史研究 4). Zenkoku burakushi kenkyū kōryūkai 全国部落史研究交流会 (Hrsg.). Ōsaka: Kaihō shuppansha 2000, S. 4–58.

Ōkuma, Tetsuo 大熊哲雄: „Danzaemon yakusho no san'yakugin fuka to inban: ‚Kōzuke kogashira Saburō'emon bunsho‘ shoshū no uketorisho wo chūshin ni 弾左衛門役所の三役銀賦課と印判 —『上州小頭三郎右衛門文書』所収の受取書を中心に“. In: Higashi Nihon no kinsei buraku no gutaizō 東日本の近世部落の具体像 (Higashi Nihon buraku kaihō kenkyūjo rekishi ronshū 東日本部落解放研究所歴史論集 1). Higashi Nihon buraku kaihō kenkyūjo 東日本部落解放研究所 (Hrsg.). Tōkyō: Akashi shoten 1992, S. 269–326.

Price, John A.: „The Economic Organisation of the Outcasts of Feudal Tokyo“. In: Anthropological Quarterly, Nr. 41.4 (1968), S. 209–217.

Sekiguchi, Hiroo 関口博巨: „Danzaemon shihai to sono kyōkai: Tōgoku no senmin mibun to sabetsu 弾左座衛門支配とその境界 — 東国の賤民身分と差別“. In: <Edo> no hito to mibun 〈江戸〉の人と身分, Bd. 2: Mura no mibun to yuisho 村の身分と由緒. Shirakawabe Tatsuo 白川部達夫 u. Yamamoto Eiji 山本英二 (Hrsg.): Tōkyō: Yoshikawa kōbunkan 2010, S. 156–181.

SHIOMI, Sen'ichirō 塩見鮮一郎: *Edo no hinmin* 江戸の貧民 (Bunshun shinsho 文春新書 992). Tōkyō: Bungei shunjū 2014.

SHIOMI, Sen'ichirō 塩見鮮一郎: *Danzaemon to sono jidai* 弾左衛門とその時代. Tōkyō: Kawade shobō shinsha 2008.

SHIOMI, Sen'ichirō 塩見鮮一郎: *Edo no hiningashira: Kuruma Zenshichi* 江戸の非人頭　車善七 (Kawade bunko 河出文庫). Tōkyō: Kawade shobō shinsha 2008.

SMYTHE, Hugh u. Yoshimasa NAITOH: „The Eta class in Japan". In: *Phylon*, Nr. 14.1 (1953), S. 19–27.

UCHIDA, Kusuo 内田九州男: „Chōri 長吏". In: *Burakushi yōgo jiten* 部落史用語事典. KOBAYASHI Shigeru 小林茂, HAGA Noboru 芳賀登, MIURA Keiichi 三浦圭一 u. a. (Hrsg.). Tōkyō: Kashiwa shobō 1985, S. 218–219.

URAMOTO, Yoshifumi 浦本誉至史: *Danzaemon to Edo no hisabetsumin* 弾左衛門と江戸の被差別民 (Chikuma bunko ちくま文庫). Tōkyō: Chikuma shobō 2016.

VOLLMER, Klaus: „Ordnungen des Unreinen. Zur Typologie von *kegare* in der japanischen Kultur der Vormoderne". In: NOAG, Nr. 179–180 (2006), S. 197–208.

VOLLMER, Klaus: „Die Begriffswelt des Marginalen im mittelalterlichen Japan. Zum Problem der Klassifizierung gesellschaftlicher Randgruppen und ihrer Bezeichnungen". In: *Oriens Extremus*, Nr. 37.1 (1994), S. 5–44.

YANASE, Keisuke 柳瀬勁介: *Eta hinin. Shakaigai no shakai* えた非人　社会外の社会 [Übertragung ins moderne Japanisch von SHIOMI Sen'ichirō 塩見鮮一郎]. Tōkyō: Kawade shobō shinsha 2016 (Originalausgabe 1901).

ZENKOKU BURAKUSHI KENKYŪ KŌRYŪKAI 全国部落史研究交流会 (Hrsg.): *Danzaemon taisei to kashira shihai* 弾左衛門体制と頭支配 (Burakushi kenkyū 部落史研究 4). Ōsaka: Kaihō shuppansha 2000.

# Die *hinin* von Edo: Outcasts im Spannungsfeld von Gouvernementalität und Selbstregierung

Stephan Köhn

## 1 EINLEITUNG

Im Frühjahr des darauffolgenden Jahres erreichte die große Hungersnot ihren Höhepunkt. [Überall] gingen zwar die Lebensmittel aus, doch die Bucht zu Ōsaka in der Provinz Tsu, die größte Bucht Japans, hatte Reis und Getreide aus allen Regionen [Japans] im Überfluss. Der Berg an [prall gefüllten] Strohsäcken wuchs immer höher, sodass er fast an den Großen Bären [im Firmament] heranreichte. Und weiße Wolken legten sich um seine Hänge, sodass selbst die in die Ferne ziehenden Wildgänse ihr Gesicht [vor lauter Erstaunen] verzogen. In der Zwischenzeit hatten nun aber die Armen [*hinin* 貧人] in dem Wunsch, aus Hunger und Durst gerettet zu werden, ihre Heimat verlassen und waren nach Ōsaka gezogen. Sie überfüllten die Viertel und Straßen, sodass man sich nicht mehr frei fortbewegen konnte. Links und rechts der Häuser gab es ein Riesendurcheinander, die bettelnden Stimmen schallten in der Luft und ließen die Erde erbeben – ach, was für ein Elend.[1]

Mit dieser dramatischen Schilderung beginnt die vermutlich im Jahr 1688 – so zumindest das Datum des Vorwortes[2] – verfasste „Chronik des großen Friedens der Armen" (*Hinin taiheiki* 貧人太平記). Das *Hinin taiheiki* scheint sich als so genanntes zeitgenössisches Heft (*ukiyozōshi* 浮世草子), wie die gesellschaftlich aktuelle neue Literatur des ausgehenden 17. Jahrhunderts heute bezeichnet wird, auf den ersten Blick in die Reihe der unzähligen Parodien auf das mittelalterliche Kriegerepos „Chronik des großen Friedens" (*Taiheiki* 太平記) einzureihen.[3] Auf den zweiten Blick entpuppt es sich jedoch – trotz des Autorenkommen-

---

1 *Hinin taiheiki*, S. 300.

2 Auch die bibliographischen Verzeichnisse *Kokusho sōmokuroku* und *Kotenseki sōgō mokuroku* geben lediglich das Datum des Vorwortes, d. h. fünftes Jahr Jōkyō, als Druckjahr an.

3 So erschienen als *ukiyozōshi* – von den anderen späteren Formaten und Genres ganz zu schweigen – beispielsweise die „Chronik des großen Friedens der Bauern" (*Nōmin taiheiki* 農民太平記, 1710er Jahre?), „Chronik des großen Friedens der Kurtisanen" (*Keisei taiheiki* 契情太平記, 1744) oder „Unterhaltende Chronik des großen Friedens" (*Otogi taiheiki* 御伽太平記, 1756), um ein paar der in *Kokusho sōmokuroku* und *Kotenseki sōgō mokuroku* angeführten Parodien zu nennen. Vgl. auch die Überlegungen zum parodistischen Charakter des *Hinin taiheiki* in KOHARA: „,Hinin taiheiki' no sōsaku ishiki", S. 25ff.

tars im Vorwort, dass das vorliegende Werk der Belustigung und Unterhaltung der Leser dienen solle[4] – als ein fiktionalisierter Tatsachenbericht im Stile früherer sachliterarischer Silbenhefte (*kanazōshi* 仮名草子) wie z. B. die Katastrophenberichte „Der Musashi-Steigbügel" (*Musashi abumi* むさしあぶみ, 1661) oder „Der Schlussstein" (*Kanameishi* かなめ石, 1663) von Asai Ryōi 浅井了意 (1612–91).[5] Der anonym gebliebene Autor des *Hinin taiheiki* greift die große Hungerkatastrophe(n) der Enpō-Zeit (1673–81), die zu den drei großen humanitären Katastrophen der frühen Edo-Zeit (1603–1868) gezählt werden[6], auf und schildert die Folgen des Exodus der Armen aus den ländlichen Regionen in die neue Handelsmetropole Ōsaka im Jahr 1681. Denn in dieser Stadt des Reichtums und des Überflusses treffen sie unerwartet auf ihre ärgsten Widersacher aus den eigenen Reihen:

> Hier [herrschten] aber die großen Anführer [*taishō* 大将] der Bettler [*kojiki* 乞食], Ienashi aus Tobita, Takegaki aus Dōtonbori, Katahashi aus Tennōji und Tanenashi aus Tenma ashihara. Diese gab es über Generationen hinweg schon seit den frühesten Anfängen der Stadt. Sie wurden als Anführer der Bettler [*goki no shōgun* 五器の将軍] verehrt[7], und das nicht nur hier. Von nah und fern genossen sie die Verehrung der niederen Bettler und vergaßen dabei ganz ihre eigene niedere Herkunft. Beim Essen schlugen sie sich den Bauch voll und prahlten damit, dass sie nicht mehr arm und bedürftig seien.[8]

Diese Anführer, bei denen zwar die Namen, nicht aber die ihnen zugeordneten vier Sonderbezirke (*kaito* 垣外) in Ōsaka fingiert sind[9], sehen ihre Einflusssphäre durch das unorganisierte Betteln in der Stadt merklich bedroht und jagen die Konkurrenz zunächst erfolgreich aus der Stadt. Die Vertriebenen, die sich dem zum Bettler verkommenen ehemaligen Krieger Hadakazaburō Tsuchihada 裸三

---

4  Vgl. *Hinin taiheiki*, S. 299.
5  Ersterer widmet sich retrospektiv dem großen Meireki-Feuer im Jahr 1657, letzterer handelt vom großen Erdbeben in Kyōto im Jahr 1662.
6  Zu den drei bzw. vier großen Hungerkatastrophen der Edo-Zeit vgl. die Arbeit von SHIHŌSHŌ KEIJIKYOKU (*Nihon kikin shi*, 2004).
7  Interessant ist hier, dass der Text die Anführer der *hinin* stets als „Shōgun" bzw. „Shōgun der Bettlerschalen" bezeichnet, während die übliche Bezeichnung in Ōsaka bzw. Westjapan zu dieser Zeit bereits *chōri* 長吏 war. Inwieweit die verwendete Bezeichnung lediglich als Konzession an das Genre der Kriegserzählungen zu sehen ist oder evtl. der Autor bereits bewusst die Nennung von realhistorischen Bezeichnungen / Titeln vermeiden wollte, kann hier nicht geklärt werden.
8  *Hinin taiheiki*, S. 300.
9  Vgl. TSUKADA: *Ōsaka hinin*, S. 7–21. Der *kaito* in Tennōji ist unter den vier Bereichen der älteste und datiert auf das Jahr 1594, es folgen Tobita 1609, Dōtonbori 1622 und Tenma 1626. Die Gründung dieser Sonderbezirke erfolgte auf Regierungsgeheiß, die Stadtmagistrate stellten die Grundstücke zur Verfügung und unterstützten den Bau von Hütten bei der unausweichlichen Vergrößerung dieser Bereiche im Laufe der Zeit. Laut OKAMOTO (*Ran, ikki, hinin*, S. 37ff.) lebten ca. 6000 *hinin* in den vier *kaito* in Ōsaka, wenngleich diese Zahl sicherlich von erheblichen Schwankungen betroffen war.

郎土肌 anschließen, holen dann zum Gegenschlag aus – der Krieg der Armen, so die Konzession an das Genre der Kriegserzählungen (*gunkimono* 軍記物), zu dem das ursprüngliche *Taiheiki* aus dem 14. Jahrhundert zählt, nimmt hier unweigerlich seinen Lauf. Doch am Ende aller Kämpfe und Schlachten gibt es weder Gewinner noch Verlierer. Die Obrigkeit beendet schließlich zu Beginn der neuen Jahresdevise Tenna im Jahr 1682 den Aufruhr auf ihre Weise:

> In allen Vierteln und Straßen wird [für die Armen] in Unmengen Reisgrütze gekocht. Die weiße Grütze, die von der Schöpfkelle tropft, erinnert an die Wasserfälle von Nachi [Präfektur Wakayama] oder Minō [Präfektur Hyōgo]. Ihr Glitzern gleicht, wenn sie sich über die Straßen ergießt, den Wellen, die über den Mond [auf der Wasseroberfläche] als Gischt hinwegziehen. [...] Dass sich Arme und Bettler wieder versöhnen, ist wahrlich ganz und gar das Verdienst der neuen Regierungsdevise Tenna.[10]

Die große Hungersnot des Jahres Enpō 8 (1680) wurde bereits im Jahr Tenna 2 (1682) in dem von Ima no Chōmei 今長明 (o. A.), so das Pseudonym eines ansonsten unbekannt gebliebenen Autors, verfassten Silbenheft die „Pseudo-Aufzeichnungen aus meiner Hütte" (*Inu hōjōki* 犬方丈記) ausführlich thematisiert. Doch während der Autor im Stil von Kamo no Chōmeis 鴨長明 (1155–1216) berühmten „Aufzeichnungen aus meiner Hütte" (*Hōjōki* 方丈記, 1212)[11] trotz verschiedener parodistischer Metazitate auf das Original, einen sehr faktenbezogen und wertneutralen Bericht über die landesweite Hungersnot des Jahres 1680 und den unternommenen Hilfeleistungen, hier vor allem in der Kaiserhauptstadt Kyōto, bietet[12], wirkt die Darstellung des *Hinin taiheiki* in gewisser Hinsicht subjektiv und wertend. Der Autor lässt nämlich im Kriegsgeschehen seines Werkes *hinin* 貧人 auf *hinin* 非人 treffen, erstere durch temporäre Verarmung zu unorganisiertem Betteln gezwungene, letztere durch systemische Ausgrenzung auf organisiertes Betteln spezialisierte Outcasts der Gesellschaft. Dabei gibt es jedoch keinen Zweifel daran, dass ungeachtet des ganzen Ausmaßes der humanitären Katastrophe letztlich nur der ersten Gruppe von *hinin* das wahre Mitgefühl der Leser gelten kann, also den „echten" Armen, die durch die Folgen von Naturkatastrophen tatsächlich alles verloren haben. Denn die in den vier großen *kaito* in Ōsaka – so zumindest die Schilderung im *Hinin taiheiki* – scheinbar im Überfluss lebenden *hinin* kämpfen längst nicht mehr um ihr Überleben durch das Sammeln von Almosen.[13] Ihr organisiertes Betteln in den Vierteln fungiert vielmehr als garantiertes Basiseinkommen eines von weiten Teilen der Gesell-

---

10  *Hinin taiheiki*, S. 313f.

11  Die Wahl des *Hōjōki* als „Vorlage" dürfte sicherlich kein Zufall gewesen sein, schließlich berichtet hier Kamo no Chōmei u. a. über das große Erdbeben aus dem Jahr Bunji 1 (1185).

12  Das *Inu hōjōki* (S. 324) erwähnt, dass im Herbst Enpō 8 (1680) Dauerregen, Hochwasser und Taifune dafür verantwortlich waren, dass die ganzen Ernten zunichtegemacht wurden.

13  Auffällig ist die häufige Nennung des Begriffs *rahan hōman* 囉飯飽満 (vollgestopfter Bauch der Bettler bzw. mit Erbetteltem) zur Charakterisierung des Lebensstils der *hinin* in den *kaito*.

schaft mit äußerster Irritation betrachteten neuen, durch und durch als inadäquat empfundenen Lebensstils. Die Armenspeisung mit Reisgrütze (*kayu segyō* 粥施行) beendet schließlich nicht nur die kriegerischen Auseinandersetzungen zwischen *hinin* und *hinin* in Ōsaka, sie bringt auch bei den letzteren wieder ihre vermeintlich wahre *hinin*-Natur als Bettler zum Vorschein, wenn für eine Schale Grütze dann schließlich doch alle Waffen und kriegerischen Absichten fallen gelassen werden. Der große Frieden (*taihei* 太平) ist somit gleichzeitig auch die Wiederherstellung der diskursiven Gesellschaftsnorm. Doch eine wichtige Pointe der Geschichte unterschlägt unser Autor bei seinem eher rosig klingenden Ende dieses Bettlerkrieges: Im Jahr Tenna 3 (1683), drei Jahre nach der geschilderten Hungerkatastrophe, werden alle ehemals vom Land geflohenen *hinin*, die noch in Ōsaka weilen und sich an den dortigen Flussufern in dürftigen Unterkünften inzwischen niedergelassen haben, per Dekret auf die vier Sonderbezirke zwangsverteilt – aus den Almosen sammelnden „Armen" sind nun berufsmäßige „Bettler" geworden, die fortan für einen der vier Anführer zu arbeiten hatten.[14]

Während aber im Ōsaka des späten 17. Jahrhunderts ein immer noch weitgehend gemäßigtes Klima – zumindest anfänglich – gegenüber den „neuen" *hinin*, die in die Stadt strömen, zu herrschen scheint, ist die Gangart in Edo, dem neuen Regierungssitz des Tokugawa-Shōgunats, von Anfang an viel unnachgiebiger. In einer Bekanntmachung (*ofuregaki* 御触書) vom achten Monat des Jahres Enpō 8 (1680) heißt es bereits:

> Von den beiden Stadtmagistraten wurde heute verkündet: In den Vierteln halten sich zahlreiche Bettler auf, die aufdringlich um Almosen bitten oder kleine Diebstähle begehen. Von jetzt an darf keiner dieser Bettler[delikte] ungeahndet bleiben. Sollten diese Bettler an verschiedenen Orten zusammenkommen und einfache Hütten errichten, so sind diese innerhalb der nächsten drei Tage unverzüglich wieder abzureißen. Aufgrund dieses Sachverhaltes wird Kuruma Zenshichi geheißen, in seinen Wachen [*gobansho* 御番所] diese Bettler mit einem Ausweis [*tegata* 手形] zu versehen [und zu registrieren].[15]

Nicht nur dass die Regierung gleich zu Beginn der landesweiten Hungerkatastrophe rigoros gegen die neuen *hinin* durchgreift, sie bedient sich dazu auch noch eines Handlangers, Kuruma Zenshichi 車善七, der selbst ein *hinin* ist und über gewisse Infrastrukturen in der Regierungshauptstadt zu verfügen scheint, derer sich die Obrigkeit zur Lösung des Problems bedienen möchte. Wer kontrolliert hier also eigentlich wen und wie an den Rändern der edo-zeitlichen Gesellschaft?

---

14  Vgl. Okamoto: *Ran, ikki, hinin*, S. 16.
15  *Ofuregaki Kanpō shūsei*, Nr. 2391, S. 1138.

## 2 DER AMBIVALENTE CHARAKTER DER SOZIALEN KATEGORIE *HININ*

Während im öffentlichen Duktus der zuvor zitierten Bekanntmachung aus dem Jahr 1680 für den Begriff *hinin* die Schriftzeichen für „Nicht-Menschen" konsequent verwendet werden, scheint vor allem das *Hinin taiheiki* mit seiner unterschiedlichen Notation für „arme Menschen" und „Nicht-Menschen" hier noch eine mehr oder minder bewusste Distinktion zu machen, die sich auch in einigen Lexika der Edo-Zeit nachweisen lässt. So führt das von den Jesuiten kompilierte „Japanisch-Portugiesisch Wörterbuch" (*Nippo jisho* 日葡辞書)[16] aus dem Jahr 1603 unter dem Eintrag *hinin* (genauer gesagt: *finin*) lediglich die Beschreibung „armer Mensch (貧人)" (*madoshii hito, binbō na hito*) an.[17] Das *Ekirinbon* 易林本, ein Lexikon zur zeitsparenden Ermittlung der korrekten Schreibweise in chinesischen Schriftzeichen (*setsuyōshū* 節用集) aus dem Jahr 1597, enthält zwar bereits die beiden verschiedenen Schreibweisen „armer Mensch (貧人)" und „Nicht-Mensch (非人)" unter der Rubrik „Gesellschaft" (*jinrin* 人倫), ohne jedoch eine Unterscheidung zwischen den beiden Begriffen zu treffen.[18] In den meisten nachfolgenden *setsuyōshū* jedoch, und dies im Grunde genommen bis zum Ende der Edo-Zeit, wie die Beispiele des *Yamato setsuyōshū shikkai taizen* 倭節用集悉改大全 aus dem Jahr 1818 oder des *Eitai setsuyō mujinzō* 永代節用無尽蔵 aus dem Jahr 1831 verdeutlichen, werden nun „arme Menschen" (*hinjin* 貧人, erklärt als: *mazushibito* マヅシビト) und „Nicht-Menschen" (*hinin* 非人, erklärt als: *monomorai* 乞丐 / モノモラヒ, also Bettler) klar begrifflich voneinander unterschieden.[19] KITAMURA Nobuyos 喜多村信節 (1784–1856) Alltagsenzyklopädie „Bescheidene Aufzeichnungen zum Zeitvertreib" (*Kiyū shōran* 嬉遊笑覧) aus dem Jahr 1830 erklärt hierzu:

> [Den Begriff] *hinin* schrieb man früher nicht als „Nicht-Mensch (非人)", sondern als „armer Mensch (貧人)". Da „Nicht-Mensch" die Bezeichnung für Personen ist, die eine Untat begangen haben und dadurch nicht [mehr länger] zu den „Menschen" zählen, sollte man den Begriff *hinin* deshalb [besser mit den Zeichen] für „arme Menschen" schreiben.[20]

Die Frage, ob die Diskriminierung dieser unteren Ränder der Gesellschaft (*hisabetsu senmin* 被差別賎民) ihren Ursprung in einer aus mangelnder Teilhabe – z.B. an Grund und Boden als Folge früher Landreformen der Nara-Zeit (710–94) – folgenden Verarmung (d.h. „arme Menschen") oder aus einer systemischen Kontrolle – z.B. der verpflichtend auszuübenden Berufe – resultierenden Stigmatisierung (d.h. „Nicht-Menschen") hat, hat über weite Strecken

---

16 Der Originaltitel lautet: *Vocabulario da Lingoa de Iapam*.
17 Vgl. *Hōyaku: Nippo jisho*, S. 234. Das *Nippo jisho* verweist darauf, dass die Zeichen 貧人 sowohl als *finnin* als auch *finin* gelesen werden.
18 Vgl. *Setsuyōshū (Ekirinbon)*, S. 222.
19 Vgl. *Yamato setsuyōshū shikkai taizen*, S. 587 u. *Eitai setsuyō mujinzō*, Bl. 384u.
20 KITAMURA: *Kiyū shōran*, Bd. 5, S. 61.

die akademischen Debatten über die Bildung und Ausdifferenzierung des Ständesystems im japanischen Mittelalter geprägt. Zwei prominente Pole der Debatte sind KURODA Toshio 黒田俊雄 und ŌYAMA Kyōhei 大山喬平. KURODA vertritt hierbei die Ansicht, dass die soziale Exklusion der *hinin* vor allem als ein natürlicher Prozess zu werten ist, bei dem die fehlende Teilhabe zu einem automatisch diskriminierenden Ausschluss einer Gruppierung aus dem bestehenden Herrschafts- und Gesellschaftssystem (*mibungai mibun* 身分外身分) geführt hat.[21] ŌYAMA hingegen geht davon aus, dass die soziale Exklusion der *hinin* als ein struktureller Prozess zu betrachten ist, bei dem eine ursprünglich heterogene Gruppe durch das gegen Ende der Heian-Zeit (794–1185) immer größere gesellschaftliche Relevanz erlangende Konzept von Verunreinigung zu einer Gruppe, die sich vom reinen Rest der Gesellschaft unterscheidet, homogenisiert und durch die Inklusion in das bestehende Gesellschaftsgefüge als ein eigener, besonderer Stand bzw. Status erst seine wirkliche Diskriminierung erfahren hat.[22] HOSOKAWA Ryōichi 細川涼一 synthetisiert später dann diese beiden diametralen Punkte der Debatte, in dem er von einem transitorischen Prozess zwischen dem 11. und 14. Jahrhundert ausgeht, durch den die ehemals aus der Gesellschaft exkludierten primär-*hinin* (*ichijiteki hinin* 一次的非人) so letztlich in die als eigene neue (Rand-)Gruppe wieder in die Gesellschaft inkludierten sekundär-*hinin* (*nijiteki hinin* 二次的非人) transformiert worden seien.[23] D. h. die Transition dient als Erklärung für die offensichtliche kategoriale Heterogenität.

Tatsächlich lässt sich der komplexe Amalgamierungs- und Transformationsprozess der *hinin* bis in das frühe 8. Jahrhundert zurückverfolgen, als große Tempel und Schreine mit der Errichtung von „Anstalten für Bedürftige" (*hiden'in* 悲田院) sich der Speisung von Armen und Kranken zu widmen und diese dadurch örtlich zu konzentrieren begannen. Diese „Anstalten" wuchsen im Lauf der Zeit zu regelrechten Schutzbereichen heran, in denen sich immer mehr Menschen niederließen, die im Gegenzug für die Versorgung verstärkt für verschiedene „Gelegenheitsdienste" wie zum Beispiel zur Räumung und Säuberung von Tempel- und Schreingeländen nach bestimmten Festivitäten, später dann auch von öffentlichen Plätzen (z. B. Richtstätten etc.) eingesetzt wurden. Diese Arbeit als „Reiniger" (*kiyome* キヨメ) erfuhr dabei erst mit der Verbreitung der „Unreinheitsvorstellungen" (*shokue shisō* 触穢思想) gegen Ende der Heian-Zeit eine allmähliche und irreversible Stigmatisierung. Die Unreinheitsvorstellungen schienen auf den ersten Blick einer klaren religiös motivierten Agenda zu folgen, doch dienten sie vor allem dazu, das Kaiserhaus und den engsten Hochadel ideo-

---

21  Vgl. KURODA: *Nihon chūsei no kokka to shūkyō*, S. 351–398.

22  Vgl. ŌYAMA: *Nihon chūsei nōsonshi no kenkyū*, S. 367–427.

23  Vgl. HOSOKAWA: *Chūsei no mibunsei to hinin*, S. 55–81. Bei den beiden Begriffen handelt es sich um Termini, die HOSOKAWA in der Debatte verwendet.

logisch vom Rest der Gesellschaft abzugrenzen und damit gerade in Zeiten rapiden Machtverlusts eine unbestreitbare Sonderstellung innerhalb des Reiches dauerhaft festzuschreiben. Diese Stigmatisierung der auf diese Weise „Ausgegrenzten" zeigte sich sowohl in Bezug auf den Inhalt der übertragenen Tätigkeiten als auch hinsichtlich des gesellschaftlichen Ansehens der Ausführenden.[24]

Maßgeblichen Anteil an diesem Prozess hatte, wie NIUNOYA Tetsuichi 丹生谷哲一 in seiner Studie darlegt, die im Jahr 816 gegründete Untersuchungsbehörde für Gesetzesverstöße und Strafdelikte (*kebiishi* 検非違使). Diese mit hohen Adeligen besetzte Behörde war nämlich im Zuge der verbreiteten Unreinheitsvorstellungen immer mehr auch mit der Organisation von Reinigungsmaßnahmen sowohl am Kaiserhofe als auch in den anderen Bezirken der Kaiserhauptstadt zur Aufrechterhaltung der öffentlichen Ordnung betraut worden. Der Behörde, die übrigens auch die Armenspeisungen (*hinin segyō* 非人施行) organisierte, unterstanden dabei die verschiedenen „Reiniger", die dann für die entsprechenden Arbeitsaufträge eingesetzt wurden.[25] Die Behörde organisierte und kontrollierte nicht nur die „Reinigung", sondern institutionalisierte sie gleichermaßen als eine Tätigkeit klar ausgewiesener Berufsgruppen. So verwundert es nicht, dass bald auch große Schreine und Tempel in Kyōto und andernorts ihre eigenen „Reiniger", oft unspektakulär einfach nur als „Gartenfeger" (*niwahaki* 庭掃) bezeichnet, unterhielten, die mit allen möglichen Säuberungsarbeiten (inkl. der Entsorgung von toten Tieren oder Menschen) des Tempel- oder Schreingeländes betraut waren und in Sonderbereichen (*sanjo* 散所) angesiedelt wurden.[26] Auf diese Weise entstanden an diversen Stellen der Stadt neben den genannten „Anstalten für Bedürftige" recht unterschiedliche Arten von Sonder- oder Schutzbereichen, in denen sich verschiedene Gruppierungen niederließen, die durch ihre Arbeit und ihre ostentativ räumliche Ausgrenzung vom Rest der Gesellschaft gekennzeichnet waren.[27]

In den anschließenden Jahrhunderten wurden viele dieser Sonderbereiche zum Sammelbecken[28] für Arme, Kranke (hier vor allem Leprakranke), Bettler, Künstler, Gaukler, Reiniger, Gerber, Verbrecher oder auch verschiedene Arten von gesellschaftlich „Gefallenen", die nach dem finanziellen und somit gesellschaftlichen Ruin keinen anderen Zufluchtsort mehr finden konnten wie zum

---

24  Vgl. hierzu auch die Diskussion bei NOMA / OKIURA: *Nihon no sei to sen*, S. 9–33 sowie VOLLMER: „Die Begriffswelt des Marginalen im mittelalterlichen Japan", S. 16–21.

25  Vgl. NIUNOYA: *Kebiishi*, S. 20–65.

26  Als bekannte Beispiele seien hier der Tempel Daigoji oder der Schrein Yasaka jinja genannt.

27  Vgl. hierzu auch die Diskussion in WAKITA (*Nihon chūsei sangyō hattatsushi no kenkyū*, 1969) und NIUNOYA (*Nihon chūsei no mibun to shakai*, 1997).

28  Dies scheint mir auch einer der zentralen Gründe für die in zeitgenössischen Quellen beobachtbare Ambivalenz der Begrifflichkeiten zu sein.

Beispiel der Autor der zuvor erwähnten „Pseudo-Aufzeichnungen aus meiner Hütte", der sein eigenes Schicksal als *hinin* wie folgt beklagt:

> Jetzt wohne ich hier am Rand der Anstalt für Bedürftige [*hiden'in*] [...]. Früher hatte ich mich der Schöngeisterei gewidmet und mein Geld für sinnliche Freuden aus dem Fenster geworfen. [... Jetzt] habe ich alles aufgebraucht und mich ruiniert [...]. Meine Hütte hier entspricht noch nicht einmal einem Hundertstel meiner früheren Behausung.[29]

Einige dieser Bereiche wie beispielsweise die *hinin*-Viertel Kiyomizuzaka 清水坂 (nahe dem Kiyomizudera in Kyōto) oder Narazaka 奈良坂 (nahe dem Kōfukuji in Nara), die bald zu den größten im japanischen Mittelalter zählten, übernahmen mit ihren Kontrollstrukturen, an deren Spitze meist ein *chōri* stand, zudem auch die Kontrolle über andere Sonderbereiche und dies weit über die Stadtgrenzen hinaus. Bereits im Mittelalter formierten sich somit über die Sonderbereiche überregionale Organisationsstrukturen, die Schutz und Kontrolle für die dort nolens volens ansässigen *hinin* bedeuteten.[30]

Spätestens ab dieser Zeit fungiert die Bezeichnung *hinin* in zahlreichen Dokumenten vor allem als ein generischer Sammelbegriff für eine Gruppe von Individuen, die – sofern dies überhaupt der Fall war – nicht (mehr nur) über tätigkeitsspezifische Merkmale eine homogenisierende Zusammengehörigkeit erfahren, wie dies AMINO Yoshihiko 網野善彦 mit seinem Konzept des *shokunō mibun* 職能身分 vertritt, sondern sich vor allem durch ihre zunehmend als irritierend empfundene Alterität vom Rest der Arbeit und Aufgaben erfüllenden Normgesellschaft abheben, wie dies NIUNOYA Tetsuichi mit seiner Argumentation des *tasha ninshiki* 他者認識 im Mittelalter ansatzweise unternimmt.[31] Aufgrund der in den Quellen nachweislichen Pluralität von *hinin*-Identitäten im Mittelalter schlägt NIUNOYA daher auch eine Unterscheidung dessen, was in den Quellen als *hinin* bezeichnet bzw. darunter subsumiert wird, gemäß ihrer jeweiligen organisatorischen Anbindung (statt ihrer in vielen Fällen sehr ähnlichen Tätigkeit) vor, indem er zwischen 1) Regierungsbehörden (*honjo* 本所) zugehörigen *hinin*, 2) Sonderbereichen (*sanjo*) zugehörigen *hinin*, 3) Armenanstalten (*hiden'in*) zugehörigen *hinin*, 4) Armenvierteln (*saka* 坂) zugehörigen *hinin* und 5) nicht organisierten *hinin* unterscheidet.[32] Auch wenn die Unterscheidung der Gruppierungen 3 und 4 nicht zwingend einleuchtend erscheint, da einige der Armenviertel aus ursprünglichen Armenanstalten herangewachsen sind, so trägt sie doch den strukturellen Besonderheiten, die sich in der mittelalterlichen Gesellschaft herauszubilden begannen und die in Grundzügen bereits wegwei-

---

29  *Inu hōjōki*, S. 327.
30  Vgl. ŌYAMA: *Nihon chūsei nōsonshi no kenkyū*, S. 428–439.
31  Vgl. AMINO: *Chūsei no hinin to yūjo*, S. 28–69, AMINO: *Shokunin utaawase*, S. 138–148 sowie NIUNOYA: *Nihon chūsei no mibun to shakai*, S. 503–536.
32  Vgl. NIUNOYA: *Kebiishi*, S. 144.

send für die weiteren Entwicklungen in der Edo-Zeit werden sollte, Rechnung: die Überwachung durch Regierungsapparate bzw. -behörden unter gleichzeitiger Ausbildung eigener Organisations- und Verwaltungsstrukturen für Kontrolle und Schutz der eigenen, darunter subsumierten heterogenen Gruppierungen, die vor allem durch ihre vermeintliche Alterität für den Rest der Gesellschaft „homogen" erschienen.[33]

Noch zu Beginn des 17. Jahrhunderts, als die am Anfang dieses Abschnitts genannten Lexika *Nippo jisho* und *Ekirinbon* erschienen waren, oszillierte das Begriffsverständnis der Kategorie *hinin* zwischen den beiden Extremen einer fehlenden ökonomischen („arme Menschen") und / oder sozialen Teilhabe („Nicht-Menschen") aufgrund der ausgeübten Berufe bzw. übertragenen Tätigkeiten – und zwischen diesen beiden Polen waren die unterschiedlichsten ausgegrenzten Gruppierungen, die sich im Lauf des Mittelalters herausgebildet hatten, angesiedelt. Die diskursiv gesteuerte Herauslösung dieser einzelnen Gruppierungen aus dem bis dahin vor allem generisch verstandenen Begriff *hinin* und die diskursive Neugestaltung zu einer homogenen Sozialkategorie, der sich auch das *Hinin taiheiki* in seiner Darstellung bedient, erfahren die *hinin* erst in der Edo-Zeit durch Prozesse der Gouvernementalität und Selbstregulierung.

## 3 Die institutionalisierte Ordnung der sozialen Kategorie *hinin*

Mit dem Einzug Tokugawa Ieyasus 徳川家康 (1543–1616) in Edo im Jahr 1590 beginnt die sukzessive Umgestaltung des bis dahin eher unscheinbaren Ortes im Osten des Landes in das künftige Machtzentrum Japans. Die neue Machtkonzentration wirkt dabei wie ein Sog auf die unterschiedlichsten Menschen, die nun in Edo zusammenkommen, sei es freiwillig oder unfreiwillig. Das rasante Wachsen der Stadt und ihrer Bevölkerung entpuppt sich jedoch bald als ein großes Problem für die neuen Machthaber, wird doch die Kontrolle der Bewohner aufgrund der Dichte und der Enge der Stadt immer schwieriger. Die soziale Stratifizierung, die durch den steten Zufluss an unterschiedlichen Bevölkerungsgruppen in die Stadt vorangetrieben wird, birgt einen nicht zu unterschätzenden Zündstoff sowohl für den Regierungshauptsitz als auch für die neue Shōgunatsregierung.[34]

---

33 Dies erklärt auch, warum verschiedene Bezeichnungen wie *hinin*, *eta*, *kawaramono*, *kiyome* oder *inugami*, um nur einige zentrale Begriffe anzuführen, nicht immer scharf voneinander abgegrenzt, sondern bis zu einem gewissen Grad sogar als mehr oder minder austauschbar in der Primär- und Sekundärliteratur wahrgenommen wurden. Vgl. hierzu die Diskussion bei Tsukada u. a.: *Senmin mibun ron*, S. 129–139.

34 Zur Komplexität des Verwandlungsprozess Edos in eine Metropole Vgl. Suzuki (*Edo no toshiryoku*, 2016).

Bereits weit vor der Machübernahme Ieyasus gibt es in Edo kleinere An-
siedlungen mit Unterkünften der *hinin* (*hininjuku* 非人宿); diese erreichen jedoch
nicht die Größe der Sonderbereiche in den großen Städten Westjapans. MINAMI
Kazuos statistischer Auswertung zufolge wächst die Zahl der *hinin* in Edo von
5366 Personen im Jahr 1692 innerhalb von zweieinhalb Jahrzehnten auf 8004
Personen im Jahr 1717 an und erreicht im Jahr 1837 mit insgesamt 13266 registrierten Personen ihren Höhepunkt gegen Ende der Edo-Zeit. Dabei sind im
historischen Verlauf im Durchschnitt zwischen 4500 bis 5500 *hinin* in Edo mit
festem Wohnsitz dauerhaft ansässig, dazu kommt noch ein recht großer fluk-
tuierender Teil an temporär in der Stadt angesiedelten *hinin*.[35] Edo weist eine
hohe Konzentration von *hinin* in den Stadtvierteln Asakusa, Shinagawa, Fukagawa und Yoyogi auf, doch besteht interessanterweise keine Ansiedlungspflicht
auf einem bestimmten Areal wie dies beispielsweise bei anderen Randgruppen
wie den *eta* 穢多 auf dem Anwesen des Danzaemon 弾左衛門, meist als *etamu-
ra* 穢多村 oder *shinchō* 新町 bezeichnet[36], oder aber den Kabukischauspielern
in Saruwakachō und den Prostituierten in Shin'yoshiwara, allesamt in Asakusa gelegen, der Fall ist. Die *hinin* haben ein freies Niederlassungsrecht in fast
allen Vierteln der Stadt. Umso wichtiger wird daher deren „Visibilität" als das
diskursive „Andere" innerhalb der Gesellschaft, die durch entsprechende rigo-
rose Kleidungs- und Haarvorschriften[37], die im Jahr Kyōhō 8 (1723) explizit
ausformuliert wurden und in späteren Jahren immer wieder Ergänzungen und
Erweiterungen fanden, sowie klare Regelungen für die äußere und innere Aus-
gestaltung ihrer Hütten, die jegliche Form von Verzierung und Schmuck un-
tersagen, gewährleistet werden soll. Immer wieder kursierende Gerüchte von
„Statusverstößen"[38] – man denke hier nur an die Kleiderverstöße der *chōnin* gegen die verschiedenen Luxusverbote der Regierung – führen vor allem in Zeiten
zunehmender Prekarisierung weiter Teile der Gesellschaft zu entsprechend über-
zeichneter Kritik, wie sie z. B. in den „Aufzeichnungen über Gesehenes und Ge-

---

35   Vgl. MINAMI: „Edo no kasō shakai", S. 327.

36   Vgl. den Beitrag von Elisabeth SCHERER in diesem Band.

37   Die Regelungen bestimmten, neben dem Verbot jeglicher Art von Kopfbedeckungen, durch
     welche die obligatorisch kurzen Haare auf den ersten Blick für jedermann sichtbar waren,
     auch die Kleidung, die nur aus bestimmten einfachen Stoffen und Farben zu bestehen hat-
     te, sowie die allgemeine äußere Erscheinung von Frauen und Männern (Verbot des Schwär-
     zens der Zähne, Bleichen des Gesichts etc.). Vgl. TAKAYANAGI: *Edo jidai hinin no seikatsu*,
     S. 58–62.

38   Vor allem in den regelmäßigen Eingaben des Danzaemon bei den Stadtmagistraten in Edo
     wird immer wieder auf Fälle des Regelverstoßes der *hinin* Bezug genommen. Diese offiziel-
     le Ahndung ist umso bemerkenswerter, da hier nicht nur die Wahrung der allgemeinen Stän-
     deordnung angemahnt wird, sondern vor allem auch eine klare Grenzlinie zu den in dieser
     Hinsicht zumindest weniger reglementierten *eta*-Gruppen gezogen wird. Vgl. hierzu MINAMI:
     „Edo no kasō shakai", S. 330–336.

hörtes aus der Gesellschaft" (*Seji kenbunroku* 世事見聞録, 1816) des unter dem Pseudonym Buyō inshi 武陽隠士 anonym gebliebenen Autors zu finden ist:

> Früher hat man sie dafür eingesetzt, den Unrat vor Ort zu entfernen. Sie waren dann von Tür zu Tür gezogen, hatten um Lebensmittel oder etwas Geld gebeten und damit ihren Lebensunterhalt bestritten. Heute nehmen sie gleich eine ganze Jahresgebühr und sparen sich die Zeit des [täglichen] Einsammelns. [...] Betteln sieht man sie nicht mehr, sie nehmen, von dem sie glauben, das es ihnen zusteht, wie bei einem Festeinkommen. Sie heißen zwar *hinin* und wohnen in *hinin*-Hütten, doch bei ihren Unterkünften handelt es sich in Wirklichkeit um prächtige Wohnungen, und zudem tragen sie [kostbaren] Seidenkrepp [...]. Sie machen Besichtigungen, Ausflüge, Tempel- und Schreinbesuche und gesellen sich zu Volksaufläufen wie ganz normale Bürger.[39]

Die *hinin* werden in dieser offensichtlich aus den Fugen geratenen Welt zu einem antagonistischen Anderen, zu einem sozialen Ventil für eine allgemeine Unzufriedenheit gegenüber den Zuständen der Zeit. Die *hinin* in dieser und anderen zeitgenössischen Darstellungen verstoßen nicht nur gegen das normative Diktum der Armut, sie missachten auch die regelmäßig erneuerten Verbote der Vermischung der Lebenssphären mit den anderen Teilen der Gesellschaft durch ihre ostentative Teilhabe am öffentlichen Leben.[40]

In der Alltagsrealität hingegen ist das Leben der *hinin* einem komplexen normativen Regelkanon unterworfen, der nicht nur ihre permanente „Visibilität" in der Gesellschaft garantieren, sondern mit dem Verbot der Herstellung und / oder des Handelns von Gütern, das somit selbstverständlich eben auch das Erlernen eines Berufs bzw. Handwerks ausschließt, ihr Verbleiben in der vermeintlich „traditionellen" Rolle als „Bettler" mit diversen Nebentätigkeiten sichern soll. In Edo findet zwar – im Gegensatz zu Kyōto oder Ōsaka – keine wirkliche Ghettoisierung der *hinin* in großen *kaito* etc. statt, doch unterliegen auch hier die Betroffenen einer Ausgangssperre ab dem Abend, die nur bei Sonderarbeitseinsätzen (z.B. bei Ausbruch eines Brandes für die als Pflichtdienst auferlegten Lösch- und Aufräumarbeiten) umgangen werden kann, und einer Ausweispflicht am Tag, durch die sie ihre Identität als registrierte Bettler (*kakae-hinin* 抱非人) bei den patrouillierenden Wachen nachweisen müssen.[41] Registriert sind die Bettler dabei bei einem der vier großen *hinin*-Anführer Edos, von denen Kuruma Zenshichi in Asakusa und Matsu'emon 松右衛門 in Shinagawa die einfluss-

---

39 BUYŌ INSHI: *Seji kenbunroku*, S. 387.
40 Vgl. auch GROEMERs („The Creation of the Edo Outcaste Order", S. 282) Verweis auf die regelmäßigen Aushebungen von vermeintlich optisch untergetauchten *hinin*, denen nach Aufspüren dann gewaltsam die Haare wieder gekürzt und sie somit zu ihrem *hinin*-Status zurückgeführt wurden.
41 Bei diesen Ausweisen (*kansatsu* 鑑札) handelte es sich um ca. 6 x 3 cm große Holztäfelchen, auf denen das Siegel des jeweiligen *hinin*-Oberhauptes, Adresse und Datum vermerkt waren. Vgl. die Abbildungen in TAKAYANAGI: *Edo jidai hinin no seikatsu*, S. 70.

reichsten sind[42] – Zenshichi unterstehen ISHII Ryōsuke zufolge immerhin rund
drei Viertel aller *hinin* und *hinin*-Unterkünfte in Edo.[43] Der Name Kuruma Zenshichi ist gewissermaßen der erbliche Berufstitel eines *hinin*-Anführers, den der
leibliche oder adoptierte Nachfolger mit Erreichen der Volljährigkeit übernimmt,
d. h. während der gesamten Edo-Zeit gibt es, genau wie bei dem *eta*-Oberhaupt
Danzaemon, etliche Generationen von Zenshichis, die die Geschicke der *hinin*
gelenkt haben.[44]

Interessanterweise entwickeln sich diese *hinin*-Netzwerke nahezu parallel mit dem Machtausbau der neuen Shōgunatsregierung. Dem im Jahr Tenpō
10 (1839) von Kuruma Chiyomatsu 車千代松 (o. A.) beim Stadtmagistrat einge-
reichten Abstammungsnachweis (*yuishogaki* 由緒書) zufolge, soll sich der erste
Kuruma Zenshichi im Jahr 1590 in Asakusa Ōkawabata niedergelassen und bereits 1608 von den Magistraten YONETSU Kanbē 米津官兵衛 (o. A.) und TSUCHI-
YA Gon'emon 土屋権右衛門 (o. A.) offiziell die Ernennung zum Anführer der *hinin* (*hiningashira* 非人頭) und die Zuweisung eines eigenen, zunächst 1650 m²
großen Grundstücks in Moto-Torigoe erhalten haben, das dann in den Jahren
1666–67 gegen ein noch größeres, rund 3000 m² umfassendes Grundstück an
der Südwestseite von Shin'yoshiwara eingetauscht wird.[45] Wie bei dem Gros
der Abstammungsnachweise, die meist von Personen am Rande der Gesellschaft
zum Zwecke der Selbstlegitimation bei den Stadtmagistraten eingereicht worden sind, ist auch bei dem von Chiyomatsu vorgelegten Nachweis das meiste des
Geschilderten Teil eines ideologischen Programms – und dies war in aller Regel
auch den Behörden, denen diese Nachweise vorlegt wurden, klar. So ist das hier
genannte Jahr der Niederlassung von Kuruma Zenshichi in Edo (1590) sicherlich als bewusste Kampfansage an den Dauerkonkurrenten, den *eta*-Anführer
Danzaemon, zu sehen, der 1725 in seinem ebenfalls fingierten Abstammungsnachweis exakt dasselbe Niederlassungsdatum angibt, und daraus seinen Herr-
schaftsanspruch als einer der am längsten in Edo ansässigen Outcasts ableitet.[46]
Und auch die in dem Nachweis genannte vermeintliche Herkunft aus dem Dorf
Atsumi 渥美 in der Provinz Mikawa 三河 (Präfektur Aichi) soll hier in erster Linie
eine gewisse regional-loyale Verbundenheit zum TOKUGAWA-Clan, der ebenfalls

---

42  Neben Zenzaburō 善三郎 aus Fukakawa und Kyūbē 久兵衛 aus Yoyogi taucht gegen Ende
    der Edo-Zeit noch temporär ein fünfter Anführer auf, Kyūbē 久兵衛 aus Kinegawa. Vgl. auch
    URAMOTO: *Edo, Tōkyō no hisabetsu buraku no rekishi*, S. 106f.
43  Vgl. ISHII: *Edo no senmin*, S. 77.
44  Eine lückenhafte Aufstellung findet sich bei SHIOMI (*Edo no hiningashira Kuruma Zenshichi*,
    184f.).
45  Vgl. ebd., S. 58. Ein Abdruck des *yuishogaki* findet sich bei URAMOTO: *Edo, Tōkyō no hisa-
    betsu buraku no rekishi*, S. 212–215.
46  Vgl. den Abdruck des Textes in *Nihon shomin seikatsu shiryō shūsei*, Bd. 14, S. 429 sowie den
    Beitrag von Volker ELIS in diesem Band.

aus Mikawa stammt, zum Ausdruck bringen und damit verdeutlichen, dass die Verbindung zwischen Kuruma und dem TOKUGAWA-Clan länger Bestand hat, als die von Danzaemon immer wieder betonte schicksalhafte Bekanntschaft mit TO-KUGAWA Ieyasu im Jahr 1590. Lediglich die formale Ernennung und die Grundstücksgrößen können hier durch Einträge in anderen Dokumenten als verbrieft gelten.

Die offizielle Amtsernennung als *hiningashira* bildet die Basis für den Auf- und Ausbau einer komplexen Hierarchie bestehend aus Vorstehern (*kogashira* 小頭), denen wiederum *hinin*-Unterkünfte mit fest registrierten *hinin* unterstehen; das „erwirtschaftete" Geld fließt dabei zunächst in die Kassen Kuruma Zenshichis und wird dann wieder proportional weiter verteilt. Um das Jahr 1803 sind den 789 Vorstehern in Edo rund 743 *hinin*-Unterkünfte mit ca. 11000 registrierten *hinin* unterstellt, die bald schon für die verschiedensten Aufgabengebiete eingesetzt werden.[47] Aufgrund des bereits erwähnten Handels- und Herstellungsverbots nimmt die Geldkollekte eine zentrale Rolle ein, dazu zählen neben dem Einsammeln von „Spenden" zu besonderen religiösen Anlässen (*kanjin* 勧進) vor allem auch das systematische Almosenbetteln in zugewiesenen Vierteln, das nicht selten dem Einsammeln von Schutzgeldern (*shikirifuda* 仕切札) gleichkam.[48] Eine weitere wichtige Aufgabe der registrierten *hinin* bestand im Aufspüren nicht-registrierter *hinin* (*no-hinin* bzw. *nobinin* 野非人), die, wie eingangs gesehen, oft aus wirtschaftlichen, aber auch politischen oder religiösen Gründen in den Städten untertauchen und dann nach ihrer Entdeckung entweder als registrierte *hinin* (*kakae-hinin*) einer Unterkunft zugeordnet oder aber wieder in ihre Heimatregion abgeschoben werden.[49] Die *hinin* fungieren hierbei als eine Art Sittenpolizei, die Edos Straßen sicher machen und gleichzeitig ihre eigenen Einnahmequellen gegen illegale Bettler durch Abschiebung der Konkurrenz absichern. Darüber hinaus fallen aber auch zahlreiche Reinigungsaufgaben in das Aufgabengebiet der *hinin* wie z. B. die Reinhaltung der Stadt durch Beseitigung von Mensch- und Tierleichen, das Instandhalten der städtischen Kanä-

---

47  Vgl. MINAMI: „Edo no kasō shakai", S. 327.

48  Mit den *shikirifuda* wurden die Hauseingänge derer markiert, die ihre Gebühr an die *hinin* ordnungsgemäß gezahlt hatten. Bei Verweigerung der Zahlung wurden, wie zahlreiche zeitgenössische Berichte eindrucksvoll zeigen, die Häuser der Säumigen meist solange belagert, bis der Betrag dann letztlich doch gezahlt wurde. Vgl. TAKAYANAGI: *Edo jidai hinin no seikatsu*, S. 68f.

49  Hierzu zählen beispielsweise zahlreiche Christen, die sich im Zuge der Christenverfolgungen von ihrem Glauben losgesagt hatten (*korobi-kirishitan* 転びキリシタン), viele Samurai, die im Zuge der Machtübernahme durch TOKUGAWA Ieyasu ihren Lehnsherren und somit ihre Anstellung verloren hatten und dadurch mittellos wurden, oder auch etliche, von ihren Familien aufgrund von Verschwendungssucht oder anderer Vergehen Verstoßene, deren letzte Zuflucht meist die Anonymität der neuen urbanen Zentren in Ōsaka oder Edo war. Vgl. TSUKADA: *Ōsaka no hinin*, S. 23–74 sowie MORINAGA: *Runin to hinin*, S. 21–90.

le, das Aufsammeln von achtlos entsorgtem Holz oder Papier, das dann wiederum als kleiner, illegaler Nebenverdienst zu billigem Toilettenpapier verarbeitet und verkauft wurde, die Säuberung der Richtstätten und Gefängnisse[50] oder seit 1687 auch die gesundheitliche Versorgung von erkrankten Verbrechern und sozial Schwachen in den eigens dafür errichteten Auffangstationen (*tame* 溜) in Asakusa und Shinagawa. Die *hinin* bilden eine Infrastruktur, ohne die, wie URAMOTO Yoshifumi sicherlich zu Recht anmerkt, eine Metropole wie Edo im Grunde genommen überhaupt nicht funktionstüchtig gewesen wäre.[51]

Mit der Kyōhō-Zeit (1716–36) findet der Ordnungsprozess der *hinin* als soziale Kategorie seinen Abschluss. Neben den Erlassen zur „Visibilität" der *hinin* durch Kleider- und Wohnraumvorschriften als auch durch die Etablierung der alle sechs Jahre durchgeführten Statuserhebungen (*ninbetsuchō* 人別帳) ist es vor allem der 1722 zu Gunsten des *eta*-Anführers Danzaemon ausfallende Rechtsstreit mit Kuruma Zenshichi, der die hierarchischen Verhältnisse und die Aufgabengebiete der *hinin* für die nächsten rund 150 Jahre festlegt. Diese offizielle Bestätigung der seit Beginn der Edo-Zeit herausgebildeten Netzwerke wird bereits drei Jahre später, im Jahr 1725, in OGYŪ Sorais 荻生徂徠 (1666–1728) „Gesprächen über das Regieren" (*Seidan* 政談) als klares Versagen auf Regierungsseite kritisiert, indem er bemängelt:

> Da die bettelnden *hinin* unserer Tage das Produkt eines Verfalls der Sitten und einer Verschlechterung der Lebensverhältnisse sind, [...] muss es auch einen Weg geben, ihnen zu helfen. Dass man sie aber, ohne sich weitere Gedanken zu machen, dem Kuruma Zenshichi unterstellt, da man sonst nicht weiß, was man mit ihnen machen soll, spricht zweifelsohne für eine unzureichende Intelligenz bei den Beamten im Stadtmagistrat.[52]

## 4    GOUVERNEMENTALITÄT UND SELBSTREGULIERUNG: GEDANKEN ZUR SOZIALEN KATEGORIE *HININ*

Der Stand *hinin* erweist sich in der Edo-Zeit zumindest unidirektional als eine fluide Kategorie. Zwar bleiben geborene *hinin* immer *hinin*, doch ist es durch Verarmung, Bestrafung etc. temporär zum *hinin* gewordenen Personen prinzipiell möglich, innerhalb von zehn Jahren wieder ihren ursprünglichen Stand durch ein komplexes Nachweisverfahren zurückzuerlangen. Sollte das Rehabilitierungsverfahren erfolgreich sein, wird der Eintrag im alle Statusgruppen diskursiv fortschreibenden *ninbetsuchō* entsprechend geändert, die Person wird dann wieder unter ihrer ursprünglichen Statusgruppe geführt.

---

50   Vgl. auch den Beitrag von Chantal WEBER in diesem Band.
51   Vgl. URAMOTO: *Danzaemon to Edo no hisabetsumin*, S. 142ff.
52   OGYŪ: *Seidan*, S. 51.

Besonders deutlich zeigt sich der fluide Charakter der *hinin* als Statusgruppe bei den Straßenkünstlern (*gōmune* 乞胸), die, so die Beschwerde Kuruma Zenshichis 1651 beim Stadtmagistrat, aufgrund beruflicher Überschneidungen mit den *kakae-hinin*, die ebenfalls mit kleineren Darbietungen zu besonderen Festlichkeiten (z. B. Neujahr, Geburt, Hochzeit etc.) eine geringe Gage erhalten, sich ihm unterzuordnen und, solange der Beruf ausgeübt wird, den Stand als *hinin* zu tragen haben. Dies ist umso bemerkenswerter, als dass der Anführer der *gōmune*, Yamamoto Nidayū 山本仁大夫[53], eigentlich ein herrenloser *rōnin* 浪人 ist, so zumindest die Selbstdarstellung in seinem Abstammungsnachweis, der nur von Berufs wegen den Stand eines *hinin* trägt und deshalb auch im *ninbetsuchō* als solcher geführt werden muss.[54] Nach Aufgabe der beruflichen Tätigkeit hätte Nidayū somit die Rückkehr in den Samurai-Status offengestanden.

Interessanterweise macht auch Kuruma Zenshichi in seinem Abstammungsnachweis einen ursprünglichen Samurai-Status für sich geltend, indem er von sich selbst behauptet, Zenshichirō 善七郎, ein Sohn des Feldherrn KURUMA Tanba 車丹波 (i. e. KURUMA Tsunatada 車斯忠, ?–1602), der dem Daimyō SATAKE Yoshishige 佐竹義重 (1547–1612) in der Provinz Hitachi (Präfektur Ibaraki) diente, zu sein.[55] D. h. selbst das Oberhaupt der *hinin* ist im Grunde nur aufgrund seines Berufs ein *hinin*, der jederzeit wieder, so die darin angelegte Implikation, zu seiner ursprünglichen Statusgruppe zurückkehren könnte – sofern er dies nur wolle. Die Status-begründete „Urnatur" (*moto no sujō* 元の素性) der *hinin* wird, wie NAKAO Kenji in seiner Arbeit anschaulich aufzeigt, zu einem sehr beliebten Sujet in der Literatur von Autoren wie beispielsweise IHARA Saikaku 井原西鶴 (1642–93) oder auch in Miszellen und Essays (*zuihitsu* 随筆) von Intellektuellen und Gelehrten wie zum Beispiel MURO Kyūsō 室鳩巣 (1658–1734), wenn von dem edlen, kultivierten *hinin* die Rede ist, der aufgrund von Bildung und Geschmack von seinem Nicht-*hinin*-Umfeld letztlich doch noch Anerkennung erfährt.[56]

Mit der Edo-Zeit ändert sich nicht nur der Charakter des *hinin*-Standes im Vergleich zum Mittelalter grundlegend, sondern vor allem auch die Mechanismen, die ihn als diskursive Kategorie perpetuieren. Die reziproke Wechselwirkung von Regierung und Gesellschaftssystem hat bereits John Whitney HALL mit seiner Vorstellung der „Container-Gesellschaft" thematisiert, die das Individuum zwar einschränke, im Gegenzug aber das Maß willkürlicher Handlun-

---

53  Auch dieser Name, manchmal in der Lesung Jindayū zu finden, ist ein vererbbarer Titel, der von den jeweiligen *gōmune*-Anführern übernommen wird.

54  Vgl. den entsprechenden Abstammungsnachweis (*Nihon shomin seikatsu shiryō shūsei*, Bd. 14, S. 487), nachdem es sich beim Nidayū ursprünglich um den herrenlosen Samurai NAGAJIMA Iso'emon 長嶋磯右衛門 gehandelt haben soll. Vgl. auch die Beträge von ISHII (*Edo no senmin*, S. 99–125 sowie „Gōmune hokō", S. 735–751).

55  Vgl. SHIOMI: *Edo no hiningashira Kuruma Zenshichi*, S. 132f.

56  Vgl. NAKAO: *Edo jidai no hisabetsu kannen*, S. 57–107.

gen durch die Autoritäten reduziere.[57] Die Autorität wird jedoch hier und auch bei vielen späteren Autoren, vgl. z. B. Gerald GROEMERS Diskussion von *mibun* 身分 und *shihai* 支配[58], dabei zumeist als eine direkte Macht verstanden, durch die Herrschaft auf die einzelnen Stände bzw. Statusgruppen ausgeübt wird. Michel FOUCAULTs Konzept der Gouvernementalität, das ursprünglich für moderne westliche Gesellschaften entwickelt worden ist[59], scheint mir hier ein interessanter Ansatz der Analyse und Interpretation dieser Mechanismen zu sein, lenkt er doch den Blick auf die so genannten Regierungstechnologien, die oszillierend zwischen den strategischen Beziehungen, d. h. dem zwischenmenschlich-strategischen Machtspielen, und dem Herrschaftszustand, d. h. dem alternativlosen Herrschaftssystem, Macht ausüben. Diese Regierungstechniken zeichnen sich dadurch aus, dass sie Selbstführungstechniken mit Fremdführungstechniken koppeln; eine effiziente Regierung ist deshalb, so Isabell LOREY, nicht in erster Linie dadurch gekennzeichnet, dass sie repressiv ist, sondern durch eine nach innen verlagerte Selbstdisziplinierung und Selbstbeherrschung.[60] Mit der Anerkennung von Kuruma Zenshichi als *hinin*-Anführer und dessen anschließender Subordination unter den *eta*-Anführer Danzaemon wird nicht nur ein selbstregulierendes, sondern vor allem ein selbstdisziplinierendes System, quasi eine Art soziale *nakama* 仲間, geschaffen.[61] Die *hinin* unterliegen einer starken systemischen Kontrolle, da ihr Anführer für ihre Vergehen (z. B. Brandstiftung)[62] haftbar gemacht wird, und üben selbst wiederum Kontrolle untereinander aus; die meisten Denunzierungen bezüglich der Verstöße von Kleider- und Wohnraumvorschriften stammen bezeichnenderweise von *hinin*. Der Status *hinin* – ob von Geburts- oder Berufs wegen – fungiert als Identitätsmarker, sozial und ökonomisch, indem den *kakae-hinin* mit dem Recht zu Betteln das Minimum ökonomischer Teilhabe zugebilligt wird. Das Feld an Machtbeziehungen, das sowohl außerhalb als auch innerhalb der *hinin*-Netzwerke wirkt, macht die dort versammelten In-

---

57 Vgl. HALL: „Rule by status in Tokugawa Japan", S. 45.

58 Vgl. GROEMER: *Street Performers and Society in Urban Japan, 1600–1900*, S. 11–48.

59 Vgl. hier die Grundideen in FOUCAULTs Vorlesung vom 1. Februar 1978 (in: *Sicherheit, Territorium, Bevölkerung*, S. 134–172).

60 Vgl. LOREY: „Gouvernementalität und Selbst-Prekarisierung" (Internetquelle).

61 *Nakama* waren Zusammenschlüsse, ähnlich einer Genossenschaft, die auf Druck der Regierung für alle größeren Berufsgruppen ab Ende des 17. Jahrhunderts gegründet wurden. Die *nakama* waren selbstregulierende Systeme – vgl. z. B. die *hon'ya nakama* für die Verleger von Sachbuch und Sachliteratur –, die ihre Autonomie vor allem durch Ausübung selbstdisziplinierender Maßnahmen (z. B. freiwillige Selbstzensur) wahrten.

62 MINAMI („Edo no kasō shakai", S. 317ff.) verweist darauf, dass es sich bei rund 90 % der Fälle von Brandstiftung, bei denen die Täter gefasst werden konnten, um *hinin* handelte. Brände stellten bei der äußerst eng bebauten Stadt Edo eine große, immer wiederkehrende Gefahr dar, bei der meist ein kleiner Funke ausreichte, um weite Teile der Stadt in Schutt und Asche zu legen.

dividuen erst zu Subjekten; diese sind einerseits diesen Machtbeziehungen unterworfen, andererseits erhalten sie durch diese erst ihren ontologischen Status in der edo-zeitlichen Gesellschaft. Denn als registrierte *hinin* erfüllen sie eine fest zugewiesene Funktion für die Ordnung und Sicherheit der urbanen Gesellschaft in Edo.[63]

Vor allem im Zuge der zunehmenden ökonomischen Probleme und der wachsenden sozialen Disparitäten in der Edo-Zeit wird die Prekarisierung zu einem indirekten Regierungsinstrument, indem die Abgrenzung von dem ökonomisch noch Schwächeren wie z. B. den Wohnsitzlosen (*mushuku* 無宿) identitätsstiftend wirkt und mögliche ständeinterne Unzufriedenheit durch Formen der Selbstrelativierung diskursiv besänftigt.[64] Die Edo-Zeit ist geprägt von einer Ökonomisierung des Sozialen, welche nun die eigentliche Basis für die soziale Segregation innerhalb der edo-zeitlichen Gesellschaft bildet. Diese Form der Ökonomisierung wird zum treibenden Motor der Fremd- und Selbstführung, sie wird quasi zu einer neuen indirekten Regierungstechnologie.[65]

Mit den wiederholt vorgelegten Abstammungsnachweisen – von Danzaemon, Kuruma Zenshichi und Yamamoto Nidayū – sowie den jährlich vorzulegenden Erklärungen zur Einhaltung der Regularien (*okite shōmon* 掟証文) perpetuieren die *hinin* bzw. *eta* auf ihre Weise das Stände- und Statussystem; die Regierung kann ihre direkte Machtausübung auf ein Minimum reduzieren, die Macht wird externalisiert von dem System selbst ausgeführt. Die *hinin* stellen für die Regierung eine zentrale Sicherheitstechnik des Systems dar, in dem diese die Elemente, die ihren angestammten sozialen Platz verlassen haben (*kakeochi* 欠落), durch Aufspüren sichtbar und zugreifbar machen.[66] Die *hinin* übernehmen als funktionierendes Netzwerk in der Metropole Edo viele Funktionen, die FOUCAULT als zentral für das moderne Polizeiwesen erachtet. Sie ermöglichen maximale Sicherheit und Kontrolle bei minimalem Einsatz von Regierungsbeamten des Shōgunats. Mit diesen verschiedenen Formen der Sozialdisziplinierung weist der Regierungsapparat zumindest in Edo ab dem 18. Jahrhundert bereits zentrale Züge eines gouvernementalisierten Staates auf, wie von FOUCAULT entworfen.[67] Die *hinin* in Edo machen die Kraftlinien dieser Regierungstechniken erst sichtbar.

---

63 Vgl. FOUCAULT: *Analytik der Macht*, S. 240–263 sowie FLÜGEL-MARTINSEN: „Macht zwischen Unterwerfung und Widerstand", S. 53ff.

64 Vgl. LOREY: *Die Regierung der Prekären*, S. 24–29.

65 Vgl. auch BUBLITZ: „Gouvernementalität, Normalisierung und Selbstführung", S. 85–93.

66 Diese „Sichtbarmachung" wurde durch schwarze Balken, die auf den Oberarm bzw. das Handgelenk als Strafe tätowiert wurden, irreversibel verstärkt. Vgl. TAKAYANAGI: *Edo jidai hinin no seikatsu*, S. 88–92 sowie ARAI: *Kinsei senmin shakai no kiso chishiki*, S. 111–153.

67 Hier greift HOWELLS („Territoriality and Collective Identity in Tokugawa Japan", S. 117) Deutung der Edo-Zeit in Bezug auf ihre politischen und institutionellen Strukturen zu kurz, wenn

LITERATURVERZEICHNIS

Primärquellen

*Eitai setsuyō mujinzō* 永代節用無尽蔵. Edo, Kyōto: Suharaya Mohē u. a. 1831.

*Inu hōjōki* 犬方丈記. Ima no Chōmei 今長明 (Verf.). Kyōto: Yamamoto Shichirōbē 1682. In: *Kinsei bungei sōsho* 近世文藝叢書, Bd. 7. Tōkyō: Kokusho kankōkai 1911, S. 320–333.

*Hinin taiheiki* 貧人太平記. In: *Kinsei bungei sōsho* 近世文藝叢書, Bd. 3. Tōkyō: Kokusho kankōkai 1910, S. 299–314 (Originalausgabe 1688).

*Hōyaku: Nippo jisho* 邦訳日葡辞書 [übers. v. DOI Tadao 土井忠生, MORITA Takeshi 森田武 u. CHŌNAN Minoru 長南実]. Tōkyō: Iwanami shoten 1980 (Titel der Originalausgabe: *Vocabulario da Lingoa de Iapam*, 1603).

*Kiyū shōran* 嬉遊笑覧 (Iwanami bunko 岩波文庫), 5 Bde. KITAMURA Nobuyo 喜多村信節 (Verf.). Tōkyō: Iwanami shoten 2002–09 (Originalausgabe 1830).

*Ofuregaki Kanpō shūsei* 御触書寛保集成. Tōkyō: Iwanami shoten 1973 (Erstausgabe 1934).

*Seidan* 政談 (Iwanami bunko 岩波文庫). OGYŪ Sorai 荻生徂徠 (Verf.). Tōkyō: Iwanami shoten 1987 (Originalausgabe 1725).

*Seji kenbunroku* 世事見聞録 (Iwanami bunko 岩波文庫). BUYŌ INSHI 武陽隠士 (Verf.). Tōkyō: Iwanami shoten 1994 (Originalausgabe 1816).

*Setsuyōshū (Ekirinbon)* 節用集 (易林本). In: *Nihon koten zenshū* 日本古典全集. Tōkyō: Nihon koten zenshū kankōkai 1926.

*Yamato setsuyōshū shikkai taizen* 倭節用集悉改大全. In: *Setsuyōshū taikei* 節用集大系, Bd. 63. Tōkyō: Ōzorasha 1995 (Originalausgabe 1818).


Sekundärquellen

AMINO, Yoshihiko 網野善彦: *Shokunin utaawase* 職人歌合 (Heibonsha raiburarī 平凡社ライブラリー 763). Tōkyō: Heibonsha 2012.

AMINO, Yoshihiko 網野善彦: *Chūsei no hinin to yūjo* 中世の非人と遊女 (Kōdansha gakujutsu bunko 講談社学術文庫 1694). Tōkyō: Kōdansha 2005.

ARAI, Kōjirō 荒井貢次郎: *Kinsei senmin shakai no kiso chishiki* 近世賤民社会の基礎知識. Tōkyō: Akashi shoten 1987.

BUBLITZ, Hannelore: „Gouvernementalität, Normalisierung und Selbstführung". In: *Gouvernementalität, Staat und Weltgesellschaft. Studien zum Regieren im Anschluss an Foucault*. Andreas VASILACHE (Hrsg.). Wiesbaden: Springer VS 2014, S. 83–100.

FLÜGEL-MARTINSEN, Oliver: „Macht zwischen Unterwerfung und Widerstand: Zur Subjektkonstitution im politischen Denken Foucaults". In: *Gouverne-*

die regierungs- und gesellschaftsstützende Funktion dieser Netzwerke als eine Form der externalisierten Regierungstechnologie nicht hinreichend in Betracht gezogen wird.

mentalität, Staat und Weltgesellschaft. Studien zum Regieren im Anschluss an Foucault*. Andreas VASILACHE (Hrsg.). Wiesbaden: Springer VS 2014, S. 43–58.

FOUCAULT, Michel: *Sicherheit, Territorium, Bevölkerung. Geschichte der Gouvernementalität 1* (suhrkamp taschenbuch wissenschaft 1808). Frankfurt a. M.: Suhrkamp 2006.

FOUCAULT, Michel: *Analytik der Macht* (suhrkamp taschenbuch wissenschaft 1759). Frankfurt a. M.: Suhrkamp 2005.

GROEMER, Gerald: *Street Performers and Society in Urban Japan, 1600–1900. The beggar's gift*. New York: Routledge 2016.

GROEMER, Gerald: „The Creation of the Edo Outcaste Order". In: *The Journal of Japanese Studies*, Nr. 27.2 (2001), S. 263–293.

HALL, John Whitney: „Rule by status in Tokugawa Japan". In: *The Journal of Japanese Studies*, Nr. 1.1 (1974), S. 39–49.

HOSOKAWA, Ryōichi 細川涼一: *Chūsei no mibunsei to hinin* 中世の身分制と非人. Tōkyō: Nihon editā sukūru shuppanbu 1994.

HOWELL, David L.: „Territoriality and Collective Identity in Tokugawa Japan". In: *Early Modernities*, Nr. 127.3 (1998), S. 105–132.

ISHII, Ryōsuke 石井良助: „Gōmune hokō 乞胸補考". In: *Edo jidai no hisabetsu shakai* 江戸時代の被差別社会. DERS. (Hrsg.). Tōkyō: Akashi shoten 1994, S. 735–751.

ISHII, Ryōsuke 石井良助: *Edo no senmin* 江戸の賤民. Tōkyō: Akashi shoten 1988.

KOHARA, Tōru 小原亨: „‚Hinin taiheiki‘ no haikei to tokushitsu『貧人太平記』の背景と特質". In: *Ronkyū Nihon bungaku* 論究日本文学, Nr. 67 (1997), S. 25–34.

KOHARA, Tōru 小原亨: „‚Hinin taiheiki‘ no sōsaku ishiki『貧人太平記』の創作意識". In: *Ronkyū Nihon bungaku* 論究日本文学, Nr. 58 (1993), S. 25–34.

KOKUSHO SŌMOKUROKU 国書総目録, 8 Bde. + 1 Indexbd. Tōkyō: Iwanami shoten 1963.

KOTENSEKI SŌGŌ MOKUROKU 古典籍総合目録, 3 Bde. Tōkyō: Iwanami shoten 1990.

KURODA, Toshio 黒田俊雄: *Nihon chūsei no kokka to shūkyō* 日本中世の国家と宗教. Tōkyō: Iwanami shoten 1975.

LOREY, Isabell: *Die Regierung der Prekären* (Es kommt darauf an 14). Wien, Berlin: Verlag Turia + Kant 2012.

LOREY, Isabell: „Gouvernementalität und Selbst-Prekarisierung. Zur Normalisierung von KulturproduzentInnen", 2006; abrufbar unter: http://eipcp.net/transversal/1106/lorey/de/ (letzter Zugriff am 05.11.2017).

MINAMI, Kazuo 南和男: „Edo no kasō shakai 江戸の下層社会". In: *Edo chōnin no kenkyū* 江戸町人の研究, Bd. 3. NISHIYAMA Matsunosuke 西山松之助 (Hrsg.). Tōkyō: Yoshikawa kōbunkan 1974, S. 309–363.

MORINAGA, Taneo 森永種夫: *Runin to hinin* 流人と非人 (Iwanami shinsho 岩波新書 D 109). Tōkyō: Iwanami shoten 1963.

NAKAO, Kenji 中尾健次: *Edo jidai no hisabetsu kannen* 江戸時代の被差別観念. Tōkyō: San'ichi shobō 1997.

*Nihon shomin seikatsu shiryō shūsei* 日本庶民生活史料集成, Bd. 14: *Buraku* 部落. Tōkyō: San'ichi shobō 1971.

NIUNOYA, Tetsuichi 丹生谷哲一: *Nihon chūsei no mibun to shakai* 日本中世の身分と社会. Tōkyō: Hanawa shobō 1997.

NIUNOYA, Tetsuichi 丹生谷哲一: *Kebiishi – chūsei no kegare to kenryoku –* 検非違使 ― 中世のけがれと権力 ― (Heibonsha sensho 平凡社選書 102). Tōkyō: Heibonsha 1986.

NOMA, Hiroshi 野間宏 u. OKIURA Kazuteru 沖浦和光: *Nihon no sei to sen: Chūsei-hen* 日本の聖と賤　中世編 (Kawade bunko 河出文庫). Tōkyō: Kawade shobō shinsha 2015 (Erstveröffentlichung 1985).

OKAMOTO, Ryōichi 岡本良一: *Ran, ikki, hinin* 乱・一揆・非人. Tōkyō: Kashiwa shobō 1983.

ŌYAMA, Kyōhei 大山喬平: *Nihon chūsei nōsonshi no kenkyū* 日本中世農村史の研究. Tōkyō: Iwanami shoten 1978.

SHIHŌSHŌ KEIJIKYOKU 司法省刑事局 (Hrsg.): *Nihon kikin shi* 日本飢饉誌. Tōkyō: Kaiji shoin 2004.

SHIOMI, Sen'ichirō 塩見鮮一郎: *Edo no hiningashira Kuruma Zenshichi* 江戸の非人頭車善七 (Kawade bunko 河出文庫). Tōkyō: Kawade shobō shinsha 2008.

SUZUKI, Kōzō 鈴木浩三: *Edo no toshiryoku* 江戸の都市力 (Chikuma shinsho ちくま新書 1219). Tōkyō: Chikuma shobō 2016.

TAKAYANAGI, Kaneyoshi 高柳金芳: *Edo jidai hinin no seikatsu* 江戸時代非人の生活 (Seikatsushi sōsho 生活史叢書 21). Tōkyō: Yūzankaku shuppan 1981.

TSUKADA, Takashi 塚田孝: *Ōsaka no hinin. Kotsujiki, Shitennōji, korobi kirishi-tan* 大坂の非人　乞食・四天王寺・転びキリシタン (Chikuma shinsho ちくま新書 1034). Tōkyō: Chikuma shobō 2013.

TSUKADA, Takashi 塚田孝 u.a.: *Senmin mibun ron – chūsei kara kinsei e –* 賤民身分論 ― 中世から近世へ ―. Tōkyō: Akashi shoten 1994.

URAMOTO, Yoshifumi 浦本誉至史: *Danzaemon to Edo no hisabetsumin* 弾左衛門と江戸の被差別民 (Chikuma bunko ちくま文庫). Tōkyō: Chikuma shobō 2016.

URAMOTO, Yoshifumi 浦本誉至史: *Edo, Tōkyō no hisabetsu buraku no rekishi* 江戸・東京の被差別部落の歴史. Tōkyō: Akashi shoten 2003.

VOLLMER, Klaus: „Die Begriffswelt des Marginalen im mittelalterlichen Japan: Zum Problem der Klassifizierung gesellschaftlicher Randgruppen und ihrer Bezeichnungen". In: *Oriens Extremus*, Nr. 37.1 (1994), S. 5–44.

WAKITA, Haruko 脇田晴子: *Nihon chūsei sangyō hattatsushi no kenkyū* 日本中世産業発達史の研究. Tōkyō: Ochanomizu shobō 1969.

# Haut, Knochen und Fleisch.
# Zur wirtschaftlichen Nutzung toter Tiere in der Edo-Zeit

Klaus Vollmer

## 1 EINLEITUNG UND ÜBERBLICK

Vergleicht man die Darstellung der Gesellschaft der Edo-Zeit in Geschichtsschulbüchern für japanische Oberschulen während der vergangenen Jahrzehnte, so fällt auf, dass sich die Beschreibung des Ständesystems (*mibunsei* 身分制) darin kaum verändert hat. Unterhalb des Vier-Stände-Systems, so lernen japanische Schülerinnen und Schüler, gab es die als *eta* 穢多 und *hinin* 非人 bezeichneten Outcast-Gruppen, wobei

> Angehörige des *eta*-Standes ihr Auskommen fanden, indem sie Landwirtschaft oder handwerkliche Tätigkeiten ausübten wie zum Beispiel die Herstellung von Gegenständen aus Leder oder Stroh; auch wurden sie zur Beseitigung von Rinder- und Pferdekadavern sowie zu Aufgaben in der Exekution von Strafgefangenen gezwungen. [...] *Eta* und *hinin* war der Verkehr mit den Angehörigen der übrigen Stände verboten, und hinsichtlich ihrer Wohnquartiere, ihrer Kleidung, Haartracht usw. waren sie klar von diesen abgegrenzt; so wurden sie zum Ziel gesellschaftlicher Verachtung.[1]

An dieser Darstellung ist zweierlei bemerkenswert: Zum einen findet sich kein Hinweis darauf, wie sehr diese Outcast-Gruppen Trägerinnen und Träger einer kulturellen und materiellen Produktion waren, die in der Gegenwart auch offiziell mit der „traditionellen Kultur Japans" in Verbindung gebracht und etwa im Ausland als „japanische Tradition" verbreitet wird – für die in diesem Beitrag behandelte Outcast-Gruppe wäre exemplarisch die Herstellung von Taiko-Trommeln zu nennen, für die massenhaft Tierhäute verarbeitet wurden. Zum zweiten lässt diese Darstellung, die prinzipiell sicherlich zu Recht die starke Segregierung der Outcast-Stände von der übrigen Bevölkerung hervorhebt, mit keinem Wort erkennen, wie intensiv die ländliche Bevölkerung aus ökonomischer Notwendigkeit zumindest lokal mit Outcast-Gruppen interagierte und dass auf der Ebene der Tätigkeiten Standesgrenzen oft verschwammen.

Die Forschung zur Sozialgeschichte gesellschaftlicher Randgruppen in der japanischen Vormoderne hat insbesondere im Zusammenhang der historischen

---

1 YAMAMOTO u. a.: *Nihonshi B*, S. 184.

Genese und Entwicklung so genannter diskriminierter *buraku* (*hisabetsu bura-ku* 被差別部落)[2] in den vergangenen Jahrzehnten eine große Zahl von Publikationen hervorgebracht, die unser Wissen und das Verständnis von der Bedeutung der Outcasts in der spätmittelalterlichen und frühneuzeitlichen Gesellschaft erheblich erweitert haben. Allerdings wird darin bislang fast gar nicht das Verhältnis von Mensch und Tier thematisiert, obgleich doch Tiere, insbesondere die Verwertung toter Tiere, im Zentrum der Tätigkeiten von beachtlichen Teilen der Outcast-Bevölkerung standen und den professionellen und ökonomischen Kern der Beschäftigung vieler *eta* und *kawata*[3] der Edo-Zeit (1603–1868) ausmachten. Dies ist durchaus überraschend, denn in den vergangenen Jahren sind von der japanischen Forschung zahlreiche Studien zum Verhältnis von Mensch und Tier in Kultur und Geschichte vorgelegt worden.[4] Arbeiten zum historischen Umgang mit Nutztieren, landwirtschaftlicher Viehhaltung und Schlachtung, die die kulturanthropologischen Perspektiven der jüngsten Forschung aufgreifen und nicht rein agrarhistorisch ausgerichtet sind[5], sind allerdings in Japan bislang noch rar. Auch in der europäischsprachigen Forschung existieren erst wenige, teils bislang unpublizierte Studien zu diesem Themenkomplex[6], der seit den 1990er Jahren auch im Kontext eines gesteigerten Interesses an der historischen Esskultur Japans und ihrer soziokulturellen Verankerung an Bedeutung gewann. In diesem Zusammenhang ist einerseits der Mythos von einer weitgehend fleischlosen Ernährung in der japanischen Vormoderne nachhaltig dekonstruiert und andererseits die von Meiji-Intellektuellen wie etwa Fukuzawa Yukichi 福沢諭吉 (1835–1901) propagierte Bedeutung des Rindfleischgenusses zur Stärkung der modernen japanischen Nation verdeutlicht worden.[7]

Auch dieser Beitrag verdankt sich dem langjährigen Interesse des Autors an der Geschichte des Fleischgenusses im vormodernen Japan und seinem kul-

---

2  Unter *hisabetsu buraku* versteht man im gegenwärtigen Japan Wohnviertel von Bevölkerungsgruppen, die mit Tätigkeiten der edo-zeitlichen Outcast-Gruppen in Verbindung gebracht werden und bis in jüngste Zeit gesellschaftliche Diskriminierung erfahren. Vgl. auch den Beitrag von Elisabeth Scherer in diesem Band.

3  Der seit dem 15. Jahrhundert nachweisbare Begriff *kawata* (かわた, aber auch unterschiedliche Schreibweisen wie z. B. 皮田, 革田 usw.) wurde zur Bezeichnung von dem *eta*-Stand angehörigen Outcast-Gruppen, die mit der Ledergewinnung und -verarbeitung beschäftigt waren, in vielen Quellen der Edo-Zeit verwendet. Insbesondere bis zum 18. Jahrhundert taucht er häufiger auf als der stark diskriminierende Terminus *eta* („viel Schmutz"). Vgl. Teraki: „Kawata", S. 68.

4  Vgl. dazu etwa die 2008/09 im Verlag Yoshikawa kōbunkan erschienene vierbändige Reihe „Mensch und Tier in der Geschichte Japans" (*Hito to dōbutsu no Nihonshi*).

5  Die klassische Studie in diesem Bereich stammt von Kamo (*Nihon chikusanshi*, 1976).

6  Vgl. z. B. Botsman („From ‚Sacred Cow' to Kobe Beef", 2014) oder de Ganon (*The Animal Economy*, 2011).

7  Vgl. dazu ebd., S. 134–158 sowie den Beitrag von Krämer („‚Not Befitting Our Divine Country'", 2008).

tur- und sozialgeschichtlichen Kontext. Zu diesem gehören jedoch nicht nur die Perspektiven der Esskultur, die beispielsweise in Etiketteschriften, Enzyklopädien und Kochbüchern tradiert wurden[8], sondern auch die Akteure und Netzwerke derjenigen, die in einem umfassenden Sinne mit der Gewinnung und Verarbeitung von Fleisch, darüber hinaus aber auch anderer tierischer Produkte wie Felle, Häute, Knochen, Horn usw. befasst waren und damit ihren Lebensunterhalt bestritten. Für Landwirtschaft, Wirtschaft und Konsum des edo-zeitlichen Japan waren diese Gruppen unverzichtbar.[9] Dieser Beitrag möchte zeigen, dass aufgrund der vielfältigen ökonomischen Bedeutung von Tieren Akteure unterschiedlicher Standeszugehörigkeit um die Nutzung der aus deren Körpern gewonnenen Produkte konkurrierten. Dazu gehörten einerseits die *kawata* als klassische Outcast-Gruppe, denen die Verwertung der Kadaver landwirtschaftlicher Nutztiere in vielen Regionen vor allem Westjapans von der Obrigkeit als Monopol zugewiesen worden war; doch auch andere Akteure, wie etwa Viehhändler (*bakurō* 博労), Fellhändler und Bauern versuchten im 18. und 19. Jahrhundert, von der lukrativen Tier-Ökonomie zu profitieren. Überdies kam es zwischen *kawata* und Jägern einerseits und zwischen *kawata* und Weißgerbern andererseits immer wieder zu Kontroversen über Verwertungs- und Nutzungsrechte von Tieren, wobei in diesem Fall nicht um die Kadaver landwirtschaftlicher Nutztiere, sondern um Wild, insbesondere Hirsche, gestritten wurde, deren Häute außerordentlich begehrt waren.

## 2 ASPEKTE DER FORSCHUNGSGESCHICHTE

### 2.1 *Spuren des Rindfleischverzehrs in der Edo-Zeit*

Als *common sense* der Forschung zum Fleischgenuss im vormodernen Japan wird hervorgehoben, dass seit dem Altertum der Verzehr von Wild, darunter auch größerer Vierbeiner wie etwa Hirsch und Wildschwein, sowie anderen Säugetieren (z. B. Hund, Affe, Dachs usw.) als gesichert und vielfach belegt gelten darf, auch wenn diese Praxis gleichzeitig weithin als „befleckend" angesehen, in den Quellen daher als stigmatisierend und „schändlich" bezeichnet wurde und entsprechende Meidungsgebote einzuhalten waren. Dass dieser Befund auch für die Edo-Zeit zutrifft, deren Gesellschaft nach traditioneller Forschungsmeinung

---

8 Vgl. die Arbeiten von HARADA (*Edo no ryōrishi*, 1989; *Edo no shoku bunka*, 2014; *Rekishi no naka no kome to niku*, 1993), KINSKI („Bratfisch und Vogelbeine", 1999), KRÄMER („'Not Befitting Our Divine Country'", 2008), SHIMIZU („Meat-Eating in the Kojimachi District of Edo", 2010) oder VOLLMER („*Kegare* und der Hunger nach Fleisch", 1997).

9 Vgl. dazu KATSUO („Kawa shōnin", 2000), NOBI („Kawa no seisan to ryūtsū", 1996), TERAKI („Tochiku to hikaku", 2002) oder TSUKADA (*Kinsei mibunsei to shūen shakai*, 1997).

besonders stark von der auch politisch instrumentalisierten „Furcht vor Befleckung" (*kegare* 穢れ) durchdrungen gewesen sein soll, kann als bahnbrechen-
des Ergebnis gewertet werden, das auch allgemeinere Annahmen zur japanischen Kulturgeschichte relativierte.[10] Andererseits wird betont, dass das Fleisch
landwirtschaftlicher Nutztiere grundsätzlich nicht zum Verzehr angeboten wurde und der Genuss von Pferde- und Rindfleisch einem besonders strengen Tabu
unterlag. Hier folgt auch die neueste Forschung[11] weitgehend Aussagen, die
sich aus den politischen Quellen seit dem 16. Jahrhundert rekonstruieren lassen: Demnach seien Rinder und Pferde in erster Linie wertvolle Helfer in Landwirtschaft, Transportwesen und Militär und daher unter besonderen Schutz zu
stellen. Zu Beginn der Neuzeit wird diese Argumentation in Edikten TOYOTO-
MI Hideyoshis 豊臣秀吉 (1537–98) Mitte des 16. Jahrhunderts fixiert, denen unter anderem die Auseinandersetzungen zwischen Vertretern der christlichen Mission und buddhistischen Klerikern zu den „häretischen" Essgewohnheiten der
Christen vorausgingen, die regelmäßig Rindfleisch verzehrten.[12] Die bekannten
„Barmherzigkeitsgesetze" (*shōrui awaremi no rei* 生類憐れみの令) des fünften
TOKUGAWA-Shōguns Tsunayoshi 綱吉 (reg. 1680–1709) reglementierten die Jagd
und stellten andere Tiere (Hunde, Pferde, Rinder) unter strengen Schutz. Wie
TSUKAMOTO Manabu jedoch hervorgehoben hat, sind die zahlreichen Tierschutz-
maßnahmen und Verordnungen, die das Fischen oder Jagen von Wild untersag-
ten, aber nur zum Teil als generelle Verbote zu interpretieren. Vielmehr können
sie als Versuch angesehen werden, das ökologische Gleichgewicht in einer durch
rasche Urbanisierung gekennzeichneten Umgebung zu bewahren.[13] Eine Grundlage der politischen Philosophie Tsunayoshis und des TOKUGAWA-Shōgunats war
die Vorrangstellung der Agrarwirtschaft. Genau in diesem Zusammenhang sind
auch die Schutzmaßnahmen für landwirtschaftliche Nutztiere zu sehen. Diese
Annahme gewinnt zusätzliche Plausibilität durch die Tatsache, dass trotz der
Jagdgesetze Tsunayoshis das Schießen auf Wildschweine, Hirsche und Wölfe
mit Feuerwaffen ausdrücklich erlaubt war, wenn diese die Felder der Bauern be-
drohten und durch bloßes In-die-Luft-schießen nicht zu vertreiben waren.[14]

---

10  Vgl. dazu die Beiträge von KRÄMER („'Not Befitting Our Divine Country'", 2008) und VOLL-
    MER („*Kegare* und der Hunger nach Fleisch", 1997).
11  In westlichen Sprachen beispielsweise BOTSMAN („From ,Sacred Cow' to Kobe Beef", 2014)
    und DE GANON (*The Animal Economy*, 2011).
12  Vgl. SHIMIZU: „Meat-Eating in the Kojimachi District of Edo", S. 94f.
13  Vgl. den Beitrag von TSUKAMOTO („Seikun to shite no inu kubō Tsunayoshi", 1980). Zu den
    Auswirkungen der „Barmherzigkeitsgesetze" vgl. auch YOKOTA: „Senshi sareta shokunin
    shūdan", S. 307ff.
14  Vgl. SHIMIZU: „Meat-Eating in the Kojimachi District of Edo", S. 98 sowie TSUKAMOTO:
    „Nōgu to shite no teppō", S. 26.

Für eine Gesamtbewertung der komplexen Befunde zu Tötungsverboten und Fleischgenuss ist es notwendig, zwischen der normativ-politischen Ebene einerseits und der regional zu differenzierenden Alltagspraxis andererseits zu unterscheiden. Für Analysen des widersprüchlichen Verhältnisses der *kegare*-Ideologie zum Fleischgenuss ist dies in der Forschung bereits weitgehend Standard, haben doch zahlreiche Untersuchungen zur mittelalterlichen und neuzeitlichen Esskultur hervorgehoben, dass der Stigmatisierung des Fleischgenusses beispielsweise durch Verheimlichungspraktiken und Euphemismen begegnet wurde. Besonders bekannt ist hier etwa der Fleischgenuss „zu medizinischen Zwecken" (*kusurigui* 薬食い) oder die Verbrämung populärer Fleischspeisen mit spezifischen, „unverdächtigen" Termini wie etwa „Bergwal" (*yamakujira* 山鯨) oder „rotes Herbstlaub" (*momiji* 紅葉) in der späten Edo-Zeit.[15] Für die in der Forschung bislang wenig thematisierte Frage, inwieweit auch das Fleisch landwirtschaftlicher Nutztiere verzehrt wurde, ist diese Differenzierung bislang jedoch kaum vollzogen worden. Mit anderen Worten: Lassen sich – gewissermaßen parallel zum Umgang mit der Ideologie des *kegare* – angesichts normativ-ideologischer Verlautbarungen der politischen Herrschaft mit dem Ziel, Tötung und Verzehr landwirtschaftlicher Nutztiere nachhaltig zu unterbinden, gegebenenfalls nicht doch anhand verschleiernder Begrifflichkeiten und heimlicher Praktiken Spuren eines solch hochgradig tabuisierten Fleischgenusses finden? Die These, die hier vertreten wird, lautet, dass unabhängig von der offensichtlichen Tatsache, dass sich in Japan in der Vormoderne zu keinem Zeitpunkt eine großflächige Viehzuchtkultur zu Schlachtzwecken entwickelt hat, Pferde- und Rindfleisch in der Edo-Zeit nachweislich konsumiert wurde.[16] Diese Praxis stand selbstverständlich in deutlichem Widerspruch zu den genannten politisch-normativen Vorstellungen. Wahrscheinlich ist zudem, dass diese Tradition regional bereits länger zurückreicht.[17] Die Tatsache, dass auch im 17. und 18. Jahrhundert immer wieder ein Tötungsverbot für Rinder und Pferde ausgesprochen werden musste, deutet darauf hin, dass diese Praxis zumindest lokal und in begrenztem Umfang fortgesetzt worden sein könnte.

15  Diese beiden Termini wurden als Euphemismen beziehungsweise Tabuworte für das Fleisch von Wild verwendet; *yamakujira* verweist insbesondere auf Wildschwein, *momiji* auf das Fleisch von Hirschen, wobei die Begriffe auch für das Fleisch des jeweils anderen Tieres gebraucht wurden. *Momiji* bezeichnet in modernen Texten gelegentlich Rindfleisch (*gyūniku* 牛肉). Für Wildschwein war überdies der Ausdruck „Päonie" (*botan* 牡丹) üblich.

16  Dies darf nach den quellengesättigten Studien NOBIS (*Shokuniku no burakushi*, 1998) als gesichert gelten. Einige Befunde daraus finden sich auch bei TERAKI: „Tochiku to hikaku", S. 245–248.

17  Vgl. dazu SHIMIZU: „Meat-Eating in the Kojimachi District of Edo", S. 94. Zum Rindfleischgenuss japanischer Christen, auch der „verborgenen Christen" (*kakure kirishitan* 隠れキリシタン) vgl. DE GANON: *The Animal Economy*, S. 43–48.

Ein weithin bekanntes, wenn auch meist als singulär behandeltes Beispiel, ist
die Rindfleischproduktion im Hikone-Lehen (Präfektur Shiga) in Zentraljapan.[18]
Vielfach belegt sind die von den Fürsten aus dem Hause II 井伊 speziell für den
Hof des Shōguns sowie einige mit dem TOKUGAWA-Haus „verwandte Fürsten"
(*shinpan daimyō* 親藩大名) und Älteste (*rōjū* 老中) der Shōgunatsregierung zube-
reiteten Gerichte von in Miso eingelegtem oder luftgetrocknetem Rindfleisch,
die regelmäßig in der kalten Jahreszeit an den Hof in Edo verschickt wurden. Neben den genannten Spezialitäten wurde auch in Sake gekochtes oder in Saketres-
ter (*kasuzuke* 粕漬) eingelegtes Rindfleisch geliefert. Wie sich den Bestellungen
aus Edo entnehmen lässt, war Rinderleber ebenfalls außerordentlich begehrt.
Die in der Familie II tradierten Quellen zeigen also, dass sich in der Provinz
Ōmi eine kulinarische Tradition um den Rindfleischgenuss etabliert hatte, die
verschiedene Zubereitungsarten kannte.[19] HITOMI Hitsudai 人見必大 (ca. 1642–
1701) merkte in seiner Schrift „Spiegel der Speisen unseres Landes" (*Honchō
shokkan* 本朝食鑑, 1697) an, dass das Fleisch kranker Rinder zwar sehr giftig, das
Fleisch natürlich verendeter Rinder jedoch sehr genießbar und in vielerlei Hinsicht gesundheitsförderlich sei. Allerdings ziehe man sich den Zorn der Götter
zu, wenn man nach dem Rindfleischgenuss zum Schrein pilgere.[20] So wurden in
Hikone in der Regel ausschließlich gesunde Rinder für den Verzehr verarbeitet,
der mit den Wintermonaten assoziiert war. Als im vierten Monat des Jahres Kansei 5 (1793) vom Medizinalamt des Shōgunats eine Rindfleischlieferung bestellt
wurde, hieß es folglich:

> Seit alter Zeit wurden verletzte oder nutzlos gewordene Rinder bis zum Winter beweidet und
> dann während der Winterzeit geschlachtet und zu medizinischen Zwecken (*yakuyō* 薬用) ver-
> arbeitet. [Rindfleisch] ist also nicht immer erhältlich und kann jetzt [im vierten Monat] nicht
> geliefert werden.[21]

Bemerkenswert an diesem Quellenkorpus ist die Offenheit, mit der trotz zahlreicher Verbote die Schlachtung von Rindern im Schriftverkehr mit dem
Shōgunat thematisiert wird. Tatsächlich wird beispielsweise in den Lieferun-
gen von Rinderleber im Einzelnen festgehalten, ob diese von verendeten oder
geschlachteten Rindern stammte.[22] Ausdrücklich erwähnen die Quellen allerdings die Einstellung des Schlachtbetriebs mit den „Barmherzigkeitsgesetzen"
Tsunayoshis im vierten Monat 1687 und die Wiederaufnahme der Schlachtun-

---

18  Für eine zusammenfassende Darstellung vgl. KAMO: *Nihon chikusanshi*, S. 200–205.
19  Vgl. ausführlich dazu TANIGUCHI („Ōmi kuni ni okeru heigyūba no shori to kawaba", 1991).
20  Vgl. ebd., S. 80f.
21  Zitiert in ebd., S. 81.
22  Vgl. ebd. Bei dem von TANIGUCHI zitierten Beispiel handelt es sich um eine Bestellung der
     Familie HOSOKAWA 細川 (Kumamoto-Lehen) über zehn Rinderlebern aus dem zweiten Monat
     des Jahres Kansei 5 (1793), von denen drei von geschlachteten, sieben von verendeten Tieren
     stammten.

gen im Jahre 1709.[23] Insbesondere nach der Regierungszeit Tsunayoshis und der Aufhebung einiger seiner Gesetze im Zeitraum der Tenmei- bis Kaei-Jahre (1781–1848) verzeichnen die Quellen rege Aktivitäten. Diese Tendenz deckt sich mit den Forschungsergebnissen NOBI Shōjis, der ab den 1830er und 1840er Jahren einen Anstieg des Rindfleischhandels im Gebiet südlich von Ōsaka konstatiert hat.[24] Den Quellen zufolge wurden in Hikone während der Wintersaison täglich fünfzig ausgediente Rinder geschlachtet. Pro Jahr lag die Schlachtrate in den Betrieben des Lehens in dieser Zeit bei 1000 bis 3000 Tieren.[25] Darunter befanden sich zweifellos eine große Zahl kranker und für die Fleischproduktion wertloser Tiere, deren Häute, Knochen und Innereien jedoch wertvolle Rohstoffe darstellten. Neben Watanabe (Ōsaka) war Hikone im 19. Jahrhundert der Hauptlieferant von Knochenmehl, das als Dünger in den südlichen Lehen (Satsuma, Chōshū, Fukuoka) für den insbesondere seit den Tenpō-Reformen der 1840er Jahre geförderten Raps- und Zuckerrohranbau stark nachgefragt wurde.[26] Hikone war ein Zentrum des Viehhandels während der Edo-Zeit und hier, genauer gesagt in der Poststation Takamiya (an der Nakasendō-Fernstraße[27] gelegen), fand mindestens einmal monatlich ein großer Viehmarkt statt, auf dem Rinder und Pferde aus den anliegenden Provinzen (bis hinauf zur Hokuriku-Region) zusammengetrieben und gehandelt wurden. Es ist bezeichnend für den Zusammenhang zwischen Viehhandel, Kadaververwertung und Fleischproduktion, dass Takamiya auch berühmt wurde für in Miso eingelegtes oder getrocknetes Rindfleisch, das von hier aus in Fässern z. B. nach Kyōto versandt wurde.[28]

Welche Schlussfolgerungen lassen sich aus dem gut dokumentierten Beispiel der Rindfleischproduktion im Hikone-Lehen ziehen? Zunächst einmal ist zu betonen, dass auch dieser Fleischverzehr mit verschiedenen Euphemismen verschleiert und grundsätzlich im Kontext eines medizinisch indizierten Konsums behandelt wurde (*kusurigui*, *yōjōniku* 養生肉, also „Fleisch zur Rekonvaleszenz"). So gesehen dürfen wir also gar nicht erwarten, dass in Quellen bis in die 1860er Jahre offen von Rinderschlachtungen und dem Verzehr von Rindfleisch gesprochen wird. Aber bedeutet dies, dass er gar nicht stattfand? NOBI Shōji, einer der wenigen Forscher, der sich intensiv mit der Tradition der Fleischproduktion in *kawata*-Dörfern des Kansai-Gebietes befasst hat, kommt in seinen

---

23  Vgl. KAMO: *Nihon chikusanshi*, S. 203 sowie YOKOTA: „Senshi sareta shokunin shūdan", S. 310ff.

24  Vgl. NOBI: *Shokuniku no burakushi*, S. 176–190.

25  Vgl. KAMO: *Nihon chikusanshi*, S. 204.

26  Vgl. KATSUO: „Kawa shōnin", S. 120.

27  Die Nakasendō-Fernstraße verband Edo mit Kyōto, führte aber nicht an der Küste entlang, sondern – wie der Name „Straße durch die zentralen Gebirge" verdeutlicht – durch die Bergregionen Zentraljapans (u. a. heutige Präfekturen Gifu, Gunma, Nagano, Saitama).

28  Vgl. KAMO: *Nihon chikusanshi*, S. 204.

Quellenauswertungen zu dem Schluss, dass sich in der späten Edo-Zeit der Konsum von Rindfleisch lokal verbreitete und durch ein Netzwerk von mit den *kawata*-Dörfern verbundenen Wanderhändlern unterhalten wurde. NOBI hat dies insbesondere anhand von Quellenbeständen aus den Dörfern Saraike, Mukaino und Minamiōji (Stadtpräfektur Ōsaka) anschaulich geschildert.[29] In der Meiji-Zeit (1868–1912) unternahmen einige der hier ansässigen Akteure den Versuch, aus dem von den zeitgenössischen Intellektuellen und Teilen der Obrigkeit nunmehr propagierten Rindfleischgenuss Kapital zu schlagen. Ehemalige *kawata*-Siedlungen wie etwa in Mukaino und Saraike südlich von Ōsaka oder Ōmi-Hachiman in der Nähe von Hikone stiegen zu dieser Zeit in die moderne Fleischproduktion ein und sind bis heute Standorte von lokal oder regional bedeutsamen Schlachthöfen.[30]

Von hier aus lässt sich im Sinne einer historischen und regionalen Differenzierung der Gesellschaft des neuzeitlichen Japan eine Parallele zum gut untersuchten städtischen Genuss von Wild in Edo ziehen. Auch hier nimmt die Zahl der Geschäfte, in denen Fleisch von Wild gehandelt und in angeschlossenen Restaurants für Gourmets zum Verzehr angeboten wird, in der späten Edo-Zeit deutlich zu. Während es im 18. Jahrhundert nach Auskunft zahlreicher schriftlicher Quellen nur ein einziges Wildgeschäft in Kōjimachi in Edo gab, habe sich, so SHIMIZU Akira, nun das gesamte benachbarte Hirakawa-Viertel in einen großen Fleischmarkt mit Restaurants verwandelt, in welchen unterschiedlichste Fleischgerichte und -eintöpfe angeboten wurden.[31] Zugleich entbrannte in der zeitgenössischen Miszellenliteratur (*zuihitsu* 随筆) eine hitzige Debatte um die Frage, wie „befleckend" diese Praxis sei und inwieweit ihre Verbrämung mit euphemistischen Begriffen dazu diente, Gesetze und Verordnungen zu umgehen.[32] Diese schriftlichen Überlieferungen wurden seit den späten 1980er Jahren durch vielfältige, bei Ausgrabungen in Tōkyō zutage geförderte archäologische Befunde eindrücklich bestätigt.[33] NOBI Shōji hat interessanterweise darauf hingewiesen, dass bei Ausgrabungen in Kōjimachi am Ort der ehemaligen Residenz des Lehens Kishū (Präfektur Wakayama) in Edo unter anderem auch Rinderknochen mit Bearbeitungsspuren durch Messer gefunden wurden, die auf einen Verzehr des Fleisches hindeuten könnten.[34] So gesehen ließe sich bezüglich des Rindfleischkonsums, der im Kontext der reich differenzierten Esskultur der Neuzeit

29 Vgl. NOBI: *Shokuniku no burakushi*, S. 155–190.
30 BOTSMAN („From 'Sacred Cow' to Kobe Beef", S. 30–38) zeichnet ein ähnliches Bild für das Dorf Ujino bei Kōbe, in dem es bereits vor der Meiji-Zeit Beziehungen zu Viehschlachtungen gegeben hatte.
31 Zu den Quellen vgl. SHIMIZU: „Meat-Eating in the Kojimachi District of Edo", S. 102–105.
32 Vgl. ebd.
33 Zusammengefasst in UCHIYAMA („San'ei-chō and Meat-Eating in Buddhist Edo", 1992).
34 Vgl. NOBI: *Shokuniku no burakushi*, S. 150ff., allerdings ohne genaue Quellenangaben.

relativ betrachtet sicherlich ein Nischenphänomen darstellte, folgern, dass er – parallel zum Anstieg des Fleischgenusses allgemein – vor allem in den ersten Jahrzehnten des 19. Jahrhunderts zunehmend praktiziert wurde und dabei vor allem eher eine die Esskultur der Metropolregionen prägende Praxis dargestellt haben könnte.

## 2.2 *Die Bedeutung landwirtschaftlicher Nutztiere*

Dass in der bisherigen Forschung zum Fleischkonsum in der Edo-Zeit der Verzehr landwirtschaftlicher Nutztiere fast gar nicht als Untersuchungsgegenstand thematisiert worden ist, hängt wahrscheinlich nicht nur mit der Tatsache zusammen, dass man hier einfach den Aussagen der politischen Quellen seit Hideyoshi und den TOKUGAWA-Shōgunen folgte, welche Rinder und Pferde unter besonderen Schutz und ihre Tötung immer wieder unter strenge Strafen stellten. Wie Pieter DE GANON in seiner Dissertation *The Animal Economy* schlüssig zeigen konnte, hat sich nämlich in der vom Historischen Materialismus geprägten japanischen Sozialgeschichtsschreibung der Nachkriegszeit die paradigmatische Betrachtungsweise durchgesetzt, dass Produktivitätszuwächse in der frühneuzeitlichen Landwirtschaft in Japan insbesondere durch die Verbreitung besserer Werkzeuge zur Bodenbearbeitung bei gleichzeitiger Verdrängung der tierischen Arbeitskraft erreicht worden seien. So argumentierte ARAKI Moriaki in einigen einflussreichen Arbeiten seit den 1950er Jahren, dass der Einsatz preiswerter Eisenhacken sich in der frühen Edo-Zeit auch in kleinbäuerlichen Haushalten massenhaft verbreitete. Diese Arbeitsmittel seien überdies für die Kultivierung kleiner Flächen besser geeignet gewesen, als der von Rindern oder Pferden gezogene Pflug.[35] Auch wenn andere Details von ARAKIS Argumentation später in Zweifel gezogen wurden, erwies sich seine These vom technologischen Fortschritt, der den vom Ochsen gezogenen Pflug durch die Eisenhacke ersetzt habe, als erstaunlich persistent:

> And as a result, the 'disappearance of the ox' and to a lesser extent the horse, from the historiography on early modern rural society has been lamentably complete – so complete, in fact, that it is now taken for granted that early modern Japan was, relatively speaking, 'draft-animal-less', or *mukachiku* [無家畜].[36]

Andere Geschichtswissenschaftler, wie etwa der auf historische Demographie spezialisierte HAYAMI Akira sekundierten und leiteten aus der Hypothese einer auf den Einsatz von Nutztieren weitgehend verzichtenden Gesellschaft den Kern ihrer Modernisierungstheorie ab:

35  ARAKI: „Taikō kenchi no rekishiteki igi", S. 212, zitiert in DE GANON: *The Animal Economy*, S. 89.
36  Ebd., S. 90.

[T]his backbreaking labor became the basis of a work ethic. A comparison of data from the area around Nagoya for the late seventeenth and early nineteenth centuries shows [the] use of domestic animals in farming declined so severely on the plains of central Japan that they virtually disappeared. Yet production does not seem to have fallen during this period, so the labor formerly performed by domestic animals must now have been performed by humans. That is, there was a shift from horsepower to manpower! Behind this shift lies the most significant economic experience of the Tokugawa period. Difficult, time-consuming labor was morally configured as 'industriousness' and [this was] an ethos everyone was called upon to respect.[37]

Ungeachtet solcher weitreichenden und stark rezipierten Thesen konnte DE GA-NON jedoch zeigen, dass die Daten, auf die sich HAYAMI hinsichtlich des Rückgangs von Nutztieren stützte, als nicht repräsentativ angesehen werden müssen und durch Zahlen vieler anderer Regionen widerlegt werden. Wie DE GANON für verschiedene Gebiete Westjapans gezeigt hat, stieg dort die Zahl der Rinder in der Landwirtschaft während des 18. Jahrhunderts kontinuierlich an und dürfte sich im frühen 19. Jahrhundert bei einem Verhältnis von fast einem Rind pro bäuerlichem Haushalt eingependelt haben.[38] Die herausragende Bedeutung landwirtschaftlicher Tierhaltung wird unter anderem auch durch die Funktion der Nutztiere als Düngerproduzenten plausibel, die im frühneuzeitlichen Agrarschrifttum immer wieder hervorgehoben wird.[39] Auch die von dem Agrarhistoriker HONMA Masahiko angestellten Untersuchungen zu japanischen Ortsnamen, die Verbindungen zu Rindern und Rinderhaltung nahelegen, deuten unmissverständlich auf die weite Verbreitung der Nutztiere hin.[40] Nicht zuletzt liefert aber auch der Kontext der Fleisch- und Lederproduktion wichtige Argumente gegen die vom Mainstream der japanischen Sozialgeschichtsforschung angenommene These. So sprechen etwa die Zahlen des Schlachtbetriebs in Hikone eine ebenso deutliche Sprache wie die der in Ōsaka gelegenen zentralen Umschlagstätte für Häute und Rohleder. Allein in Watanabe wurden Mitte des 19. Jahrhunderts jährlich etwa 100000 Häute weiterverarbeitet, von denen zwischen 75000 und 90000 aus Westjapan stammten, während der Rest über Tsushima aus Korea importiert wurde.[41]

---

37  HAYAMI: „Introduction", S. 27, zitiert in DE GANON: *The Animal Economy*, S. 91f.
38  Vgl. ebd., S. 92.
39  Vgl. ebd., S. 95–108 mit zahlreichen Verweisen.
40  Vgl. die Arbeit von HONMA (*Ushi no kita michi*, 1994).
41  Zu diesen oft zitierten Zahlen vgl. DE GANON: *The Animal Economy*, S. 93 sowie MATSUOKA: „Bakuhan taiseika no hikakugyō", S. 21.

## 3 Der Handel mit Haut, Knochen und Fleisch – Akteure und Netzwerke

Um die hier angestellten Überlegungen und Thesen zu einem mutmaßlich klandestinen Fleischgenuss schärfer in den Blick zu nehmen, ist es sinnvoll, sich der vergleichsweise gut dokumentierten, gesetzlich geregelten Seite der Kadaververwertung landwirtschaftlicher Nutztiere zuzuwenden. Diese kann als ein komplexer sozialer und professioneller Kosmos aufgefasst werden, in dessen Mittelpunkt bekanntlich vor allem Tätigkeiten edo-zeitlicher Outcasts standen. Diese waren jedoch durch vielfältige Beziehungen und Netzwerke mit anderen Berufsgruppen verbunden, die nicht dem *eta*-Stand zugerechnet wurden. Dazu gehörten neben der bäuerlichen Bevölkerung Viehhändler, Jäger, Fellhändler und Weißgerber, andere lederverarbeitende und -handelnde Berufe sowie Frachtschiffer und Spediteure. Grundsätzlich wurden Besitz, Haltung und Verkauf landwirtschaftlicher Nutztiere seit dem 17. Jahrhundert streng überwacht.[42] So existierten typischerweise in vielen Regionen Register, in welchem Namen und Wohnorte von Käufer und Verkäufer sowie das Datum des Verkaufs und charakteristische Merkmale des betreffenden Tieres aufgelistet waren. Der Verkauf musste vom Ältesten oder Vorsteher des Dorfes, in dem die Transaktion erfolgte, bestätigt und ein entsprechendes Zertifikat über den ordnungsgemäßen Transfer an beide beteiligten Parteien ausgestellt werden. Bäuerliche Haushalte, die Rinder oder Pferde besaßen, waren überdies verpflichtet, kranke, altersschwache oder verendete Tiere zu melden. Der Handel mit landwirtschaftlichen Nutztieren durch Viehhändler wurde vielerorts in Registern zur „Handelskontrolle" (*shōbai ginmichō* 商売吟味帳) festgehalten und musste etwa dem Grundherrn zweimal jährlich vorgelegt werden.[43] Es war streng verboten, sich nicht mehr arbeitsfähiger Tiere durch „Wegführen" oder „Aussetzen" zu entledigen, obgleich die Pflege und Verpflegung kranker Tiere für die bäuerliche Bevölkerung unter Umständen eine erhebliche ökonomische Belastung darstellen konnte.

Der Umgang mit den Kadavern verendeter landwirtschaftlicher Nutztiere war ebenfalls klar geregelt. Seit den Kriegswirren des 16. Jahrhunderts hatten viele Fürsten zur Sicherung des militärisch wichtigen Nachschubs an Leder Abdecker und Gerber in ihren Territorien angesiedelt und mit Sonder- und Monopolrechten für die Kadaververwertung und Ledergewinnung ausgestattet.[44] In dieser Tradition stand auch die Gesetzgebung des Tokugawa-Shōgunats, das den *kawata* das alleinige Recht zur Verwertung und Weiterverarbeitung von

---

42 Einen Überblick bietet der klassische Beitrag von Yokota: „Senshi sareta shokunin shūdan", S. 308ff.
43 Vgl. ebd., S. 309.
44 Für einen allgemeinen Überblick vgl. Matsuoka („Bakuhan taiseika no hikakugyō", 1977).

Rinder- und Pferdekadavern zusprach. Dieses System wurde seit dem späten 17. Jahrhundert schärfer überwacht, um die Tötung noch lebender Pferde und Rinder möglichst zu unterbinden und den lukrativen Handel mit den aus den Kadavern gewonnenen Produkten zu regulieren. Die schärferen Kontrollen hatten unter anderem zur Folge, dass Verstöße gegen diese Regularien häufiger aktenkundig wurden. Auch nach der Regierungszeit Tsunayoshis und der Aufhebung vieler „Barmherzigkeitsgesetze" blieben sie in Kraft und wurden etwa im Zuge der politischen und ökonomischen Reformen des Shōgunats in den ersten Jahrzehnten des 18. Jahrhunderts mit dem Hinweis auf die Praxis der illegalen Tötung altersschwacher Rinder nochmals verschärft.[45]

Das „Recht zur Entsorgung verendeter Rinder und Pferde" (*taore gyūba shoriken* 斃牛馬処理権) schrieb als Grundregel vor, dass den *kawata* der Kadaver von der bäuerlichen Bevölkerung unentgeltlich überlassen werden musste.[46] Wirtschaftlich gesehen resultierte so aus dem Besitz von Nutztieren ein impliziter Widerspruch, der für den Umgang mit lebenden und toten Tieren weitreichende Konsequenzen hatte. Er führte zu einem in der Überlieferung häufig thematisierten fundamentalen Antagonismus zwischen bäuerlicher Bevölkerung und den *kawata*. Für Bauern, die in gesunde Rinder investierten, stellte das Tier ein bedeutendes Arbeitsmittel und einen verlässlichen Düngerproduzenten dar; es war ökonomisch für die landwirtschaftliche Tätigkeit zentral. Dementsprechend gab es während der Edo-Zeit insbesondere in Westjapan, dem Hauptverbreitungsgebiet von Rindern auf der japanischen Inselkette, einen äußerst lebhaften, gut organisierten Viehhandel. Es war weithin üblich, ältere Rinder regelmäßig gegen jüngere, leistungsstarke Tiere einzutauschen – das klassische Geschäftsfeld der oftmals der Betrügereien verdächtigten und daher eher schlecht beleumundeten Viehhändler (*bakurō*).[47] Zwar konnte die Versorgung eines kranken Tieres für bäuerliche Haushalte eine erhebliche Belastung darstellen, weshalb man oftmals versuchte, sich dieser durch das streng verbotene „Wegführen" oder den Notverkauf des Rindes zu entledigen. Doch besaß der Körper eines verendeten Rindes aufgrund der seit dem 18. Jahrhundert kontinuierlich steigenden Nachfrage nach Leder und anderen Produkten natürlich nach wie vor einen erheblichen ökonomischen Wert. So gesehen verfügten die Gesetze des Shōgunats eine Enteignung dieses bäuerlichen Besitzes, die im Moment des Todes der Tiere wirksam wurde: Zu diesem Zeitpunkt musste kraft Gesetzes der Besitz und aus diesem zu zie-

---

45  Vgl. YOKOTA: „Senshi sareta shokunin shūdan", S. 310ff.

46  Als Standard zum staatlich geregelten System der Kadaververwertung durch die *kawata* in Westjapan gilt noch immer FUJIMOTO („Kinsei ‚Taore gyūba shori sei' no tenkai to kaitai", 1977). Vgl. auch seinen aktualisierten Beitrag „Taore gyūba shori" in *Burakushi yōgo jiten* (1990).

47  Eine Zusammenfassung der japanischen Forschung findet sich bei BOTSMAN: „From 'Sacred Cow' to Kobe Beef", S. 24–28.

hender ökonomischer Nutzen in die Hände der für die Verwertung der Kadaver zuständigen *kawata* übergehen.[48] Diese gelangten so fast kostenlos an ein wirtschaftlich hochprofitables Gut.

Aus den Quellen lassen sich zwei Konsequenzen ablesen, die die beteiligten Akteure aus dieser Situation zogen: Zum einen machten betroffene Bauern den *kawata* das Nutzungsrecht an den Kadavern streitig, indem sie etwa die toten Tiere vergruben. Oder sie versuchten gesetzeswidrig selbst, den Körper profitabel zu verwerten, indem sie von den *kawata* einen entsprechenden Preis verlangten. Diese wehrten sich mit Eingaben an die Obrigkeit und betonten dabei immer wieder die Gesetzmäßigkeit ihres Handelns. In einem auf den zehnten Tag des sechsten Monats des Jahres Bunsei 10 (1827) datierten Dokument vergleichen sie beispielsweise ihre Tätigkeit mit der des buddhistischen Klerus: „Die Toten werden den Tempeln überantwortet, verendete Rinder und Pferde den *kawata*", dies sei oberstes Gesetz seit dem Zeitalter der Götter.[49] Andere Quellen aus den ersten Jahrzehnten des 19. Jahrhunderts belegen allerdings, dass sich die bäuerliche Bevölkerung davon nicht unbedingt abschrecken ließ. So verweist NOBI auf zwei überlieferte Vorfälle, die sich im Jahr Kaei 2 (1849) in Ortschaften in Shimotsuke (Präfektur Tochigi) beziehungsweise Musashi (Präfekturen Saitama, Kanagawa, Stadtpräfektur Tōkyō) ereigneten: Hier führten lokale *kawata*-Anführer Klage, dass Bauern, nachdem der Tod eines Rindes bekannt wurde, noch vor Eintreffen der zuständigen *kawata* mit Messern und Körben angerückt seien und den Kadaver zerlegt hätten, so dass nur noch das Skelett übrig geblieben sei.[50] Diese Quellen sind nicht nur als Indiz für einen daraus ableitbaren Handel und Konsum von Rindfleisch in der späten Edo-Zeit aufschlussreich, sondern zeigen auch, wie wenig sich zumindest diese Bauern durch *kegare*-Vorstellungen oder angedrohte Strafen von ihrem Tun abbringen ließen.

Eine zweite Konsequenz bestand darin, dass zunehmend altersschwache Rinder ins Visier von *kawata* und mit diesen gemeinsam operierenden Viehhändlern gerieten, die diese Tiere heimlich töteten, um an die profitablen Kadaver zu gelangen. Auch hier war die Nachfrage nach tierischen Produkten aus Häuten, Horn und Knochen der teibende Faktor. In den Quellenkorpora, die um die heimliche und illegale Tötung von Rindern kreisen, taucht neben dem für verendete Tiere gebrauchten Terminus „gefallene Rinder" (*otoshiushi / ochiushi* 落牛) oft der Begriff „gebundene / erwürgte Rinder" (*shimeushi* 〆牛) auf. Er verweist unter anderem darauf, dass die Tötung der Tiere in der Regel nicht durch Schlag- oder Sticheinwirkung erfolgte, sondern dadurch, dass man die meist altersschwachen Rinder durch Fesselung bewegungsunfähig machte und so veren-

---

48  Vgl. zu diesem Aspekt MATSUOKA: „Bakuhan taiseika no hikakugyō", S. 14–20.
49  *Myōkakuji monjo* 妙覚寺文書, zitiert in ebd., S. 18.
50  Zitiert in NOBI: *Shokuniku no burakushi*, S. 149f.

den ließ; auch durch Würgen und Ersticken wurden die Tiere zu Tode gebracht, wobei man ihnen solange Stroh ins Maul stopfte, bis sie starben.[51]

Das „Recht zur Entsorgung verendeter Rinder und Pferde" war also nicht nur für die gesellschaftlichen Ordnungsvorstellungen der Edo-Zeit zentral, sondern berührte auch die wirtschaftlichen Interessen weiter Teile der Bevölkerung im ländlichen Raum ungeachtet ihrer Standeszugehörigkeit. Die Ausübung dieses Rechts war territorial geregelt, denn jedem *kawata*-Dorf standen die in einem bestimmten Gebiet verendeten Tiere kraft Verordnung zu. Die den *kawata* zur Nutzung jeweils zugewiesenen Territorien wurden mit verschiedenen Termini bezeichnet, wie etwa „Weideplatz" (*kusaba* 草場, *shiba* 芝) oder „Almosenplatz" (*dannaba* 旦那場); die praktische Ausübung des Rechts, dort Kadaver einzusammeln, abzudecken und weiterzuverarbeiten, wurde „Entsorgungsrecht" (*shoriken* 処理権), „Almosenrecht" (*dannaken* 旦那権) oder auch „Reinigungsrecht" (*sōjiken* 掃除権) genannt. Über die genau festgelegten Grenzen dieser Gebiete und die damit verbundenen Nutzungsrechte kam es zwischen *kawata*-Dörfern immer wieder zu Auseinandersetzungen, ebenso, wenn es um die Frage ging, wer Rechte am Kadaver von Rindern besaß, die ausgesetzt worden und nicht am Wohnort ihres Besitzers verendet waren. Doch nicht alle dem *kawata*-Stand angehörigen Outcasts konnten sich an diesem Geschäft beteiligen – Voraussetzung war der Besitz eines entsprechenden „Anteils" (*kabu* 株), der zum Abdecken berechtigte. Diese „Anteile" konnten verkauft und vererbt werden, doch nicht alle Bewohner der *kawata*-Dörfer waren Eigner dieser „Anteile". Es waren gerade diese weniger privilegierten *kawata*, die daher versuchten, durch den Ankauf von altersschwachen und kranken Rindern oder Kadavern am lukrativen Geschäft des Abdecker- und Ledergewerbes zu partizipieren. Damit kamen sie auch den ökonomischen Interessen der Bauern entgegen, die so vom Besitz der Tiere doch noch profitieren konnten. Für die Behörden bedeutete dies jedoch einen flagranten Bruch der oben beschriebenen Grundregeln und wurde immer wieder unter Strafe gestellt.[52]

Am Beispiel der von K<small>ATSUO</small> Yoshiyuki untersuchten Beziehungen von *kawata*-Dörfern in Wakayama zu den in Watanabe (Ōsaka) ansässigen Großhändlern und Gerbern des größten Umschlagplatzes für Häute in Westjapan lassen sich Details der Weiterverarbeitung von Kadavern und der daran beteiligten Akteure, ihrer Netzwerke und der mitunter stark divergierenden Interessen anschaulich darstellen. Im Detail variierende, aber grundsätzlich ähnliche Regelungen finden sich in zahlreichen Gebieten Westjapans. In den *kawata*-Dör-

---

51  Vgl. dazu die bei N<small>OBI</small> (*Shokuniku no burakushi*, S. 176f.) zitierte Quelle aus dem Jahr Kōka 3 (1846) aus *Nara no burakushi. Shiryōhen*. Vgl. ferner H<small>ONMA</small>: *Ushi no kita michi*, S. 219ff.

52  Vgl. M<small>AE</small>: „Kinsei mikaihō buraku no taore gyūba shoriken", S. 35–40 sowie M<small>ATSUOKA</small>: „Bakuhan taiseika no hikakugyō", S. 17.

fern des Tanabe-Lehens an der Südwestküste der Kii-Halbinsel wurden die zur Ausübung des „Entsorgungsrechts" befugten *kawata* in einem Register des Vorstehers des *kawata*-Dorfes aufgelistet. Aus einer in den „Aufzeichnungen aus zehntausend Generationen" (*Mandaiki* 万代記) überlieferten Quelle aus dem Jahr Enkyō 2 (1745) geht hervor, wie im Falle der Meldung eines verendeten Rindes im Einzelnen zu verfahren sei. Zunächst sei der zur Nutzung des Kadavers berechtigte *kawata* verpflichtet, vom Vorsteher des betreffenden Dorfes ein Dokument zu erhalten, auf dem Datum und Besitzer des dort verendeten Rindes verzeichnet sind, sowie der Tatbestand beglaubigt wird, dass das Rind tatsächlich an einer Krankheit oder Altersschwäche verendet ist. Im Falle, dass jedoch gerade hinsichtlich der Todesursache Zweifel bestünden und es sich um „verdächtige Ware" (*magirashiki shina* 紛敷品) handele, dürfe das Dokument nicht herausgegeben werden. Ein Eintrag aus dem Jahr Bunsei 11 (1828) macht unmissverständlich klar, dass hier vor allem der Verdacht heimlicher Tötung gemeint gewesen sein dürfte, ein Topos, der einen großen Teil der Quellenüberlieferung zum Komplex der rechtmäßigen Kadaververwertung dominiert.[53] Die Behörden suchten immer wieder nach Wegen, die Durchsetzung des rigorosen Tötungsverbots landwirtschaftlicher Nutztiere zu überwachen. Vor dem Abtransport der Ware musste daher dieses Dokument mit den Herkunftsdaten der Häute dem Vorsteher des *kawata*-Dorfes vorgelegt werden, der daraufhin nach erneuter Inspektion der Tierhaut den ordnungsgemäßen Empfang mit einer Marke (*kitte* 切手) quittierte. Häute, die eine solche Marke nicht erhielten, da sie als „verdächtig" galten, wurden konfisziert. Auch wenn in *kawata*-Dörfern Rinderfelle aus anderen Gebieten angeliefert wurden, war ein entsprechendes Dokument mit Bezeichnung des Namens und Wohnorts des Besitzers des Tieres dem *kawata*-Vorsteher zu präsentieren, der nach erneuter Prüfung den Empfang mit einer Marke bestätigte. Allerdings zeigen mehr als ein Dutzend Einträge im *Mandaiki* aus dem 18. und frühen 19. Jahrhundert, die das Schmuggeln „illegaler" Häute und „Wegführen" von Rindern wiederholt verbieten, dass solche Kontrollmaßnahmen nicht durchgängig erfolgreich waren. Dass die Behandlung von verendeten Nutztieren zu Beginn des 19. Jahrhunderts generell unter strengere öffentliche Aufsicht gestellt wurde, geht für das hier untersuchte Gebiet des Tanabe-Lehens auch aus der Tatsache hervor, dass mit einem Erlass aus dem Jahr Kyōwa 3 (1803) das Abdecken verendeter Rinder an Ort und Stelle unter den Augen des zuständigen Dorfbeamten zu geschehen hatte.[54] Mehrfach erwähnt das *Mandaiki* dennoch die Bestrafung von Personen, die der Tötung von Rindern für schuldig befunden und bestraft wurden, so etwa in Einträgen für Hōreki 11 (1761) und

---

53  Vgl. die Quellenauswertung in Katsuo: „Kawa shōnin", S. 113.
54  Vgl. ebd., S. 114.

Bunsei 1 (1818).[55] Der Erlass von 1803, der an „alle *eta*-Gruppen" (*kumigumi (w)etadomo e* 組々ゑた共へ) des Gebietes gerichtet war, gibt durch die darin enthaltenen Verbote und Anordnungen Hinweise, wie sich die Behörden den Umgang mit Nutztieren und Tierkadavern vorstellten und wie dagegen andererseits jedoch in der alltäglichen Praxis verstoßen wurde. Die wichtigsten Punkte seien hier in Paraphrase der Quellen zusammengefasst:

1   Den *kawata* ist es verboten, altersschwache Rinder aufzukaufen, diese zu töten und dann als „verendet" (*otoshiushi* 落牛) zu deklarieren; es ist ihnen ferner verboten, als Viehhändler aufzutreten.

2   In allen Dörfern, insgesamt an 33 Orten, sind Rinderwachtposten (*gyūban* 牛番) aufzustellen, um „verdächtige Rinder" (*magirashiki ushi* 紛敷牛) zu kontrollieren.

3   Viehhändlern, die bei Einbruch der Dunkelheit auftauchen, ist die Unterkunft zu verwehren. Erscheinen sie tagsüber und ist ihnen dann notgedrungen Unterkunft zu gewähren, ist dies dem Dorfvorsteher zu melden.

4   Im Falle, dass das „Wegführen" von Rindern des Nachts entdeckt wird, sind diese zu konfiszieren.

5   Die Zahl von Rindern, die sich im Besitz von *kawata* befinden, ist mit dem Namen des jeweiligen Besitzers in den Unterlagen des Dorfvorstehers zu notieren und bei Gelegenheit vom Rinderwachtposten zu überprüfen.

6   Der An- und Verkauf von Rindern durch *kawata* darf nach Meldung beim Dorfbeamten und nach Erhalt seiner Genehmigung (*kitte*) erfolgen. Liegt diese nicht vor, sind die Rinder wie bisher zu konfiszieren.

7   Bauern (*hyakushō* 百姓) dürfen nicht gleichzeitig als Viehhändler Rinder an- und verkaufen. Wie bisher ist nichts dagegen einzuwenden, wenn jemand ausschließlich als Viehhändler tätig ist.

8   Die Viehhändler in den Dörfern sind namentlich im Register des jeweiligen Dorfvorstehers zu verzeichnen; andere Personen dürfen dieses Gewerbe nicht ausüben.[56]

Hier wird ersichtlich, dass am lukrativen Geschäft mit landwirtschaftlichen Nutztieren und ihrer Verwertung nicht nur die *kawata*, sondern auch breitere Kreise der bäuerlichen Bevölkerung beteiligt waren, die nunmehr neben professionellen *bakurō* ebenfalls als Viehhändler auftraten. Schon eine aus An'ei 3 (1774) stammende Quelle zielt einerseits kritisch auf die Aktivitäten der Viehhändler und belegt ihren schlechten Leumund in den Augen der Obrigkeit, zeigt andererseits aber auch deren Sorge, dass die Attraktivität des Viehhandels die

---

55   Vgl. ebd.
56   Zitiert nach ebd., S. 115.

Bauern von der ihnen gemäßen und für die Gesellschaft zentralen Tätigkeit in der Landwirtschaft entfremden könne. Dort heißt es unter anderem:

1   Die meisten Viehhändler üben ihr Geschäft mit den *kawata* als Handelspartner aus; bäuerliche Grundbesitzer (*hyakushōkabu no mono* 百姓株の者) dürfen keinen Viehhandel betreiben.

2   In jüngster Zeit gibt es nicht nur unter den Kleinbauern (*kobyakushō* 小百姓), sondern auch unter den wohlhabenden Großbauern (*ōmae hyakushō* 大前百姓) solche, die im Viehhandel tätig sind.

3   Viehhändler lügen, reden groß daher und betrügen, während sie ihr Geschäft ausüben, ihr Charakter ist schlecht. Gewöhnen sich Bauern solches Verhalten an, so verlieren sie ihre bäuerliche Natur, ihr Charakter verschlechtert sich, sie neigen dann zu Streit und Händel und treten als Anführer bei Gerichtsprozessen auf. Schließlich kommt es dazu, dass sie dem Glücksspiel und Diebstahl verfallen. Es ist in höchstem Maße zu missbilligen, dass sie sich so vom bäuerlichen Stand immer weiter entfernen und ihr Haushalt dann am Ende ohne Erbe zugrunde geht.

4   Abgesehen von den Personen, die bisher ausschließlich als Viehhändler tätig waren, sollen diejenigen, die, während sie doch Bauern sind, dennoch mit Vieh gehandelt haben, zur Strafe bei Versammlungen und zeremoniellen Anlässen ihres Dorfes auf noch rangniedrigeren Plätzen zu sitzen kommen als Diener und Erbbedienstete (*fudai, genin suji no monodomo* 譜代・下人筋之者共).[57]

Aus diesen Quellen geht hervor, dass offenkundig *kawata* heimlich getötete Rinder als „verendet" deklarierten, die sie zuvor von Viehhändlern erworben hatten. Neben dem wiederholten Unterbinden dieser Praxis, zielte auch die Regulierung des Zugangs zum Gewerbe des Viehhandels gegenüber den *kawata* darauf ab, ihnen den Zugriff auf lebende Rinder zu verwehren. Im Hinblick auf Erosionserscheinungen des edo-zeitlichen Ständesystems seit dem 18. Jahrhundert, die hier deutlich beklagt werden, ist es besonders aufschlussreich, dass auch bäuerliche Akteure zunehmend am Geschäft mit landwirtschaftlichen Nutztieren beteiligt waren, um Profite aus der Verwertung ihrer Kadaver zu ziehen. Nicht nur das aus Rinderhäuten gewonnene Leder wurde für zahlreiche Produkte benötigt, insbesondere für die steigende Nachfrage nach *setta* 雪駄-Schuhwerk, das mit Leder besohlt wurde. Auch Häute von Hirschen beispielsweise wurden für Riemen von *setta*-Sandalen oder als Sohlen von *tabi* 足袋 verarbeitet.[58]

---

57   Zitiert nach ebd., S. 116f.
58   *Setta* ist die Bezeichnung für aus Pflanzenfasern gefertigte Sandalen, die – im Gegensatz zu einfachen Strohsandalen (*zōri* 草履) – mit Leder besohlt wurden. Der Riemen hochwertiger *setta* wurde ebenfalls aus Leder gefertigt. *Tabi* (Socken) bekleiden Fuß und Knöchel und liegen eng an; charakteristischerweise zu japanischen Sandalen (*setta*, *geta* 下駄) getragen, gab

In diesem Zusammenhang ist es im Hinblick auf die Dynamik der Gewinnung und des Handels mit den tierischen Rohstoffen aufschlussreich, dass es seit dem 18. Jahrhundert immer wieder zu Auseinandersetzungen zwischen *kawata*-Gruppen und Weißgerbern (*shirakawashi* 白革師) kam, die in diesem Geschäftsfeld erbittert konkurrierten. Die Weißgerber stellten Produkte aus besonders feinem und weichem Hirschleder her und unterstanden der Protektion des Iwashimizu Hachiman-Schreins in der Provinz Yamashiro, unweit von Kyōto. Sie waren in Ōsaka in den Shiomachi- und Azuchimachi-Vierteln ansässig und gehörten nicht dem *eta*-Stand an; seit dem Jahr An'ei 6 (1777) bildeten sie eine Monopolgenossenschaft (*kabunakama* 株仲間). Aus den von Katsuo ausgewerteten Quellen lässt sich schließen, dass *kawata* immer wieder die für die Provinzen Settsu (Präfektur Hyōgo, Stadtpräfektur Ōsaka) und Yamashiro (Stadtpräfektur Kyōto) geltenden Monopolrechte der Weißgerber missachteten und auch dort versuchten, Felle von Hirschen direkt bei Jägern aufzukaufen. In einem dem Stadtmagistrat von Ōsaka im Jahre Kōka 2 (1845) vorgelegten Fall klagten die Weißgerber, dass ihnen der Nachschub ausgehe, da die *kawata* unter dem Hinweis, dass der Umgang mit den Fellen ihnen ja als „unreines Gewerbe" (*eshoku* 穢職) zustehe, diese in großer Zahl den Jägern in dem betreffenden Gebiet abkauften. Wie bei ähnlichen Protesten in den Jahrzehnten zuvor, entschied der Magistrat zugunsten der Weißgerber und forderte die *kawata* auf, deren Gewerbe nicht weiter zu behindern.[59]

Um Hirschfelle, die aus anderen Regionen Westjapans in Ōsaka angeliefert wurden, gab es jedoch weiterhin starke Konkurrenz mit den *kawata*. Für das Gebiet Tanabe auf der Kii-Halbinsel lässt sich beispielsweise zeigen, dass auch Felle von Wildschweinen, Hirschen, Marderhunden (*tanuki* 狸) und anderen Tieren in *kawata*-Dörfern gesammelt und zur Weiterverarbeitung nach Watanabe in Ōsaka verschifft wurden. Aus den Untersuchungen von Katsuo geht hervor, dass offenbar besonders jene Bewohner von *kawata*-Dörfern, die, da sie keinen Anteil am „Reinigungsrecht" besaßen und sich daher nicht am lukrativen Geschäft der Beseitigung und Verarbeitung von Rinder- und Pferdekadavern beteiligen konnten, Hauptträger der Akquirierung und des Weiterverkaufs solcher Häute von Wildtieren waren. Diese wurden meist direkt von Jägern erworben und unterlagen auch nicht der bei Häuten von Pferden und Rindern üblichen strengen behördlichen Kontrolle.[60] Die bei der Kadaververwertung anfallenden Knochen und weitere Bestandteile (Hufe, Hörner, Fett usw.) wurden, so zumindest in Tanabe, offenbar ebenso von solchen *kawata* weiterverkauft, die keine

---

es auch *tabi* mit verstärkter Sohle (z. B. aus Leder), die man ohne Schuhwerk anzog. Üblicherweise wurden *tabi* aus Baumwolle oder anderen Stoffen gefertigt, es gab jedoch auch lederne *tabi*.

59  Vgl. ebd., S. 118ff.

60  Vgl. ebd., S. 120.

Anteile am „Reinigungsrecht" hielten. Aus Sicht der mit „Reinigungsrechten" ausgestatteten *kawata* waren jene lediglich befugt, das, was bei der Häutung und Zerlegung des Kadavers übriggeblieben war (*ochikobore mono* 落ちこぼれ 物), einzusammeln und zum Transport nach Ōsaka vorzubereiten. Da diese nicht nur Rinderknochen, sondern auch Knochen von Wildschweinen, Hirschen und Walen aus Tanabe und der umliegenden Region zusammentrugen, kamen dabei beträchtliche Mengen zusammen, die als Rohwaren für die Großhändler in Watanabe verschifft wurden.[61] Als begehrter Dünger wurde Knochenmehl von dort aus insbesondere in den Südwesten Japans verkauft.

## 4   AUSBLICK

Zusammenfassend möchte ich folgende Befunde hervorheben:

1   Die Untersuchung der Kadaververwertung durch *kawata* belegt einerseits einmal mehr die soziale Stratifizierung innerhalb dieser Outcast-Gruppe, deren Führer bekanntlich zu beträchtlichem Reichtum kamen. Sie zeigt zugleich, dass viele *kawata* ohne Anteile am „Reinigungsrecht" nicht von der steigenden Nachfrage nach Rohleder profitieren konnten, da sie nicht in gleichem Maße Zugriff auf Rinderhäute hatten. Tierische Produkte – neben Rohleder und Fellen insbesondere Knochen als Rohstoff für Dünger und Klebstoffe, Fett als Basis für Salben und Schmierstoffe usw. – wurden in der komplexen Konsumgesellschaft der späten Edo-Zeit stark nachgefragt und gehörten so gesehen sicherlich ins Zentrum der (materiellen) Kultur. Die hier exemplarisch genannten Konstellationen von darin involvierten Akteuren und Netzwerken zeigen andererseits, dass die im politischen und sozialphilosophischen Schrifttum kategorisch betonten Standesgrenzen hier oftmals stark relativiert wurden. Die Kooperation von Outcast-Netzwerken mit solchen „ehrbarer" Stände (Bauern, Jäger, Viehhändler, Weißgerber) erwies sich als ökonomische Notwendigkeit.

2   Daher ist auch Postulaten der neueren Forschung mit Vorsicht zu begegnen, die hinsichtlich der gesellschaftlichen Praxis und Haltung gegenüber der Tötung und dem etwaigen Verzehr landwirtschaftlicher Nutztiere die ideologische Position der edo-zeitlichen Obrigkeit tendenziell zu reproduzieren scheinen: BOTSMAN, der die Forschungen NOBIS übrigens nicht zur Kenntnis genommen hat, zieht etwa den Vergleich mit Indien heran und sieht in den Tötungsverboten des Shōgunats das Bestreben, die Rinder gewissermaßen als „heilige Kühe" zu schützen.[62] Auch DE GANON stützt seine Argumenta-

---

61   Vgl. KATSUO: *Kawa shōnin*, S. 122f.
62   Vgl. BOTSMAN: „From 'Sacred Cow' to Kobe Beef", S. 1f.

tion vor allem auf einen in verschiedenen Diskursen der Textüberlieferung greifbaren Topos, der die unbedingte „Verpflichtung" (*on* 恩) der Menschen gegenüber den ihnen dienenden landwirtschaftlichen Nutztieren betont und konstatiert: „Bioprotectionist laws conditioned early moderns' moral consciousness and set the bounds of normative behavior, so that among Tokugawa Japanese, it became to a large extent not only force of law that inhibited the mistreatment of oxen and horses. It was also affective bonds that compelled people to treat these animals as almost human."[63] Diese Einschätzung, die zweifellos einen im Diskurs gewichtigen Aspekt des Mensch-Tier-Verhältnisses in der Gesellschaft der Edo-Zeit widerspiegelt, muss jedoch im Lichte sozial- und wirtschaftsgeschichtlicher Quellen kritisch kontextualisiert werden, denn diese, hier nur mit wenigen Beispielen skizzierbare Überlieferungen zeigen ein doch sehr viel komplexeres Bild.

LITERATURVERZEICHNIS

ARAKI, Moriaki 安良城盛昭: „Taikō kenchi no rekishiteki igi 太閤検地の歴史的意義". In: *Bakuhan taisei shakai no seiritsu to kōzō* 幕藩体制社会の成立と構造. DERS. (Verf.) Tōkyō: Yūhikaku 1986 (erstmals 1959).

BOTSMAN, Daniel: „From 'Sacred Cow' to Kobe Beef: Japan's Bovine Revolution". In: *Agrarian Studies Colloquium Series*, 2014; online abrufbar unter: https://agrarianstudies.macmillan. yale.edu/sites/default/files/files/colloqpapers/18botsman.pdf (letzter Zugriff am 25.05.18).

DE GANON, Pieter S.: *The Animal Economy*. Princeton University, PhD, 2011.

FUJIMOTO, Seijirō 藤本清二郎: „Taore gyūba shori 斃牛馬処理". In: *Burakushi yōgo jiten* 部落史用語辞典. KOBAYASHI Shigeru 小林茂, HAGA Noboru 芳賀登, MIURA Keiichi 三浦圭一 u.a. (Hrsg.).Tōkyō: Kashiwa shobō 1990 (Neuausgabe, erstmals 1985), S. 192–194.

FUJIMOTO, Seijirō 藤本清二郎: „Kinsei ‚taore gyūba shorisei' no tenkai to kaitai – kinki wo chūshin ni 近世「斃牛馬処理制」の展開と解体 — 近畿を中心として". In: *Nihonshi kenkyū* 日本史研究, Nr. 181 (1977), S. 1–35.

HARADA, Nobuo 原田信男: *Edo no shokubunka – washoku no tenkai to sono haikei* 江戸の食文化 — 和食の展開とその背景. Tōkyō: Shōgakukan 2014.

HARADA, Nobuo 原田信男: *Rekishi no naka no kome to niku – shokumotsu to tennō, sabetsu* 歴史の中の米と肉 — 食物と天皇・差別 (Heibonsha sensho 平凡社選書 147). Tōkyō: Heibonsha 1993.

63  DE GANON: *The Animal Economy*, S. 109.

HARADA, Nobuo 原田信男: *Edo no ryōrishi – ryōribon to ryōri bunka* 江戸の料理史 — 料理本と料理文化 (Chūkō shinsho 中公新書 929). Tōkyō: Chūō kōronsha 1989.

HAYAMI, Akira: „Introduction: The Emergence of 'Economic Society'". In: *Emergence of Economic Society in Japan, 1600–1859* (The Economic History of Japan, 1600–1990, Bd. 1). DERS., Osamu SAITŌ, Ronald TOBY (Hrsg.). Oxford: Oxford University Press 2004, S. 1–35.

*Hito to dōbutsu no Nihonshi* 人と動物の日本史 (4 Bde.). Tōkyō: Yoshikawa kōbunkan 2008–09.

HONMA, Masahiko 本間雅彦: *Ushi no kita michi – chimei ga kataru wagyū no sokuseki* 牛のきた道 — 地名が語る和牛の足跡 (Nyū fōkuroa sōsho ニュー・フォークロア双書 24). Tōkyō: Miraisha 1994.

KAMO, Giichi 加茂儀一: *Nihon chikusanshi – shokuniku, nyūraku hen* 日本畜産史 — 食肉・乳酪偏. Tōkyō: Hōsei daigaku shuppankyoku 1976.

KATSUO, Yoshiyuki 勝男義行: „Kawa shōnin 皮商人". In: *Akinai no ba to shakai* 商いの場と社会 (Shirīzu Kinsei no mibun-teki shūen シリーズ近世の身分的周縁 4). YOSHIDA Nobuyuki 吉田伸之 (Hrsg.). Tōkyō: Yoshikawa kōbunkan 2000, S. 109–137.

KINSKI, Michael: „Bratfisch und Vogelbeine. Frühmoderne Etikettevorschriften zum Verhältnis von Mensch, Tier und Nahrung in Japan". In: *Japonica Humboldtiana*, Nr. 3 (1999), S. 49–103.

KRÄMER, Hans Martin: „'Not Befitting Our Divine Country': Eating Meat in Japanese Discourses of Self and Other from the Seventeenth Century to the Present". In: *Food and Foodways*, Nr. 16.1 (2008), S. 33–62.

MAE, Keiichi 前圭一: „Kinsei mikaihō buraku no taore gyūba shoriken 近世未解放部落の斃牛馬処理権". In: *Buraku mondai kenkyū* 部落問題研究, Nr. 41 (1974), S. 33–42.

MATSUOKA, Hideo 松岡秀夫: „Bakuhan taiseika no hikakugyō 幕藩体制下の皮革業". In: *Buraku mondai kenkyū* 部落問題研究, Nr. 54 (1977), S. 13–16.

NOBI, Shōji のびしょうじ: *Shokuniku no burakushi* 食肉の部落史. Tōkyō: Akashi shoten 1998.

NOBI, Shōji のびしょうじ: „Kawa no seisan to ryūtsū 皮の生産と流通". In: *Burakushi no saihakken* 部落史の再発見. BURAKU KAIHŌ, JINKEN KENKYŪJO 部落解放・人権研究所 (Hrsg.). Ōsaka: Kaihō shuppansha 1996, S. 109–115.

SHIMIZU, Akira: „Meat-Eating in the Kojimachi District of Edo". In: *Japanese Foodways, Past and Present*. Eric RATH u. Stefanie ASSMANN (Hrsg.). Urbana, Ill.: University of Illinois Press 2010, S. 92–107.

TANIGUCHI, Katsumi 谷口勝巳: „Ōmi kuni ni okeru heigyūba no shori to kawaba 近江国における斃牛馬の処理と皮場". In: *Dōwa mondai kenkyū* 同和問題研究, Nr. 3 (1991), S. 52–89.

TERAKI, Nobuaki 寺木伸明: „Tochiku to hikaku – zenkindai wo chūshin to shi-te 屠蓄と皮革 — 前近代を中心として". In: *Samazama na nariwai* さまざまな生業 (Ikutsumo no Nihon いくつもの日本 4). AKASAKA Norio 赤坂憲雄, NAKAMURA Ikuo 中村生雄, HARADA Nobuo 原田信男 u. a. (Hrsg.). Tōkyō: Iwanami shoten 2002, S. 229–254.

TERAKI, Nobuaki 寺木伸明: „Kawata". In: *Burakushi yōgo jiten* 部落史用語辞典. KOBAYASHI Shigeru 小林茂, HAGA Noboru 芳賀登, MIURA Keiichi 三浦圭一 u. a. (Hrsg.).Tōkyō: Kashiwa shobō 1990 (Neuausgabe, erstmals 1985), S. 68–70.

TSUKADA, Takashi 塚田孝: *Kinsei mibunsei to shūen shakai* 近世身分制と周縁社会. Tōkyō: Tōkyō daigaku shuppankai 1997.

TSUKAMOTO, Manabu 塚本学: „Nōgu to shite no teppō 農具としての鉄砲". In: *Shōrui wo meguru seiji – Genroku no fōkuroa* 生類をめぐる政治 — 元禄のフォークロア (Heibonsha raiburarī 平凡社ライブラリー 18). Tōkyō: Heibonsha 1993, S. 9–95.

TSUKAMOTO, Manabu 塚本学: „Seikun to shite no inu kubō Tsunayoshi 聖君としての犬公方綱吉". In: *Rekishi to jinbutsu* 歴史と人物, Nr. 10 (1980), S. 66–73.

UCHIYAMA, Junzō: „San'ei-chō and Meat-Eating in Buddhist Edo". In: *Japanese Journal of Religious Studies*, Nr. 19.2 / 3 (1992), S. 299–303.

VOLLMER, Klaus: „*Kegare* und der Hunger nach Fleisch. Anmerkungen zu Ideologie, Wissenschaft und Alltagskultur in der Edo-Zeit". In: *Referate des 10. Deutschsprachigen Japanologentages vom 9. bis 12. Oktober 1996 in München*. Ulrich APEL, Josef HOLZAPFEL u. Peter PÖRTNER (Hrsg.). München: Japan-Zentrum der Ludwig-Maximilians-Universität 1997, (CD-ROM), S. 329–335.

YAMAMOTO, Hirofumi 山本博文 u. a.: *Nihonshi* 日本史 B. Tōkyō: Tōkyō shoseki 2008.

YOKOTA, Fuyuhiko 横田冬彦: „Senshi sareta shokunin shūdan 賤視された職人集団". In: *Shakaiteki shoshūdan. Nihon no shakaishi* 社会的諸集団 — 日本の社会史 6. Tōkyō: Iwanami shoten 1988, S. 285–322.

# Integration und Segregation:
## Außenseiter bei Kaiho Seiryō (1755–1817)

### Michael Kinski

FUJIWARA Seika 藤原惺窩 (1561–1619) erklärte in der „Zusammenfassung des Wichtigsten aus dem Großen Lernen" (*Daigaku yōryaku* 大学要略) das Schriftzeichen 民 (chin.: *min*, jap.: *min, tami*) mit dem Verweis auf die „vier Berufe der vier Bevölkerung[sgruppen]" und stellte den „Fähigen, Bauern, Handwerkern und Kaufleuten" (*shi nō kō shō* 士農工商) als den produktiven Teilen einer Gesellschaft die „Herumtreiber" (*yūmin* 遊民) gegenüber, deren Auftreten unterbunden werden sollte.[1] Damit setzte er den Tenor, in dem nachfolgende Generationen konfuzianischer Gelehrter über eine idealtypisch geordnete Gesellschaft sprachen. Dieser Topos fand nicht nur zunehmend Eingang in die Bildungsliteratur der Edo-Zeit (1603–1868) und den allgemeinen Sprachgebrauch[2], sondern bestimmte bis in die jüngste Vergangenheit die Weise, wie in der Forschung über die soziale Ordnung zwischen dem 17. und 19. Jahrhundert geschrieben wurde. Insbesondere den Serien „Die statusabhängige soziale Peripherie der Frühen Neuzeit" (*Kinsei no mibun-teki shūen* 近世の身分的周縁) und „Die statusabhängige soziale Peripherie und die frühneuzeitliche Gesellschaft" (*Mibun-teki shūen to kinsei shakai* 身分的周縁と近世社会) ist es zu verdanken, dass sich ein differenzierteres Bild durchsetzen konnte und das komplexe Spektrum der Abstufungen,

---

1    FUJIWARA: „Daigaku yōryaku", S. 42f. Diese Passage ist eingebettet in Seikas Erläuterung des Satzes „[Der Weg des Großen Lernens] besteht darin, mit dem Volk ein vertrauensvolles Verhältnis zu unterhalten" zu Beginn des *Daxue*. ZHU Xi 朱熹 (1130–1200) war in seinem Kommentar zu dieser Stelle nicht näher auf 民 eingegangen. Dass die vier Glieder der Aufzählung als Vertreter der wichtigsten Berufe genannt werden, ohne dass damit Statusabstufungen verbunden sein müssen, kam bereits in einer Stelle im „Kommentar des Zuo" (*Zuozhuan* 左伝, Herzog Zhao, 26. Jahr) zur Sprache. Dort kommen sie in der Reihenfolge „Dorfbewohner" (民), „Bauern" (農), „Handwerker und Kaufleute" (工賈) und „Fähige" (士) vor. Die bekannte Zusammenstellung 士農工商 erscheint dann in den „Gesprächen der Staaten" (*Guoyu* 国語) und anderen Schriften der vier Jahrhunderte vor der Zeitenwende. Vgl. MOROHASHI: *Dai Kanwa jiten*, Bd. 3, S. 284. Richard BOWRING (*In Search of the Way*, S. 52) machte darauf aufmerksam, dass die Zusammenstellung 士農工商 in Japan bereits den Jesuiten Ende des 16. Jahrhunderts geläufig war, da es einen entsprechenden Eintrag im *Vocabulario da lingoa de Iapam* (1603) gab. Angemerkt sei noch, dass Seika 士 nicht im Sinn von „Samurai" benutzte, sondern darunter Personen verstand, die durch Weisheit und Talent zu „Amt und Würden" (*kan'i* 官位) gelangen. Vgl. FUJIWARA: „Daigaku yōryaku", S. 42.

2    Vgl. GROEMER: *Street Performers and Society in Urban Japan*, S. 16.

Rollenverständnisse und Beziehungen in den Blick geriet.[3] Durch die Kombination mit Luke ROBERTS Argument der Doppelbödigkeit der politischen Ordnung, die durch eine „offizielle Realität" (*omote* 表 oder 面) und die dahinter ablaufenden und nach außen nicht sichtbaren Handlungen und Tatsachen (*naishō* 内証) gekennzeichnet war[4], ist es möglich, von verschiedenen, sich überlagernden Geltungsebenen auszugehen, in der sowohl die breit gefächerten sozialen Beziehungen als auch Deutungsmuster ihren Platz haben, nach denen die Wirklichkeit in verschiedener Weise reduziert werden kann bis hin zu dem Topos von den „vier Bevölkerungs[gruppen]". In Fortsetzung der bisherigen Diskussionen soll hier der Standpunkt vertreten werden, dass Wahrnehmungsmuster in Konkurrenz zueinander standen und konfuzianisch geprägte Gelehrte in ihren politischen Schriften versuchten, ihren theoretischen Ordnungsentwürfen mithilfe praktischer Reformmodelle zum Durchbruch auf der *omote*-Ebene zu verhelfen. Das galt in besonderer Weise für OGYŪ Sorai 荻生徂徠 (1666–1728), dessen Schriften „Plaudereien über Politik" (*Seidan* 政談) und „Strategien für den Höchsten Frieden" (*Taihei saku* 泰平策) Eingaben an die Regierung waren. Es trifft auch zu für die sehr viel „privateren" Werke KAIHO Seiryōs 海保青陵 (1755–1817), der bei einem Schüler Sorais studiert hatte. Und wie der Ältere seine Vorschläge für die Bereinigung sozialer Verwerfungen mit bevölkerungspolitischen Maßnahmen verband, so stellt auch der Jüngere Modelle für die Manipulation der Gesellschaftsordnung vor, in deren Mittelpunkt Randgruppen stehen.

## 1 INTEGRATION UND SEGREGATION BEI KAIHO SEIRYŌ

### 1.1 *„Plaudereien über das Pflanzen von Schilf"*

Die „Plaudereien über das Pflanzen von Schilf" (*Shokuho dan* 植蒲談) stellen die Prinzipien für das Funktionieren der gesellschaftlichen und wirtschaftlichen Ordnung auf der Basis universeller, kosmischer Grundlagen dar und leiten daraus konkrete Reformvorhaben ab, die es Fürsten erlauben sollen, die Kontrolle über ihre Territorien auszuüben, ohne dass der Widerstand der Bevölkerung geweckt wird. Sie lesen sich wie eine komprimierte Form des bekannteren Werks „Plaudereien über Lehren der Vergangenheit" (*Keiko dan* 稽古談).[5] Am Ende

---

3  Vgl. „Outcasts in der Edo-Zeit", S. 15 in diesem Band sowie HOWELL: *Geographies of Identity*, S. 32.

4  Vgl. ROBERTS: *Performing the Great Peace*, S. 3–8; 15–18; 37–40; 74–104 sowie „Outcasts in der Edo-Zeit", S. 14.

5  Vgl. *Kaiho Seiryō zenshū*, S. 3–111; 143–52 (nachfolgend KSZ und Seitenzahl). Vgl. KINSKI („Talks about Teachings of the Past (part 1–4)", 1997, 2000, 2002, 2006 und „Plaudereien über das Pflanzen von Schilf", 2016).

steht die „Methode der Überprüfung des Anteilsscheinwesens" (*kabushiki aratame* 株敷改). Dabei handelt es sich um ein sozialpolitisches Programm, das den Zweck verfolgt, unliebsame Bevölkerungsgruppen der Kontrolle durch die Obrigkeit zu unterwerfen, sie zu reformieren und zum Verschwinden zu bringen. Seiryō spricht nicht von *eta* 穢多 (Personen, die aufgrund ihrer ausgeübten Tätigkeit als „Verunreinigte" galten) und *hinin* 非人 (Personen, die qua Geburt permanent oder qua ausgeübter Tätigkeit temporär als „Nicht-Menschen" außerhalb der Bevölkerungsgruppen standen)[6], sondern von Berufsgruppen am Rand des gesellschaftlichen oder beruflichen Spektrums oder auch nur von Ausübenden bestimmter Künste, die er in seiner subjektiven Sicht als unproduktiv einschätzt.

Der erste Schritt besteht für Seiryō zunächst darin, „Räuber" (*tōzoku* 盗賊), „Halunken" (*akutō* 悪党) und „Glücksspieler" (*bakuchi shi* 博奕師) zu ergreifen und zu verhören. Das Spektrum der unliebsamen Elemente ist aber umfangreicher und umfasst „Lehrer der Haiku-Dichtung" (*haikai no sōshō* 俳諧ノ宗匠) oder des „Blumensteckens" (*nageire ikebana* ナゲ入活花), Personen, die ihr Geld mit dem Go- oder dem Shōgi-Spielen verdienen, Männer, die „[andere] im Koto- und Shamisen[spiel] unterweisen", „Taschenspieler" (*tezuma tsukai* 手ヅマ遣ヒ) und „Trommelspieler" (*taiko mochi* タイコ持チ). Seiryō nimmt auch Ärzte nicht aus, die keine Patienten haben und sich mit Alkohol trösten. Sie gehörten „zur Sorte der Trommelspieler", ebenso wie „Personen, die seltsame und merkwürdige Handwerksarbeiten herstellen."[7] Während „Krieger, Bauern, Handwerker und Kaufleute" als die „vier Bevölkerungs[gruppen]" (*shimin* 四民) bekannt seien und „nicht einen einzigen Tag fehlen" dürften, um das Wohl der Gesellschaft zu gewährleisten, nenne man „Personen, ohne die man auskommen kann, allesamt Herumtreiber" (*yūmin* 遊民). Sie „unterscheiden sich nicht von Insekten, die den Reis befallen."[8]

Die Existenz dieser Leute ist für Seiryō verderblich, da sie nicht sesshaft sind und von einem „Land / Staat"[9] zum nächsten wandern und dafür sorgen, dass die Sitten verfallen. Der unmittelbare Zweck seines Reformvorschlags besteht darin,

---

6    Zu *eta* und *hinin* vgl. die Beiträge von Volker ELIS, Klaus VOLLMER und Stephan KÖHN in diesem Band.

7    KSZ, S. 150.

8    Ebd., S. 150 f. Seiryō fügt an dieser Stelle die konfuzianischen Gelehrten nicht in die Aufzählung ein – trotz der teils heftigen Kritik, mit welcher er ihre Ansichten bedenkt. SHIBA Kōkan (*Kōkan saiyū nikki*, S. 57) berichtet über seine Reise nach Nagasaki, dass er unterwegs Schilder mit der folgenden Aufschrift gesehen habe: „Für Konfuzianer, Gelehrte, Schwindler und Bettler Zutritt verboten." Das Bild des Gelehrten, der durch die Provinzen zieht und für Kost und Logis Vorträge halt, passt auch auf Seiryō, der auf diese Weise einige Jahre seines Lebens verbrachte und damit den Stoff für viele der Anekdoten gewann, die er in seine Schriften einbaute.

9    Damit sind an dieser Stelle die einzelnen Regionalfürstentümer gemeint, die Seiryō als quasi unabhängige, in Konkurrenz zueinander stehende Einheiten behandelt.

dieser Vaganten Herr zu werden und dem negativen Einfluss entgegenzuwirken, den sie auf die Bevölkerung des eigenen Staates ausüben. Ausgangspunkt ist ein Zustand, bei dem die in seinem Verständnis produktiv Arbeitenden die verbriefte Mitgliedschaft – er nennt diese *kabu* 株 (Anteilsschein) – in einer Berufsvereinigung besitzen. Seiryō empfiehlt den Regierenden, eine Überprüfung des Anteilsscheinwesens im gesamten Territorium vorzunehmen und „zwielichtige Leute" und solche, die „unsinnigen" Berufen nachgehen, aufzuspüren und in geregelte Tätigkeiten zu überführen. Dieser reformatorische Ansatz ist jedoch nicht ganz konsequent. Denn Fremde und wahrscheinlich auch hartgesottene Einheimische seien zu vertreiben:

> Was nun nicht allein die Taugenichtse aus fremden Staaten angeht, sondern auch Personen aus dem [eigenen] Territorium, solche, die von den Taugenichtsen fremder Staaten dazu eingeladen wurden und sich in die Gesellschaft von Halunken begeben haben, so sollte man sie aus dem Territorium vertreiben und dafür sorgen, dass nicht eine einzige von den oben genannten Personen verbleibt.[10]

Der Großmut gilt den Reumütigen, die sich auf den Weg der Rechtschaffenheit – und damit der Nützlichkeit für den Staat – zurückführen lassen:

> Personen aus dem [eigenen] Territorium jedoch, die von denen aus fremden Staaten verführt wurden und auf einen schlechten Weg gerieten, die [aber] danach sich der Prüfung unterzogen und einen Anteilsscheinwechsel in eine ordentliche Anteilsschein-[Vereinigung] vollzogen, [solchen] Personen, die ihre früheren Vergehen bereuen, sollte mit umfassender Barmherzigkeit [*go-jihi* 御慈悲]" begegnet werden.[11]

Seiryō empfiehlt, ihnen mit einem „Erlass" (*menkyo* 免許) die „alten Verbrechen / Schlechtigkeiten" (*kyūaku* 旧悪) nachzusehen. Sind sie Mitglieder des „guten [= unbescholtenen] Volks" (*ryōmin* 良民) geworden, können sie auch wieder in das Hausregister aufgenommen und in das Personenprüfregister (*ninbetsuchō* 人別帳) der jeweiligen Ortschaften eingetragen werden.[12] Diesen Leuten sollte sogar eine Art Startkapital gewährt werden, das es ihnen ermöglicht, wieder in den akzeptierten Berufen der „vier Bevölkerung[sgruppen]" Fuß zu fassen.[13] Nach einer solchen „Säuberung" des Fürstentums hält Seiryō es für unmöglich, „dass sich noch Taugenichtse aus fremden Ländern hereindrängen."[14] Und damit können auch insbesondere die jungen Leute des eigenen Fürstentums nicht mehr verführt werden:

---

10  KSZ, S. 150.
11  Ebd.
12  Ebd.
13  Seiryō (ebd., S. 151) sieht vor, dass die Mitgliedschaft in diesen mit einer Gebühr verbunden ist, die bei den jährlich viermal stattfindenden Überprüfungen zu entrichten sei. Das Startkapital soll wohl aus diesen Geldern, die sich im Lauf der Zeit ansammeln, vergeben werden.
14  Ebd., S. 150.

Weil das Halunken[tum] abreißt, ist das der Grund, dass die jungen Leute, selbst wenn sie von schlechten Sitten geprägt werden wollten, es nicht [mehr] werden. Wie groß mag wohl wiederum die Freude ihrer Väter und Mütter sein, wenn die jungen Leute allesamt dazu kommen, sich ernsthaft in ihren jeweiligen [Familien]gewerben zu befleißigen.[15]

Der Topos unproduktiver Personen wird auch in der dritten Version der „Plaudereien über die Kultivierung von Rohr" (*Yōro dan* 養廬談)[16] aufgegriffen: Der Himmel habe die Menschen mit Händen und Füßen, Ohren und Augen ausgestattet, damit diese sie einsetzten, um damit ihr Leben zu fristen.[17] Es entspräche dem „Prinzip des Himmels" (*ten no kotowari* 天ノ理), dass Fleißige überlebten, während Menschen, die nicht arbeiten, stürben. Nicht zu arbeiten und dennoch zu überleben, widerspräche der Grundordnung des Kosmos.[18] In der Verlängerung dieses Arguments ist das „Volk" (*tami* 民) der „Schatz" (*takara* 宝) des Staates, weil es „Ohren und Augen, Hände und Füße" besitzt und arbeitet. Leute, die das nicht täten, hätten dagegen keinen Nutzen und seien die „Schmarotzer" (*kuitsubushi* 喰潰シ) des Staates. Es gäbe nichts, was ein Land so arm mache, wie diejenigen, die nicht zum „Nutzen des Staates" (*kokueki* 国益)[19] gereichten. Es folgt dann wieder die Aufzählung von Go- und Shōgi-Spielern, Ikebana- und Haiku-Meistern, die sich zwar auf den ersten Blick von Gefängnisinsassen oder in Handschellen gelegten Delinquenten, die ebenfalls nur essen, aber den Wohlstand des Landes nicht mehren, unterschieden. Tatsächlich aber verminderten auch sie den Wohlstand und trügen nichts an „Nutzen für den Staat" bei. Man sollte das Auge nicht auf ihre „Kunstfertigkeit" (*gei* 芸) richten, sondern sie vom „Nutzen für den Staat" her betrachten: Sie produzierten ebenso wenig wie die Delinquenten.[20] Ein wenig später hält er dann noch fest, dass auch die „Bettler" (*kojiki* 乞食) nichts beitrügen. Dem Staat fehlte nichts, wenn es sie nicht gäbe. Wie beiläufig geht er zum folgenden Argument über: „Nun, zu den Personen, die es nicht zu geben brauchte, gehören die Konfuzianer (*ju* 儒)." Selbst die Prostituierten seien noch wichtiger, da sie Abhilfe für die sexuellen Gelüste der Leute böten und verhinderten, dass die Männer sich gegenseitig die Ehefrauen stählen. Sie leisteten daher einen Beitrag, um die gesellschaftliche Ordnung aufrechtzuerhalten.[21]

15  Ebd., S. 151.
16  Ebd., S. 206–215.
17  Ebd., S. 211.
18  Ebd., S. 212.
19  Vgl. ausführlicher Fußnote 34 in Abschnitt 1.3.
20  Ebd.
21  Ebd., S. 213. Seiryō (ebd.) räumt ein, dass diese Erörterung ganz vom Gesichtspunkt des „Nutzens für den Staat" ausgehe. In alter Zeit seien Konfuzianer durchaus nützlich gewesen, doch später sei ihnen die Vorstellung, den Staat wohlhabend zu machen, verhasst geworden, und sie hätten mit ihrem Einfluß auf das Denken der Menschen einen großen Anteil daran, dass der Staat verarmte.

Erwähnungen von Bettlern finden sich auch an anderen Stellen in Seiryōs Werken, aber ausführlich wird dieser Typ der Randgruppe nicht behandelt. Die zweite umfangreichere Erörterung betrifft die *eta*.

## 1.2 „*Plaudereien über das Gute als die [ausgewogene] Mitte*"

In den „Plaudereien über das Gute als die [ausgewogene] Mitte" (*Zenchū dan* 善中談)[22] geht Seiryō auf die *eta* ein, nachdem er sich kritisch mit KUMAZAWA Banzans 熊沢蕃山 (1619–91) Vorschlägen zur Unterdrückung und Kontrolle des Buddhismus auseinandergesetzt hatte. Ein direkter Zusammenhang – etwa zwischen zwei aus konfuzianischer Sicht unliebsamen Bevölkerungsgruppen – ist nicht zu erkennen. Banzan nahm den Randgruppen gegenüber eine emanzipatorische Haltung ein, und Seiryō behandelte Konfuzianer und ihre Positionen oft so abschätzig, dass es schwerfällt, ihn selbst als einen anzusehen.

In letzter Zeit hätte sich „der Stamm der *eta*" unter das „gute Volk" (*ryōmin*)[23] gemischt und dadurch die verschiedensten „Übel" (*gai* 害) hervorgerufen.[24] Zwar habe es den Anschein, als gäbe es dabei gar nichts Schädliches, jedoch existiere ein „altes Gesetz unseres Landes", wonach *eta* nicht die Feuerstelle mit dem „guten Volk" teilen dürften, da sie diese „verunreinigten".[25] Suche man nach den eigentlichen Gründen des Verbots, so lägen diese in folgendem Umstand: Bei den *eta* handle es sich ursprünglich um eine Gruppe von „Nordost-Barbaren" (*iteki* 夷狄), die aus dem Ausland gekommen[26] und keine Nachfahren „unserer Strahlenden Sonnengottheit" (Tenshō Taijingū 天照太神宮) seien. Da sich die „Nordost-Barbaren" nicht von „wilden Vögeln und Tieren" (*kinjū* 禽獣) unterschieden, wüssten sie nichts von Verunreinigung und Verunreinigendem.

Man habe ihnen bis heute die nutzlosen Teile des Landes an den Flüssen und in den Bergen, wo sonst nur wilde Tiere hausen, als Wohnstatt zugewiesen und sie für verunreinigende Tätigkeiten zuständig gemacht, die vom „guten Volk" nicht ausgeübt würden.[27] Zu der Zeit, als sich ihre Vorfahren „unserem Land" unterwarfen, dürfte sich ihr Aussehen von dem der Japanern unterschieden haben. Man habe sie daher früher wohl ohne jedes andere Abzeichen gleich erken-

---

22  KSZ, S. 475–493.
23  Auch die Übersetzung „gute Leute" wäre möglich.
24  KSZ, S. 484.
25  Ebd.
26  Einige Zeilen weiter ist davon die Rede, dass sie sich unterworfen hätten. Die Bezeichnung als „Nordost-Barbaren" legt nahe, dass Seiryō an Vertreter der *emishi* 蝦夷 denkt, die in den historischen Aufzeichnungen als Feinde der sich etablierenden Zentralmacht beschrieben werden.
27  Seiryō nennt die Sorge um Leichen von Personen, die durch Waffengewalt umkamen, und von anderen Toten ohne Angehörige ebenso wie die Bewachung von Verbrechern im Gefängnis und Hinzurichtenden. Diese Aufgaben bezeichnet er (ebd.) als *yakume* 役目.

nen können. Inzwischen seien jedoch viele hundert Jahre vergangen, und da sie sich an die einheimischen Bräuche wie auch die klimatisch-geographischen Gegebenheiten gewöhnt hätten, sei vom bloßen Aussehen nicht mehr zu entscheiden, wer zum „guten Volk" gehöre und wer ein *eta* sei.

Die eigentliche Begründung, warum die „Verfemten" wie wilde Tiere zu betrachten seien, ist aber eine ethische. Sie besäßen kein Schamgefühl (*shūo* 羞悪)[28] und unterschieden sich darin vom „Herzen des guten Volkes". Was dessen Vertreter verabscheuten und nicht begingen, täten sie. Dass sich ihre innere Disposition in dieser Weise unterscheide, ihr Äußeres aber nicht, sei für die Politik ungünstig. Auch wenn Menschen keine Nachfahren der Sonnengottheit seien, gäbe es keinen Grund, sie wie wilde Tiere zu behandeln, wenn nur ihr „Herz" nicht anders als das der „guten Leute" wäre. Koreaner, die Bewohner des Königreichs Ryūkyū oder Holländer seien schließlich keine Nachfahren der Sonnengottheit. Doch unterscheide sich ihr moralisches Vermögen nicht von dem der Japaner, so dass sie alle mit Respekt behandelt würden.[29] Seiryō nennt das einen „Beweis" (*shōko* 証拠), dass eine unterschiedliche Blutslinie (*ketsumyaku* 血脉) und ein anderes Aussehen keine Rolle spielen, wenn nur das „Herz" mit dem der „guten Leute" übereinstimme. Dagegen sei es verwirrend und schlecht, dass die Disposition der *eta* sich von der des „guten Volkes" unterscheide, ihre Gesichter aber gleich seien. Es gäbe nichts Besseres, als wenn sie sich auch äußerlich abhöben.[30]

Diese Zustandsanalyse mündet nun in die Darstellung eines Reformvorschlags – „bescheiden" (*tsutsushinde* 謹デ) vorgetragen. In alter Zeit seien Tätowierungen im oberen Teil des Gesichts angebracht worden. Für Seiryō ist es vorrangig, dieses Gesetz wiederzubeleben.[31] Die *eta* von Kyōto und Ōsaka legten sich ehrbare Geschäftsnamen zu wie „Sowieso-emon vom Geschäft X" (*naniya no nani'emon* 何屋ノ何右衛門) oder „Soundso-bē vom Laden Y" (*naniya no nanibē* 何屋ノ何兵衛), die sich nicht im geringsten von denen der „guten Leute" unterschieden. Und dort frisierten sie sich auch die Haare ganz formgerecht, während sie sich in Edo die Haare unten nur glatt abschnitten.[32] Dies erschwere

---

28  Der locus classicus für diesen Ausdruck findet sich in der Schrift des Menzius, im Kapitel „Gongsun Chou 公孫丑" (Teil 1) und handelt von dem ethischen Vermögen eines jeden Menschen, das in seiner guten Grundausstattung angelegt ist. Vgl. *Mengzi*, 2A6,4–5, SBBY 2.11b–12a.

29  KSZ, S. 484.

30  Ebd., S. 485.

31  Ebd.

32  Seiryō meint mit *kami mo yuu* 髪モ結フ wohl, dass die *eta* sich dieselben Frisuren zulegten wie die „guten Leute". Da er keine geschlechtsspezifischen Angaben macht, ist wohl bei Frauen an hochgesteckte Frisuren zu denken und bei Männern an das Rasieren des Haupthaares und das Ölen und Zusammenbinden des verbliebenen, lang gewachsenen Haares, das zu einem Zopf gebunden über den rasierten Schädel gelegt wird.

ein äußerliches Erkennen der *eta* noch einmal. Man müsse jedoch dafür Sorge tragen, dass sie sich vom „guten Volk" unterschieden. Seiryō schlägt vor, den *eta* Namen zu geben, die nicht mit chinesischen Schriftzeichen geschrieben werden können. Das Führen eines *yagō* 屋号 sollte verboten und nur Namen, die aus drei Silbenschriftzeichen bestehen, erlaubt werden. Seiryō vergleicht das mit den Namen der Holländer und gibt einige Beispiele für diese: Heito, Ringi oder Beruge. Darüber hinaus sollen Tätowierungen als Erkennungsmerkmal dienen. Diese seien in Form des Schriftzeichens für die Zahl „eins" 一 auf der Stirn anzubringen. Auch Kinder seien davon nicht ausgenommen. Bis zum Alter von zehn Jahren sollen diese die *eta*-Quartiere nicht verlassen. Danach ist es erlaubt, wenn sie das sechs Zoll lange Mal auf der Stirn tragen. So könnten die „Verfemten" immer gleich erkannt werden.[33]

## 1.3 *Segregation und Integration*

*Shokuhō dan* und *Yōrō dan* einerseits, *Zenchū dan* andererseits sprechen über die behandelten sozialen Gruppen in gleicher Weise negativ und greifen nach geradezu menschenverachtenden Worten. Trotzdem fallen Unterschiede auf zwischen der Behandlung von „Halunken" oder „Herumtreibern" hier und den *eta* dort. Beide sind vom Standpunkt des *kokueki*-Denkens[34] für das Staatswesen ohne Nutzen. Die Differenzierung findet auf der Ebene ihres Verhältnisses zum Rest der Gesellschaft und der Behandlung statt, welche die Behörden ihnen angedeihen lassen sollten – Integration im einen Fall, Segregation im anderen.

---

33  Seiryō erklärt anschließend, dass nicht nur *eta* kein „Herz der Schamhaftigkeit" besäßen und deshalb wie „wilde Vögel und wilde Tiere" seien. Es sei nur konsequent, auch solche Menschen, die ihrer Herkunft nach die Blutslinie des „guten Volkes" teilten, nicht aber seine innere Disposition, anders zu behandeln. Er schlägt vor, Verbrecher ebenfalls mit Tätowierungen zu kennzeichnen. Jetzt säßen sie lediglich in den Gefängnissen und ernährten sich dort von dem hart erwirtschafteten Reis des Fürsten. Es sei empfehlenswert, sie für das erste Verbrechen mit einer zwei Zoll langen Tätowierung zu bestrafen, aus der vier beim zweiten und sechs beim dritten Mal werden. Auf dieser letzten Stufe sollten die Übeltäter dann in die Gruppe der *eta* aufgenommen werden. Dieses Verfahren werde dafür sorgen, dass die Zahl derjenigen, die ins Gefängnis kommen, schlagartig abnehme, da nun keine Aussicht mehr bestehe, sich dort den Bauch vollschlagen zu können. Vgl. KSZ, S. 485.

34  Ochiai („The Shift to Domestic Sugar and the Ideology of 'The National Interest'", S. 89) bietet für dieses eine konzise Definition: „Kokueki shisō 国益思想, or the ideology of the national interest, refers to a system of thought that appeared around the mid-eighteenth century and presaged the modern concept of the state economy. [...] [I]t focused on reducing imports and actively encouraging domestic economic growth, and drew a close connection between enriching the population and enriching the state. Although modern terms like 'citizen' [...] were not yet in use, the seeds of the later idea of 'citizen consciousness' [...] can be discerned within this economic mindset."

Seiryō setzt sowohl „Taugenichtse" als auch *eta* mit den anderen Bevölke-rungsgruppen in Beziehung und bedient sich der Kategorien „gutes Volk", „vier Bevölkerung[sgruppen]", der „Nachfahren der Strahlenden Sonnengottheit" und der „wilden Vögel und Tiere"[35], um sie in ein Raster einzuordnen. Der erste Ausdruck impliziert eine ethische Komponente, die gleichzeitig auf den wirt-schaftlichen „Nutzen" zurückgeführt werden kann, den die produktiven Berufe für den Staat besitzen. Die zweite Auszeichnung, die auch durch *shi nō kō shō* ersetzt werden kann[36], ist soziologisch orientiert und beschreibt das Herzstück des gesellschaftlichen Gefüges, von dem andere Personenkreise negativ abge-grenzt werden. Seiryō bedient sich an den referierten Stellen nicht des breiteren Spektrums, auf das NISHIKAWA Joken 西川如見 (1648–1724) einging.[37] Dass ihm eine größere Ausdifferenzierung nicht unmöglich ist, zeigt eine anthropologi-sche Erörterung im *Keiko dan*.[38] Die letzte Kategorie ist eine ethische, die beim Vergleich der Japaner mit Koreanern, den Bewohnern des Königreichs Ryūkyū und den Holländern ebenso eingesetzt wird wie in der Abgrenzung von den *eta*. Die benachbarte ontologische Ebene wäre die der „wilden Vögel und Tiere", die in konfuzianischen Erörterungen den Menschen gegenübergestellt werden.

Haiku-Meister und die anderen Vertreter „nutzloser" Berufe gehören für Seiryō wegen ihres unproduktiven Lebenswandels nicht zum „guten Volk" und nicht zu den „vier Bevölkerung[sgruppen]". Obwohl sie in der Erörterung über die *eta* nicht vorkommen, ist davon auszugehen, dass Seiryō ihnen die Zuge-hörigkeit zu der ethischen Kategorie der „Nachfahren der Stahlenden Sonnen-gottheit" weder abgesprochen noch ihr Menschsein infrage gestellt hätte. Selbst die Ausgrenzung aus *ryōmin* oder *shimin* trägt keinen permanenten Charakter. Zwar wird empfohlen, die unliebsamen Herumtreiber aus anderen Territorien zu vertreiben, das eigentliche Anliegen besteht aber in der (Re)integration. Die Maßnahmen, die in den „Plaudereien über das Pflanzen von Schilf" erläutert werden, dienen dazu, die eigenen Bürger – und insbesondere die jungen –, die dem schlechten Einfluss der Zuwanderer erlegen waren, wieder auf den rech-ten Weg zu führen und in die Gesellschaft der „Guten" einzugliedern. Insofern tritt an dieser Stelle ein Egoismus der einzelnen Staaten hervor, als Seiryō die „Taugenichtse" aus anderen Fürstentümern wieder vertreiben und sich nur um die Fehlgeleiteten im eigenen Land kümmern will. Wenn alle Territorien ähnli-che Strategien verfolgten, so ließe sich vorstellen, könnten dereinst überall die-se unproduktiven Elemente wieder in die Mehrheit der „guten Leute" integriert werden.

---

35   In deren Nähe werden auch die „Barbaren" gerückt.
36   Im *Keiko dan* führt Seiryō diese Aufzählung an, spricht aber nicht von *ryōmin* oder *shimin*.
37   Vgl. „Outcasts in der Edo-Zeit", S. 6 dieses Bandes.
38   Siehe unten S. 128.

Demgegenüber vertreten die „Plaudereien über das Gute als die [ausgewo-
gene] Mitte" eine Strategie der Segregation. Seiryō zeigt keine Möglichkeit auf,
wie die *eta* in das Gros der umliegenden Gesellschaft aufgenommen werden
könnten. Ausschlaggebend dafür ist nicht die ethnische Begründung, dass sie
keine „Nachfahren der Strahlenden Sonnengottheit" seien, sondern die ethische
und anthropologische Herleitung. *Eta* können nicht zum „guten Volk" zählen,
obwohl sie sich als Folge eines langen historischen Prozesses der äußerlichen
Assimilation von diesem nicht mehr visuell abheben. Ihnen fehlt die Grundvoraussetzung, die Menschen von den „wilden Vögeln und Tieren" unterscheidet.
Während das im locus classicus der „Aufzeichnungen der Riten" (chin. *Liji*, jap.
*Raiki* 礼記) die „Riten" (*li / rei* 礼) sind bzw. das Vermögen ist, sich diesen Regeln
des Zusammenlebens entsprechend zu verhalten, spricht Seiryō von der „Schamhaftigkeit" als der ethischen Grundkonstante, die in ihren „Herzen" nicht angelegt sei und die im Kontext des *Zenchū dan* das Zeichen der Menschlichkeit ist.
Dieses Fehlen ist durch eine Integrationspolitik nicht zu beheben, und die *eta*
müssen durch Tätowierungen, Namensgebung und die Zuweisung der Wohnorte segregiert werden, wiewohl sie im Dienst der Gesellschaft unbeliebte aber
erforderliche Aufgaben übernähmen. Auf diese Weise wird versucht, die historisch bedingte Angleichung im Erscheinungsbild wieder künstlich rückgängig
zu machen.

Entgegen Seiryōs sonstiger Argumentationsstrategie, die in der Regel auf
wirtschaftliche Gesichtspunkte rekurriert, fehlt diese ökonomische Komponente
bei der Ausgrenzung der *eta*. Sie kommt erst wieder in der anschließenden Passage zur Sprache, in der es um die verurteilten Delinquenten geht, die auf Kosten
der Bauern, die den Reis produzieren, und der Regierung, die den Verbrechern
Unterbringung in den Gefängnissen bieten muss, sich umsonst den Bauch voll-
schlügen. Dass die *eta* selbst unproduktiv seien und deshalb „nutzlos" für den
Staat und Objekt der Diskriminierung sein müssten, sagt Seiryō nicht.

## 1.4 *Anthropologie*

Das sozioanthropologische Weltbild Seiryōs lässt sich durch einen Blick in die
„Plaudereien über Lehren der Vergangenheit" ergänzen. Dort ist nicht von *eta* die
Rede, aber *hinin* als zweite große diskriminierte Bevölkerungsgruppe werden im
Rahmen einer verhaltensbiologisch anmutenden Theorie angeführt, die den Bo-
gen von Tieren und Pflanzen bis zu den obersten Schichten der menschlichen
Gesellschaft spannt. Der Abstand etwa zwischen „[zivilisierten] Menschen" und
„Barbaren", die im *Zenchū dan* auf eine Stufe mit den „wilden Vögeln und Tie-
ren" gestellt worden waren, liege nicht auf einer ontologischen Ebene, die von
ihrer natürlichen Ausstattung oder ihren geistigen Fähigkeiten ausgehe. Viel-

mehr führe die Vorstellung, dass Menschen, Tiere und Pflanzen, oder – bezogen nur auf Menschen – dass Adlige, Kaufleute und Bettler sich hinsichtlich ihrer Natur voneinander unterschieden, nicht zu „Weisheit".[39] Seiryō scheint sie alle als Glieder der *great chain of being* aufzufassen und versucht, sie über ihre verbindenden Merkmale zu begreifen: Denn hinsichtlich der Ausstattung mit der „Vitalenergie" (*qi / ki* 気), die sie beseelt, könnten sie alle von ein und demselben Standpunkt aus betrachtet werden.[40] Von dieser Warte aus betrachtet, sind die Differenzierungsmerkmale lediglich die äußerlichen Charakteristika, die sich aus den unterschiedlichen Lebensweisen, den „Angewohnheiten" etc. ergeben, wie sie sich z. B. an der Nahrungsaufnahme verdeutlichen lassen. Alle Lebewesen müssen sich ernähren, aber je höher auf der Leiter des Seins angesiedelt, desto wählerischer und in der Folge schwächlicher werden sie. Gleichzeitig nehmen die Freuden ab. Je primitiver die Lebensweise, desto einfacher fällt es, Gefallen und Befriedigung an simplen Dingen zu finden. Das gilt für den Baum im Vergleich zu den Menschen, es trifft aber auch für die niedrigen sozialen Gruppen gegenüber den hohen zu.[41] Seiryō zeichnet ein Bild, in dem ein Anstieg ausgefeilter Formen der Ernährung mit einer Abhängigkeit von anderen korrespondierenden Elementen eines erlesenen Lebensstils einhergeht. Reziprok dazu wächst die Wahrscheinlichkeit von Unzufriedenheit angesichts nicht erfüllter Erwartungen und der Unfähigkeit, mit ihnen zurechtzukommen. Bäume sind genügsamer und überlebensfähiger als Tiere, die *hinin* und „Bettler" haben weniger Sorgen als die über ihnen Stehenden, gefolgt von Bauern, Handwerkern und Kaufleuten. Sind diese schon ziemlich schwächlich, gilt das noch viel mehr für die Samurai und erst recht für die Hofadligen an der Spitze der Skala. Diese könnten nicht einmal eine kurze Strecke laufen, ohne dass ihre Füße anschwöllen, und sie könnten kein derbes Essen zu sich nehmen, ohne gleich krank zu werden.[42] Die Unterschiede zwischen den Lebensformen, so will Seiryō suggerieren, sind nichts, was a priori existiert. Sie resultierten mehr aus den „Angewohnheiten" bzw. den geistigen und physischen Konditionierungen, die sich aus den verschiedenen Lebensweisen ergeben.[43]

---

39  KSZ, S. 79.
40  Ebd.
41  Ebd.
42  Ebd.
43  Ebd. Diese Argumentation besteht nicht um ihrer selbst willen, sondern sie dient als Vorbedingung einer zielgerichteten Politik. Wenn es nichts gibt, das natürlich und unveränderlich ist, wenn alles auf den „Angewohnheiten" beruht, die über Sozialisation etc. angenommen werden, dann lassen sich Dinge auch um- oder verlernen und können in andere Richtungen gelenkt werden. Auf dieser Formbarkeit menschlicher Wesen liegt das Augenmerk Seiryōs in dieser Passage.

Mit dieser Erörterung hätte Seiryō eine Denkfigur zur Verfügung gestanden, um auch da, wo er von den *eta* spricht, im Rahmen der *great chain of being* diesen einen Platz unter den Lebensformen zuzuweisen, der auf Habitualisierung beruht hätte und ohne ontologisch begründete Wertungen ausgekommen wäre. Nach den Gründen dafür, dass er sich für eine scharfe Segregation entschied, soll im Kontext der gelehrten Auseinandersetzung mit den verfemten Bevölkerungsgruppen gesucht werden.

## 2    KINUGASA YASUKIS POLITISCHE ÖKONOMIE DER EDO-ZEIT: VON EMANZIPATORISCHEN ZU ABSOLUTISTISCHEN ANSÄTZEN

KINUGASA Yasuki 衣笠安喜 (1930–2001), der – wie viele Geisteswissenschaftler seiner Generation – durch marxistische Positionen geprägt war, legte eine bemerkenswerte Auseinandersetzung mit den Versuchen edo-zeitlicher Konfuzianer vor, entweder die Diskriminierung der *eta* zu begründen oder sie zu dekonstruieren. Er bezieht Stellung gegen die bis dahin herrschende Ansicht, dass die Diskriminierung der verfemten Bevölkerungsgruppen sich im Rahmen der frühneuzeitlichen Gesellschaft ausbildete und dafür ihre ideologische Begründung aus dem konfuzianischen Denken gewann, das die geistige Wurzel für ein auf Statusabstufungen bauendes Sozialgefüge bereitstellte, wie es von der feudalen Herrschaftsmacht etabliert worden sei.[44]

KINUGASA baut seine Erörterung auf zwei konträren Polen auf. Dem „feudalistischen" Menschenbild steht dasjenige des Proto-Kapitalismus bzw. Absolutismus gegenüber, und während das erste insbesondere in der frühen Edo-Zeit vorherrschend wird und emanzipatorische Züge trägt, kommt das zweite gegen Ende der Ära zum Tragen und zeichnet sich durch Abgrenzung und Stigmatisierung aus. Der zentrale Gewährsmann für die erste Phase ist KUMAZAWA Banzan. Dieser hatte in den „Erzählungen von Miwa" (*Miwa monogatari* 三輪物語) eine lange Liste von religiösen Praktizierenden, fahrenden Sängerinnen und Sängern, Schauspielern und Bettlern geboten und als „fahrendes Volk" / „Herumtreiber" (*yūmin* 遊民) zusammengefasst. Es handle sich um Vaganten außerhalb der „vier Bevölkerung[sgruppen]" bzw. der statusbezogenen Berufe „Krieger, Bauern, Handwerker, Kaufleute". In KINUGASAs Interpretation habe Banzan sie nicht als verfemt angesehen oder als eigenen „Stand"[45] betrachtet, sondern als Leute, die keiner nützlichen Tätigkeit nachgingen und in allen Teilen der Gesellschaft

---

44  Vgl. KINUGASA: *Kinsei jugaku*, S. 111f.

45  KINUGASA spricht im gesamten Kapitel immer wieder von *mibun* und versteht das im Sinn von „Stand". Im Kontext einer marxistisch geprägten Geschichtssicht ist es hier wohl angebrachter, *mibun* als „Stand" und nicht als „Status" wiederzugeben.

zu finden seien. Es gebe sie auch nur, so erklärt das *Miwa monogatari*, weil der „Weg" des Konfuzianismus in der Gesellschaft nicht praktiziert werde. Würde dieser befolgt, verschwänden die Vaganten von selbst.

KINUGASA setzt „Verfemte" (*senmin* 賤民) als Ausdruck für alle stigmatisierten Bevölkerungsgruppen mit dem Ausdruck *yūmin* gleich, der in der Regel *eta* und *hinin* nicht einschließt, und baut darauf seine Argumentation auf. Banzans *senmin*-Sicht zeige die Behandlung des Diskriminierungsproblems in der frühen Edo-Zeit in idealtypischer Weise auf. Die „Verfemten" würden nicht als eigener Stand in den *mibun*-Beziehungen fest verortet, sondern als Gruppe behandelt, die aus diesen ausscherte und von ihnen entfremdet war. Für die Mehrheitsgesellschaft seien sie „Menschen außerhalb der [eigentlichen] Menschen" (*jingai no hito* 人外の人) gewesen, ohne dass damit eine „standesabhängige Verachtung" (*mibun-teki senshi* 身分的賤視) verbunden gewesen sei. Vielmehr habe es sich in der Auffassung der Zeit um Leute gehandelt, die unabhängig von der Standesordnung existierten.[46] Für Banzan hätten die Ausgegrenzten auch wieder in die „ordentliche" Gesellschaft zurückkehren können, wenn der konfuzianische „Weg" nur praktiziert werde. Bei dem *senmin*-Problem gehe es, mit anderen Worten, nicht um eine spezielle Form von *mibun*, der von konfuzianischen Denkern ersonnen worden sei, sondern um ein Problem der zeitgenössischen japanischen Gesellschaft, das mit dem Standesdenken des Konfuzianismus in Konflikt stehe und einer Lösung bedürfe. Diese bestehe darin, die „Verfemten" in dem herrschenden System aufzulösen – quasi eine *mibun*-mäßige Befreiung dieser Menschen.[47]

KINUGASA stellt Banzans Entwurf als eine Art von Emanzipations- oder Befreiungsdenken dar. In der Regel sei der Neokonfuzianismus als Denken wahrgenommen worden, das die Prinzipien für ein feudales Ständesystem bereitstellte, in dem alle menschlichen Beziehungen hierarchisch gedacht wurden. Doch hier zeige sich eine andere Seite, die alle Menschen in der ethischen Dimension als gleich auffasse.[48] So habe Banzan gesagt:

> Von den Weisen bis zu den törichten Männern und den törichten Frauen gibt es niemanden, der diese Tugenden von Mitmenschlichkeit, Rechtschaffenheit, [der Fähigkeit, den] Riten [entsprechend zu handeln], Weisheit und Vertrauenswürdigkeit nicht besitzt. Und die verfemten / gemeinen Männer und verfemten / gemeinen Frauen, die von der Natur [dieser] Fünf

---

46  Vgl. ebd., S. 113.
47  Vgl. ebd., S. 114. Befreiung ist nicht mit sozialer Egalität identisch. Da das konfuzianische Denken von einem hierarchischen Ständesystem ausgehe, kommt es in KINUGASAs Interpretation einer Aufwertung und Emazipation derjenigen, die bisher als „Verfemte" außerhalb der guten Ordnung standen und deren Menschsein deshalb angezweifelt wurde, dadurch gleich, dass sie in diese als natürliche Ordnung wahrgenommene *mibun*-Gesellschaft aufgenommen werden.
48  Vgl. ebd.

Grundkonstanten nicht gehört haben, handeln ihr gemäß, ohne es zu wissen und sie zu kennen.[49]

Die Gleichheit, um die es hier geht, so KINUGASA, beruht darauf, dass jeder diese „feudalistischen Tugenden" (hōken-teki dōtoku 封建的道徳) in sich trage und damit als Mitglied der Gesellschaft – wenn auch in Entsprechung zu einem mibun im Rahmen einer nach Klassen abgestuften Ordnung – positioniert werden könne.[50] Banzans Sicht der „Verfemten" weite dieses „feudalistische Menschheitsbild des frühneuzeitlichen Konfuzianismus" auf die senmin aus und mache sie dadurch zu „gleichberechtigten feudalistischen Menschen".[51] Dass dieser damit kein Einzelfall sei, zeigen weitere Zitate aus Schriften MURO Kyūsōs 室鳩巣 (1658–1734) und KOMACHI Gyokusens 小町玉川 (1775–1838).

Banzan geht nicht auf die eta ein, aber KINUGASA findet einen anderen Weg, um zu zeigen, dass er von einer konfuzianischen Warte aus deren Diskriminierung – zumindest prinzipiell – abgelehnt haben dürfte. Aufhänger ist die Sicht der rituellen „Verschmutzung" (kegare けがれ), die mit der Vorstellung von Fleischgenuss und der Verarbeitung von Tierkörpern verbunden ist und die seit dem Mittelalter als Grund für die Diskriminierung gewirkt habe.[52] Wie Banzan selbst schildere, habe es in China keine Tabuisierung des Verzehrs von Säugetierfleisch gegeben, und auch im konfuzianischen Denken gebe es daher keine Grundlage dafür, diesen selbst und damit in Verbindung stehende Berufe zu verachten.[53] Vielmehr hätten auch in Japan Gelehrte wie Banzan und andere die Ansicht, das Essen von Fleisch sei verunreinigend, als irrational zurückgewiesen.[54] Doch schlage diese grundsätzliche Kritik in eine pragmatische Bejahung um. Während in China, so erläutere Banzan, Rinder als Opfer an die Götter verwendet wurden, habe in Japan darauf ein Tabu bestanden. Grund seien die unterschiedlichen topographischen Gegebenheiten. In einem kleinen Land wie Japan sei auch die Zahl der Rinder gering gewesen, und man habe sie in der Landwirtschaft benötigt. Im „Weg der Götter" (Shintō 神道) sei das Verspeisen der Tiere folglich verboten worden. Dass man als nächstes auch das Essen der Hirsche mit einem Tabu belegte, geschah als Vorsichtsmaßnahme, um die Rinder zu schützen. Denn hätte man den Verzehr ersterer zugelassen und wären sie allesamt verspeist worden, wäre zu befürchten gewesen, dass als nächstes letztere auf-

---

49  KUMAZAWA: Sanshu no shōkai, S. 205. Vgl. auch KINUGASA: Kinsei jugaku, S. 114.

50  Vgl. ebd., S. 114f.

51  Vgl. ebd., S. 115.

52  Vgl. die Beiträge von Klaus VOLLMER und Anke SCHERER in diesem Band.

53  Vgl. ebd., S. 116.

54  Vgl. ebd. ASAMI Keisai 浅見絅斎 (1652–1711) sagte dazu: „Der Umstand, dass man in Japan die Vierfüßer nicht aß, ist ein Tabu aus dem Weg der Götter, es wird in der Gesellschaft als überaus verunreinigend angesehen, und man isst [sie] nicht – das ist eigentlich eine Geistesverwirrung." (ASAMI: Shikisatsu roku, S. 255).

gegessen worden wären. Obwohl der Verzehr der beiden Tiere zwar nicht „die Götter verunreinige", habe man dennoch ein Verbot aufgestellt, und heutzutage sei es nicht zulässig, dagegen zu verstoßen. Und so gilt: „Man sollte sich vor der Verunreinigung durch diese Unrechtschaffenheit hüten."[55] Im Ergebnis bedeutet dies für KINUGASA, dass durch den Kompromiss der konfuzianischen Gelehrten mit dem Shintō und der Vorstellung von einer Verunreinigung, die den Ausschlag für die Stigmatisierung der *eta* gab, in dieser Phase auch deren Fortleben akzeptiert worden sei. Zumindest aber sei diese Stigmatisierung nicht erst in der Edo-Zeit durch konfuzianische Gelehrte hervorgerufen worden.

Dass deren Rationalismus und aufklärerische Ansätze unmittelbar auf die Diskriminierung der *eta* angewandt wurden, sei dann bei NAKAI Riken 中井履軒 (1732–1817) zu beobachten. Dieser habe der zeitgenössischen Diskriminierung der Personen, die er „Schlächter" (*tosha* 屠者) nennt – gemeint sind die *eta* – entgegengehalten, dass es inakzeptabel sei, diese als „außerhalb der Menschen" stehend oder von ihnen verschieden zu behandeln und nicht die Herdstelle mit ihnen zu teilen.[56] Dafür gäbe es im Altertum, als Wildschweine und Hirsche den Gottheiten geopfert wurden, kein Beispiel. Die Anfänge dafür seien erst in jüngster Zeit in der „Torheit" der Shintō-Priester zu finden.[57]

Gegenüber der aufklärerischen und emanzipatorischen Richtung des konfuzianischen Denkens sieht KINUGASA den Ausgangspunkt für die entgegengesetzte, die Diskriminierung bestärkende Haltung in der Argumentation OGYŪ Sorais. Diese deckt sich teilweise mit den Ansichten Seiryōs[58] insofern, als er bereits die *eta* als Nachfahren einer fremden ethnischen Gruppe sah, darin den Grund für ihre Stigmatisierung als „gemein / unehrenhaft / würdelos" ausmachte und ihre Vermischung mit dem Rest der Gesellschaft als Folge des Verlusts der „alten Gesetze" (*kohō* 古法) beklagte.[59] KINUGASA hebt hervor, dass Sorai im Gegensatz zu früheren Konfuzianern die *eta* als eine „Klasse" innerhalb der Gesellschaft auffasste und sie im Rahmen seines Vorschlags für ein Gesetz zur Einrichtung eines Familienregisters behandelte, mit dem der Erhalt einer „reaktionären Ständeordnung" (*fukko-teki mibun chitsujo* 復古的身分秩序) betrieben werden sollte. Damit seien die *eta* erstmals zwar als „Verfemte", aber als eigene „Klasse" in-

---

55 KUMAZAWA: *Shūgi gaisho*, S. 41. Auch ASAMI (*Shikisatsu roku*, S. 255) betrachtete letztlich das Tabu als ein Ergebnis der natürlichen topographischen Gegebenheiten. Vgl. auch KINUGASA: *Kinsei jugaku*, S. 116.

56 Vgl. ebd., S. 118.

57 Vgl. NAKAI: *Nensei roku*, S. 601 sowie KINUGASA: *Kinsei jugaku*, S. 118.

58 Dieser studierte unter Sorais Schüler USAMI Shinsui 宇佐美灊水 (1710–76) und kannte Sorais „Plaudereien über Politik".

59 Vgl. OGYŪ: *Seidan*, S. 283f. Sorai sprach nicht von *eta*, sondern von *kawaramono* 河原者 oder „Leuten am Fluss". Die Stigmatisierung habe ihre Grundlage in den „Sitten [unseres] Götterlandes und stehe über [dem Zweifel von] Gut oder Schlecht". Für KINUGASA (*Kinsei jugaku*, S. 120) ist das gleichbedeutend mit einer Anerkennung des shintōistischen *kegare*-Gedankens.

nerhalb des frühneuzeitlichen Gesellschaftssystems verortet worden. KINUGASA rückt das in die Nähe der Diskussionen in der späten Edo- und frühen Meiji-Zeit (1868–1912), als die Behandlung der *eta* in den Fokus des „nationalen Erwachens" geriet.[60]

Ein zweiter Schwerpunkt der Betrachtung, der aber zu den *eta* zurückführt, liegt auf den *hinin*. Sorai hält es für ein Unding, dass diese, die nicht fremdstämmig, sondern aus den „gewöhnlichen Leuten" (*heijin* 平人) hervorgegangen seien, der Aufsicht durch den Danzaemon unterstellt wurden. Dessen Legitimation wird nicht angezweifelt, aber er sei nur für die unehrenhaften Personen zuständig, mit denen man „das Feuer nicht teilt". Den Auslöser sieht er in der großen Zahl der Aussätzigen unter den Bettlern, vor denen Abscheu auf Seiten der Rechtschaffenen herrschte. Doch diese Kritik, so KINUGASA, sei nicht in dem bei Banzan und Riken analysierten Bestreben verwurzelt, die Außenseiter als „feudalistische Menschen" zu emanzipieren. Dem anthropologischen Ansatz gegenüber gehe es Sorai allein um die politische Dimension: Denn dass die Zahl der *hinin* zunähme und sie den *eta* unterstellt wurden, berge in seinen Augen die Gefahr, dass sie in einer für den Blick der Regierenden nicht zugänglichen Randzone der Gesellschaft lebten und unbemerkt Untaten bis hin zu einem Aufstand – das nur eine Andeutung – planten.[61] Sorai plädierte daher für ein „Gesetz zur Rückführung zu den Menschen" (*hitokaeshi no hō* 人返ノ法). Das Gegenstück dazu, so KINUGASA, sei die strikte Segregation der *eta*, die deutlich erkennbar von den *heijin* abgegrenzt bleiben sollten.

Den eigentlichen Hintergrund für das Anschwellen der *hinin*-Zahlen macht Sorai, in den Worten KINUGASAS, in der Entwicklung der Geld- und Handelswirtschaft aus, die zu Landflucht und anderen Verwerfungen führte. Sorais „reaktionäre Systemtheorie", in der die Diskriminierung der *eta* verankert sei, könne daher als Antwort auf die Probleme interpretiert werden, die durch den sich ankündigenden Prozess der „Modernisierung" ausgelöst worden seien.[62]

In diesem Kontext des Ringens mit sich wandelnden gesellschaftspolitischen Bedingungen ist auch die Interpretation KAIHO Seiryōs angesiedelt. Dieser habe den von Sorai eröffneten Weg, die Diskriminierung zu legitimieren und mit obrigkeitsstaatlichen Interessen zu verbinden, in seinem „merkantilistischen Denken" vollendet.[63] Zu dieser Lösung gehöre ein neues Menschenbild – vermittelt über die naturwissenschaftliche Beschäftigung unter den so genannten Holland-Gelehrten –, das auf dem Egalitätsgedanken beruhe und gleichzeitig davon ausgehe, dass sich diese Menschen von ihren hedonistischen und egoistischen Aspi-

---

60   Vgl. ebd., S. 120.
61   Vgl. ebd., S. 121.
62   Vgl. ebd., S. 122f.
63   Vgl. ebd., S. 123.

rationen her nicht ohne Rebellion in eine feudalistische Ordnung pressen ließen. Als Antwort darauf habe Seiryō eine abgestufte repressive Gesellschaftsordnung anvisiert und befände sich damit am Übergang zu einer „absolutistischen" Sicht der Macht, welche die bisher „feudalistisch" ausgerichtete Begründung der *sen-min*-Diskriminierung ersetzte.[64]


## 3 ABSCHLUSSDISKUSSION

In KINUGASAs Interpretation erscheint Seiryōs Denken als organisches Ganzes. Die Elemente – ein sozioökonomischer Merkantilismus mit absolutistischen Ansätzen, in dem die menschlichen Beziehungen dem Marktprinzip des Kaufens und Verkaufens unterliegen, eine Segregation einer als ethnisch fremd deklarierten Bevölkerungsgruppe und eine Theorie der menschlichen Natur, die vom Lustprinzip ausgeht – greifen harmonisch ineinander. Selbst die Behandlung der Vaganten im *Shokuho dan*, auf die KINUGASA nicht eingeht, passt in dieses Bild. Der Vorschlag zu ihrer Integration wäre dann die konsequente Fortführung der Ansätze, die bereits bei Sorai zu finden waren. Und wie bei diesem steht dahinter keine emanzipatorische oder ethische Absicht, sondern politisches Kalkül: Auf diese Weise sollen die gesellschaftliche Ordnung gesichert und alle Bürger eines Fürstentums zu produktiver Arbeit angehalten werden.

Selbst wenn man sich dem Geschichtsverständnis KINUGASAs, das durch den historischen Materialismus geprägt ist, nicht anschließen und Seiryōs Entwurf nicht im Lichte einer absolutistischen Phase, die als Übergangsstadium zwischen Feudalismus und der Herrschaft des Bürgertums stehen muss, sehen möchte,

---

64 Vgl. ebd., S. 126. Diese „absolutistische" Tendenz habe sich am Ende der Edo-Zeit im Zeichen eines wachsenden nationalen Bewusstseins verstärkt. KINUGASA führt eine Liste von Beispielen an, in denen der fremde ethnische Hintergrund der *eta* behauptet wurde. Während das Meinungspektrum groß ist und im Rahmen des Kokugaku-Denkens eine explizite Diskriminierung der *eta* im Zusammenhang mit der Vorstellung einer Rückkehr zu den Zuständen eines idealisierten Altertums sowie – bei BAN Nobutomo 伴信友 (1773–1846) eine an Banzan erinnernde Position – prinzipieller Widerlegung der Diskriminierungsgründe bei gleichzeitigem pragmatischen Arrangement mit ihnen aufweist, mehren sich am Ende der Ära die Beispiele, die eine Ausgrenzung bekämpfen. Der Kokugaku-Gelehrte OKAMOTO Yasutaka 岡本保孝 (1797–1878) verurteilte das *kegare*-Denken und damit auch die Benachteiligung der *eta*. HOASHI Banri 帆足万里 (1778–1852) war der Auffassung, dass die *eta* sich nicht von den „gewöhnlichen Leuten" unterschieden, selbst wenn sie ausländische Vorfahren gehabt haben mögen. Für YASUI Sokken 安井息軒 (1799–1876) waren sie zwar Nachfahren von Kriegsgefangenen, doch seien seitdem zwei Jahrtausende vergangen, und nun gehörten sie zu „unserem Volk". Am entschiedensten, so KINUGASA (ebd., S. 129), vertrat SENJŪ Fujiatsu 千秋藤篤 (Yūiso 有磯) (1815–64) in der Schrift „Erörterung der Herrschaft über die Eta" (*Eta wo osamuru no gi* 治穢多議) eine gegen die Diskriminierung gerichtete Haltung. Vgl. hierzu WOLDERING („*Eta wo osamuru no gi*", 2002).

scheint sein Denken so systematisch angelegt zu sein, dass es sich in den Zügen der Gouvernementalitätstheorie nachzeichnen lässt, die sich an Michel FOU-CAULTs fragmentarisches Werk anlehnt und unter der dieser die

> Gesamtheit [verstand], gebildet aus den Institutionen, den Verfahren, Analysen und Reflexionen, den Berechnungen und den Taktiken, die es gestatten, diese recht spezifische und doch komplexe Form der Macht auszuüben, die als Hauptzielscheibe die Bevölkerung, als Hauptwissensform die politische Ökonomie und als wesentliches technisches Instrument die Sicherheitsdispositive hat.[65]

Seiryō setzte dann Sorais Ansätze fort und leitete über zu den Diskussionen der ausgehenden Edo-Zeit, in denen der *eta*-Frage als Teil von Herrschaftsauffassungen Aufmerksamkeit geschenkt wurde. In diesen brach sich laut KINUGASA ein neues Staatsverständnis Bahn, das von einer stärkeren Integration des Gesellschaftskörpers und der Kontrolle der Regierung über alle sozialen Gruppen als Teil der Kategorien *ryōmin* oder *shimin* ausging und in gewisser Weise dem, was Teil der idealen Gesellschaftssicht des Konfuzianismus war und Eingang in den allgemeinen Sprachgebrauch gefunden hatte, als einer Geltungsebene zu offizieller Gültigkeit zu verhelfen suchte.

Doch Zweifel an der Einordnung Seiryōs in ein solches Schema sind angebracht. Die Homogenität des Denkens, die KINUGASA wie auch andere Ideengeschichtler suggerieren, ist künstlich konstruiert. Zugegebenermaßen durchziehen sozioökonomische Erwägungen viele der Werke Seiryōs. Das gilt insbesondere für das *Keiko dan* aber auch das *Shokuho dan*. Und selbst die Überlegungen zu dem Nutzen von Büchern, zur „Weisheit" und der „[ausgewogenen] Mitte" als dem „Guten" im *Zenchū dan* ist in einen Kontext eingebettet, in dem es um die Regierung eines Staates geht. Aber die Passage zur Ausgrenzung der *eta* in diesem Text findet keine Entsprechung in anderen Werken. Das gilt auch für die ausführliche Beschäftigung mit den Vaganten und ihrer Bekämpfung im *Shokuho dan* und – in geringerem Umfang – im *Yōro dan*. Die ausführliche Erörterung zur menschlichen Natur und zur Ausbildung von „Gewohnheiten" ist ein Merkmal des *Keiko dan*, auch wenn die daraus abgeleitete Theorie über das Manipulieren der Untertanen durch den Fürsten, ohne dass diese es bemerken, auf die der anthropologische Entwurf hinausläuft, auch im *Shokuho dan* und an anderen Stellen eine Rolle spielt. Immerhin lässt sich KINUGASA entgegenhalten, dass an keiner Stelle der Werke die Elemente, die er für die Darstellung der *eta*-Thematik zusammenstellt, in diesem geschlossenen Kontext zu finden sind.

Das hat auch mit der Art der Schriften Seiryōs zu tun. KINUGASA bezieht sich lediglich auf *Zenchū dan*, *Keiko dan* und die „Plaudereien über Wohlstand und Vornehmheit" (*Fuki dan* 富貴談). Das erste stammt aus dem Jahr Bunka 3 (1806), das zweite aus Bunka 10 (1813) und das dritte aus Bunka 2 (1805). Die beiden

---

65  FOUCAULT: *Geschichte der Gouvernementalität*, Bd. 1, S. 64.

älteren Werke weisen keine auffälligen Berührungspunkte auf. Und das gilt auch für das jüngste, obwohl dieses der Kulminationspunkt der schriftstellerischen Tätigkeit Seiryōs ist und danach nur noch ein größerer Text folgt. Insbesondere ist auffällig, dass der *eta*-Topos im *Keiko dan* keine Berücksichtigung findet. Es ist daher zulässig zu kritisieren, dass KINUGASAS homogenes Bild aus einer Collage von Fragmenten besteht, die über einen längeren Zeitraum verteilt sind und in keinem direkten Zusammenhang stehen (wiewohl alle Werke von einem unterschwelligen Interesse an sozioökonomischen Fragen durchzogen werden). Das ist ein markanter Unterschied zu Sorai, der im *Seidan* ein konsistentes Bild entwirft.

Die Titel der Schriften Seiryōs enden oftmals mit dem Bestandteil *dan* 談 (Plaudereien). Dies deutet bereits auf den ausgelassenen, teils unkonventionellen Charakter der Werke hin, bei deren Lektüre sich leicht der Eindruck einstellt, als säße ihr Urheber dem Leser als Gesprächspartner gegenüber. TOKUMORI Makoto wies auf die Merkmale, die sich aus dem Schreibstil Seiryōs ergeben, bereits hin: Man kann sich leicht vorstellen, dass überall, wo er hinkam und gebeten wurde, einen Vortrag zu halten, seine Darbietungen eine lebhafte und unterhaltende Atmosphäre hervorriefen.[66] Luke ROBERTS spricht sogar von „impressive and humorous verbal acrobatics" und gibt zu bedenken, dass diese Merkmale sowohl bei den Zeitgenossen als auch modernen Wissenschaftlern Zweifel an der Ernsthaftigkeit ihres Verfassers aufkommen ließen.[67] Nur zwei der Werke erschienen nach ihrer Niederschrift im Druck: „Aufreißen der Wolken, welche die Methode der Textkomposition verdecken" (*Bunpō hiun* 文法披雲, 1798) und „Plaudereien über das Flutmodell" (*Kōhan dan* 洪範談, 1814). Von den anderen, die handschriftlich vorliegen, kann nur bei zweien davon ausgegangen werden, dass Seiryō sie selbst niederschrieb, nämlich „Plaudereien über die Widerlegung des Großen Überblicks" (*Kōmō bakudan* 綱目駁談, 1810 / 11) und „Plaudereien über Urbarmachungen" (*Shinkon dan* 新墾談, ca. 1813). Bei den anderen handelt es sich um Abschriften oder Mitschriften. Einige, wie das *Shokuho dan*, enthalten zu Beginn den Hinweis „Wie Kaiho Gihei vortrug" (*Kaiho Gihei jutsu* 海保儀平述). Die Entstehung dieser Schriften ist unbekannt, aber ihr Stil legt nahe, dass es sich um Texte handelte, die auf Vorträgen beruhten, die Seiryō hielt und die seine Schüler entweder mitschrieben oder später schriftlich festhielten. Inwieweit er selbst Hand anlegte, lässt sich nicht nachweisen. Bei einigen kann vermutet werden, dass sie sich an spezielle Personen richteten[68], aber gesichert ist das nicht. Festgehalten werden kann jedenfalls ihre Situativität: Sie sind nicht das

---

66  Vgl. TOKUMORI: *Kaiho Seiryō*, S. i.
67  ROBERTS: *Mercantilism in a Japanese Domain*, S. 200.
68  Für *Shokuho dan* und *Yōro dan* wird ein Krieger des Fürstentums von Chōshū (entspricht dem Westen und Norden der Präfektur Yamaguchi) als Adressat angenommen. Vgl. dazu TOKUMORI: *Kaiho Seiryō*, S. 333f. und AOYAGI: „Kaiho Seiryō no denki-teki kōsatsu", S. 221–235.

Ergebnis eines großen, Jahre umfassenden denkerischen Wurfs, sondern konkreten Umständen geschuldet, unter denen Seiryō seine Vorträge hielt oder diese
vielleicht später im Sinne seiner Adressaten schriftlich ausarbeitete.

HIRAISHI Naoaki und YAGI Kiyoharu hatten Zweifel an der Qualifizierung
Seiryōs als eines „politischen Denkers" angemeldet.[69] Das ist gerechtfertigt,
da Seiryō in dem Bild, das er von sich entwirft, immer wieder betont, dass es
ihm vor allem darum gehe, „Texte" (bunshō 文章) zu schreiben.[70] Passend dazu
ist seine erste große Schrift und eines der beiden veröffentlichten Werke, das
Bunpō hiun, eine Anleitung für das Schreiben chinesischer Schriftstücke.[71] Erst
die Möglichkeit, weite Teile Zentraljapans zu bereisen und mit Vertretern unterschiedlicher sozialer Gruppen in Kontakt zu treten, hinterlassen den Schatz an
Erfahrungen und persönlichen Erlebnissen, den seine späteren Schriften – alle
zwischen 1803 und 1814 entstanden – auszeichnen und der zum Substrat der
Erörterungen zu Politik, Wirtschaft und Gesellschaft in ihnen wird. Die Werke
selbst geben mitunter einen guten Eindruck von Seiryō, der auf seinen Reisen
hier und da in das Haus eines reichen Arztes, Sake-Brauers etc. eingeladen wurde und Vorträge hielt.

SHIBA Kōkan 司馬江漢 (1747–1818), ein Zeitgenosse und guter Bekannter
Seiryōs, schätzte ihn als einen „interessanten Gesprächspartner / Unterhalter"
oder „inspirierenden Redner" (danwa omoshiroki hito 談話おもしろき人).[72] Diese Qualität dürfte sich mit der sozialen Herkunft verbunden haben, um Seiryō
als Vortragenden interessant zu machen. Für jemanden, der als ältester Sohn den
Vorsitz einer der höchsten Familien im Gefolge eines mittleren Daimyō hätte
einnehmen können und zeitweise im Dienst der TOKUGAWA-Zweigfamilie von
Owari stand, nur um beides aufzugeben und ein ungezwungenes Leben als pri-
vater (und wandernder) Literat (oder Gelehrter) zu wählen, dürfte das Schild,
auf dem Bettler und konfuzianische Gelehrte als unerwünscht bezeichnet wurden, nicht gegolten haben.[73] Vielmehr ist anzunehmen, dass dieser Hintergrund
ihm eine große Zuhörerschaft – ob unterwegs oder in den Jahren, die er in Kyōto
verbrachte – und Aufmerksamkeit unter den Kriegern und Kaufleuten der Fürs-
tentümer, die er besuchte, sicherte.

Was hat das nun mit der Frage nach eta und anderen Außenseitern in den
Schriften Seiryōs zu tun? Die biographischen und bibliographischen Details

---

69  Vgl. HIRAISHI: „Kaiho Seiryō no shisō zō", S. 47 und YAGI: Tabi to kōyū no Edo shisō,
    S. 151–198. Auch TOKUMORI (Kaiho Seiryō, insbesondere S. 45–53) greift diesen Zweifel auf.
70  Vgl. z. B. Keiko dan, KSZ, S. 110; 344. Vgl. ferner TOKUMORI: Kaiho Seiryō, S. iii.
71  Warum dieses erst so spät in Seiryōs Leben entstand und weitere fünf Jahre bis zum nächsten
    größeren Werk vergingen, braucht an dieser Stelle nicht hinterfragt zu werden.
72  SHIBA: Mugen Dōjin hikki, S. 137.
73  Vermutlich erhielt Seiryō zeit seines Lebens Einkünfte, die ihm seine ehemaligen Diensther-
    ren sicherten.

können als Indizien gedeutet werden, dass nicht von einem homogenen Gesamtbild auszugehen ist, in dem jede Facette einen unverrückbaren Platz besitzt. Die „merkantilistische" Deutung der menschlichen Beziehungen, auf die KINUGASA wie fast alle Kommentatoren verweist, nach der die Prinzipien der Gesellschaft den Regeln des „Verkaufens und Kaufens" folgen, stellt gewiss den Grundtenor der Schriften zwischen 1803 und 1814 dar. Doch andere Elemente wie die Vorschläge zur Behandlung der *eta* können in einem anderen Licht betrachtet werden. Es ist möglich, dass sie den jeweiligen Situationen geschuldet sind, in denen Seiryō seine Vorträge hielt, ohne dass sie einen tieferen Stellenwert für seine Welt- und Gesellschaftssicht insgesamt besaßen. Die Bemerkung SHIBA KōKANS ist nicht aus der Luft gegriffen. Die Lektüre der Seiryō-Texte zeigt einen großen Reichtum an rhetorischen Mitteln, mit denen der Verfasser / Redner das Verständnis seiner Zuhörer formt und anleitet. Dazu gehört auch, dass er sich mit den Inhalten seiner Worte / Texte ihren Präkonzeptionen und Erwartungen anpasste, auf diese einging und in seinen Ausführungen spiegelte. Die Frage nach der Seriosität ist daher durchaus berechtigt – nur in einem anderen Sinn.

Teil des Problems ist die Bezeichnung als „Denker" und die Konnotationen, die sich daraus ergeben. Das Deutsche Wörterbuch von Jacob und Wilhelm GRIMM gibt als ein Synonym den *philosophus* an[74], und in gleicher Weise setzen ihn auch der Duden und Wikipedia mit dem Philosophen gleich, der sich mit den Problemen des Daseins auseinandersetzt und mittels der geistigen Arbeit Antworten auf „(Sinn-)Fragen über die Welt, über den Menschen und dessen Verhältnis zu seiner Umwelt" sucht.[75] In diesen Definitionen werden die Konnotationen einer asketischen Lebensweise und das Bemühen um eine systematische und holistische Ordnung der Ergebnisse des Nachdenkens nicht angesprochen, sie sind aber implizit. Diesem Typ des Denkers entspricht Seiryō, der sich in seinen Schriften als lebensfroh und witzig präsentiert und unter den Zeitgenossen im Ruf stand, ein guter Unterhalter zu sein, nicht. Einsichten in das gesellschaftliche Getriebe und seine Einordnung in das Funktionieren des Kosmos etc. lassen ihn durchaus wie einen Denker erscheinen. Doch gleichzeitig zeichnet sich seine Hinterlassenschaft durch Wortwitz und den unterhaltenden Charakter der Darstellungsweise aus. Dem Verfasser erscheinen sie daher wie eine Form der scharfzüngigen politischen Satire oder Parodie, bei der Seiryō seine Zuhörer / Leser mit dem völligen Gegenteil des Konventionellen und Erwartbaren konfrontiert und damit zum Lachen oder zum Nachdenken animiert. Wer wäre um 1813 auf den Gedanken gekommen, die Beziehung zwischen Fürst und Gefolgsmann als Beispiel des Prinzips von „Verkaufen" – der Samurai veräußert seine Loyalität und Arbeitskraft – und „Kaufen" – der Daimyō revanchiert sich

---

74  GRIMM: *Deutsches Wörterbuch*, Bd. 2, Sp. 940.
75  Wikipedia: „Denker" (Internetquelle) sowie *Duden*, Bd. 2, S. 783.

mit Land oder Einkommen – darzustellen? Seiryō tut das immer wieder, nicht in der Art eines in den Strukturen der aristotelischen Logik geschulten Philosophen, sondern in der Form eines spritzig-geistreichen, teils sarkastischen und herausfordernden Erzählens, das eigene Einsichten ebenso präsentiert wie vielleicht auch latente Einstellungen der Adressaten. Die Positionen müssen nicht immer zum festen Bestand seines Repertoires gehören, sondern können auch dem Moment und der jeweiligen Situation geschuldet sein.

Ob das auch für die *eta*-Passage im *Zenchū dan* gilt, kann nicht nachgewiesen werden. Zumindest gibt es keine vergleichbaren Äußerungen in den bekannten Schriften Seiryōs, obwohl wichtige Elemente seines Repertoires immer wieder vorkommen. Es wäre also denkbar, dass hier die Einstellungen der Leser oder Zuhörer zu *eta* und anderen Außenseitern reflektiert werden oder sie dem Überschwang der Gefühle eines übersprudelnden Erzählers geschuldet sind.[76] Nur weil Sorai für eine ähnliche Ausgrenzung plädierte, muss das nicht bedeuten, dass Seiryō diese Position als Teil seines festen Gedankenrepertoires vertrat. Es lässt sich gegenwärtig nicht nachweisen, dass diese Deutung zutrifft. Das kann ohne eine Untersuchung des Weltbildes der Zeitgenossen, mit denen Seiryō zusammentraf[77], und ihres Zusammenspiels mit ihm nicht bewiesen werden. Um das zu ermöglichen, wäre ein umfassender Korpus an zeitgenössischen schriftlichen Belegen über alle sozialen Grenzen hinweg erforderlich, an den Fragen nach der Erwähnung von *eta* gestellt werden können. Trotz der Fortschritte auf dem Gebiet der Digital Humanities liegt das noch in einiger Ferne. Immerhin können Seiryōs Ausführungen zu den Außenseitern als eine Möglichkeit gelesen werden, wie in einem weiteren gesellschaftlichen Umfeld über sie gedacht und gesprochen wurde – ganz abgesehen davon, ob es sich um eine gelehrte Erörterung, die politisch motivierten Überzeugungen eines konfuzianisch gebildeten Gelehrten oder Stammtischgespräche handelte, mit denen sich möglichst viele Rezipienten identifizieren können sollten.

---

76  Wie ernst muss man Äußerungen nehmen, insbesondere wenn sie nur in einer Schrift einmal anzutreffen sind? Wenn die zu den *eta* ernst sind, gilt das dann für die zu den Konfuzianern auch, und will Seiryō sie als gesellschaftliche Schmarotzer behandelt sehen? Immerhin sieht er sich selbst als einen, wie z. B. in den „Plaudereien über Reichtum an der Wurzel" (*Honpu dan* 本富談). Vgl. KSZ, S. 123.

77  Einer der Zeitgenossen, den Seiryō sicher nicht kannte, war der Verfasser der „Hörensagenaufzeichnungen über die Lage der Gesellschaft 世事見聞録 (*Seji kenbunroku*, 1816), der nur unter dem Pseudonym Buyō inshi 武陽隠士 (Der Fähige auf dem Altenteil aus der Leuchtenden [Hauptstadt] in der [Provinz] B / Mu[sashi]) bekannt ist. Dieser widmete den *eta* und *hinin* einen mehrseitigen Abschnitt, in dem er aber weder auf die Herkunft noch die ethischen Dispositionen einging, auch keine Reformvorschläge machte, sondern nur das unstatusmäßige Verhalten, den immensen Reichtum einiger Vertreter und damit die Umkehrung der gesellschaftlichten Verhältnisse anprangerte. BUYŌ INSHI: *Seji kenbunroku*, S. 384–394 sowie TEEUWEN / WILDMAN NAKAI: *Lust, Commerce, and Corruption*, S. 368–372.

## Literaturverzeichnis

Primärliteratur
KAIHO, Seiryō 海保青陵: *Keiko dan* 稽古談. In: *Kaiho Seiryō zenshū* 海保青陵全集. KURANAMI Seiji 蔵並省自 (Hrsg.). Tōkyō: Yachiyo shuppan 1976, S. 3–111.
KAIHO, Seiryō 海保青陵: *Shokuho dan* 植蒲談. In: ebd., S. 143–152.
KAIHO, Seiryō 海保青陵: *Zenchū dan* 善中談. In: ebd., S. 475–493.

Sekundärliteratur
AOYAGI, Junko 青栁淳子: „Kaiho Seiryō no denki-teki kōsatsu 海保青陵の伝記的考察". In: *Mita Gakkai zasshi* 三田学会雑誌, Nr. 102.2 (2009.7), S. 213–237.
ASAMI, Keisai 浅見絅斎: *Shikisatsu roku* 識箚録. In: *Nihon keizai sōsho* 日本経済叢書, Bd. 3. TAKIMOTO Seiichi 滝本誠一 (Hrsg.). Tōkyō: Nihon keizai sōsho kankōkai 1914, S. 229–338.
BOWRING, Richard: *In Search of the Way. Thought and Religion in Early-Modern Japan, 1582–1860.* Oxford: Oxford University Press 2017.
BUYŌ INSHI 武陽隠士: *Seji kenbunroku* 世事見聞録 [hrsg. von HONJŌ Eijirō 本庄栄治郎 u. NARAMOTO Tatsuya 奈良本辰也] (Iwanami bunko ao 岩波文庫青 48-1). Tōkyō: Iwanami shoten 1994.
FOUCAULT, Michel: *Geschichte der Gouvernementalität*, 2 Bde. Frankfurt a. M.: Suhrkamp 2004.
FUJIWARA, Seika 藤原惺窩: „Daigaku yōryaku 大学要略". In: *Nihon shisō taikei* 日本思想体系, Bd. 28: *Fujiwara Seika, Hayashi Razan* 藤原惺窩・林羅山. ISHIDA Ichirō 石田一良 u. KANAYA Osamu 金谷治 (Hrsg.). Tōkyō: Iwanami shoten 1975, S. 41–78.
GROEMER, Gerald: *Street Performers and Society in Urban Japan, 1600–1900. The Beggar's Gift.* London, New York: Routledge 2016.
HIRAISHI, Naoaki 平石直昭: „Kaiho Seiryō no shisō zō. ‚Yū' to ‚ten' wo chūshin ni 海保青陵の思想像. 「遊」と「天」を中心に". In: *Shisō* 思想, Nr. 677 (1980), S. 46–68.
HOWELL, David: *Geographies of Identity in Nineteenth Century Japan.* Berkeley: University of California Press 2005.
KINSKI, Michael: „Plaudereien über das Pflanzen von Schilf. Kaiho Seiryōs *Shokuho dan* übersetzt und kommentiert und mit einem Essay eingeleitet". In: *Japonica Humboldtiana*, Nr. 18 (2016), S. 5–52.
KINSKI, Michael: „Talks about Teachings of the Past. Translation of the Fourth Part of Kaiho Seiryō's *Keiko dan*". In: *Japonica Humboldtiana*, Nr. 10 (2006), S. 91–175.

KINSKI, Michael: „Talks about Teachings of the Past. Translation of the Third Part of Kaiho Seiryō's *Keiko dan*". In: *Japonica Humboldtiana*, Nr. 6 (2002), S. 57–139.

KINSKI, Michael: „Talks about Teachings of the Past. Translation of the Second Part of Kaiho Seiryō's *Keiko dan*". In: *Japonica Humboldtiana*, Nr. 4 (2000), S. 59–130.

KINSKI, Michael: „Talks about Teachings of the Past. Translation of the First Part of Kaiho Seiryō's *Keiko dan* with a Short Introduction". In: *Japonica Humboldtiana*, Nr. 1 (1997), S. 115–198.

KINUGASA, Yasuki 衣笠安喜: *Kinsei jugaku shisōshi no kenkyū* 近世儒学思想史の研究 (Sōsho rekishigaku kenkyū 叢書歴史学研究). Tōkyō: Hōsei daigaku shuppankyoku ²1979 (1976).

KUMAZAWA, Banzan 熊沢蕃山: *Sanshu no shōkai* 三種象解. In: *Banzan zenshū* 蕃山全集, Bd. 5. MASAMUNE Atsuo 正宗敦夫 (Hrsg.). Tōkyō: Banzan zenshū kankōkai 1940–43, S. 203–206.

KUMAZAWA, Banzan 熊沢蕃山: *Shūgi gaisho* 集義外書. In: *Nihon rinri ihen* 日本倫理彙編, Bd. 2. INOUE Tetsujirō 井上哲次郎 u. KANIE Yoshimaru 蟹江義丸 (Hrsg.). Tōkyō: Ikuseikai 1901, S. 9–332.

*Mengzi* 孟子. In: *Sibu beiyao* 四部備要. Taibei: Taiwan Zhonghua shuju 1965–66.

*Mibun-teki shūen to kinsei shakai* 身分的周縁と近世社会, 9 Bde. Tōkyō: Yoshikawa kōbunkan 2006–07.

NAKAI, Riken 中井履軒: *Nensei roku* 年成録. In: *Nihon keizai taiten* 日本経済大典, Bd. 23. TAKIMOTO Seiichi 滝本誠一 (Hrsg.). Tōkyō: Keimeisha 1928–30; Nachdruck Tōkyō: Meiji bunkensha 1969.

NAKAI, Riken 中井履軒: *Nensei roku* 年成録. In: *Nihon keizai sōsho* 日本経済叢書, Bd. 16. TAKIMOTO Seiichi 滝本誠一 (Hrsg.). Tōkyō: Nihon keizai sōsho kankōkai 1915. S. 519–618.

OCHIAI, Kō: „The Shift to Domestic Sugar and the Ideology of 'The National Interest'". In: *Economic Thought in Early Modern Japan* (Monies, Markets, and Finance in East Asia, 1600–1900, 1). Bettina GRAMLICH-OKA u. Gregory SMITS (Hrsg.). Leiden, Boston: Brill: 2010, S. 89–110.

OGYŪ, Sorai 荻生徂徠: *Seidan* 政談. In: *Nihon shisō taikei* 日本思想大系, Bd. 36. YOSHIKAWA Kōjirō 吉川幸次郎, MARUYAMA Masao 丸山真男, NISHIDA Taichirō 西田太一郎 u. a. (Hrsg.). Tōkyō: Iwanami shoten 1973, S. 259–445.

ROBERTS, Luke: *Performing the Great Peace. Political Space and Open Secrets in Tokugawa Japan*. Honolulu: University of Hawai'i Press 2015.

ROBERTS, Luke: *Mercantilism in a Japanese Domain. The Merchant Origins of Economic Nationalism in 18th-Century Tosa*. Cambridge: Cambridge University Press 1998.

SHIBA, Kōkan 司馬江漢: *Kōkan saiyū nikki* 江漢西遊日記 [hrsg. v. HAGA Tōru 芳賀徹 u. ŌTA Rieko 太田理恵子] (Tōyō bunko 東洋文庫 451). Tōkyō: Heibonsha 1986.

SHIBA, Kōkan 司馬江漢: *Mugen Dōjin hikki* 無言道人筆記. In: *Shiba Kōkan zenshū* 司馬江漢全集, Bd. 2. ASAKURA Haruhiko 朝倉治彦 u. a. (Hrsg.). Tōkyō: Yasaka shobō 1993.

*Shirīzu Kinsei no mibun-teki shūen* シリーズ近世の身分的周縁, 6 Bde. Tōkyō: Yoshikawa kōbunkan 2000–01.

TEEUWEN, Mark u. Kate WILDMAN NAKAI (Hrsg.): *Lust, Commerce, and Corruption. An Account of What I have Seen and Heard, by an Edo Samurai*. New York: Columbia University Press 2014.

TOKUMORI, Makoto 徳盛誠: *Kaiho Seiryō. Edo no jiyū wo ikita jusha* 海保青陵　江戸の自由を生きた儒者. Tōkyō: Asahi shinbun shuppan 2013.

WOLDERING, Guido: „*Eta wo osamuru no gi* oder ‚Erörterung der Herrschaft über die Schmutzigen'. Gedanken eines Schwertdadeligen der späten Edo-Zeit zum ‚Abschaum' seiner Gesellschaft". In: NOAG, Nr. 171–172 (2002), S. 21–37.

YAGI, Kiyoharu 八木清治: *Tabi to kōyū no Edo shisō* 旅と交遊の江戸思想. Tōkyō: Karin shobō 2006.

Internetquellen

„Denker"; abrufbar unter: https://de.wikipedia.org/wiki/Denker (Letzter Zugriff am 02.11.2018).

Wörterbücher

BIBLIOGRAPHISCHES INSTITUT & F. A. BROCKHAUS: *Duden „Das große Wörterbuch der deutschen Sprache"*, Bde. 2 + 3. Mannheim. Leipzig, Wien, Zürich: Dudenverlag 1999 (völlig neu bearb. u. erw. Aufl.).

GRIMM, Jacob u. Wilhelm GRIMM: *Deutsches Wörterbuch*. Nachdr. der Erstausg. 1860. München: Deutscher Taschenbuchverlag 1984.

MOROHASHI, Tetsuji 諸橋轍次: *Dai Kanwa jiten* 大漢和辞典, Bd. 3. Tōkyō: Taishūkan shoten 1956.

# Räume der Bestraften
## – Gefängnisse und Bestrafung in der Edo-Zeit –

Chantal Weber

## 1 EINLEITUNG

Gefängnisse sind Orte des Strafens. Sie sind bewusst außerhalb der Gesellschaft angesiedelt und durch architektonische Barrieren wie Mauern oder Zäune als „gesellschaftliche Nicht-Orte" charakterisiert.[1] Doch kann dies für alle Gefängnisse gesagt werden oder gibt es auch Orte, die zwar in ihrem Charakter einem Gefängnis gleichen, aber eine andere Zielsetzung als das Strafen verfolgen? Sind die Menschen, die in solchen Orten eingesperrt werden, fähig, in die Gesellschaft zurückzukehren oder bleiben sie auch nach Verbüßen der Strafe an einem gesellschaftlichen „Nicht-Ort" gefangen – auch wenn keine physischen Mauern mehr bestehen?

Abb. 1: Gefängnisansicht in „Kyōsais Bild-plauderei" (*Kyōsai gadan*, S. 21o).

Die edo-zeitlichen Gefängnisse verfolgten verschiedene Ziele, das Einschließen auf lange Zeit gehörte jedoch selten dazu. Vielmehr waren die Lager für Kriminelle häufig Durchgangsstationen zur eigentlichen Strafe wie Tod, Schläge, Verbannung oder Arbeitsdienst. Manche verbüßten im Gefängnis nur eine kurze Haftstrafe, wenn das Vergehen nicht allzu schwer war. So wurden in der Edo-Zeit (1603–1868) und beginnenden Meiji-Zeit (1868–1912) immer wieder Künstler verhaftet und verurteilt, weil sie mit ihren Bildern die Machthaber angriffen – meist mit Karikaturen oder historischen Vergleichen, die die Herrschenden diffamierten. Der Künstler KAWANABE Kyōsai 河鍋暁斎 (1831–89) war mehrmals im Gefängnis, wenn er während eines Trinkgelages kleine Karikaturen malte, die eindeu-

---

1 BECKA: „Gefängnis", S. 15.

tig gegen die Machthaber gerichtet waren.[2] Nach einem Aufenthalt 1870 veröffentlichte er in „Kyōsais Bilderplauderei" (*Kyōsai gadan* 暁斎画談) aus dem Jahr
1887 ein Bild des Inneren eines Gefängnisses (vgl. Abb. 1). Die Gefangenen sind
gefesselt oder tragen Seile am Körper, die einem Hundegeschirr gleichen und an
denen sie von den Wärtern abgeführt werden können. Diese lachen über ihre Gefangenen, die in überfüllten Zellen oder Großräumen zusammengepfercht sind.
Die Zustände mögen überspitzt dargestellt sein, aber die Überfüllung und die Er-
niedrigung der Gefangenen ist unübersehbar. Die Menschen sollten sich am Ort
der Strafe nicht wohlfühlen, sondern für ihre Missetaten mit körperlichen Einschränkungen büßen. „[... E]s ist gerecht, daß ein Verurteilter physisch mehr lei-
det als die anderen Menschen", attestiert Michel FOUCAULT dem Strafsystem und
den Gefängnissen damals und heute.[3]


## 2   DIE RECHTSIDEE DER EDO-ZEIT

Die Rechtsidee der Edo-Zeit fasst Carolin REIMERS wie folgt zusammen: „Gesetze waren zu befolgen, Verstöße gegen Gesetze wurden bestraft, Gesetze sollten
am besten nicht geändert werden."[4] Im Vordergrund der juristischen Grundidee
der Edo-Zeit stand jedoch, dass das Zusammenleben und die Ordnung der Gesellschaft nicht beeinträchtigt werden sollte und daher Störungen, die diese Ordnung gar zunichtemachen könnten, bestraft werden mussten. Das Individuum
hatte sich der sozialen Ordnung unterzuordnen, denn wie Chin KIM und Craig
M. LAWSON bemerken: „An individual is a part of the social body, not an isolated
atom, but part of a molecule."[5] Die Beurteilung, was für die Gesellschaft gut ist
und wie sie strukturiert zu sein hat, lag in den Händen der Herrschenden, also des
Shōgunats (*bakufu* 幕府) und der jeweiligen Lehensherren (*daimyō* 大名), welche
die Bevölkerung nicht an der Gesetzgebung beteiligten.[6] Selbst die öffentliche
Bekanntmachung neuer Gesetze gehörte nicht zur Regel, so dass die Bevölkerung nicht unbedingt wusste, welche Gesetze sie brechen konnte oder gebrochen
hatte. Selbstverständlich gab es auch Erlässe, die an öffentlichen Plätzen ange-
schlagen wurden, denn die Gesetzgebung war nicht geheim; es bestand ledig-

---

2   Vgl. JORDAN: „Potentially Disruptive", S. 28f.
3   FOUCAULT: *Überwachen und Strafen*, S. 25.
4   REIMERS: *Gesetzgebung im vormodernen Japan*, S. 9.
5   KIM / LAWSON: „The law of the subtle mind", S. 498.
6   Die Daimyō waren in ihren Lehen souverän und konnten eigene Gesetze erlassen, die nicht
    unbedingt mit den Gesetzen des *bakufu* übereinstimmten. Häufig orientierten sie sich jedoch
    an der *bakufu*-Gesetzgebung. Vgl. STEENSTRUP: *A History of Law in Japan*, S. 110.

lich keinerlei Verpflichtung, das gesetzliche Regelwerk für die Allgemeinheit zugänglich zu machen.[7]

Verschiedene Bevölkerungsschichten wurden durch eigene Gesetzte gebunden wie beispielsweise die Samurai durch das *Buke shohatto* 武家諸法度 (Gesetz für den Schwertadel) aus dem Jahr 1615 (in den Folgejahren mehrmals revidiert und angepasst) oder der Hofadel durch das *Kinchū narabi ni kuge shohatto* 禁中並公家諸法度 (Gesetz für den Kaiserhof und den Hofadel), ebenfalls aus dem Jahr 1615.[8] Auch im Strafrecht wurden je nach Status Unterschiede gemäß dem *mibun seido* 身分制度 (Ständeordnung) gemacht, wobei die *hinin* 非人 und *eta* 穢多 einer eigenen Gerichtsbarkeit unterstanden.[9] Mitglieder eines Standes wurden innerhalb der Regeln und Gesetzes eben dieses Standes beurteilt:

> Its [i.e. status society] hallmark was impersonality of authority and law. And while impersonality of the law was a far different thing from the modern condition of equality under law, it did guarantee a kind of equality of opportunity within the confines of status and unit.[10]

Daher wird das Rechtsverständnis der Edo-Zeit auch häufig als „rule by status" charakterisiert und bildet damit einen Gegensatz zur europäischen Rechtsauffassung dieser Zeit.[11] Dies bedeutet nicht nur, dass verschiedene soziale Schichten durch eigene Gesetze gebunden wurden, sondern auch, dass übergeordnete Stände unangefochtene Autorität über die untergeordneten Stände ausüben konnten. Dies zeigt sich beispielsweise in dem *kirisute gomen* 切捨御免 (Tötungserlaubnis), welches Samurai erlaubte, aufmüpfige Personen anderer Schichten auf der Stelle zu töten.[12]

Grundsätzlich speist sich das vormoderne japanische Recht aus zwei unterschiedlichen Rechtsquellen: Zum einen gründete sich die Rechtsprechung auf dem Gewohnheitsrecht und auf einem auf Präjudizien, also richtungsweisenden Gerichtsurteilen, aufbauenden Fallrecht. Zum anderen gab es eine Gesetzgebung durch das *bakufu* und die einzelnen Daimyō, welche allgemeiner Natur war und sich im Laufe der Zeit zu verschiedenen Regelwerken entwickelte. Ab dem Ende des 17. Jahrhunderts wird ein bewussteres juristisches Interesse sichtbar, welches sich in der Entstehung des *Kujikata osadamegaki* 公事方御定書 (Regelwerk für Bedienstete in öffentlichen Angelegenheiten) im Jahr 1742 unter dem achten Shōgun TOKUGAWA Yoshimune 徳川吉宗 (1684–1751) niederschlägt.[13] REI-

---

7   Vgl. REIMER: *Gesetzgebung im vormodernen Japan*, S. 38. Vgl. auch STEENSTRUP: *A History of Law in Japan*, S. 120.

8   Vgl. REIMER: *Gesetzgebung im vormodernen Japan*, S. 54f.

9   Vgl. PRICE: „The Economic Organization of the Outcasts of Feudal Tokyo", S. 215.

10   HALL: „Rule by Status in Tokugawa Japan", S. 48.

11   Vgl. HIRAMATSU: *Edo no tsumi to batsu*, S. 56f.

12   Vgl. VERWAYEN: „Tokugawa Translation of Dutch Legal Texts", S. 343.

13   Das *Kujikata osadamegaki* ist auch als *Osadamegaki hyakkajō* 御定書百箇条 (Regelwerk in 100 Artikeln) oder lediglich als *Hyakkajō* 百箇条 (100 Artikel) bekannt, wobei damit ledig-

MERS bezeichnet das Werk als den „Höhepunkt der vormodernen japanischen Gesetzgebung"[14], weil in den zwei Bänden eine Systematisierung der Rechtsprechung und der Strafen vorgenommen wird. Band 1 widmet sich der Verwaltung und dem Zivilrecht, während Band 2 sich mit dem Strafrecht befasst. Es werden allgemeine Strafen (*seikei* 正刑) und statusgebundene Strafen (*junkei* 閏刑) unterschieden, wobei der Fokus auf der Landbevölkerung (*hyakushō* 百姓) und der Stadtbevölkerung (*chōnin* 町人) liegt, aber auch die *bushi* 武士 und der Klerus (*sō* 僧) werden genannt. Beispielsweise bedeutete das Enthaupten ein *junkei* für die *bushi*, während der Verstoß aus der Religionsgemeinschaft einem *junkei* für Mönche gleichkam.[15] Das Regelwerk war aber nur in Städten wie Edo, Ōsaka, Kyōto oder Nagasaki wirksam, die direkt vom Shōgunat kontrolliert wurden. F. B. VERWAYEN attestiert dem edo-zeitlichen Rechtssystem jedoch kein „level of logic and abstraction that we find in Western law code"[16], denn es existierte keine Gewaltenteilung, und das Gesetz wurde lediglich eingesetzt, um politische Strategien wie die Aufrechterhaltung der Gesellschaftsordnung durchzusetzen.

## 3   STRAFRECHT: VON DER BESCHULDIGUNG BIS ZUR STRAFE

> [...D]as Richten [bedeutet] die Feststellung der Wahrheit eines Verbrechens, die Bestimmung seines Urhebers, die Verhängung einer gesetzlichen Sanktion. Die Erkenntnis des Vergehens, die Erkenntnis des Verantwortlichen und die Erkenntnis des Gesetzes – diese drei Bedingungen erlauben es, ein Urteil auf Wahrheit zu gründen.[17]

Michel FOUCAULT fährt fort, dass mit diesen drei Bedingungen nicht mehr nur der Täter als solcher im Fokus steht, sondern auch nach dessen Motivation gefragt wird. Auch wenn die japanische Rechtsprechung der Edo-Zeit noch nicht bereit war, Gründe wie „Instinkt, Unbewußtes, Milieu, Erbanlage" als mildernde Umstände in Betracht zu ziehen, so war es bei strafrechtlichen Angelegenheiten, im Gegensatz zum Zivilprozess, wichtig, dass die beschuldigte Person ein Geständnis ablegte.[18]

lich der zweite Band zum Strafrecht gemeint ist, der im Grunde aus 103 Artikeln bestand. Es war bis zur Meiji-Zeit in Gebrauch. Originaler Wortlaut abgedruckt in ONO: *Edo no keibatsu füzokushi*, S. 235–406.

14   REIMERS: *Gesetzgebung im vormodernen Japan*, S. 11.
15   Vgl. ISHII: *Edo no keibatsu*, S. 16f.
16   VERWAYEN: „Tokugawa Translation of Dutch Legal Texts", S. 344. Dieses nicht vorhandene Niveau an Abstraktion führte u. a. auch dazu, dass holländische Gesetzestexte zwar übersetzt wurden, aber keine Äquivalente bestanden und daher auch keine Übernahme westlicher Rechtsideen in der Edo-Zeit erfolgen konnte.
17   FOUCAULT: *Überwachen und Strafen*, S. 28f.
18   Vgl. STEENSTRUP: *A History of Law in Japan*, S. 158. und RÖHL: „Rechtsfälle aus Tokugawa Ieyasus letzten Jahren", S. 240. Laut RÖHL wurde diese Praxis erst 1876 per Gesetz außer

Wurde eine Person eines Verbrechens beschuldigt, holten Polizisten den Verdächtigen ab, legten ihn in Handschellen und brachten ihn zur Befragung in die nächste Polizeistation (*gobansho* 御番所), Wache (*tsujiban* 辻番) oder in die Wache für die *chōnin*, *jishinban* 自身番 genannt. Die Polizeiarbeit wurde von verschiedenen Personengruppen ausgeübt. So gab es die *dōshin* 同心, die auf den Straßen von Edo patrouillierten und von *komono* 小者 begleitet wurden. Während die *dōshin* Samurai waren, gehörten die *komono* der Gruppe der *chōnin* an und erledigten Verhöre, hielten Wache oder sammelten unauffällig Informationen. Durch ihren Nicht-Samuraistatus fiel ihnen die Kommunikation mit der Stadtbevölkerung leichter als den *dōshin*. Diesen standen aber noch andere Gruppen zur Seite, um den Polizeidienst in der Stadt Edo zu verrichten: Die *goyōkiki* 御用聞 (Hilfspolizist) und die *okappiki* 岡っ引き (Geheimpolizist, Spion) gehörten entweder den *chōnin* an oder waren ehemalige Kriminelle, teilweise auch *hinin*, die ihre Nachbarschaft bespitzelten oder kleinere Straftaten an die Offiziellen berichteten. Von diesen erhielten sie dann auch ihren Lohn. Die Stadt war also von zahlreichen Kontrollmechanismen durchzogen, die die Bürger auf dem rechten Weg halten sollten.[19]

Die *dōshin* ihrerseits berichteten den *machikata yoriki* 町方与力 (städtischer Polizeihauptmann), welche ebenfalls dem Samuraistand angehörten und deren Amt vererbt wurde. Sie fungierten als Assistenten der Stadtmagistrate (*machi bugyō* 町奉行), die das offizielle Gesicht des Shōgunats nach außen darstellten. Sie waren Richter, Polizeichef und Bürgermeister in einer Person. In der Stadt Edo gab es zwei *machi bugyō*, die sich abwechselnd um die Stadtgeschäfte kümmerten.[20] Sie waren dem Ältestenrat des Shōguns (*rōjū* 老中) unterstellt und gleichzeitig Mitglied des Höchsten Gerichts, dem *hyōjōsho* 評定所. Hier wurden Schwerverbrechen und Verbrechen, die verschiedene Lehen (*han* 藩) betrafen, verhandelt.[21]

Der Ältestenrat, der das wichtigste Beratungsgremium des Shōguns war, konnte für seine Pflichten auf die *ōmetsuke* 大目付 (Oberinspektor) bauen, welche die Aktivitäten der Daimyō beobachteten und bei Verstößen Untersuchungen einleiteten. Aber auch die anderen Samurai wurden im Auge behalten; dies geschah durch die *metsuke* 目付 (Inspektor), welche jedoch nicht dem *rōjū* berichteten, sondern einem anderen Gremium, dem *wakadoshiyori* 若年寄 (wörtl.: Rat der Jüngeren). Bestehend aus drei bis fünf Mitgliedern war das *wakadoshiyori*, welches 1633 eingerichtete wurde, direkt dem Shōgun unterstellt und bildete in gewisser Weise eine Parallelstruktur zum *rōjū* und den *ōmetsuke*. Allerdings ge-

Kraft gesetzt (vgl. ebd.).

19  Vgl. Cunningham: *Taiho-Jutsu*, S. 38–54.
20  Zwischen 1702 und 1719 gab es einen dritten *machi bugyō*.
21  Vgl. Jansen: *Warrior rule in Japan*, S. 180.

hörten zu ihrem Aufgabengebiet die niederen Samuraistände, während das *rōjū* sich mit Angelegenheiten der Daimyō befasste.[22]

Nachdem der Beschuldigte nun in Gewahrsam genommen worden war, begann bereits die Befragung mit teils drastischen Methoden. Stockschläge gehörten zum normalen Procedere, um dem Beschuldigten seine Lage und seine angeblichen Verbrechen vor Augen zu führen. Bereits bei der ersten Befragung wurde versucht, dem Verdächtigen ein Geständnis zu entlocken, um ihn dann vor den Richter zu bringen. Zu dieser ersten Befragung bemerkt Daniel BOTSMAN:

> It was important to determine guilt before the process of official questioning on the ‚white sands‘ began so as to ensure that proceeding there went as quickly and smoothly as possible.[23]

Anschließend wurden sie dem *machi bugyō* vorgeführt, der das weitere Vorgehen bestimmte, und mussten vor ihm auf dem „weißen Sand" (*shirasu* 白洲) genannten Gerichtsplatz knien. Förderten die Untersuchungen Beweise für einen Tatbestand zu Tage, so wurde der Beschuldigte der weiteren Prozedur zur Erlangung eines kompletten Geständnisses unterzogen. Folter war dazu ein probates Mittel. Sie wurde entweder direkt in der Polizeiwache oder im Gefängnis durchgeführt. Nach den Stockschlägen (*muchiuchi* 笞打), bei denen dem Gefangenen die Arme auf den Rücken gebunden wurden, war das *ishidaki* 石抱 (wörtl.: Steine umarmen) die nächste Stufe der Folter (vgl. Abb. 2). Hierbei musste der Gefangene auf einem Brett mit scharfen Kanten knien, während ihm Steinplatten auf die Oberschenkel gelegt wurden. Auch hierbei waren die Arme auf dem Rücken gefesselt. Wollte der Beschuldigte dann immer noch kein Geständnis ablegen, wurde zu drastischen Maßnahmen gegriffen: die so genannte Garnelenfolter (*ebiseme* 海老責め; vgl.

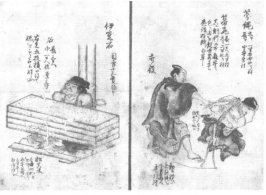

Abb. 2: *ishidaki* (links) und *muchiuchi* (rechts)

Abb. 3) bedeutete, dass dem Gefangenen Arme und Beine so verschnürt wurden, dass er aussah wie eine Garnele. Dabei wurden die Gelenke überdehnt und der Gefangene hatte keine Chance, sich zu bewegen, geschweige denn sich zu befreien. Bei der letzten Stufe der Folter wurde der Gefangene an einer Vorrichtung

---

22  Zur Organisationsstruktur des *bakufu* vgl. JANSEN: *Warrior rule in Japan*, S. 147–201, insbesondere S. 175–188. Zur Beziehung des *machi bugyō* und den Polizeieinheiten vgl. KUROTAKI: *Nihon kinsei no hō to minshū*, S. 10ff.

23  BOTSMAN: *Punishment and Power in the Making of Modern Japan*, S. 35.

mit einer Art Winde an Seilen aufgehängt. In einer komplizierten Verschnürung um die Schultern hing der Gefangene dann an den auf dem Rücken gefesselten Armen. Diese Folter nannte man Angelfolter (*tsuriseme* 釣責め; vgl. Abb. 4).[24]

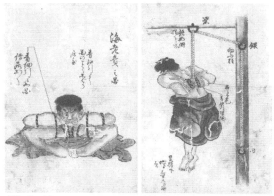

Abb. 3: *ebiseme*          Abb. 4: *tsuriseme*

Wenn dann das Geständnis vorlag, wurde der Beschuldigte nochmals dem *machi bugyō* zur Urteilsverkündung vorgeführt. Die Strafe konnte je nach Verbrechen und Stand ganz unterschiedliche Formen annehmen: von Todesstrafe über Stockschläge zu Verbannung oder Ausschluss aus der Normgesellschaft.[25] Die Todesstrafe konnte in Kombination mit anderen Strafen ausgesprochen werden; auch konnte die Vollstreckung des Todesurteils von öffentlicher Zurschaustellung gefolgt sein. Das *Kujikata osadamegaki* sah sechs Formen der Exekution vor: Absägen des Kopfes (*nokogirihiki* 鋸引き), Kreuzigung (*haritsuke* 磔), Köpfen und anschließende Zurschaustellung des Kopfes (*gokumon* 獄門), lebendig Verbrennen (*kazai* 火罪), Köpfen in Kombination mit anderen Strafen (*shizai* 死罪) und einfaches Köpfen (*geshunin* 下手人), wobei das *nokogirihiki* in der Edo-Zeit kaum mehr praktiziert wurde.[26] Stockschläge gingen häufig mit Tätowierungen (*irezumi* 入墨) einher, um den Verbrecher als solchen dauerhaft zu markieren – entweder im Gesicht oder am Arm – und ihn aus der Gesellschaft auszuschließen.[27] Auch wenn er sich bei schwerwiegenden Verbrechen noch bei den höheren Instanzen rückversicherte, die Entscheidung des *machi bugyō* war endgültig, und das Urteil musste sofort ausgeführt werden.[28]

---

24  Vgl. Keimu kyōkai: *Nihon kinsei gyōkeishi kō*, Bd. 1, S. 546–574. Die Abbildungen dort stammen aus dem *Keizai daihiroku* aus dem Jahr 1814. Vor der Reform durch den achten Shōgun Tokugawa Yoshimune wurden auch noch andere Foltermethoden angewandt. Vgl. ebd., S. 571.

25  Eine Strafe konnte die Degradierung zum Status eines *hinin* sein (*hinin teka* 非人手下), Frauen konnten auch für einige Jahre als Prostituierte in das Freudenviertel Yoshiwara 吉原 geschickt werden.

26  Zu einer genauen Darstellung der verschiedenen Exekutionsmethoden und anderen Bestrafungen bei Kapitalverbrechen siehe Ito („The Social History of Capital Punishment in Japan", 2012). Vgl. auch Hiramatsu: *Edo no tsumi to batsu*, S. 93–106.

27  Vgl. Cunningham: *Taiho-Jutsu*, S. 34. Zu den verschiedenen Ausgestaltungen der Tätowierungen mit Abbildungen vgl. Keimu kyōkai: *Nihon kinsei gyōkeishi kō*, Bd. 1, S. 610ff.

28  Vgl. Steenstrup: *A History of Law in Japan*, S. 158f.

Auch wenn es mit dem *Kujikata osadamegaki* ein Werk mit Regeln gab, an denen die Richter sich orientieren konnten, so war doch jedes Urteil einmalig und von Fall zu Fall unterschiedlich. Im Vordergrund stand für die Richter jedoch nicht das Schicksal des Einzelnen, sei es des Opfers oder des Verurteilten. Vielmehr ging es um die Sicherheit der Gesellschaft und die Aufrechterhaltung der sozialen Ordnung. Der Körper wird bei diesen Strafen zum „Gegenstand und Zielscheibe der Macht", das Individuum der Gesellschaft geopfert.[29]

## 4   Orte der Bestrafung

Auch wenn Körperstrafen und monetäre Strafen wie Beschlagnahmung des Privatbesitzes wohl den größten Teil der Urteile ausmachten, gab es auch Freiheitsstrafen. Eine besondere Form, die bereits seit dem japanischen Altertum praktiziert wurde, war die Verbannung, damals mit den Begriffen *onru* 遠流 (wörtl.: Verbannung in die Ferne) oder *shima-nagashi* 島流し (Inselverbannung) bezeichnet, in der Edo-Zeit dann als *entō* 遠島 benannt.[30] In allen Fällen ist damit die Verbannung auf eine ferne Insel gemeint, wie beispielsweise auf die Insel Sado, wohin in der Edo-Zeit einige Zeit Kriminelle und so genannte *mushuku* 無宿 (Wohnsitzlose) zur Arbeit verschickt wurden.[31] Abgesehen von diesen häufig mehrere Jahre andauernden Strafen, die nicht selten mit dem Tod endeten, behielt sich das japanische Rechtssystem der Edo-Zeit lange Haftstrafen (*nagarō* 永牢) nur in wenigen Fällen vor. Die Haftanstalten dienten vor allem dazu, die Beschuldigten von Prozessbeginn bis zur Vollstreckung der Strafe in Gewahrsam zu halten.

### 4.1 *Das Gefängnis in Kodenmachō*

Gefängnisse gab es in jeder Stadt in Japan. In Edo, der Residenzstadt des Shōgun, wurde zu Beginn des 17. Jahrhunderts, während der Keichō-Zeit (1596–1615), ein *rōya* 牢屋 (Kerker, Gefängnis) in Kodenmachō 小伝馬町 eingerichtet, im Herzen der Stadt, wo es bis 1875 bestand. Als TOKUGAWA Ieyasu 徳川家康 (1542–1616) die Burg von Edo 1590 in Besitz nahm, wurde zunächst ein Gefängnis direkt vor dem Burgtor an der Tokiwa-Brücke am Nihonbashi-Fluss 日本橋川 errichtet. Als dieses zu klein wurde, erbaute man die Anlage in

---

29   Vgl. FOUCAULT: *Überwachen und Strafen*, S. 174.

30   Im Rechtssystem des *ritsuryō* 律令 im japanischen Altertum stand die Verbannung *ruzai* 流罪 nach der Todesstrafe an zweiter Stelle der strengsten Strafen. In der Heian-Zeit (794–1185) wurde die Todesstrafe nicht vollstreckt, so dass die Verbannung als höchste Strafform verblieb. Vgl. STOCKDALE: *Imagining Exile in Heian Japan*, S. 1–16.

31   Vgl. den Beitrag von Regine MATHIAS in diesem Band.

Kodenmachō.[32] Während in Europa die Gefängnisse außerhalb der Stadt und damit auch örtlich außerhalb der Gesellschaft bestanden, war das *rōya* in Edo nördlich der Nihonbashi 日本橋, dem wirtschaftlichen Zentrum und dem Startpunkt des Überlandstraßennetzwerks, angesiedelt. Doch auch wenn es örtlich innerhalb der Stadt war, war es räumlich von der Gesellschaft abgegrenzt. Umgeben von einem Graben und einer hohen Mauer beherbergte das *rōya* neben den Räumen für die Gefangenen auch einen Befragungsraum, die Unterkunft für die Wärter, einen Hinrichtungsplatz (*shikeijō* 死刑場) und die Residenz des Gefängnisdirektors. Im Laufe der Zeit kamen neue Gebäude hinzu, und das Gelände wurde erweitert, beispielsweise im Jahr Genroku 16 (1703), nachdem einige Gebäude einem Feuer zum Opfer gefallen waren.[33] Das Amt des Direktors, des *rōya bugyō* 牢屋奉行, wurde mit dem erblichen Namen Ishide Tatewaki 石手帯刀 vergeben. Ihm unterstellt waren 58 *dōshin* als Wärter und 30 Knechte (*genan* 下男).[34] Des Weiteren wurden jeden Tag bis zu 30 *hinin* und *eta* für verschiedene Arbeiten wie Reinigen der Örtlichkeiten oder Beseitigung der Leichen der Hingerichteten in das *rōya* bestellt.[35] Auch wurden weibliche Gefangene von weiblichen *hinin* beaufsichtigt, da es keine weiblichen *dōshin* gab.[36] Doch trotz dieses Personalaufgebots sorgten die Wärter nicht für Ordnung in den Gefängnisräumen, sondern überließen dies den Gefangenen selbst.[37] Die Übersichtskarte des Geländes (vgl. Abb. 5), die durch die Bildüberschrift auf das Jahr Meiji 18 (1885) datiert ist, zeigt verschiedene Langhäuser, in denen die Gefangenen nach gesellschaftlichem Status und Geschlecht getrennt untergebracht waren. Die *chōnin*, also die Stadtbevölkerung, stellte den größten Anteil. Sie mussten sich im Verlauf der Entwicklung die Räume aber mit den *mushuku*, den Wohnsitzlosen, teilen, da diese von der Landbevölkerung (*hyakushō*) getrennt werden sollten. Man fürchtete einen schlechten Einfluss auf diesen für die Wirtschaft wichtigen Teil der Bevölkerung.[38] Die Samurai wurden ebenfalls in einem separaten Gebäude untergebracht.[39]

32   Vgl. Ono: *Edo no keibatsu fūzokushi*, S. 92.
33   Vgl. Shigematsu: *Nihon gokuseishi no kenkyū*, S. 32 und Hiramatsu: „History of Penal Institutions", S. 2.
34   Vgl. Ono: *Edo no keibatsu fūzokushi*, S. 93.
35   Vgl. Shiomi: *Edo no hiningashira Kurama Zenshichi*, S. 73f.
36   Vgl. Hiramatsu: „History of Penal Institutions", S. 2 und Botsman: „Punishment and Power in the Tokugawa Period", S. 12. Zu einer genaueren Darstellung vgl. Wright („Female Crime and State Punishment in Early Modern Japan", 2004).
37   Vgl. Jolliffe: *Gefängnisse und Zwangsarbeit*, S. 27.
38   Vgl. Hiramatsu: „History of Penal Institutions", S. 2f.
39   Laut Ono (*Edo no keibatsu fūzokushi*, S. 94) besteht in der Ausdifferenzierung der Gebäude nach gesellschaftlichem Stand ein großer Unterschied zu den Gefängnissen der Kamakura-Zeit (1185–1333) und Muromachi-Zeit (1336–1573); er identifiziert für das edo-zeitliche *rōya* acht verschiedene Gebäude: *agarizashiki* 揚座敷 für die niederen Samurai; *agariya* 揚屋

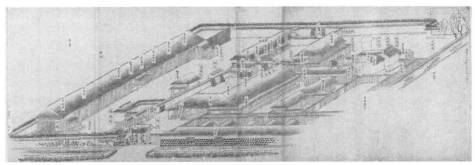

Abb. 5: *Rōya* in Kodenmachō.

Besonders in den Langhäusern, den *tairō* 大牢, galten strenge Regeln, auf deren Einhaltung die Gefangenen selbst achteten – nach einem rigorosen System: dem „*rōnanushi*-System" wie Hiramatsu Yoshirō es nennt.[40] Der *rōnanushi* 牢名主 fungierte als Oberhaupt der Gefangenen, ähnlich wie ein *nanushi* 名主 einem Dorf vorstand und für Ordnung innerhalb desselben sorgte sowie als Ansprechpartner und Verantwortlicher außerhalb fungierte. Der *rōnanushi* wurde von Ishide Tatewaki ernannt, so dass eine offizielle Autorität über die anderen Gefangenen bestand. Als Oberhaupt wusste er diese Autorität zu seinem Vorteil auszunutzen: So saß er erhoben über allen anderen auf mehreren, übereinander gestapelten Tatamimatten und schaute auf seine „Untertanen" herab. Da es keine zusätzlichen Tatamimatten gab, sondern nur genauso viele, wie in den Raum passten, mussten einige Gefangene direkt auf dem Boden schlafen. Außerdem ließ er sich für Vergünstigungen und Schutz innerhalb des Gefängnisses bezahlen. Unterhalb des *rōnanushi* gab es verschiedene Personen, die *rōnai yakunin* 牢内役人 (Gefängnispersonal), die unterschiedliche Aufgaben erfüllten: beispielsweise der *soeyaku* 添役, der als Stellvertreter fungierte und sich um kranke Gefangene kümmerte; der *ichiban'yaku* 一番役, der die Essensverteilung beaufsichtigte; die tatsächliche Verteilung übernahmen die *honban* 本番.[41] Das *Rōgoku hiroku* spricht hier ausdrücklich von einem autonomen System (*jichisei* 自治制),

für Daimyō und *hatamoto* 旗本; *tairō* 大牢, *nikenrō* 二間牢 für die Wohnsitzlosen; *hyakushōrō* 百姓牢 für die Landbevölkerung; *jorō* 女牢 für weibliche Gefangene, ggf. gemeinsam mit ihren Kindern, wenn diese noch gestillt wurden; *tame* 溜 für Kranke; *gundairō* 郡代牢 für Bauern, die aus shōgunatseigenen Ländereien stammten. Hiramatsu („History of Penal Institutions", S. 2) erwähnt die drei letzten Kategorien nicht. Das *Rōgoku hiroku*, um 1800 entstanden, spricht von drei Kategorien: *tairō*, *nikenrō* und *jorō*. Originaler Wortlaut abgedruckt in: Ono: *Edo no keibatsu fūzokushi*, S. 407–486; hier S. 416.

40   Hiramatsu: „History of Penal Institutions", S. 5.

41   Für eine ausführliche Aufstellung der verschiedenen Positionen vgl. Botsman: „Punishment and Power in the Tokugawa Period", S. 12f. Vgl. dazu auch Ujiie: *Edo jidai no tsumi to batsu*, S. 244f. und Ono: *Edo no keibatsu fūzokushi*, S. 445.

welches mit dem *rōnanushi* als Oberhaupt die Verwaltung der Gefängnisräume gewährleisten sollte.[42]

Das *rōya* in Kodenmachō – es kann davon ausgegangen werden, dass andere *rōya* in Japan nach einem ähnlichen System funktionierten – bestand als Mikrokosmos innerhalb der Gesellschaft und spiegelte bis zu einem gewissen Grad die in der Normgesellschaft angestrebte Ständeordnung wider. Ungeachtet dessen konnten die Gefangenen nach der Haftstrafe nur zum Teil in ihr vorheriges Leben zurückkehren, denn manche waren durch Tätowierungen gebrandmarkt und sozial ausgeschlossen. Das Ziel des edo-zeitlichen Gefängnisses war damit nicht die Rückführung und Rehabilitation der Täter, sondern der Schutz der Gesellschaft und der Gesellschaftsordnung.

Das Gefängnis als gesellschaftlicher „Nicht-Raum" trifft auf das *rōya* zu: es herrschte eine klare Distanz zwischen Innen und Außen und ihm lang eine klare Hierarchiestruktur basierend auf Macht zugrunde:

> Das Gefängnis – gleichwohl Teil der Gesellschaft – wird als ‚Außerhalb' der Gesellschaft konstruiert, weil hier eine besondere Organisation vorliegt, weil Hierarchien unmittelbarer wirken und der alltägliche Umgang auf besondere Weise von Macht durchdrungen ist. [...] Und weil es als ein solcher von der Gesellschaft (vermeintlich) abgetrennter Raum konstruiert ist, lassen sich auch gesellschaftliche Probleme dorthin (vermeintlich) auslagern. Das Gefängnis scheint also ein klassischer ‚Container'-Raum zu sein, da es abgetrennt ist von der Gesellschaft und wenig soziale Beziehungen zwischen ‚drinnen' und ‚draußen' bestehen.[43]

Auch John W. HALL benutzt zur Beschreibung der edo-zeitlichen Gesellschaft den Ausdruck der „container society".[44] Folgt man dieser Argumentation, bei der sich die Individuen einer fest bezeichneten Gruppe zugehörig fühlen bzw. dieser zugewiesen werden, so kann das *rōya* ebenfalls als solch ein Container betrachtet werden. Dieser Container ist mit eigenen Gesetzen versehen, die der Aufrechterhaltung der inneren Ordnung dienen. Die örtliche Ausgrenzung, namentlich die Verbannung des Gefängnisses aus der Stadt, ist nicht notwendig, da der Container „Gefängnis" bereits visuell und strukturell aus der Gesellschaft ausgeschlossen wurde.

### 4.2 *Das Arbeitslager auf der Insel Ishikawa*

Anders verhält es sich bei dem später entstandenen *ninsoku yoseba* 人足寄場, Arbeitslager, auf der in der Flussmündung des Sumidakawa 隅田川 gelegenen Insel

---

42  Vgl. ebd., S. 444.

43  BECKA: „Gefängnis", S. 15.

44  HALL: „Rule by Status", S. 48. Die Argumentation der Container-Gesellschaft im Bereich des Strafvollzugs wird von BOTSMAN (*Punishment and Power in the Making of Modern Japan*, S. 61) ebenfalls aufgegriffen, indem er davon ausgeht, dass die Container-Einheiten eine wichtige Rolle als Disziplinarmaßnahme innehatten.

Ishikawa 石川島. IKEGAMI Eiko bezeichnet das *ninsoku yoseba* als „the first prison in Japan" und führt weiter aus: „[i]n the sense of a public building for those
deprived of personal liberty as a penalty for crimes or vagrancy."[45] Diese Aussage mag zunächst verwundern, doch die Endnote zu diesem Satz erläutert: „Rōya,
or jails, such as the Kodenmachō jail in Edo, existed throughout the Tokugawa
period; however, a rōya was primarily a jail or house of detention; it was not a
prison in the modern sense.[46] Entscheidend ist somit die Definition „im modernen Sinne", in dem ein Gefängnis neben dem Freiheitsentzug auch eine diszipli-
narische Aufgabe hat und Strafen individuell bemessen werden können. Gleichzeitig sollen den Gefangenen neue Fähigkeiten und neues Wissen für ein Leben
außerhalb des Gefängnisses vermittelt werden.[47] Das *rōya* war lediglich ein Kerker, in dem die Menschen gehalten wurden, bis ihre tatsächliche Strafe vollzogen werden konnte.

Das *ninsoku yoseba* auf Ishikawajima wurde 1790 gegründet, um einer neu-
en Flut von *mushuku* in der Stadt Herr zu werden.[48] Bereits für das Jahr 1687 ist
belegt, dass zwei kranke *mushuku*-Insassen des *rōya* in Kodenmachō der Obhut
des *hinin*-Oberhaupts Kuruma Zenshichi 車善七 übergeben wurden, der sie im so
genannten *tame* 溜 unterbrachte.[49] In Edo gab es zwei *tame*, eines in Asakusa und
ein weiteres in Shinagawa, die beide in das Jahr 1687 zurückreichen, um neben
kranken *rōya*-Insassen auch kranke *mushuku* bis zu ihrer Genesung unterbringen
zu können.[50] Auf Befehl des Shōgunats mussten die beiden *hinin*-Oberhäupter
Kuruma Zenshichi und Matsu'emon 松右衛門 diese Häuser auf eigene Kosten errichten; das Land dafür wurde vom Shōgunat gestellt. Laut BOTSMAN darf man
sich die *tame* jedoch nicht als Krankenhaus vorstellen:„The tame were filthy and

---

45  IKEGAMI: „A Logic of Comparison for Studying Non-Western Institutions", S. 2.

46  Ebd. S. 64, Anmerkung 1.

47  Vgl. FOUCAULT: *Überwachen und Strafen*, S. 302–318.

48  Mit *mushuku* werden nicht unbedingt Obdachlose bezeichnet, sondern Personen die aus dem
    Zensusregister (*ninbetsuchō* 人別帳) aus unterschiedlichen Gründen gestrichen wurden. Das
    *Kujikata osadamegaki* gibt in Artikel 89 eben diese Definition für *mushuku*. Vgl. ONO: *Edo
    no keibatsu fūzokushi*, S. 376f. Übersetzungen wie Nichtsesshafter oder Vagabund überzeu-
    gen nicht, denn es ist nicht unbedingt von einer ständigen Mobilität der *mushuku* auszugehen.
    Vielmehr blieben sie beispielsweise in Edo und verdingten sich als Hilfsarbeiter, nur waren sie
    nicht offiziell registriert. Daher wird hier die Übersetzung „Wohnsitzloser" gewählt. Zu den
    Gründen einer Streichung aus dem Zensusregister vgl. HIRAMATSU: *Edo no tsumi to batsu*,
    S. 177.

49  Vgl. SHIOMI: *Edo no hiningashira Kuruma Zenshichi*, S. 66ff. Zu Kuruma Zenshichi und *hinin*
    vgl. den Beitrag von Stephan KÖHN in diesem Band. Kranke *rōya*-Insassen, die keine *mushu-
    ku*, sondern *yūshuku* 有宿, also registriert waren, wurden bis zur Genesung in die Obhut ihrer
    Familie gegeben.

50  Im *Kujikata osadamegaki* (Artikel 89) steht ausdrücklich geschrieben, dass kranke *mushu-
    ku* nur bis zu ihrer Genesung im *tame* beherbergt werden sollen. Vgl. ONO: *Edo no keibatsu
    fūzokushi*, S. 377.

insanitary and although ‚doctors‘ did make regular rounds, their job was simply to check whether inmates were dead or alive."[51] 1000 Menschen sollen jährlich in den *tame* gestorben sein – das ist eine besonders hohe Zahl, wenn man von ca. 370 dauerhaften Insassen in Asakusa und ca. 200 Insassen in Shinagawa ausgeht.[52]

Als die Zahl der *mushuku* in Edo Anfang des 18. Jahrhunderts weiter stieg, sah sich das Shōgunat veranlasst, Unterbringungsmöglichkeiten für Wohnsitzlose, die sich keines Verbrechens schuldig gemacht hatten (*muzai no mushuku* 無罪 の無宿), zu finden.[53] Unter dem Shōgun Yoshimune wurden drei Maßnahmen in Betracht gezogen: 1) Die Wohnsitzlosen sollten aus verschiedenen Orten in der Stadt verbannt werden; 2) Eine neue Art *tame* sollte entwickelt werden, wo die Wohnsitzlosen ihren Fähigkeiten entsprechend arbeiten sollten; 3) Die Wohnsitzlosen sollten in weniger besiedelte Regionen Japans gebracht werden und dort arbeiten.[54] Bereits in der Genroku-Zeit (1688–1704) hatte man überlegt, die unschuldigen Wohnsitzlosen zu *hinin* zu machen und sie damit der Verantwortung der *hinin*-Oberhäupter zu übergeben. Keiner dieser Pläne wurde umgesetzt, aber im Laufe des 18. Jahrhunderts verstärkte sich aufgrund der wirtschaftlichen Situation die Problematik der Wohnsitzlosen. Einige Ideen wurden wieder aufgegriffen, und *mushuku* wurden beispielsweise auf die Insel Sado für schwerste Hilfsarbeiten geschickt – die meisten kamen nicht zurück. Auch wurde im Jahr 1780 versucht, eine Institution zur Erziehung und Ausbildung der Wohnsitzlosen zu etablieren, das *mushuku yōikusho* 無宿養育所.[55] Ziel beider Versuche war es, die Stadt von den Wohnsitzlosen zu säubern.

In der Tenmei-Zeit (1781–89) ereilte die Menschen in Japan eine große Hungersnot (*Tenmei no daikikin* 天明の大飢饉), in deren Folge viele Wohnsitzlose auf der Suche nach einem besseren Leben nach Edo zogen. 1787 kam es schließlich auch zu Aufständen wegen des Reispreises, der so hoch stieg, dass sich viele nicht mehr ernähren konnten. War in den Jahren zuvor der soziale Druck auf die Regierenden noch nicht groß genug gewesen, um eine nachhaltige Lösung für die *mushuku* zu finden, musste der neue Vorsitzende des *rōjū*, MATSUDAIRA Sadanobu 松平定信 (1759–1829), sich nun des Problems annehmen.[56] Er beauftragte HASEGAWA Heizō 長谷川平蔵 (1745–95), ein Shōgunatsbeamter zuständig für Diebstahl und Brandstiftung, im Jahr 1790, seine Pläne eines Lagers außerhalb der Stadt umzusetzen. Als Ort wurde die Insel Tsukudajima 佃島 in

51  BOTSMAN: „Punishment and Power in the Tokugawa Period", S. 18.
52  Vgl. HIRAMATSU: *Edo no tsumi to batsu*, S. 185 und „History of Penal Institutions", S. 6.
53  Bereits wegen kleinerer Verbrechen verurteilte *mushuku* wurden weiterhin im *rōya* behalten, damit sie keine weiteren Taten begehen konnten.
54  Vgl. HIRAMATSU: „History of Penal Institutions", S. 7.
55  Vgl. ISHII: *Edo no keibatsu*, S. 191 und HIRAMATSU: „History of Penal Institutions", S. 8.
56  Vgl. IKEGAMI: „A Logic of Comparison for Studying Non-Western Institutions", S. 276ff.

der Mündung des Flusses Sumi-
da ausgewählt und ein Gebiet von
ca. 35000 m² (10603 *tsubo* 坪) zur
benachbarten Insel Ishikawa 石川
島 trockengelegt (vgl. Abb. 6); für
das Lager tatsächlich verwendet
wurden ca. 11000 m².[57] Die Menschen in Edo bezeichneten die Insel auch als Mushukujima 無宿島
(Insel der Wohnsitzlosen).[58] Neben einem Langhaus für die Insassen, verschiedenen Zweckge-
bäuden, einer Krankenstation und
Verwaltungsgebäuden      wurden
auf dem großen Gelände auch
Gemüsefelder angelegt, denn das

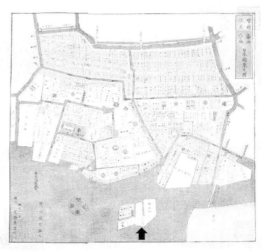

Abb. 6: Teilkarte von Edo mit Ishikawajima (Pfeil)

Lager sollte sich selbst versorgen. Die Wohnsitzlosen wurden auf die Insel verbracht und sollten dort wieder zu wertvollen Elementen der Gesellschaft werden.
Die Selbstversorgung war dabei nur ein Baustein; des Weiteren arbeiteten sie
in verschiedenen Handwerken und erhielten Moralunterricht durch Gelehrte der
*shingaku* 心学.[59] Begrüßt wurden die neuen Insassen mit einer Rede von Heizō:

> Als Wohnsitzlose müsstet ihr eigentlich auf die Insel Sado geschickt werden, aber dank der
> gütigen Herrschaft [*jinsei* 仁政] werdet ihr als Arbeiter in dieses Lager gebracht und könnt
> eure erlernten Handwerke verfolgen. Ihr müsst euer altes Verhalten verändern, eure Aufrich-
> tigkeit wiederfinden, hart arbeiten und Kapital für ein neues Leben ansparen. Wenn wir von
> eurem Charakter überzeugt sind, könnt ihr unabhängig von der Länge eurer Strafe entlassen
> werden. Den Bauern unter euch wird ein angemessenes Stück Land zugewiesen; diejenigen,
> die aus Edo stammen, erhalten einen Laden in der Nähe ihres Geburtsorts und dürfen ein Fa-
> milienunternehmen gründen – die entsprechenden Baumaterialen werden von der Regierung
> gestellt und wenn nötig wird Startkapital ausgehändigt. Wenn ihr die Absicht der Güte nicht
> erkennen könnt und dieser Anordnung den Rücken zukehrt, wenn ihr faul bei der Arbeit seid
> oder andere Missetaten begeht, werdet ihr schwer bestraft.[60]

---

57  Vgl. HIRAMATSU: *Edo no tsumi to batsu*, S. 190.
58  Vgl. GILL: *Men of Uncertainty*, S. 21.
59  Die Philosophie der *shingaku* von ISHIDA Baigan 石田梅岩 (1685–1744) forderte eine höhere
    Wertschätzung der Kaufleute und ihrer Tätigkeit, ohne die edo-zeitliche Gesellschaftsordnung
    in Frage zu stellen. Vielmehr postuliert er, dass ehrlicher Gewinn die ganze Gesellschaft be-
    reichern könne. Vgl. PÖRTNER / HEISE: *Die Philosophie Japans*, S. 269ff. Für eine ausführliche
    Darstellung der *shingaku*-Lektionen im *ninsoku yoseba* siehe TAKIKAWA: *Nihon gyōkeishi*,
    S. 327–363.
60  Zitiert nach HIRAMATSU: *Edo no tsumi to batsu*, S. 191f.

Das Ziel des Shōgunats, die *mushuku* durch seine Güte wieder in wertvolle Mitglieder der Gesellschaft zu wandeln, eine „Umcodierung der Existenz"[61] vorzunehmen, führte im Grunde zu einer Ökonomisierung der sozialen Kontrolle. Während man in der ersten Phase des *ninsoku yoseba* nur unschuldige Wohnsitzlose nach Ishikawajima verbrachte, wurden ab 1820 auch Personen in das Lager eingewiesen, die Verbannung als Strafe erhalten hatten.[62] Diese Praxis wurde ab 1838 für kurze Zeit aufgehoben, um ab 1841 doch wieder schuldige Wohnsitzlose nach Ishikawajima zu bringen.[63] Im Gegensatz zu den unschuldigen Wohnsitzlosen durften sie das Lager jedoch nicht zum Arbeiten verlassen und hatten im Lager auch ansonsten wenig zu tun. Die Ideale, die in der Begrüßungsrede von Heizō formuliert wurden, trafen auf sie also nicht zu, so dass sich das *ninsoku yoseba* tatsächlich als Gefängnis erwies.

## 5 Schluss

Die beiden Institutionen, *rōya* und *ninsoku yoseba*, sind von ihren Zielgruppen – Kriminelle einerseits und unschuldige Wohnsitzlose andererseits – sowie in ihrer Zielsetzung unterschiedlich. Während das *rōya* ganz konkret zur Vollstreckung von Strafen vorgesehen ist, sollen die Insassen des *ninsoku yoseba* der Gesellschaft wieder zugeführt werden. Dennoch waren beide Einrichtungen dafür vorgesehen, unerwünschte Elemente von der Gesellschaft fernzuhalten und gleichzeitig eben dieser Gesellschaft vor Augen zu führen, welche Konsequenzen zu fürchten sind, wenn der sozialen Ordnung widersprochen wird.

In der Edo-Zeit mussten diejenigen büßen, die sich bewusst oder aus Not eines Verbrechens schuldig gemacht hatten, denn sie waren eine Gefahr für die öffentliche und die staatliche Ordnung. Durch ihr Verhalten fielen sie dem Kontrollblick der Regierenden auf, deren Augen in alle Bereiche des Lebens durch ein Netz von Spitzeln und Polizisten hineinschauten. Doch Kontrolle alleine war nicht ausreichend, um die Ordnung zu wahren; die Konsequenzen aus ihrem Verhalten musste die Bevölkerung fürchten:

> Die wirkliche Aufgabe der Strafe ist, den sozialen Zusammenhalt aufrechtzuerhalten, indem sie dem gemeinsamen Bewusstsein seine Lebensfähigkeit erhält. Die Strafe verdeutlicht, dass es richtig und notwendig ist, an den gemeinsamen Normen festzuhalten.[64]

---

61 Foucault: *Überwachen und Strafen*, S. 302.
62 Im Grunde lag die Insel innerhalb der Stadtgrenzen von Edo, so dass die Strafe „Verbannung" hier nicht ausgeführt wurde. Man behalf sich damit, die Verbannten auf der Insel zu behalten und ihnen die Arbeit außerhalb nicht zu erlauben.
63 Vgl. Hiramatsu: „History of Penal Institutions", S. 12.
64 Becka: „Gefängnis", S. 18.

Auch wenn Michelle Becka diese Aussage für das heutige deutsche Strafrecht konstatiert, so ist die Funktion der Strafe als Disziplinarmechanismus auch in der Edo-Zeit zu beobachten. Die Bevölkerung soll in ihren Containern verbleiben, ein Ausbruch führt unweigerlich zu einer Strafe, die das Individuum wieder Teil eines anderen Containers wie dem *rōya* oder dem *ninsoku yoseba* werden lässt. Die Obrigkeit benutzt die Züchtigung des Körpers und das Einschließen bzw. den Ausschluss aus der Normgesellschaft als Disziplinierungsmaßnahme. Gefängnisse sind Orte des Strafens, auch in der Edo-Zeit. Sie sind aber auch „totale Institutionen", in denen die Schranken zwischen allen Lebensbereichen aufgehoben und die Eingeschlossenen gemeinsam einem formal reglementierten Leben unterworfen sind.[65] Die physischen Grenzen wie Mauern und Zäune oder das Dasein auf einer Insel verstärken die Ausgeschlossenheit von der Gesellschaft. Für die *muzai no mushuku* besteht zumindest dem politischen Ideal nach die Möglichkeit einer Rückkehr in die Normgesellschaft, die sie häufig aus wirtschaftlicher Not verlassen mussten. Die Gebrandmarkten jedoch sind auf Dauer ausgeschlossen und bleiben häufig in einem gesellschaftlichen „Nicht-Ort" gefangen.

ABBILDUNGSVERZEICHNIS

Abb. 1: Kawanabe, Kyōsai 河鍋暁斎: *Kyōsai gadan* 暁斎画談. Tōkyō, 1887, Heft 4 (*gaihen maki no shita* 外編巻之下), Bl. 21o. Aus: National Archives of Japan, online abrufbar unter: http://www.archives.go.jp/owning/monthly/1412/archives_06_pop.html (letzter Zugriff am 07.08.2018).

Abb. 2–4: *Keizai daihiroku* 刑罪大秘録. Edo, 1836; online abrufbar unter. http://dl.ndl.go.jp/info:ndljp/pid/1365404 (letzter Zugriff am 17.08.2018).

Abb. 5: *Shingokuya zu* 新獄屋圖, o.A.; online abrufbar unter: http://dl.ndl.go.jp/info:ndljp/pid/2542514 (letzter Zugriff am 03.08.2018).

Abb. 6: Kageyama, Muneyasu 景山致恭: *Edo kiriezu. Tsukiji hachichōbori Nihonbashi minami ezu* 江戸切絵図 築地八町堀日本橋南絵図. Edo: Owariya Seishichi 尾張屋清七 1849–62; online abrufbar unter: http://dl.ndl.go.jp/info:ndljp/pid/1286660 (letzter Zugriff am 21.08.2018).

LITERATURVERZEICHNIS

Becka, Michelle: „Gefängnis. Die Auslagerung von Unsicherheit und die Folgen für soziale Gerechtigkeit". In: *Ethik und Gesellschaft*, Nr. 1 (2013), S. 1–25;

---

65 Goffman: *Asyle*, S. 11.

online abrufbar unter: http://www.ethik-und-gesellschaft.de/ojs/index.php/eug/article/view/1-2013-art-5 (letzter Zugriff am 23.08.2018).

BOTSMAN, Daniel V.: *Punishment and Power in the Making of Modern Japan*. Princeton, Oxford: Princeton University Press 2005.

BOTSMAN, Dani[el] V.: „Punishment and Power in the Tokugawa Period". In: *East Asian History*, Nr. 3 (1992), S. 1–32.

CUNNINGHAM, Don: *Taiho-Jutsu: Law and Order in the Age of the Samurai*. Boston: Tuttle 2004.

FOUCAULT, Michel: *Überwachen und Strafen. Die Geburt des Gefängnisses* (suhrkamp taschenbuch 2271). Frankfurt a. M.: Suhrkamp 2016 (1994).

GILL, Tom: *Men of Uncertainty: The Social Organization of Day Laborers in Contemporary Japan*. Albany: State University of New York 2001.

GOFFMAN, Erving: *Asyle. Über die soziale Situation psychiatrischer Patienten und anderer Insassen* (edition suhrkamp 678). Frankfurt a. M.: Suhrkamp 2018 (1973).

HALL, John W.: „Rule by Status in Tokugawa Japan". In: *The Journal of Japanese Studies*, Nr. 1.1 (1974), S. 39–49.

HIRAMATSU, Yoshirō 平松義郎: *Edo no tsumi to batsu* 江戸の罪と罰. Tōkyō: Heibonsha 1988.

HIRAMATSU, Yoshirō: „History of Penal Institutions: Japan". In: *Law in Japan*, Nr. 6 (1973), S. 1–48.

IKEGAMI, Eiko: „A Logic of Comparison for Studying Non-Western Institutions: A Relational Analysis on the Origin of Prisons in Japan". Vortrag beim jährlichen Treffen der American Sociological Association in Philadelphia; online abrufbar unter: http://citation.allacademic.com/meta/p20338_index.html (letzter Zugriff am 10.06.2018).

ISHII, Ryōsuke 石井良助: *Edo no keibatsu* 江戸の刑罰. Tōkyō: Yoshikawa kōbunkan 2013.

ITO, Takao: „The Social History of Capital Punishment in Japan: Comparing Early Modern and Modern Japan with the West". In: *Capital punishment in East Asia*. Itaru TOMIYA (Hrsg.). Kyōto: Kyōto University Press 2012, S. 273–314.

JANSEN, Marius B.: *Warrior rule in Japan*. Cambridge: Cambridge University Press 1995.

JOLLIFFE, Pia: *Gefängnisse und Zwangsarbeit auf der japanischen Nordinsel Hokkaido* (Japanologie / Japanese Studies 4). Wien: Lit 2015.

JORDAN, Brenda G.: „Potentially Disruptive: Censorship and the Painter Kawanabe Kyōsai". In: *Inexorable Modernity: Japan's Grappling with Modernity in the Arts*. Hiroshi NARA (Hrsg.). Lanham u. a.: Lexington 2007, S. 17–47.

KEIMU KYŌKAI 刑務協会: *Nihon kinsei gyōkeishi kō* 日本近世行刑史稿, 2 Bde. Tōkyō: Keimu kyōkai 1943.

KIM, Chin u. Craig M. LAWSON: „The law of subtle mind: the traditional Japanese concept of law". In: *The International and Comparative Law Quarterly*, Nr. 28.3 (1979), S. 491–513.

KUROTAKI, Jūjirō 黒瀧十二郎: *Nihon kinsei no hō to minshū* 日本近世の法と民衆. Tōkyō: Takashina shoten 1994.

ONO, Takeo 小野武雄: *Edo no keibatsu fūzokushi – rōgoku hiroku, gōmon jikki, ginmi no kuden* 江戸の刑罰風俗誌 ― 牢獄秘録　拷問実記　吟味の口伝. Tōkyō: Tenbō 1963.

PÖRTNER, Peter u. Jens HEISE: *Die Philosophie Japans*. Stuttgart: Alfred Kröner 1995.

PRICE, John A.: „The Economic Organization of the Outcasts of Feudal Tokyo". In: *Anthropological Quarterly*, Nr. 41.4 (1968), S. 209–217.

REIMERS, Carolin: *Gesetzgebung im vormodernen Japan: Rechtsgebote und die Ideen der Konfuzianisten in der Edo-Zeit (1603–1868)*. München: iudicium 2000.

RÖHL, Wilhelm: „Rechtsfälle aus Tokugawa Ieyasus letzten Jahren". In: *Asiatische Studien: Zeitschrift der Schweizerischen Asiengesellschaft*, Nr. 48 (1994), S. 232–246.

SHIGEMATSU, Kazuyoshi 重松一義: *Nihon gokuseishi no kenkyū* 日本獄制史の研究. Tōkyō: Yoshikawa kōbunkan 2005.

SHIOMI, Sen'ichirō 塩見鮮一郎: *Edo no hiningashira Kuruma Zenshichi* 江戸の非人頭車善七 (Kawade bunko 河出文庫). Tōkyō: Kawade shobō 2008.

STEENSTRUP, Carl: *A History of Law in Japan until 1868*. Leiden, New York, Köln: Brill 1996.

STOCKDALE, Jonathan: *Imagining Exile in Heian Japan. Banishment in Law, Literature, and Cult*. Honolulu: University of Hawai'i Press 2015.

TAKIKAWA, Masajirō 瀧川政次郎: *Nihon gyōkeishi* 日本行刑史. Tōkyō: Seiabō 2016.

UJIIE, Mikito 氏家幹人: *Edo jidai no tsumi to batsu* 江戸時代の罪と罰. Tōkyō: Sōshisha 2015.

VERWAYEN, F. B.: „Tokugawa Translations of Dutch Legal Texts". In: *Monumenta Nipponica*, Nr. 53.3 (1998), S. 335–358.

WRIGHT, Diana E.: „Female Crime and State Punishment in Early Modern Japan". In: *Journal of Women's History*, Nr. 16.3 (2004), S. 10–29.

# Kartographie des Anderen – Die Verortung von Outcasts auf Karten der Edo-Zeit und gegenwärtige Kartenskandale

Elisabeth Scherer

## 1 EINLEITUNG

Raum ist bis heute eine zentrale Kategorie im Diskurs um die Diskriminierung von ehemaligen Outcast-Gruppen in Japan. Dies zeigt sich schon in dem problematischen Begriff *burakumin* 部落民, der heute häufig für Menschen verwendet wird, die dieser marginalisierten Gruppe angehören. *Buraku* heißt im weiteren Sinne „Dorf" oder „Weiler", bezeichnet aber im engeren Sinne Outcast-Siedlungen und hat eine negative Konnotation. *Burakumin* („*buraku*-Menschen") verweist als Begriff also auf den Raum, dem diese Menschen zugeordnet werden. Ein neutralerer Begriff für die ehemaligen Outcasts im Japanischen ist *hisabetsumin* 被差別民, „Menschen, die diskriminiert werden".

Mit der Modernisierung in der zweiten Hälfte des 19. Jahrhunderts wurde der Outcast-Status durch das so genannte „Befreiungsedikt" (*kaihōrei* 解放令) im Jahr 1871 abgeschafft, und Marker dieses Status begannen sich aufzulösen. Was blieb, war die Stigmatisierung bestimmter Orte und der Menschen, die dort lebten oder Beziehungen zu diesen Orten unterhielten. Diese Stigmatisierung basiert auf Erinnerungen, auf Hörensagen, aber auch auf negativen medialen Darstellungen von bestimmten Vierteln als unsauber oder unmoralisch. Im Internet stößt man noch heute sehr schnell auf Internetforen, in denen Informationen über vermeintliche *buraku*-Viertel ausgetauscht werden.

Im Kampf gegen die Diskriminierung waren und sind daher die stigmatisierten Viertel und ihre Entwicklung einer der wichtigsten Anknüpfungspunkte: Projekte zur Aufwertung der Viertel reichen von Kulturzentren über Menschenrechtsmuseen bis hin zur touristischen Aufbereitung ehemals diskriminierter „unreiner" Handwerke wie der Herstellung von Taiko-Trommeln, für die Tierhäute verarbeitet wurden.[1] Es werden Führungen angeboten, die einen neuen Blickwinkel auf bestimmte Orte eröffnen sollen, wie zum Beispiel eine Tour

---

[1] Vgl. z.B. die Arbeiten von CANGIÀ („From Heterotopias to Cultural Landscapes", 2013) und TERADA („Angry Drummers and Buraku Identity", 2008).

durch den Shibaura-Schlachthof in Tōkyō, dem größten in ganz Japan, bei der die Arbeiterschaft und ihr Kampf um Anerkennung im Mittelpunkt stehen.[2]

In der Aufarbeitung der Geschichte der Diskriminierung spielen dabei bis heute Karten eine sehr wichtige Rolle. Die Veröffentlichung von Reproduktionen historischer Stadtkarten aus der Edo-Zeit (1603–1868) hat schon häufiger für großen Aufruhr gesorgt, weil diese Karten oft Hinweise auf Viertel beinhalten, in denen *hisabetsumin* gelebt haben. Es besteht die Gefahr, dass Rezipienten die räumliche Ordnung auf gegenwärtige Stadtlandschaften projizieren und damit die Ausgrenzung reproduzieren. Die Buraku Liberation League (BLL, jap. Buraku kaihō dōmei 部落解放同盟) – als größte und einflussreichste Vereinigung, die sich in Japan für die Rechte der Outcast-Nachfahren einsetzt – kämpft daher seit langem gegen eine unkritische Veröffentlichung derartigen Kartenmaterials. Historische Karten vor allem von Großstädten erweisen sich somit als ein bedeutender Faktor im gegenwärtigen Menschenrechtsdiskurs in Japan.

Um diese Problematik nachvollziehen zu können, stütze ich mich auf die Ansätze von J. B. HARLEY (2001), der in Anlehnung an Michel FOUCAULT und Jacques DERRIDA für eine dekonstruktivistische Perspektive auf Karten plädiert:

> Pick a printed or manuscript map from the drawer almost at random and what stands out is the unfailing way its text is as much a commentary on the social structure of a particular nation or place as it is on its topography.[3]

Kartographie ist demnach nie neutral, sondern eine „art of persuasive communication"[4], hinter der rhetorische Strategien stehen. Alle Karten entstehen vor dem Hintergrund der Diskurse ihrer Zeit, und die darin enthaltenen Informationen werden für ein bestimmtes Publikum aufbereitet. Karten bilden, so HARLEY, Machtverhältnisse ab, zugleich schaffen sie aber auch selbst Macht, indem sie bestimmte soziale Systeme reproduzieren und normalisieren.[5]

Das Ziel dieses Beitrags ist es aufzuzeigen, wie sich das Ständesystem der Edo-Zeit in der Kartographie als räumliche Ordnung zeigt. Besonders geht es mir dabei um die Verortung der Outcasts auf den Karten und wie darin ihre Stellung im gesamtgesellschaftlichen Gefüge deutlich wird. Als besonders aufschlussreiche Quelle hat sich dafür ein Buch des Menschenrechtsmuseums Ōsaka erwiesen, das 2001 zu einer Ausstellung vormoderner Karten erschienen ist.[6] Nach einer kurzen Betrachtung der Situation der Kartographie in der Edo-Zeit zeige ich auf, welche Schwierigkeiten der Umgang mit solchen Karten heute noch bereitet. Eine besondere Herausforderung stellt sich hier durch die neuen technischen

---

2    Vgl. SLATER („Shibaura Slaughterhouse Tour", 2017) (Internetquelle).
3    HARLEY: *The New Nature of Maps*, S. 157.
4    Ebd., S. 163.
5    Vgl. ebd., S. 164ff.
6    Vgl. ŌSAKA JINKEN HAKUBUTSUKAN (*Ezu ni egakareta hisabetsumin*, 2001).

Möglichkeiten, die das Internet für die Verbreitung historischer Materialien bietet – was lange nur in Archiven zugänglich war, kann nun weltweit abgerufen werden, und die Rezeption ist nur schwer kontrollierbar.

## 2 KARTOGRAPHIE IN DER EDO-ZEIT

In der Edo-Zeit entwickelte sich eine Blüte der Kartographie. Karten wurden in großer Anzahl zu Verwaltungszwecken, aber dank der verbesserten Drucktechnik auch zu kommerziellen Zwecken hergestellt. Das Geschäft mit Karten lohnte sich, denn der Bedarf war da: Die Urbanisierung schritt voran, das Transportwesen wurde ausgebaut und das Reiseaufkommen wuchs stark. In die großen Städte kamen somit immer mehr Menschen, die sich dort zunächst nicht auskannten und Bedarf an einem Stadtplan hatten.[7] Karten wurden in dieser Zeit mit dem allgemeinen Begriff *ezu* 絵図 bezeichnet, der sich aus den Bestandteilen „Bild" / „Illustration" und „Diagramm" / „Karte" zusammensetzt. Simon R. POTTER weist darauf hin, dass *e* somit eher auf eine künstlerische Dimension der Karten verweise, während *zu* den informativen Charakter unterstreiche.[8] Diese beiden Aspekte der Kartographie zeigen sich in der Darstellungsweise dieser historischen Karten, bei der häufig abstrahierte Visualisierungen von Straßen, Häuserblocks etc. mit konkreten Illustrationen von Landschaft und markanten Orten wie Tempeln oder Schreinen verbunden werden.

Es gab in der Edo-Zeit Karten für verschiedenste Zwecke: Neben Stadtplänen wurden Straßenkarten, Seekarten, Weltkarten und buddhistische Karten hergestellt.[9] MURAKAMI Norio unterscheidet grob zwischen drei Arten von Karten, die für die soziale Ordnung von besonderer Bedeutung waren: 1) *kuniezu* 国絵図, Karten, die größere Teile des Landes (Provinzen) zeigen und unter der Leitung des Shōgunats angefertigt wurden, 2) *machiezu* 町絵図, Karten von Städten meist für den allgemeinen Gebrauch und 3) *muraezu* 村絵図, Karten von einem oder mehreren Dörfern, die vor allem der regionalen Verwaltung dienten.[10]

*Kuniezu*, die einen Überblick über die Provinzen des Landes lieferten, wurden auf Befehl des Shōgunats von den lokalen Feudalherren (Daimyō) in Auftrag gegeben und waren für Regierungszwecke von großer Wichtigkeit. Sie dienten dazu, Grenzen festzulegen (und somit Grenzstreitigkeiten zu klären[11]), aber

---

7 Vgl. ebd., S. 4.
8 Vgl. POTTER: „The Elusive Concept of ‚Map'", S. 6. Zur Begrifflichkeit vgl. auch UNNO: „Cartography in Japan", S. 349.
9 Eine sehr ausführliche Kategorisierung der unterschiedlichen Arten von Karten findet sich in YAMASHITA: *Japanese Maps of the Edo Period*, S. 24f.
10 Vgl. MURAKAMI: „Ezu ni miru hisabetsumin mibunsei shakai", S. 3.
11 Vgl. YONEMOTO: „Silence Without Secrecy?", S. 30.

auch um die Produktivität einzelner Dörfer (*muradaka* 村高) zu erfassen, was als Grundlage für die Besteuerung diente.[12] Auch militärisch relevante Informationen waren enthalten wie Angaben zur Beschaffenheit von Küstenabschnitten, die für die Navigation von Schiffen wichtig waren.[13] Die erste derartige landesweite Zusammenstellung von Karten fand bald nach der Gründung des TOKUGAWA-Shōgunates im Jahr 1605 statt, weitere folgten in den Jahren 1633, 1644, 1697 und 1836.[14] Auf Basis der *kuniezu* fertigte das Shōgunat auch Karten des gesamten Landes (*Nihon sōzu* 日本総図) an, die wie die *kuniezu* sehr groß, handgemalt und in Farbe waren. Laut neuesten Erkenntnissen von KAWAMURA Hirotada gab es in der Edo-Zeit insgesamt sechs Projekte zur Zusammenstellung einer solchen *Nihon sōzu*.[15] Die Informationen aus diesen Projekten finden sich auch in kommerziellen Karten, allerdings wurde hier der Fokus vor allem auf Provinzen gelegt, die (durch attraktive bzw. bedeutende Orte) für das Käuferklientel von besonderem Interesse waren.[16]

J. B. HARLEY weist im europäischen Kontext darauf hin, dass es viele Fälle gebe, in denen Kartenmaterial strenger staatlicher Kontrolle unterworfen, zensiert oder ganz geheim gehalten worden sei.[17] In Japan gab es aber nur sehr vereinzelte Fälle, in denen der Besitz oder die Herausgabe von Kartenmaterial zu Strafen führten.[18] Marcia YONEMOTO erläutert, dass kommerzielle Kartographen im Allgemeinen Zugang zu dem vom Shōgunat hergestellten Kartenmaterial hatten und sich daher viele Informationen daraus in den populären Karten der Edo-Zeit wiederfinden lassen.[19] Dadurch, dass geographisches Wissen in der Edo-Zeit nicht von Eliten monopolisiert wurde, habe sich eine „diffuse cultural practice" im Bereich der Kartographie entwickelt, an der Künstler, Autoren, Verleger und Handwerker auf verschiedene Weise beteiligt waren.[20] In der Edo-Zeit gab es nicht speziell das Berufsbild des Kartographen. Wie YAMASHITA Kazuma-

---

12   Vgl. UNNO: „Cartography in Japan", S. 396f.
13   Vgl. KAWAMURA: „The National Maps of Japan Compiled by the Tokugawa Shogunate", S. 85.
14   Vgl. ders.: „Kuni-ezu", S. 70 und UNNO: „Cartography in Japan", S. 427.
15   Vgl. KAWAMURA: „The National Maps of Japan Compiled by the Tokugawa Shogunate", S. 80; 92.
16   Vgl. WIGEN: *A Malleable Map*, S. 26f.
17   Vgl. HARLEY: *The New Nature of Maps*, S. 165.
18   YONEMOTO („The 'Spatial Vernacular' in Tokugawa Maps", S. 663) nennt das bekannte Beispiel Philipp Franz VON SIEBOLDS (1796–1866), der Karten außer Landes schmuggeln wollte und dafür aus Japan verbannt wurde. TOBY („Mapping the Margins of Japan", S. 25) weist auf den Fall HAYASHI Shiheis 林子平 (1738–93) hin, dessen Buch mit Karten Japans im Kontext umliegender Länder verboten wurde, und der selbst unter Hausarrest gestellt wurde.
19   Vgl. YONEMOTO: *Mapping Early Modern Japan*, S. 3f. sowie „Silence Without Secrecy?", S. 37f.
20   Vgl. dies.: „The 'Spatial Vernacular' in Tokugawa Maps", S. 648.

sa beschreibt, scheint der Entwurf von Karten eine häufige Nebenbeschäftigung von Ukiyoe-Künstlern gewesen zu sein.[21] Auch manche Gelehrte widmeten sich der Erstellung von Karten. Sie arbeiteten mit Verlegern zusammen, die die Neugierde der Städter nach Informationen neben Karten auch mit Enzyklopädien, Reiseführern und Verzeichnissen aller Art befriedigten.

Karten von Städten (*machiezu* 町絵図) waren die wichtigsten kartographischen Produkte im kommerziellen Bereich. Dabei handelt es sich um Stadtpläne für den allgemeinen Gebrauch, die von Bewohnern oder Besuchern einer Stadt genutzt wurden. Auch hier dienten zum Teil vom Shōgunat beauftragte Karten als Vorbild.[22] Alleine bis 1700 erschienen etwa 200 Editionen solcher Stadtkarten, und 1860 waren es schon um die 1200.[23] Die meisten Karten wurden zu den Städten Edo, Kyōto und Ōsaka publiziert. Einige Karten sind dabei sehr umfassend und bilden im Detail die Strukturierung der Städte in Nachbarschaften (*chō* 町) ab.[24] Die Karten sind damit eine wichtige Quelle für die Organisation des bürgerlichen Lebens in der Edo-Zeit.

Eine typische kommerzielle Stadtkarte wurde mit dem Verfahren des Holzblockdrucks hergestellt. Sie bestand aus einem Blatt und wurde in einer Auflage von einigen hundert gedruckt. Neugewonnenes Land oder andere Änderungen konnte man in die Karten aufnehmen, indem man Teile des Holzblockes durch eine Art Einlegearbeit ersetzte.[25] Der Aufbau dieser Karten war meist so, dass der Stadtkern von oben in einem Rastersystem dargestellt wurde. Häfen, Hügel und andere markante Punkte um die Stadt herum wurden dagegen perspektivisch dargestellt, um die Topographie der Umgebung anzudeuten. Häufig wurden auch Sehenswürdigkeiten wie Tempel und Schreine in Form von perspektivischen Zeichnungen auf der Karte festgehalten. Im Falle von Kyōto zum Beispiel dienten die Karten damit auch als wichtige Wegweiser zu den bedeutsamen Örtlichkeiten der Stadt. Zugleich ist es meist so, dass es im Zentrum der Stadt sehr viele detaillierte Beschriftungen gibt, während die Informationen zum Rand hin spärlicher werden. Dies zeigt, was für die potenziellen Nutzer der Karte als zentral galt und was eher als peripher.

*Muraezu* 村絵図, handgezeichnete Karten von einem oder mehreren Dörfern, dienten der lokalen Verwaltung und wurden auf Anordnung der Lehensherren durch die Vorsteher der Dörfer angefertigt. In einigen wenigen Fällen lief dies professioneller und basierend auf detaillierten Landvermessungen ab, für gewöhnlich stammten die Karten aber aus der Hand von etwas gebildeteren Bauern ohne besondere kartographische Kenntnisse. Aus den *muraezu* konnten Qualität

---

21 Vgl. YAMASHITA: *Japanese Maps of the Edo Period*, S. 27.
22 Vgl. UNNO: „Cartography in Japan“, S. 400.
23 Vgl. BERRY: *Japan in Print*, S. 45.
24 Vgl. dies. („What is a Street?“, 2016).
25 Vgl. MURAKAMI: „Ezu ni miru hisabetsumin mibunsei shakai“, S. 4.

und Quantität von Wasser, Feldern und Wäldern abgelesen werden, das bedeutet, sie bildeten den ökonomischen Status eines Dorfes ab.[26] Wenn solche Karten anlässlich von Streitfällen angefertigt wurden, konnte es laut MURAKAMI durchaus vorkommen, dass an bestimmten Stellen etwas zum eigenen Vorteil übertrieben oder weggelassen wurde – weshalb die Produktionsbedingungen hier wie auch bei anderen Arten von vormodernen Karten immer in die Analyse mit einbezogen werden sollten.[27]

## 3   KARTEN UND SOZIALE ORDNUNG

Wenn wir uns heute Karten aus der Edo-Zeit anschauen, so können wir daraus nicht nur die Lage von bestimmten Orten in früherer Zeit ablesen. In erster Linie sind die Karten interessant, weil sich in ihnen die Weltsicht derjenigen widerspiegelt, die diese Karten produziert und genutzt haben. Der soziale Stand (*mibun* 身分) war die zentrale Kategorie für die Gliederung der Gesellschaft der Edo-Zeit. Es ist daher nicht verwunderlich, dass *mibun* auch für die Kartographie eine große Rolle spielte.

Die Karten griffen damit die räumlichen Ordnungen auf, die sich im realen Stadtbild zeigten. Mary Elizabeth BERRY schreibt über Edo und Ōsaka: „Both were built [...] to encode relations of power and hence invited the codification of maps."[28] Städte und Dörfer waren so ausgelegt, dass die einzelnen Stände offiziell weitgehend voneinander separiert waren – auch wenn tatsächlich zahlreiche Verbindungen bestanden. Die Darstellungsweise der Karten betont dieses Konzept der Trennung noch zusätzlich, was laut Ronald P. TOBY daran lag, dass sozialer Status als grundlegende Information angesehen wurde:

> Precisely because inherited status was the most salient reality of early modern Japanese society, mapmakers and map readers demanded its representation as a central feature of their maps.[29]

Als Beispiel hierfür kann eine Karte von Edo aus dem Jahr 1689 dienen, die von einem der bekanntesten Kartographen der Edo-Zeit, ISHIKAWA Ryūsen 石川流宣 (auch: Tomonobu, o. A.), stammt und sehr detailreich ist, aber nicht im heutigen Sinne als geographisch korrekt angesehen werden kann (vgl. Abb. 1).[30] Zentral liegt das Schloss des Shōguns, das hier durch perspektivische Zeichnun-

---

26   Zu *muraezu* vgl. den Beitrag von KOMEIE („Self-Portrait of a Village", 2016).
27   Vgl. MURAKAMI: „Ezu ni miru hisabetsumin mibunsei shakai", S. 6.
28   BERRY: *Japan in Print*, S. 101.
29   TOBY: „Social Visions of Status", S. 80.
30   WALEY („The Social Landscape of Edo", 2016) zeigt ganz ähnliche Strukturen an einer Karte von Edo aus dem Jahr 1858 auf.

gen hervorgehoben ist und dessen Größe, wie BERRY vermerkt, in edo-zeitlichen Karten zumeist übertrieben dargestellt wurde.[31] Umgeben ist es von den Residenzen der Daimyō, die mit Namen und Wappen der Familien gekennzeichnet sind. Die räumliche Nähe der Daimyō zum Shōgun, dem Machtzentrum, bringt deren Bedeutung zum Ausdruck, was

Abb. 1: Ausschnitt einer Karte von Edo aus dem Jahr 1689.

Christian M. HERMANSEN als allgemeines Prinzip dieser Zeit sieht: „[...] the distance from the centre became a literal measure of power."[32] Zusätzlich sind im unteren linken Bereich der Karte in einer Art Legende (hier nicht im Bild) noch einmal die Namen sämtlicher Daimyō gedruckt, hier auch mit Angaben zum Wert ihrer Ländereien (*han* 藩). Wie Henry HSU darstellt, richtet sich auf dieser Karte die Darstellung der Daimyō weniger nach ihrem politischen Status als nach faktischem Reichtum und militärischer Macht: So sind die Häuser der *tozama*-Daimyō 外様大名 mit den Familienwappen versehen, während die der eigentlich als loyaler geltenden *fudai*-Daimyō 譜代大名 – die jedoch kleinere Lehen besaßen – keine solchen Zeichnungen aufweisen.[33] Auch die Häuser der darunterstehenden Samurai sind auf der Karte jeweils mit ihren Namen, aber ohne Wappen präsent. Die Viertel, in denen *chōnin* 町人 leben – und die mit der Nähe zur Bucht ungünstiger gelegen sind –, sind dagegen nur mit den Bezeichnungen für die *chō* versehen. Wichtige Tempel, die um die Stadt herum platziert sind, sind farblich (hier noch durch Kolorierung per Hand) hervorgehoben und teilweise durch perspektivische Zeichnungen ergänzt, die sie – wie einige Tore und Brücken – als markante Punkte im Stadtbild hervorheben. Das Kaiserhaus hat, wenn auch nicht direkt sichtbar, eine Präsenz: Bei historischen Karten von Edo ist Westen oben, weil in dieser Richtung Kyōto und somit der Kaiser zu finden ist.

Hier zeigt sich also, dass diese Karten ein bestimmtes System der Darstellung und Beschriftung aufweisen, das die angenommene gesellschaftliche Bedeutung von einzelnen Bevölkerungsgruppen widerspiegelt. In späteren Karten von Edo, die ab Mitte des 18. Jahrhunderts im Farbholzblockdruckverfahren hergestellt wurden[34], unterstreicht zusätzlich ein Farbschema die räumliche Ord-

31  Vgl. BERRY: *Japan in Print*, S. 45.
32  HERMANSEN: „The Hinin Associations of Osaka", S. 57.
33  Vgl. HSU: „Edo zukan kōmoku kon" (Internetquelle).
34  Vgl. UNNO: „Cartography in Japan", S. 349.

nung nach Ständen. In der Karte *Tenpō kaisei On-Edo ōezu* 天保改正御江戸大
絵図 (Große Karte von Edo, revidierte Auflage aus der Tenpō-Zeit) von TAKAI
Ranzan 高井蘭山 (1762–1838) aus dem Jahr 1846 zum Beispiel sind die Viertel
der *chōnin* grau hinterlegt, die Tempel rot markiert und die Peripherie mit Feldern und Dörfern erhält eine Rosafärbung.[35] Laut BERRY blieb dieses Konzept
der Stadt Edo, das auch auf Karten anderer Städte übertragen wurde, über die
gesamte Epoche nahezu gleich.[36] Auch wenn tatsächlich die Bedeutung einiger
Orte wie der Freudenviertel oder der Geschäfte der *chōnin* für das Alltagsleben
in der Stadt wuchs, blieb der Fokus der Darstellung in den Karten auf Schwertadel und religiöser Elite. Kartographen reproduzierten und normalisierten damit,
wie BERRY feststellt, die vom Shōgunat gewünschte soziale Hierarchie.

Hinweise auf Ausgestoßene (*senmin* 賤民), die aus dem *mibun*-System herausfielen, sind auf solchen Stadtkarten ebenfalls zahlreich zu finden, jedoch
lässt sich hier meiner Ansicht nach eine deutliche Entwicklung im Verlauf der
Edo-Zeit feststellen. Ich gehe im Folgenden auf das Beispiel Ōsaka ein, um zu
verdeutlichen, wie die kartographische Verortung dieser Paria-Gruppen konkret
aussehen konnte. Ōsaka bietet sich u. a. deshalb als Untersuchungsgegenstand
an, weil die Stadt als das Zentrum der *buraku*-Befreiungsbewegung gelten kann,
mit wichtigen Institutionen wie dem Menschenrechtsmuseum „Liberty Osaka"
(seit 1985) und dem Buraku Liberation and Human Rights Research Institute
(BLHRRI, seit 1968). Hier wird seit längerem Forschung zur Präsenz von Outcasts in historischem Kartenmaterial betrieben.

## 4   *HININ* UND *ETA* AUF STADTPLÄNEN: DAS BEISPIEL ŌSAKA

In Ōsaka gab es in der Edo-Zeit einige Bereiche, die klar als Lebensraum von
Outcasts deklariert waren. Die *hinin* 非人 (wörtl. „Nicht-Menschen") der Stadt,
das heißt Personen, die u. a. aufgrund ihrer Geburt oder aufgrund einer Verurtei-
lung als Verbrecher, wegen Wohnsitzlosigkeit oder einer Tätigkeit als Straßenkünstler oder Bettler ausgegrenzt waren, waren ab Ende des 16. bzw. Anfang
des 17. Jahrhunderts in vier Verbänden organisiert, die sich in Tennōji, Tobita,
Dōtonbori und Tenma – den „vier Orten" (*shikasho* 四箇所 bzw. 四ヶ所) – im
Außenbereich von Ōsaka befanden.[37] Dies stellte einen Unterschied zu Kyōto
und Edo dar, wo die Siedlungen der Outcasts innerhalb der Stadt lokalisiert waren. Die *hinin*-Organisationen waren hierarchisch gegliedert, mit einem Ober-

---

35  Eine Version dieser Karte ist einsehbar in TAKAI („Tenpō kansei On-Edo ōezu") (Internetquelle).
36  Vgl. BERRY: *Japan in Print*, S. 45–48.
37  Vgl. HERMANSEN: „The Hinin Associations of Osaka", S. 55f.

haupt (*chōri* 長吏) und weiteren darunterstehenden Anführern, und sie führten ihre eigenen Melderegister, die an die offiziellen Behörden weitergeleitet wurden.[38] Die *hinin* verdienten sich ihren Lebensunterhalt mit Betteln (wozu sie das offizielle Recht besaßen), sie übernahmen aber auch wichtige Aufgaben in der Stadt, u. a. als Wachen, als Helfer bei der Polizei, auf Friedhöfen und in Tempeln. Die Gruppe der *eta* 穢多 (wörtl. „viel Schmutz"), deren Ausgrenzung durch ihre als „unrein" geltenden Berufe wie Gerber oder Schlachter bedingt war[39], lebte in Ōsaka in der Siedlung Watanabemura, die bis ins 19. Jahrhundert ein großes Zentrum des Lederhandels in Japan war. Eine Spezialität dieses Dorfes war die Herstellung von Taiko-Trommeln, die in Tempeln und den Samurai-Häusern verwendet wurden. Auch wenn es sich bei den Bewohnern von Watanabemura um Menschen handelte, die aufgrund ihrer Tätigkeit gesellschaftlich stark ausgegrenzt waren, brachten einige Händler es bis zum Ende der Edo-Zeit zu einem beträchtlichen Wohlstand.[40]

Historische Stadtkarten sind heute ein Zeugnis dafür, wie und wo in Ōsaka Outcasts gelebt haben. Die früheste erhaltene gedruckte Karte von Ōsaka (*Shinpan Settsu Ōsaka tōzai nanboku machishima no zu* 新板攝津大坂東西南北町嶋之図) stammt aus dem Jahr 1655. Zwar zeigen Quellen an, dass die Handwerkerfamilie NAKAI 中井 schon im Jahr 1613 beauftragt wurde, eine solche Karte herzustellen, es ist jedoch kein Exemplar erhalten.[41] Die Karte von 1655 wurde bis Mitte des 18. Jahrhunderts in veränderten Neuauflagen gedruckt, sie hat sich also etwa 100 Jahre auf dem Markt gehalten.[42] Auf dem Exemplar von 1655 ist wie bei den meisten Karten von Ōsaka aus der Edo-Zeit der Osten oben, weil sich dort die Burg von Ōsaka befindet; die Karten richten sich also nach diesem Machtzentrum aus.

Im Süden der Stadt, südlich von Dōtonbori, ist die bereits erwähnte *eta*-Siedlung Watanabemura zu finden, ein kleines Dorf mit reetgedeckten einfachen Häusern, die perspektivisch dargestellt sind (vgl. Abb. 2). Das Dorf, in das nur ein Weg führt, ist von Gebüsch umringt und hat ein Eingangstor, was einen abgeschlossenen Eindruck vermittelt. Durch die Lage am Rand der Stadt und die Darstellungsweise hebt es sich deutlich von den Häusern der *chōnin* ab, die abstrahiert in einfacher quadratischer Form und in schwarz[43] dargestellt sind. Auf

---

38  Vgl. hierzu die Beiträge von CHAPMAN („Geographies of Self and Other", 2011), TSUKADA („Early modern Osaka *hinin* and population registers", 2014) sowie den Beitrag von Stephan KÖHN in diesem Band.

39  Vgl. auch die Beiträge von Volker ELIS, Anke SCHERER und Klaus VOLLMER in diesem Band.

40  Vgl. BOTSMAN: „Flowery Tales", S. 271f.

41  Vgl. UNNO: „Cartography in Japan", S. 401.

42  Vgl. YAMASHITA: *Japanese Maps of the Edo Period*, S. 145.

43  Wie UNNO („Cartography in Japan", S. 421) erläutert, wurden die Wohnblöcke der *chōnin* in den Stadtplänen von Kyōto und Ōsaka bis etwa 1687 in schwarz dargestellt, während sie in

der Karte ist das Dorf einfach mit „Watanabe" bezeichnet, es findet sich also
kein direkter Hinweis auf den sozialen
Status der Bewohner – wenn auch die
periphere Lage und Darstellungsweise
darauf hindeuten, dass es sich um kein
„gewöhnliches" Dorf handelt. In einer
Neuauflage der Karte von 1657 (*Shinpan Ōsaka no zu* 新板大坂之図) ist öst-
lich von Watanabemura der Sennichi-

Abb. 2: Abbildung des Dorfes Watanabe auf einer
Karte von 1655.

Friedhof abgebildet, an den ein Krematorium angeschlossen ist, hier mit der
Inschrift *hiya* ひや bezeichnet. Da sich mit der Behandlung und Einäscherung
von Leichen üblicherweise *hinin* beschäftigten, ist dies ein weiterer Hinweis auf
die Existenz von Outcasts in der Stadt. An dieser Stelle bei Dōtonbori lag eine
der vier großen *hinin*-Siedlungen von Ōsaka (*kaito* 垣戸), die hier jedoch noch
nicht näher bezeichnet ist. Insgesamt ist festzustellen, dass sich auf dieser frühen
Karte zwar deutlich Orte ausmachen lassen, die auf die Tätigkeit der Outcasts
hindeuten, sich aber noch keine konkreten Inschriften dazu finden.

Auf einer Karte, die in der Genroku-Zeit (1688–1704) herausgegeben wurde und denselben Titel wie die Karte von 1655
trägt, werden die Hinweise schon deutlicher.
In dem Bereich des Sennichi-Friedhofs, auf
dem 1657 nur das Krematorium zu sehen war,
ist jetzt auch eine kleine Ansammlung von
Häuschen eingezeichnet, die mit dem diskriminierenden Begriff *hinin* bezeichnet ist (vgl.
Abb. 3). Der Standort von Watanabemura hat

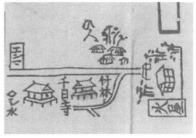

Abb. 3: Karte aus dem Jahr 1704 mit der Be-
sich etwas verändert; das Dorf liegt jetzt am     zeichnung *hinin* ひ人.
Kizu-Fluss und ist durch zwei Kästchen dar-
gestellt, in denen nun auch die Bezeichnung
*eta* direkt auftaucht. Die Outcasts sind somit als klar differenzierte Gruppe auf
dieser Karte präsent.

Etwa 100 Jahre später setzt die Karte *Zōshū kaisei Sesshū Ōsaka chizu* 増修改
正摂州大阪地図 (Vergrößerte und verbesserte Karte von Ōsaka in der Settsu-Pro-
vinz, 1806) neue Standards in der Kartographie. Es handelt sich um die detail-
lierteste Karte Ōsakas aus der Edo-Zeit, und nachfolgende Karten orientierten
sich stark an diesem Beispiel. Die Karte ist nicht nur sehr präzise in der Darstellung von Kanälen, Tempelkomplexen und Nachbarschaftsblocks, sondern enthält auch zahlreiche Hinweise auf Siedlungen von Outcasts. Auf dieser Karte ist

Edo einfach weiß gehalten wurden.

nun das Dorf Watanabemura sehr deutlich als *eta-mura* 穢多村 gekennzeichnet (vgl. Abb. 4). Zwar heißt der Weg, der ins Dorf führt, auf der Karte „Watanabemichi", die Beschriftung des Dorfes selbst erfolgt allerdings mit der *mibun*-Bezeichnung. Das Dorf, in das nur ein Weg führt, wird als klar abgegrenzt dargestellt. Unten gibt es eine Brücke zu einer kleinen Insel namens Gasshōjima 月正島, auf der sich die Inschrift „neue *eta*-Häuser" (*eta shin'ya* 穢多新家) findet. Dies deutet darauf hin, dass das Dorf in Richtung der Insel ausgeweitet wurde. Im Vergleich zu anderen Dörfern auf der Karte wird Watanabemura sehr detailliert dargestellt, der Verlauf der Straßen und die Häuserblöcke sind klar zu erkennen. Man kann daher annehmen, dass Watanabemura ein viel frequentierter Ort war, dessen genaue Struktur als wichtige Information erachtet wurde.

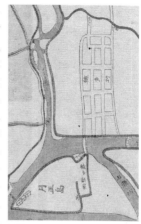

Abb. 4: Kennzeichnung des Dorfes Watanabe als *eta-mura* 穢多村 in einer Karte von 1806.

Beim Sennichi-Friedhof ist weiterhin eine Inschrift zu einem *hinin-mura* zu finden, und zusätzlich ist dort jetzt auch noch ein Richtplatz (*keijō* 刑場) verzeichnet. Im Bereich des Strafwesens waren viele Ausgestoßene beschäftigt, die räumliche Nähe ist daher gut nachvollziehbar. Ähnliche Anordnungen mit Tempeln, Friedhöfen, einem Richtplatz und mehreren *hinin-mura* finden sich auf der Karte auch etwas weiter südlich in Tobita und Tennōji, die noch weiter in der Peripherie liegen und, wie erwähnt, jeweils Sitz eines *hinin*-Verbandes waren. Auch die vierte *hinin*-Organisation in Tenma ist auf der Karte durch eine Beschriftung präsent. Bei der Darstellung der genannten *hinin*-Orte kommen perspektivische Zeichnungen zum Einsatz, und es gibt keine genauere Erfassung der Dorf-Struktur wie dies bei Watanabemura der Fall ist.

Wie die Karte zeigt, hatte sich in der späten Edo-Zeit die Konstruktion der so genannten *eta* und *hinin* als das ausgegrenzte Andere fest im Raum der Stadt verankert. Die große Präsenz der stigmatisierenden Begriffe und die meist periphere, ungünstige Lage der Siedlungen lässt erahnen, wie stark die Diskriminierung in dieser Zeit gewesen sein muss. Zugleich muss man beachten, dass Karten die reale Landschaft codieren und sie zwangsweise in verkürzter Form darstellen. Wenn etwas auf eine Karte eingezeichnet wird, so bedeutet das, dass diese Information von den Produzenten der Karte als wichtig erachtet wird. Offensichtlich wurde also auch die Lage der Siedlungen der Ausgestoßenen als etwas gesehen, das von allgemeinem Interesse war. Man könnte nun annehmen, dass die Begriffe auf der Karte eine Art abschreckende Wirkung besessen haben und auch dazu dienten, die Ausgrenzung weiter zu untermauern. Wie MURAKAMI darstellt, zeigt die große Präsenz der Outcasts auf den Stadtkarten der Edo-Zeit aber auch davon, dass sie in der Gesellschaft eine wichtige Rolle einnahmen.[44] Tatsächlich boten die Ausgestoßenen Dienstleistungen und Waren an, die – auch wenn sie als unrein galten – für die Gesellschaft von großer Bedeutung waren. Durch ihre Tätigkeiten standen sie im Alltag in vielfältigen Beziehungen zu den anderen Ständen und waren keineswegs völlig isoliert. Zumindest von Watanabemura, das in der Karte detailliert dargestellt wird und ein wichtiger Handelsplatz war, kann man annehmen, dass es durchaus nicht wenige Menschen gab, die von außerhalb dorthin kamen, um Geschäfte zu erledigen. Auch wenn die Bezeichnungen *hinin* und *eta* auf den Karten ganz selbstverständlich erscheinen, war den Betroffenen offenbar schon damals bewusst, welche Macht diese diskriminierenden Begriffe haben. TSUKADA Takashi zeigt an einem Beispiel auf, dass sich die *hinin*-Organisationen in Ōsaka darum bemühten, dass derartige Bezeichnungen nicht weiter in den Bevölkerungsregistern auftauchten.[45] Wie die Karten zeigen, konnte eine Überwindung dieser vorurteilsbehafteten Sprache jedoch nur sehr eingeschränkt gelingen.

Zuletzt muss noch erwähnt werden, dass längst nicht alle Siedlungen diskriminierter Gruppen auf Karten erschienen. Zur Zeit der Meiji-Restauration gegen Ende der 1860er Jahre zeigte sich das bei der Standardisierung der Landesvermessung: Viele Distanzangaben stimmten nicht, weil Outcast-Siedlungen ignoriert und nicht mit vermessen worden waren.[46] Das Beispiel der *hinin* und *eta* zeigt damit auch, dass für die ideologische Dimension der Kartographie gerade auch das aussagekräftig ist, was nicht auf eine Karte aufgenommen wird:

> [... M]aps constitute as well as contest the political status quo, and they do so through strategies of silence as well as those of representation, for when maps are ideologically deployed, they utilize suppression as well as expression in equal measure.[47]

Eine genauere Untersuchung dessen, was auf den Karten der Edo-Zeit in Hinblick auf die Outcast-Gruppen fehlt, was verschwiegen und unterdrückt wurde, muss an dieser Stelle jedoch offenbleiben und zukünftigen Studien überlassen werden.

Im Zuge der Meiji-Restauration wurde 1871 der Outcast-Status abgeschafft und die diskriminierenden Bezeichnungen verschwanden von den Karten – was nicht heißt, dass die Diskriminierung damit auch ein Ende hatte. Die edo-zeitlichen Karten sind heute ein materielles Zeugnis der Geschichte der Diskriminierung von Outcasts und tauchen im gegenwärtigen Menschenrechtsdiskurs immer wieder als kritische Objekte auf.

---

44  Vgl. MURAKAMI: „Ezu ni miru hisabetsumin mibunsei shakai", S. 5.
45  Vgl. TSUKADA: „Early modern Osaka *hinin* and population registers", S. 41f.
46  Vgl. McCORMACK: *Japan's Outcaste Abolition*, S. 62f.
47  YONEMOTO: „Silence Without Secrecy?", S. 39.

5 DER SPUK DER EDO-ZEIT: KARTEN-SKANDALE IN DER GEGENWART

Erste größere Proteste gegen die Veröffentlichung historischer Karten trafen 1968 die Kaufhauskette Mitsukoshi. Anlässlich des 100. Jubiläums der Meiji-Restauration stellte ein Kaufhaus in Kōbe edo-zeitliche Karten aus und verkaufte Reproduktionen derselben. Auslöser der Kontroverse waren zwei Karten von Kōbe (1868) bzw. Hyōgo (1869), die eigentlich ausgewählt worden waren, um den Aufbruch Japans in die Moderne ins Gedächtnis zu rufen. Die Karte von Kōbe mit dem Titel *Hyōgo-ken gomenkyo kaikō Kōbe no zu* 兵庫県御免許開港神戸之図 (Karte des für den Handel geöffneten Hafens von Kobe, lizenziert von der Präfektur Hyōgo, 1868) zeigt die Stadt als Zentrum des Kontaktes mit dem Ausland: Zu sehen sind ausländische Einrichtungen wie Konsulate diverser Länder und ein christlicher Friedhof. Im Hafen herrscht ein reges Treiben von japanischen und ausländischen Schiffen. Zu sehen sind aber auch Dörfer rund um Kōbe, darunter auch eines, das mit Furonodani eta-mura 風呂谷穢多村 bezeichnet ist. Wie Daniel BOTSMAN darstellt, zeigt schon die Lage dieses Dorfes an, dass die Menschen, die dort lebten, sich in einer benachteiligten Situation befanden: Am Uji-Fluss gelegen, war das Dorf sicher häufiger Überflutungen ausgesetzt. Für die über 1000 Personen, die dort wohnten, war die Fläche klein, und die Bewohner von Furonodani hatten nur wenig Land, das sie kultivieren konnten. Ihr Auskommen verdienten die Menschen dieses Dorfes mit dem Sammeln von Tierkadavern, der Herstellung von Lederwaren oder als Tagelöhner.[48]

Dass Furonodani auf der von Mitsukoshi verkauften Karte überdeutlich als *eta-mura* bezeichnet war, stieß bei der Buraku Liberation League auf großen Widerstand, zumal die Diskriminierung der *buraku*-Viertel zu dieser Zeit noch sehr ausgeprägt, zugleich aber schon ein großes Bewusstsein für diese Diskriminierung gewachsen war.[49] Als problematisch wurden nicht nur die diskriminierenden Begriffe selbst angesehen, sondern vor allem auch die Tatsache, dass durch die Veröffentlichung die Menschen stigmatisiert wurden, die gegenwärtig an den entsprechenden Orten lebten. Fiel auf jemanden der Verdacht, ein Outcast-Nachfahre zu sein, standen die Chancen auf dem Arbeits- und Heiratsmarkt sehr schlecht. Es kursierten auf alten Melderegistern basierende Listen, mit deren Hilfe Bewohner bestimmter Gebiete als *burakumin* enttarnt werden konnten, und Detekteien hatten sich darauf spezialisiert, den Hintergrund von Personen auf eine Outcast-Vergangenheit zu überprüfen.[50] Bis heute ist es nicht gelungen, diese Art der Diskriminierung vollständig zu eliminieren. Zum Beispiel beklagen noch immer Immobilienmakler die Folgen der „Enttarnung" ehemali-

---

48  Vgl. BOTSMAN: „Outcastes and Peasants on the Edge of Modernity", S. 146.
49  Vgl. ausführlich den Beitrag von ders. („The Return of the Outcast(e) Map", 2016).
50  Vgl. UPHAM: „Instrumental Violence and the Struggle for Buraku Liberation", S. 178.

ger Outcast-Viertel oder Friedhöfe, weil sich Häuser auf derartigem Gelände dann nur noch sehr schlecht verkaufen.[51] Neu aufgeflammt ist die Problematik durch die Aktivitäten der rassistischen Gruppe Tottori Loop, die Informationen zu ehemaligen Outcast-Siedlungen, zu Menschenrechtsaktivisten und „Outcast-Familiennamen" sammelt und über das Internet verbreitet. Tottori Loop kritisiert Projekte, die zugunsten der diskriminierten *burakumin* durchgeführt werden (sie sieht dies als Bevorzugung einer Minderheit), und stellt sich als aufklärerische Gruppe dar, die ein wichtiges Tabu bricht.[52] In Zeiten des Internets ist es beinahe unmöglich geworden, gegen derartige Kampagnen vorzugehen – die Inhalte von Tottori Loop sind seit Jahren online und durch die Organisation über ein Wiki-System schwer angreifbar.

Im Jahr 1968 war es noch einfacher, die Verbreitung der sensiblen Informationen zu stoppen. Mitsukoshi reagierte schnell auf die Proteste von Menschenrechtsgruppen in Kōbe: Es wurde verlautbart, dass die Veröffentlichung der historischen Karten ein Fehler gewesen sei, der Verkauf der Reproduktionen wurde gestoppt, und man bemühte sich, die schon verkauften Exemplare nach Möglichkeit zurückzukaufen. Von Seiten des Kaufhauses hieß es, die problematischen Begriffe habe man vor der Herausgabe nicht bemerkt und der Geschäftsführer entschuldigte sich.[53] Der unmittelbare Konflikt war somit zwar schnell beigelegt, das Problem, das der Fall aufgezeigt hat, damit aber nicht aus dem Weg geräumt. Verleger, Museen und andere Institutionen wurden in der Folge sehr vorsichtig im Umgang mit historischem Kartenmaterial. Schließlich wurde es üblich, diskriminierende Begriffe bei der Neuveröffentlichung von Karten zu entfernen, und teilweise wurde historisches Kartenmaterial gar nicht mehr der Öffentlichkeit zugänglich gemacht. Der Umgang mit der in den Karten festgehaltenen Geschichte der Diskriminierung beschränkte sich also zunächst vor allem auf Verstecken.

Mittlerweile hat sich dies teilweise geändert: Seit den 1990er Jahren verweist die Buraku Liberation League darauf, dass das Wegschließen der Karten oder Ausradieren der diskriminierenden Begriffe keine Lösung sei, und setzt sich nun für eine aufklärende Auseinandersetzung ein. Ein wichtiger Schritt war laut BOTSMAN im Jahr 2001 eine von der Buraku Liberation League unterstützte Ausstellung im Menschenrechtsmuseums „Liberty Osaka", das 1985 eingerichtet wurde und sich auf dem ehemaligen Gelände des Outcast-Dorfes Watanabe-

---

51  Vgl. ISHIMATSU: „Karifurunia daigaku Bākurīkō ni okeru Nihon kochizu no dejitaruka purojekuto ni tsuite", S. 562.

52  AKUZAWA („Changing Patterns of Discrimination in Japan", 2016) geht im Detail auf die Aktivitäten dieser Gruppe ein und vergleicht sie mit denen der Zaitokukai, einer Gruppe, die sich gegen Japankoreaner richtet und durch rassistische Attacken und Hate Speech auf sich aufmerksam macht.

53  Vgl. ASAHI SHINBUN („Tonda ‚Meiji hyakunen kinen'", 1968).

mura befindet.[54] Die Ausstellung zeigte historische Karten mit Siedlungen von Ausgestoßenen, mit dem Ziel, die Karten zu kontextualisieren und damit für die Thematik zu sensibilisieren. Die Buraku Liberation League betonte damals, dass die erklärenden Tafeln zu den Karten für die Ausstellung sehr sorgfältig erarbeitet worden seien und dass man „nicht zurückschrecken" wolle „vor dem Phantom der möglichen Diskriminierungen."[55] Im Jahr 2003 verfasste die Buraku Liberation League schließlich eine Art Richtlinie zum Umgang mit alten Karten, in der sie die Notwendigkeit der wissenschaftlichen Beschäftigung mit diesen Materialien betont.[56]

2009 nahm das Problem durch veränderte technische Möglichkeiten jedoch eine neue Dimension an und sorgte nun auch international für Aufsehen. Google hatte ab 2006 in Zusammenarbeit mit der Universität Berkeley, die etwa 2500 historische japanische Karten besitzt, und dem privaten Sammler David RUMSEY historische Karten japanischer Städte so in Google Earth implementiert, dass die Lage ehemaliger Outcast-Viertel im gegenwärtigen Stadtbild von Tōkyō und Ōsaka sichtbar wurde. Google Earth überlagerte die historischen Karten mit Informationen aus den aktuellen Google-Karten, so dass zum Beispiel ersichtlich wurde, welche Gebäude, Straßen, Cafés, Bus- und Bahnhaltestellen usw. sich heute auf dem Gelände des ehemaligen Watanabemura in Ōsaka befinden. Eine Erläuterung zu dem Auftauchen diskriminierender Begriffe auf den Karten war in Google Earth nicht enthalten – die Problematik war dem Unternehmen wohl auch nicht bewusst gewesen. In Japan dagegen hatten schon ab der dortigen Einführung von Google Street View 2008 Menschenrechtsaktivisten auf mögliche Gefahren dieser Technologie hingewiesen; die Funktion erleichtere demnach extremen Gruppen die Zusammenstellung von *buraku*-Adresslisten.[57]

Die neuen technologischen Möglichkeiten, die Google Maps, Earth und Street View bieten, und die internationale Ausrichtung der Services stellten die Menschenrechtsaktivisten in Japan somit vor neue Herausforderungen. Die Buraku Liberation League wandte sich mit dem Problem an das Justizministerium, das wiederum eine Anfrage an Google stellte. Das Unternehmen reagierte sofort, indem es die diskriminierenden Begriffe aus den Karten wegretuschieren ließ.[58] Deutlich sichtbar ist das heute noch in Google Earth am Beispiel von Watanabemura auf der Karte von Ōsaka aus dem Jahr 1806 (vgl. Abb. 5): Die Umrisse des Dorfes sind noch wie vorher zu erkennen, die Beschriftung wurde

---

54 Vgl. die Beträge von BOTSMAN („The Return of the Outcast(e) Map", 2016) und KOJIMA („LIBERTY OSAKA", 2009).
55 BURAKU LIBERATION LEAGUE: „Ōsaka jinken hakubutsukan", 2001 (Internetquelle).
56 Vgl. BURAKU LIBERATION LEAGUE: „Kochizu koezu kankō oyobi tenji ni taisuru kihonteki kangaekata ni tsuite", 2003 (Internetquelle).
57 Vgl. AMOS: „Fighting the Taboo Cycle", S. 345.
58 Vgl. ebd., S. 343f.

jedoch entfernt. Mittlerweile ist es auch
möglich, über die historische Karte von
Ōsaka in eine Street View-Ansicht zu
gelangen, über die man die Umgebung
auf das Genaueste erkunden kann.

Bis heute findet man auf der Seite
„Japanese Historical Maps" von David
RUMSEY bei dieser Karte einen Hinweis
darauf, dass in der Google-Earth-Version einige Namen von bestimmten Be-

Abb. 5: Umrisse des Dorfes Watanabe auf Google Earth.

reichen entfernt worden seien, um die „privacy of cultural groups" zu schützen.[59]
Die diskriminierende Beschriftung fehlt heute somit in Google Earth, die Karte
mit allen Bezeichnungen ist aber weiter in der Sammlung der Universität Berkeley enthalten und auch unzensiert in Google Maps implementiert. Wie ISHIMA-
TSU Hisayuki von der Universitätsbibliothek Berkeley berichtet, sei er erst von
diversen Forschern fälschlicherweise beschuldigt worden, sich an der Zensur
der Karten beteiligt zu haben. Die Universität vertrete jedoch den Standpunkt,
dass das Verstecken keine Lösung sei und die akademische Freiheit unbedingt
gewahrt werden müsse.[60] Aufgrund der technischen Gegebenheiten sind die Karten in der digitalen Sammlung von Berkeley und auch in Google Maps weniger
problematisch als die Google-Earth-Version: Es gibt keine Überlagerung mit aktuellen Karten oder Satellitenbildern, so dass es wesentlich schwieriger ist, die
Outcast-Viertel mit dem gegenwärtigen Stadtbild von japanischen Großstädten
in Verbindung zu bringen.

Timothy AMOS sieht den Google-Earth-Skandal als Fortsetzung eines Tabu-
Kreislaufes, der seit der Moderne immer wieder den Diskurs um die *hisabetsumin*
beherrscht. Der Kreislauf bestehe aus „silence, revelation, protest and erasure."[61]
Im Falle von Google Earth ist es nicht wirklich gelungen, diesen Kreislauf zu
durchbrechen, denn am Ende kam wieder nur Zensur als Lösung infrage. Zu un-
übersichtlich ist das Publikum der global genutzten Plattform, und sie bietet keine Möglichkeiten der Kommentierung und Sensibilisierung, wie das in einem
Museum oder Buch möglich ist. Interessant ist auch, dass das Problem durch
den Journalisten Jay ALABASTER, der das Thema zuerst aufgriff, zwar für einen
Moment weltweite Aufmerksamkeit erhielt (mit Berichten u. a. in *The Times*, *Te-
legraph*), die großen japanischen Medien sich jedoch darüber ausschwiegen.[62]

---

59   EAST ASIAN LIBRARY / RUMSEY: „Japanese Historical Maps" (Internetquelle).

60   Vgl. ISHIMATSU: „Kariforunia daigaku Bākurīkō ni okeru Nihon kochizu no dejitaruka puroje-
     kuto ni tsuite", S. 561f.

61   Vgl. AMOS: „Fighting the Taboo Cycle", S. 332.

62   Vgl. ISHIMATSU: „Kariforunia daigaku Bākurīkō ni okeru Nihon kochizu no dejitaruka puroje-
     kuto ni tsuite", S. 561.

Amos identifizierte aber zumindest in der japanischen Blogosphäre eine deutlich kontroverse Auseinandersetzung mit der Google-Affäre.[63] Ishimatsu sieht das Schweigen der großen Medien als Beleg dafür, wie stark das Thema in Japan immer noch mit einem Tabu behaftet ist.[64]

## 6 Fazit

Ein Blick auf die Entwicklung der Kartographie in der Edo-Zeit macht deutlich, wie die Ausgrenzung der so genannten *hinin* und *eta* Schritt für Schritt systematisiert wurde und sich in der Repräsentation des städtischen Raumes manifestierte. Auch wenn die Stadtkarten hybride Texte waren, die offizielle mit kommerziellen Interessen verbanden[65], unterstützten sie insgesamt den vom Shōgunat gewollten gesellschaftlichen Status Quo – während sich die Realität des städtischen Raums wesentlich diverser gestaltete. Es wurde ein bestimmtes symbolisches Vokabular entwickelt, das die sozialen Verhältnisse auf der Karte codierte und sich im Verlauf der Edo-Zeit erweiterte und verfestigte. Wie Harley feststellt, ist eine derartige Hierarchisierung des Raums in der Kartographie eine selbstverständliche Vorgehensweise:

> Cartography deploys its vocabulary accordingly so that it embodies a systematic social inequality. The distinctions of class and power are engineered, reified and legitimated in the map by means of cartographic signs.[66]

Heute, vor dem Hintergrund einer völlig anderen gesellschaftlichen Struktur und mit einem neuen Problembewusstsein, reißen die Konflikte um edo-zeitliche Karten in Japan nicht ab. So wurden 2011 in einem Tochterverlag aus der Kadokawa-Gruppe zwei Bücher veröffentlicht, die mit Hilfe von Transparentpapier unzensierte Karten aus der Edo-Zeit mit Karten der Gegenwart überlagern.[67] Dieses Problem wurde in mehreren Treffen zwischen der Buraku Liberation League und dem Verlag diskutiert und in neuen Auflagen wurden alle diskriminierenden Begriffe entfernt. 2014 zeigte das japanische Nationalarchiv in einer Ausstellung zum Thema „Verbrechen und Strafe in der Edo-Zeit" (*Edo jidai no tsumi to batsu* 江戸時代の罪と罰) ohne weitere Kommentierung eine Karte von Edo (aus dem Jahr 1839), in der ein *eta-mura* verzeichnet war. Auch hier

---

63 Vgl. Amos: „Fighting the Taboo Cycle", S. 348.
64 Vgl. Ishimatsu: „Karifurunia daigaku Bākurīkō ni okeru Nihon kochizu no dejitaruka purojekuto ni tsuite", S. 561.
65 Vgl. Yonemoto: *Mapping Early Modern Japan*, S. 14.
66 Harley: *The New Nature of Maps*, S. 158.
67 Vgl. Buraku Liberation League Tokyo: „Kochizu to gendai chizu wo kasaneawasete hisabetsu buraku wo tokutei suru shoseki ga shuppan" (Internetquelle).

gab es zwei Treffen, das Nationalarchiv gelobte Besserung und sagte zu, seine Mitarbeiter stärker zu schulen und zu sensibilisieren.[68]

Es ist wohl davon auszugehen, dass der Spuk der edo-zeitlichen Karten noch länger andauern wird und immer wieder Aushandlungsprozesse und unterschiedliche Lösungsansätze vonnöten sein werden. Zur Aufarbeitung der Problematik bedarf es auch weiterer Forschung zu den Karten, denn bisher sind die Publikationen in diesem Bereich eher spärlich. Das Menschenrechtsmuseum Ōsaka jedenfalls widmet sich weiter diesem Thema, im Jahr 2018 mit einer Sonderausstellung unter dem Titel „Karten und Outcasts. Die Kosmologie der Stadt Ōsaka" (*Ezu to hisabetsumin. Toshi Ōsaka no kosumorojī* 絵図と被差別民 — 都市大坂のコスモロジー). Sich mit den Karten zu beschäftigen sei nicht nur für die Aufarbeitung der Geschichte wichtig, heißt es im Text zur Ausstellung, sondern es handele sich auch um ein „effektives Mittel zur Überwindung der Diskriminierung".[69]

## LITERATURVERZEICHNIS

AKUZAWA, Mariko: „Changing Patterns of Discrimination in Japan: Rise of Hate Speech and Exclusivism on the Internet, and the Challenges to Human Rights Education". In: *Taiwan Human Rights Journal*, Nr. 3.4 (2016), S. 37–50.

AMOS, Timothy: „Fighting the Taboo Cycle: Google Map Protests and Buraku Human Rights Activism in Historical Perspective". In: *Japanese Studies*, Nr. 35.3 (2015), S. 331–353.

ASAHI SHINBUN 朝日新聞: „Tonda ‚Meiji hyakunen kinen': ‚Sabetsu no kochizu' wo sokubai とんだ"明治百年記念" "差別の古地図"を即売". In: *Asahi shinbun* 朝日新聞 (Abendausgabe), 13.11.1968, S. 10.

BERRY, Mary Elizabeth: „What is a Street?". In: *Cartographic Japan. A History in Maps*. Kären WIGEN, Fumiko SUGIMOTO u. Cary KARACAS (Hrsg.). Chicago: University of Chicago Press 2016, S. 85–88.

BERRY, Mary Elizabeth: *Japan in Print. Information and Nation in the Early Modern Period*. Berkeley: University of California Press 2006.

BOTSMAN, Daniel: „Outcastes and Peasants on the Edge of Modernity". In: *Cartographic Japan. A History in Maps*. Kären WIGEN, Fumiko SUGIMOTO u. Cary KARACAS (Hrsg.). Chicago: University of Chicago Press 2016, S. 144–147.

BOTSMAN, Daniel: „The Return of the Outcast(e) Map: Kobe, Cartography and the Problem of Discrimination in Modern Japan". In: *The Asia-Pacific*

---

68 Vgl. BURAKU LIBERATION LEAGUE: „Sabetsu ni ‚hairyo' to kōbunshokan ga tenji meguri" (Internetquelle).
69 ŌSAKA JINKEN HAKUBUTSUKAN: „Ezu to hisabetsumin" (Internetquelle).

*Journal: Japan Focus*, Vol. 14, Nr. 18.3 (2016); Online abrufbar unter: https://apjjf.org/2016/18/Botsman.html (letzter Zugriff am 10.06.2018).

BOTSMAN, Daniel: „Flowery Tales: Ōe Taku, Kōbe and the Making of Meiji Japan's 'Emancipation Moment'". In: *Values, Identity, and Equality in Eighteenth- and Nineteenth-Century Japan*. James E. KETELAAR, Yasunori KOJIMA u. Peter NOSCO (Hrsg.): Leiden: Brill 2015, S. 262–289.

CANGIÀ, Flavia: „From Heterotopias to Cultural Landscapes: On Reconstructing Buraku Leather Towns into 'Japanese National Spaces'". In: *Urbanities*, Nr. 3.1 (2013), S. 43–60.

CHAPMAN, David (2011): „Geographies of Self and Other: Mapping Japan through the Koseki". In: *The Asia-Pacific Journal: Japan Focus*, Vol. 9, Nr. 29.2 (2011); Online abrufbar unter: https://apjjf.org/2011/9/29/David-Chapman/3565/article.html (letzter Zugriff am 13.06.2018).

HARLEY, J. B.: *The New Nature of Maps. Essays in the History of Cartography*. Baltimore, London: The John Hopkins University Press 2001.

HERMANSEN, Christian M.: „The Hinin Associations of Osaka, 1600–1868". In: *Copenhagen Journal of Asian Studies*, Nr. 15 (2001), S. 47–80.

HSU, Henry: „Edo zukan kōmoku kon". In: *ASIA453*, 2016; Online abrufbar unter: https://asia453.wordpress.com/tokugawa-maps/tokugawa2016/edo-zukan-komoku-kon/ (letzter Zugriff am 17.06.2018).

ISHIMATSU, Hisayuki 石松久幸: „Kariforunia daigaku Bākurīkō ni okeru Nihon kochizu no dejitaruka purojekuto ni tsuite カリフォルニア大学バークリー校における日本古地図のデジタル化プロジェクトについて". In: *Jōhō no kagaku to gijutsu* 情報の科学と技術, Nr. 59.11 (2009), S. 557–562.

KAWAMURA, Hirotada: „The National Maps of Japan Compiled by the Tokugawa Shogunate". In: *Japanese Journal of Human Geography (Jimbun Chiri)*, Nr. 68.1 (2016), S. 79–93.

KAWAMURA, Hirotada: „Kuni-ezu (Provincial Maps) Compiled by the Tokugawa Shogunate in Japan". In: *Imago Mundi*, Nr. 41 (1989), S. 70–75.

KOJIMA, Nobutoyo: „LIBERTY OSAKA: Promoting Human Rights to All". In: *FOCUS*, Nr. 57 (Sept. 2009); Online abrufbar unter: https://www.hurights. or.jp/archives/focus/section2/2009/09/liberty-osaka-promoting-human-rights-to-all.html (letzter Zugriff am 10.06.2018).

KOMEIE, Taisaku: „Self-Portrait of a Village". In: *Cartographic Japan. A History in Maps*. Kären WIGEN, Fumiko SUGIMOTO u. Cary KARACAS (Hrsg.). Chicago: University of Chicago Press 2016, S. 56–58.

MCCORMACK, Noah Y.: *Japan's Outcaste Abolition: The Struggle for National Inclusion and the Making of the Modern State*. London: Routledge 2012.

MURAKAMI, Norio 村上紀夫: „Ezu ni miru hisabetsumin mibunsei shakai 絵図にみる被差別民・身分制社会". In: *Ezu ni egakareta hisabetsumin* 絵図に描かれた被

差別民. ŌSAKA JINKEN HAKUBUTSUKAN 大阪人権博物館 (Hrsg.). Ōsaka: Ōsaka jinken hakubutsukan 2001, S. 3–6.

ŌSAKA JINKEN HAKUBUTSUKAN 大阪人権博物館: *Ezu ni egakareta hisabetsumin* 絵図に描かれた被差別民. Ōsaka: Ōsaka jinken hakubutsukan 2001.

POTTER, Simon R.: „The Elusive Concept of 'Map': Semantic Insights into the Cartographic Heritage of Japan". In: *Geographical Review of Japan*, Nr. 74 (Ser. B).1 (2001), S. 1–14.

TERADA, Yoshitaka (2008): „Angry Drummers and Buraku Identity: The Ikari Taiko Group in Osaka, Japan". In: *The Human World and Musical Diversity*. Rosemary STATELOVA u. a. (Hrsg.). Sofia: Bulgarian Academy of Science, Institute of Art Studies 2008, S. 309–315; 401.

TOBY, Ronald P.: „Mapping the Margins of Japan". In: *Cartographic Japan. A History in Maps*. Kären WIGEN, Fumiko SUGIMOTO u. Cary KARACAS (Hrsg.). Chicago: University of Chicago Press 2016, S. 24–27.

TOBY, Ronald P.: „Social Visions of Status". In: *Cartographic Japan. A History in Maps*. Kären WIGEN, Fumiko SUGIMOTO u. Cary KARACAS (Hrsg.). Chicago: University of Chicago Press 2016, S. 78–80.

TSUKADA, Takashi: „Early modern Osaka *hinin* and population registers". In: *Japan's household registration system and citizenship. Koseki, identification and documentation*. David CHAPMAN u. Karl Jakob KROGNESS (Hrsg.). London: Routledge 2014, S. 21–42.

UNNO, Kazutaka: „Cartography in Japan". In: *Cartography in the Traditional East and Southeast Asian Societies* (The History of Cartography 2.2). J. B. HARLEY u. David WOODWARD (Hrsg.): Chicago: University of Chicago Press 1994, S. 346–477.

UPHAM, Frank: „Instrumental Violence and the Struggle for Buraku Liberation". In: *Race, Ethnicity and Migration in Modern Japan: Indigenous and colonial others*. Michael WEINER (Hrsg.): London: RoutledgeCurzon 2004, S. 146–190.

WALEY, Paul: „The Social Landscape of Edo". In: *Cartographic Japan. A History in Maps*. Kären WIGEN, Fumiko SUGIMOTO u. Cary KARACAS (Hrsg.). Chicago: University of Chicago Press 2016, S. 81–84.

WIGEN, Kären: *A Malleable Map. Cartographies of Restoration in Central Japan, 1600–1912*. Berkeley: University of California Press 2010.

YAMASHITA, Kazumasa: *Japanese Maps of the Edo Period. Chizu de yomu Edo jidai* 地図で読む江戸時代. Tōkyō: Kashiwa shobō 1998.

YONEMOTO, Marcia: „Silence Without Secrecy? What is Left Unsaid in Early Modern Japanese Maps". In: *Early Modern Japan: An Interdisciplinary Journal*, Nr. 14 (2006), S. 27–39.

Yonemoto, Marcia: *Mapping Early Modern Japan. Space, Place, and Culture in the Tokugawa Period (1603–1868)*. Berkeley: University of California Press 2003.

Yonemoto, Marcia: „The 'Spatial Vernacular' in Tokugawa Maps". In: *The Journal of Asian Studies*, Nr. 59.3 (2000), S. 647–666.


Internetquellen

Buraku Liberation League: „Ōsaka jinken hakubutsukan tokubetsuten de hansabetsu no kanōsei hirageyō 大阪人権博物館特別展で反差別の可能性広げよう". In: *News*, Nr. 2025, 02.07.2001; http://www.bll.gr.jp/siryositu/siryo-syutyo2001/news2001/news20010702.html (letzter Zugriff am 28.06.2018).

Buraku Liberation League: „Kochizu koezu kankō oyobi tenji ni taisuru kihonteki kangaekata ni tsuite 古地図・古絵図刊行および展示に対する基本的考え方について". In: *Buraku mondai shiryōshitsu*, 20.10.2003; http://www.bll.gr.jp/siryositu/siryo-syutyo2003/guide-seimei-20031110.html (letzter Zugriff am 28.06.2018).

Buraku Liberation League: „Sabetsu ni ‚hairyo' to kōbunshokan ga tenji meguri 差別に「配慮」と公文書館が展示めぐり". In: *News*, Nr. 2738, 09.11.2015; http://www.bll.gr.jp/news2015/news20151109-2.html (letzter Zugriff am 22.06.2018).

Buraku Liberation League Tokyo: „Kochizu to gendai chizu wo kasaneawasete hisabetsu buraku wo tokutei suru shoseki ga shuppan 古地図と現代地図を重ね合わせて被差別部落を特定する書籍が出版". In: *Sabetsu jiken*; http://blltokyo.net/sabetu/konzyaku201209.html (letzter Zugriff am 22.06.2018).

East Asian Library (University of California) u. David Rumsey: „Japanese Historical Maps"; http://www.davidrumsey.com/japan/xmaps1005.html (letzter Zugriff am 28.06.2018).

Ōsaka Jinken Hakubutsukan 大阪人権博物館: „Ezu to hisabetsumin. Toshi Ōsaka no kosumorojī 絵図と被差別民 — 都市大坂のコスモロジー" [Flyer]; http://www.liberty.or.jp/img/top/ezu.pdf (letzter Zugriff am 31.08.2018).

Slater, David: „Shibaura Slaughterhouse Tour by Japan Activist Tours, July 10th and 11th". In: *H-Japan Discussions*, 21.05.2017; https://networks.h-net.org/node/20904/discussions/180703/shibaura-slaughterhouse-tour-japan-activist-tours-july-10th-and (letzter Zugriff am 28.06.2018).

Takai, Ranzan: „Tenpō kaisei On-Edo ōezu". In: *The University of British Columbia Open Collections*, 2015; https://open.library.ubc.ca/collections/tokugawa/items/1.0216510 (letzter Zugriff am 28.06.2018).

# Gold und Silber für den Shōgun.
## Japanische Bergleute: zum Profil einer sozialen Randgruppe in der Edo-Zeit

Regine Mathias

## 1 EINLEITUNG

Der im Titel hergestellte Zusammenhang zwischen japanischen Bergleuten und sozialen Randgruppen in der Edo-Zeit mag auf den ersten Blick überraschend erscheinen. Zumindest in der mitteleuropäischen Tradition hatten Bergleute, vor allem, wenn sie im Erzbergbau tätig waren, in der frühen Neuzeit einen geachteten sozialen Status. Dieser drückte sich auch in ständischen Formen der Selbstorganisation aus. So gehörten z. B. Bergleute in der Silberstadt Schwaz in Tirol zur städtischen Elite. Das Selbstbewusstsein dieser Berufsgruppe zeigte sich nicht zuletzt in ihren Paradeuniformen, die bei Umzügen und Festakten getragen wurden. Bis heute werden im ostdeutschen Silberrevier um Freiberg und Annaberg Bergmannsparaden abgehalten, die die Erinnerung an diese Berufsgruppe lebendig halten, obwohl die Erzbergwerke längst geschlossen oder zu Industriedenkmälern umgewidmet wurden. Bergmann war in vielen Regionen Europas in der frühen Neuzeit ein geachteter Beruf, der mit Privilegien und offen zur Schau getragener Macht verbunden war.

In Japan hingegen war das mit diesem Beruf verbundene soziale Image vielfach negativ konnotiert. „Are Miners Human Beings"[1] lautet z. B. der Titel eines 1935 erschienen Berichts der Adligen ISHIMOTO Shidzue 石本シヅエ (1897–2001), die später unter dem Namen KATŌ Shidzue 加藤シヅエ als Vorkämpferin für Frauenrechte bekannt wurde. Sie hatte ihren Mann, der für einige Zeit als Beamter ins Steinkohlenrevier von Chikuhō (Präfektur Fukuoka) versetzt wurde, dorthin begleitet. Auch der Schriftsteller NATSUME Sōseki 夏目漱石 (1867–1916) lässt in seinem 1908 publizierten Buch „Der Bergmann" (*Kōfu* 坑夫) die Bergleute in einem Kupferbergwerk von seinem Protagonisten an mehreren Stellen als „Tie-

---

[1] ISHIMOTO: *Facing two ways*, S. 167ff.; ISHIMOTO spricht sich darin für eine bessere Behandlung der Bergleute aus, deren Leben sich kaum von dem von Schweinen unterscheide.

re" oder „Bestien" (*chikushōme* 畜生奴)[2] bezeichnen und stellt diese, abgesehen von wenigen Ausnahmen, auch so dar. Die Imaginierung der Welt der Bergleute dient Sōseki zwar lediglich dazu, über die Innenwelt seines Protagonisten zu reflektieren, aber er transportiert mit seiner Beschreibung eben auch Hinweise auf die – offenbar negative – gesellschaftliche Wahrnehmung der Bergleute in der Meiji-Zeit (1868–1912).

Auch in der Edo-Zeit (1603–1868) werden Bergleute in der Literatur als eine soziale Randgruppe beschrieben, die nicht den üblichen Normen entsprach. So skizziert z. B. der Gelehrte SATŌ Nobuhiro 佐藤信淵 (1769–1850) in dem im Jahr Bunsei 10 (1827) erschienenen Werk „Die Gesetze des Bergwerks" (*Kōjō hōritsu* 坑場法律) die Welt der Bergleute als eine Welt mit eigenen Gesetzen, in der die Obrigkeit kaum Eingriffsmöglichkeiten habe; wo sich deshalb Menschen zusammenfänden, die etwas auf dem Kerbholz hätten und / oder einem Leben mit Glücksspiel und Bordell frönten.[3] Dass diese Beschreibung nicht unbedingt der Wirklichkeit entspricht, sondern zum Teil übertrieben ist und manchmal auch eher der Phantasie des Verfassers entspringt, wird von mehreren Autoren kritisch angemerkt.[4] In diesem Fall scheint das negative Image eher den normativen Vorstellungen des Autors geschuldet zu sein und weniger die reale Situation vor Ort, wie sie aus verschiedenen Quellen hervorgeht, widerzuspiegeln. Als ein viel gelesener Autor seiner Zeit dürfte seine Beschreibung das Bild der Bergleute in Japan geprägt haben.

Die Frage, welchen sozialen Status die Berufsgruppe der Bergleute in der Edo-Zeit hatte, wie sie sich in das idealisierte Gesellschaftsmodell der vier Stände, Samurai-Bauern-Handwerker-Händler (*shi nō kō shō* 士農工商), einfügte, ist allerdings nicht leicht zu beantworten. Zwar gibt es unter den historischen Untersuchungen zum Erzbergbau in Japan auch einige sozialgeschichtliche Werke[5], doch liegt deren Fokus, entsprechend der regionalen Auffächerung des Bergbaus und seiner Quellen, meist auf einzelnen Bergwerken oder Bergbaurevieren.

Der folgende Beitrag ist deshalb ein erster Versuch, durch die Untersuchung einzelner Aspekte, wie die Arbeits- und Lebensverhältnisse der Bergleute, ihr sozialer Hintergrund, ihre rechtliche Stellung und ihre Organisationsformen zu allgemeineren Aussagen über ihren sozialen Status zu gelangen.

---

2   NATSUME: *Kōfu*, S. 92; der Text fährt fort: „Bestie meinte ich hier nicht als Schimpfwort, wenn man wütend ist, eher in der Bedeutung, wenn man jemanden nicht als Menschen anerkennen konnte." (nach der dt. Übersetzung von HINTEREDER-EMDE: *Der Bergmann*, S. 111).

3   Vgl. SATŌ: *Kōjō hōritsu*, S. 9ff.; 13.

4   Vgl. OGI: *Kinsei kōzan wo sasaeta hitobito*, S. 2 und KOBATA: „Kōzan", S. 354f.

5   Vgl. allgemein zum Bergbau KOBATA (*Nihon kōzanshi no kenkyū*, 1968 u. *Zoku Nihon kōzanshi no kenkyū*, 1986), OGI (*Kinsei kōzan shakaishi no kenkyū*, 1996) und NAKANO (*Ginzan shakai no kaimei*, 2009).

## 2  DIE BEDEUTUNG DES ERZBERGBAUS IN DER EDO-ZEIT

Im Gegensatz zum heute weit verbreiteten Bild des rohstoffarmen Japans hatte das Land in historischer Zeit zum Teil sehr ergiebige Erzvorkommen. Gold-, Silber- und Kupfervorkommen konzentrierten sich in der Tōhoku-Region und im Kansai-Gebiet, Goldvorkommen auf der Insel Sado, in den Gebirgen des Kantō-Raums und in Satsuma / Kagoshima (vgl. Abb.1).

Das Silberbergwerk von Ōmori (Iwami, heute Präfektur Shimane), die Kupfermine von Besshi (heute Präfektur Ehime) oder das Goldbergwerk Aikawa in Sado (heute Präfektur Niigata) gehörten im 16. und frühen 17. Jahrhundert zu den bedeutendsten Bergwerken ihrer Zeit. Fast alle diese Bergwerke lagen in abgelegenen Bergregionen, meist fernab anderer Städte und Handelsrouten. Diese räumliche Isolierung war ein wichtiges Merkmal vieler japanischer Erzbergwerke. Sie erleichterte zweifellos die Kontrolle der Produktion und der Arbeitskräfte.

Abb. 1: Karte der wichtigen Erzbergwerke in Japan während der Edo-Zeit; aus: KOBATA: *Nihon kōzanshi*, S. 4, Abb. 1.1.

Die Entwicklung des Erzbergbaus in Japan lässt sich anhand von Berichten in den „Aufzeichnungen alter Begebenheiten" (*Kojiki* 古事記, 712), den „Annalen Japans" (*Nihon shoki* 日本書紀, 720), den „Fortgesetzten Annalen Japans" (*Shoku Nihongi* 続日本紀, 797) sowie in einzelnen Topografien (*fudoki* 風土記) wie z.B. dem *Izumo fudoki* 出雲風土記 (733) und dem *Harima fudoki* 播磨風土記 (713–15) bis ins 7. und frühe 8. Jahrhundert zurückverfolgen. Im 16. und 17. Jahrhundert kamen neue Technologien für Bergbau und Verhüttung aus dem Ausland nach Japan, etwa von der koreanischen Halbinsel und aus Europa. Zusammen mit der durch Kriege und Handel geschürten Nachfrage führte das zu einem großen Aufschwung im Bergbau.[6] Fast alle bedeutenden Erzbergwerke der Edo-Zeit führen ihre Anfänge auf diese Zeit zurück. Gleichzeitig ging man bei Gold vom Waschen des Seifengolds an einigen Orten wie auf der Insel Sado

---

6    Vgl. MURAKAMI: *Kingindō no Nihonshi*, S. vii sowie den Beitrag von KOBATA („The Production and Uses of Gold and Silver", 1965).

zum Abbau von Golderz über.[7] Der Gold- und Silberbergbau erreichte überall im Land ein hohes technisches Niveau. Seit Mitte des 17. Jahrhunderts aber stagnierte der Bergbau mit Ausnahme der Kupfergewinnung zunehmend. Die Erzvorräte gingen zur Neige oder konnten mit den vorhandenen technischen Mitteln nicht mehr erschlossen werden. Ein Grund dafür war, dass man die Probleme der Wasserhaltung nicht lösen konnte und daher tiefer liegende Erzgänge nicht mehr erreichbar waren.

Je nach Bergwerk brach die Produktion oft schon nach wenigen Jahren oder Jahrzehnten ein. In Sado ging die Goldförderung z. B. bereits nach 40 Jahren deutlich zurück. Die Entdeckung einer neuen Erzader bzw. die zeitweilige Lösung des Wasserhaltungsproblems führte zu kurzfristigen Aufschwüngen, aber insgesamt stagnierte die Produktion auf sehr niedrigem Niveau. Im Kupferbergwerk Besshi 別子 auf Shikoku war die Situation ähnlich. Hier stieg die Produktion erst wieder nach der Öffnung des Landes 1854 und dem Einsatz neuer westlicher Bergbautechnik an.

Der Silber- und Gold-Rausch, der mit der Ausweitung des Erzbergbaus in seiner Blütezeit verbunden war, schlug sich in Kunst und Kultur deutlich sichtbar nieder. Gold benötigte man zwar schon lange für buddhistische Ritualgeräte, aber seit Mitte des 16. Jahrhunderts finanzierte der vermehrte Gebrauch von Goldmünzen (*ōban* 大判 und *koban* 小判)[8] und Silberstücken (Außen-)Handel und Kriege. In der Kunst, seien es Malerei, Lackarbeiten oder auch Prunkkleidung, wurden Gold und Silber immer verschwenderischer verwendet.

Ab dem 17. Jahrhundert diente die Förderung der Edelmetalle vor allem der Verbreitung einer Tri-Metall Währung (Gold, Silber, Kupfer; manchmal ergänzt durch Eisen), die sich trotz der offiziell aufrecht erhaltenen Reiswährung in Handel und Handwerk weitgehend durchsetzte. Der Bergbau war damit für Kultur und Wirtschaft der Edo-Zeit ein bedeutender Sektor und die Arbeit der Bergleute war durch die Produktion der Münzmetalle eng mit dem Wirtschaftssystem verbunden.

## 3   DIE VERWALTUNGSSTRUKTUR DER BERGWERKE

Unter TOYOTOMI Hideyoshi 豊臣秀吉 (1536–98) wurden die wichtigsten Bergwerke seiner Regierung unterstellt und zum Teil an Lehensfürsten „vergeben". Die TOKUGAWA-Regierung (*bakufu* 幕府) setzte diese Politik fort. Lehensfürsten

---

7   Vgl. SAITŌ: *Kōzan to kōzan shūraku*, S. 83.
8   *Ōban* und *koban* sind Goldmünzen im Wert von 10 bzw. 1 *ryō*. Während der *ōban* gehortet oder bestenfalls verschenkt wurde, zirkulierte der *koban*, der zeitweise in Sado hergestellt wurde, in geringem Umfang auch im allgemeinen Geldumlauf.

stellten für die Erschließung oder die erneute Inbetriebnahme von Bergwerken Anträge an das *bakufu*. Manche Bergwerke wurden auch von privaten Unternehmern betrieben, die dafür Gebühren an die Obrigkeit bezahlten. In der späten Edo-Zeit waren das vor allem Kaufleute, die das notwendige Kapital besaßen. In vielen Fällen wechselte der Besitz in kurzen oder längeren Abständen mehrfach zwischen der Obrigkeit und privaten Betreibern hin und her.[9]

Untersuchungen zur Verwaltung der Bergwerke zeigen, dass diese in die allgemeine Verwaltungsstruktur des *bakufu* bzw. des Lehensfürstentums (*han* 藩) integriert waren. Mehrere Verwaltungsreformen im Verlauf der Edo-Zeit führten zu Änderungen dieser Strukturen, von denen auch die Bergbauverwaltungen betroffen waren. Dennoch galt für die direkt vom *bakufu* kontrollierten Bergwerke wie Iwami 石見 oder Ikuno 生野 (heute Präfektur Hyōgo) im Wesentlichen eine Befehls- und Zuständigkeitshierarchie, die über die Stufen *rōjū* 老中, *kanjō bugyō* 勘定奉行, *gundai* 郡代 und / bzw. *daikan* 代官 verlief.[10] Während die höheren Beamten in Edo residierten, lebte der *daikan* vor Ort und war sowohl für das Bergwerk als auch für die allgemeine regionale Verwaltung zuständig.

Im dem *bakufu* direkt unterstellten Bergwerk Iwami bildeten die Regionalverwaltung und die Bergwerksverwaltung zwei getrennte Abteilungen. Die Beamten in der Regionalverwaltung rotierten in der Regel mit dem jeweiligen *daikan*, während in der Bergbau-Abteilung überwiegend lokale Beamte (*ji yaku-nin* 地役人) tätig waren. Letztere übten Ämter mit allgemeinen Verwaltungsfunktionen für die Siedlung aus wie *machi-toshiyori* 町年寄, *machi-kumigashira yaku* 町組頭役 oder *jōzukai yaku* 定使役 (Gehilfe des *machi-toshiyori* mit Aufsichtsfunktionen) und Ämter, die direkt mit dem Bergbau in Zusammenhang standen, wie *yama kumigashira yaku* 山組頭役 (für Abbau und Verhüttung generell zuständiges Ehrenamt) und ihm unterstellt, *yamatsuki yaku* 山付役 (Aufseher an den einzelnen Abbauorten). Neben generellen Verwaltungs- und Aufsichtsfunktionen war auch die Kommunikation zwischen den verschiedenen im Bergwerk tätigen Gruppen und der Obrigkeit eine wichtige Aufgabe dieser Ämter. Diese Ämter wurden zum Teil in bestimmten Familien erblich, zum Teil konnten die *yamashi* Nachfolger aus ihrer Mitte wählen.[11]

In den einzelnen Lehensfürstentümern gab es ähnliche Hierarchien, an deren Spitze entweder ein speziell für den Bereich Bergbau zuständiger Beamter (z. B. *sō-yama bugyō* 総山奉行 oder ähnliche Bezeichnungen) oder der Leiter der Finanzabteilung des Lehensfürstentums stand. Eine relativ detaillierte Beschreibung des Beamtensystems am Beispiel des Kupferbergwerks Ani 阿仁 (Fürsten-

---

9  Vgl. KOBATA: *Nihon kōzanshi no kenkyū*, S. 8f. sowie detaillierte Angaben in den einzelnen Kapiteln.
10  Vgl. WADA: „Edo jidai kōzan machi no tokushitsu", S. 157.
11  Vgl. ebd., S. 157; 161f.

tum Akita) unterscheidet drei Ebenen (*bugyō* 奉行, *gedai* 下代 sowie *tedaigashira* 手代頭 und *shihainin* 支配人), von denen letztere direkt vor Ort im Bergwerk tätig waren.[12] Ihnen unterstanden wiederum eine ganze Reihe von Ämtern bzw. Abteilungen, geleitet von *tedai*, die eine breite Palette von Aufgaben betreuten, wie ein Beispiel aus dem Jahr 1725 zeigt. Die 36 *tedai* in Ani waren von der Kassenführung über Buchhaltung, Wachpersonal, Ressourcen (Holz, Holzkohle), Schmelzöfen bis zum Verkauf und zur Ausführung von Inspektionen verantwortlich und beschäftigten dafür entsprechendes Personal.[13]

In den meisten größeren Bergwerken dürften die Strukturen ähnlich gewesen sein, auch wenn Amtsbezeichnungen und Aufgabenbereiche je nach Ort und Zeit differierten. Deutlich wird, dass die Zuständigkeit für die Bergwerke innerhalb der allgemeinen Verwaltungsstruktur des *bakufu* bzw. der Lehensfürstentümer angesiedelt war und dass sich diese Zuständigkeit auch auf die zum Bergwerk gehörigen Siedlungen erstreckte. Die jeweilige Obrigkeit kontrollierte also nicht nur die Betriebsstätte selbst, sondern auch das alltägliche Leben der dort arbeitenden Bergleute und ihrer Familien.

## 4  Arbeits- und Lebensverhältnisse der Bergleute

Auch wenn es je nach Zeit, Region und Größe – vom kleinen „Familienbetrieb" bis zum Großbetrieb – erhebliche Unterschiede zwischen den Bergwerken gab, kann man trotz unterschiedlicher Namen und Begriffe für einzelne Positionen doch überall eine ähnliche Grundstruktur der Arbeitsorganisation erkennen. Ein frühes Beispiel vom Beginn des 17. Jahrhunderts ist die aus dem Silberbergwerk Innai 院内 (heute Präfektur Akita) zu Beginn der Edo-Zeit überlieferte Zusammensetzung der Arbeiterschaft (vgl. Tab. 1).

Der Bergbau der Edo-Zeit kannte keine seigeren, also senkrechten Schachtanlagen. Stattdessen folgte man bei der Erzgewinnung den Erzgängen, wo man sie fand, in die Tiefe.[14] Der Abbau begann oben am Berg direkt am Ausbiss des Erzgangs. Später wurden sukzessiv Stollen an weiter unten gelegenen Stellen in den Berg getrieben, von wo aus man im Berg den Erzadern folgend nach oben, aber auch nach unten ging, bis man auf Grundwasser stieß. Dadurch entstand ein Geflecht von vielen Gruben und Stollen, in denen die Erzgewinnung sehr kleinteilig erfolgte (vgl. Abb. 2).

---

12  Vgl. Mori: „Akita-han dō yakunin no shokusei-teki kōsatsu", S. 205 f.; 216.

13  Vgl. ebd., S. 216, Tabelle 5.

14  Man nannte diese Vorgehensweise auch *tanuki-bori* 狸掘り, also sich wie ein *tanuki* (jap. Dachs bzw. Marderhund) einen Bau graben.

| jap. Bezeichnung | dt. Entsprechung | Anzahl |
|---|---|---|
| *yamashi* | Bergmeister | 36 |
| *kanako* | Betriebsführer, Subkontraktor | 308 |
| *kanako tedai* | Gehilfe | 164 |
| *yamanaka sō kasai* | Hauer | 700 (ca.) |
| *sō daiku* | Hauer | 2300 |
| *yama-dome, nimotsu-dome yakunin* | Zimmerhauer, Vorarbeiter der Zimmerhauer | 700 (ca.) |
| *horiko, yū kayoi, tagane kayoi* | Schlepper, Hilfsarbeiter | 3300 (ca.) |
| Gesamt | | 7500 (ca.) |

Tab. 1: Bergleute in Innai nach Tätigkeit, ca. 1607; aus: SAITŌ: *Kōzan to kōzan shūraku*, S. 88.

Abb. 2: Arbeit untertage im Goldbergwerk Sado; eigenes Foto der Bergbaubildrolle *Sado kinzan kyūshiki kōgyō zū*, Universität Kyōto, Nr. 56114.

In Sado gab es zur Blütezeit Anfang des 17. Jahrhunderts fast 300 so genannte *mabu* 間歩, d. h. Stollen und zugehörige Abbaugebiete, aber auch andere Bergbaureviere waren mit den Stollenmundlöchern der verschiedenen *mabu* übersät, die bis heute in vielen Bergbaurevieren wie Iwami, Sado und Ikuno deutlich sichtbar sind.

Die Leitung mehrerer Gruben lag in den Händen eines *yamashi* 山師 (Bergmeister, Unternehmer), der wiederum einzelne Abbauorte an die *kanako* 金子 (Betriebsmeister, Subunternehmer) verpachtete. Die Pachtzeiten variierten in der Regel zwischen zehn Tagen und drei Monaten und konnten verlängert werden.[15] Solche *kanako* brauchten eigenes Kapital und gute Arbeitskräfte, um die gepachteten Abbaustellen gewinnbringend zu bearbeiten. Mit ihren Gehilfen (*kanako tedai* 金子手代) leiteten sie die Arbeit der Hauer (*horidaiku* 堀大工, in der Tabelle 1 *sō kasai* 惣下才, *sō daiku* 惣大工) unter Tage an und überwachten ihre Arbeit. Das war die Gruppe der eigentlichen Bergleute. Zu ihnen gehörten auch die Arbeiter für Grubenausbau (Zimmerhauer, hier *yama-dome* 山留), die aber

15  Vgl. KOBATA: *Nihon kōzanshi no kenkyū*, S. 10.

direkt der obersten Leitung unterstanden, weil diese oft auch für die Erschlie-
ßungskosten aufkam. Daneben gab es eine große Zahl von Hilfsarbeitern, die
*horiko* 堀子, die als Schlepper den Abtransport der Erze besorgten oder die Bergleute mit Lampenöl und neuen Bergeisen, den Meißeln, versorgten (*yū kayoi* 油
通い, *tagane kayoi* 鏨通い).

Nicht einbezogen sind in diesem Beispiel die Arbeiten zur Wasserhaltung
(Wasserknechte, Wasserschöpfer), zu der großenteils die Bauern aus den umliegenden Dörfern herangezogen wurden, ergänzt durch Arbeitskräfte aus den
städtischen Unterschichten und, in der zweiten Hälfte der Edo-Zeit, in Sado und
einigen anderen Bergwerken auch durch zur Zwangsarbeit verurteilte „Wohnsitzlose" (*mushuku* 無宿) aus Edo und anderen Regionen. Ebenso fehlen die Arbeitskräfte für die gesamte Weiterverarbeitung über Tage, also Erzwäsche, Zer-
kleinerung (Pochen, Mahlen) und Schmelze etc. Dafür waren die *kaishi* 買師
(Hüttenbesitzer) und ihre Arbeitskräfte zuständig, die das Erz vom Bergwerk
kauften und es dann im eigenen Haus verarbeiteten. Daneben gehörten Schmiede und verschiedene andere Handwerker zur Belegschaft eines Bergwerks. Insgesamt zeigt sich also eine komplexe, hierarchisch strukturierte Betriebsform
mit mehreren Machtebenen.

Bei der Erschließung berechneten Vermesser die Richtung, in die die Stollen
vorgetrieben werden sollten. Der Vortrieb der Stollen erfolgte in der Regel im
Hocken, nur mit der Hand, d. h. mit Schlägel und Meißel, selten mit Feuersetzen
oder anderen Sprengtechniken. Aus diesem Grund sind die Stollenquerschnitte
in der Regel relativ klein. Die Arbeit war mühsam. Je nach Härte des Gesteins
kam man pro Tag oft nur wenige Zentimeter voran. Arbeiten an großen Entwäs-
serungsstollen, die eine Länge von 800 bis 1000 Meter erreichen konnten, dau-
erten oft zehn bis 15 Jahre und verschlangen große Summen.[16]

Der Abbau des Erzes erfolgte im Liegen oder Hocken, oft sogar über Kopf,
in kleinen, sehr engen Gängen, die von den Stollen abzweigten. Licht gaben Öllampen, die ständig nachgefüllt werden mussten. Schlepper transportierten das
Fördergut in Rückentragen zum Stollenausgang.

Die Wasserhaltung war das größte Problem, mit ihr stand und fiel das Schicksal des Bergwerks. Mechanische Hilfsmittel wie verschiedene Pumpen wurden
nur punktuell eingesetzt. Wasserräder, wie sie z. B. schon Mitte des 16. Jahrhunderts in Europa (z. B. in Schwaz, Tirol) zum Einsatz kamen, nutzte man gar
nicht, obwohl man sie aus der Landwirtschaft kannte. Stattdessen setzte man
letztlich vor allem auf Menschenkraft.

---

16  Einer der größten Stollen zur Wasserlösung war der Minamisawa-Stollen in Sado mit einer
    Länge von über 900 Meter, der zwischen 1691 und 1696 von mehreren Orten gleichzeitig vo-
    rangetrieben wurde. Vgl. FUMOTO: *Sado kinginzan shiwa*, S. 185f.

Bergleuten war in der Regel kein langes Leben beschieden. Berichte, zum Teil bereits aus dem 17. Jahrhundert, nennen immer wieder Steinstaub und den Rauch der Öllampen als Hauptverursacher von Atemnot und Lungenkrankheiten. Die Bergleute begannen ihre Tätigkeit oft schon mit 13 oder 14 Jahren zunächst als Schlepper und wurden nach vier bis fünf Jahren zu Hauern. Nur wenige Jahre später traten oft bereits Symptome einer Staublunge auf, und oft starben sie, bevor sie das dreißigste Lebensjahr erreicht hatten.[17]

Auf Sado nannte man die Bergleute in einem Bericht von 1663 *ketae-daiku* けたえ大工 / 気絶大工, also „Bergleute, denen die Luft ausgeht".[18] Die Lebenserwartung wird mit rund 30 Jahren angegeben. Aus diesem Grund werden die Bergleute im 17. und 18. Jahrhundert oft als streitbare Typen beschrieben, die ihren gesamten Lohn für Essen und Trinken ausgaben und „am helllichten Tage, in Tango-Streifen gekleidet, in den Straßen lagen und ihren Rausch ausschliefen und unter Hinweis auf ihr kurzes Leben Unrecht in Recht verbogen."[19]

Erwähnenswert in diesem Zusammenhang ist auch der Bericht des Sado-*bugyō* KAWAJITOSHI Akira 川路聖謨 (1801–68) aus dem Jahr 1840, nachdem so wenige Bergleute den 30. Geburtstag erlebten, dass man die Feier für ein langes Leben (*ga no iwai* 賀の祝) und die Überwindung des Unglück bringenden 42. Lebensjahrs (*yakudoshi* 厄年) auf das 25. oder 32. Lebensjahr vorverlegte.[20] Der Gelehrte SUGAE Masumi 菅江真澄 (1754–1829), der auf seinen Reisen mehrere Bergwerke besucht hatte, schrieb 1803 über das Goldbergwerk Ōkuzo 大葛 (heute Präfektur Akita), dass manche Frauen der *kanehori* sieben- bis achtmal in ihrem Leben heiraten würden, weil ihnen die Männer immer wieder wegstarben.[21]

Allgemein lässt sich sagen, dass offenbar seit der frühen Edo-Zeit der Erzbergbau zumindest in den großen Bergwerken zunehmend arbeitsteilig und mit spezialisierten Arbeitskräften erfolgte, während Bauern aus den umliegenden Dörfern Hilfsarbeiten erledigten. Diese Entwicklung dürfte bereits im späteren 16. Jahrhundert begonnen haben, doch wird sie erst mit dem großen Aufschwung des Bergbaus um die Jahrhundertwende fassbar. Spätestens seit dieser Zeit entwickelten sich die hauptberuflichen Bergleute zu einer eigenen Berufsgruppe.

17  Vgl. OGI: *Kinsei kōzan wo sasaeta hitobito*, S. 46ff.
18  Zitiert nach FUMOTO: *Sado kinginzan shiwa*. S. 84.
19  Zitiert bei ebd., S. 84f. Bei den Tango-Streifen (*Tangojima* 丹後縞) handelt es sich um gestreifte Stoffe aus der Provinz Tango, die zum Teil aus Seide waren.
20  Vgl. OGI: *Kinsei kōzan wo sasaeta hitobito*, S. 48.
21  Vgl. ebd., S. 48.

## 5  Bergwerkssiedlungen

Das Leben der Bergleute und, sofern sie verheiratet waren, ihrer Familien spielte sich fast ausschließlich in den Bergwerkssiedlungen ab. Diese waren in der Regel von einem Zaun umgeben und nur durch wenige, zudem bewachte Tore betretbar. Karten einzelner Bergwerke aus der Edo-Zeit zeigen innerhalb der Umzäunung nicht nur die verschiedenen Betriebsstätten wie Stollenmundlöcher, Schmelzhütten, Schmieden und andere Handwerksbetriebe, sondern auch die Wohnhäuser der Bergleute und Beamten. Auf dem Gelände befanden sich in der Regel auch Verwaltungsgebäude, Wachposten, Lagerhäuser sowie mehrere Tempel und Schreine.[22] Ob darüber hinaus auch Spielhöllen und Bordelle normalerweise zu den Siedlungen gehörten, wie Satō Nobuhirō 1827 anführt, ist nach Ansicht von Ogi Shin'ichirō nicht belegt und wird als eher unwahrscheinlich betrachtet.[23] Allerdings soll es in Aikawa auf Sado in der ersten Dekade des 17. Jahrhunderts doch mehr als 30 Freudenhäuser mit jeweils 30 bis 40 Frauen gegeben haben.[24] Auch erwähnen sehr frühe Berichte über Überschwemmungen und Feuersbrünste in Innai in den Jahren 1612 und 1613 unter den Verlusten an Häusern jeweils auch mehrere Kneipen (*sakaya* 酒屋).[25]

Grundsätzlich gilt, ungeachtet aller vorhandenen zeit- und ortsbezogenen Unterschiede, dass der Begriff *kōzan* 鉱山 (Bergwerk) in der Edo-Zeit immer auch die zugehörige Bergwerkssiedlung umfasst. Bergwerk und Siedlung bildeten nicht nur auf der Verwaltungsebene eine Einheit, die von der übrigen Welt durch eine physische Grenze getrennt war. Diese Grenze war in der Regel nur durchlässig für Beamte, Händler und wandernde Bergleute, die Arbeit oder Unterkunft suchten. Zudem kam ein Teil der Hilfsarbeiter aus den umliegenden Dörfern. Die Bewohner der Siedlung selbst brauchten in der Regel eine Erlaubnis, um das Gelände verlassen zu können.

Die Bevölkerungszahlen einer Bergbauregion unterlagen dabei sehr starken Schwankungen, abhängig von der Ergiebigkeit der jeweiligen Erzgänge und von politischen Maßnahmen. Anfang des 17. Jahrhunderts, in der Blütezeit des Gold- und Silberbergbaus, konnte die Nachricht des Auffindens einer reichen Silber- oder Goldader offenbar tausende Menschen mobilisieren, die in die Bergbaugebiete strömten. Die Obrigkeit, sei es die *han*-Regierung oder das *bakufu*, reagierte häufig mit Gegenmaßnahmen, um die Abwanderung von landwirtschaftlichen

---

22  Solche Karten finden sich z. B. in Kobata (*Nihon kōzanshi no kenkyū*, 1968) in verschiedenen Kapiteln; eine besonders detaillierte Karte von Innai hat Ogi (*Kinsei kōzan wo sasaeta hitobito*, S. 6f) aufgeschlüsselt.

23  Vgl. Satō: *Kōjō hōritsu*, S. 14. Ogi (*Kinsei kōzan wo sasaeta hitobito*, S. 2) sieht das eher als Produkt seiner Fantasie denn als Realität an.

24  Vgl. Fumoto: *Sado kinginzan shiwa*, S. 93.

25  Vgl. Kobata: *Nihon kōzanshi no kenkyū*, S. 602.

Arbeitskräften zu verhindern. So erließ das Lehensfürstentum Kaga (heute Präfektur Kanazawa) in der Periode Keichō (1596–1615) eine Reihe harscher Strafen für Personen, die in Bergbaugebiete anderer Lehen abwanderten, und dehnte
diese Strafen auch kollektiv auf die Familien und Nachbarn der Abgewanderten
aus. Gleichzeitig sollte eine zeitlich befristete Amnestie sie zur Rückkehr bewegen. Ähnlich reagierte auch das Lehensfürstentum Yonezawa (heute Präfektur
Yamagata), das darüber hinaus auch die genaue Kontrolle der umherziehenden
Kaufleute forderte, weil offenbar Bauern versucht hatten, als Kaufleute verkleidet das eigene Lehensfürstentum zu verlassen und in ein Bergwerk zu gelangen.
Bei den eigenen Bergwerken war man hingegen offenbar großzügiger. Die Abwanderung in die eigenen Bergwerke des Lehensfürstentums Kaga wurde geför-
dert bis hin zu dem Erlass, dass es verboten sei, im Bergwerk wohnende Verbrecher auf eigene Faust ohne Erlaubnis der *han*-Ältesten zu verhaften.[26]

Mangels geeigneter Quellen und aufgrund stark differierender Zahlen sind
genaue Angaben zur Bevölkerung der Bergwerkssiedlungen schwierig, aber se-
riöse Schätzungen beziffern die Einwohnerzahlen der großen Bergwerkssiedlungen in ihrer Blütezeit auf ca. 80000 in Aikawa (Sado), 15–20000 jeweils in
Ikuno (Tajima) und Ōmori (Iwami) und 7–10000 in Innai.[27] Mit dem Rückgang
der Gold- und Silberfunde seit Mitte des 17. Jahrhunderts reduzierte sich auch
die Zahl der Einwohner deutlich. So schwankte die Bevölkerung (ohne die höheren Beamten) in Ikuno in der zweiten Hälfte des 18. Jahrhunderts zwischen
ca. 8000 Personen (1746) und knapp 6000 Personen (1794).[28] Auch in der Berg-

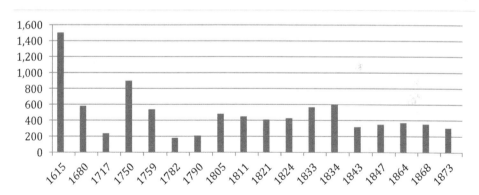

Schaubild 1: Bevölkerung im Goldbergwerk Ōkuzo (in Personen); nach: OGI: *Kinsei kōzan shakaishi no kenkyū*, S. 535, Tab. 80.

26  Vgl. ebd., S. 21.
27  Vgl. YAMAGUCHI: „Kinginzan no gijutsu to shakai", S. 161f. Allerdings ist die Berechnung
    schwierig. KOBATA (*Nihon kōzanshi no kenkyū*, S. 601–604), auf den sich auch YAMAGUCHI
    bezieht, errechnet die Zahlen in Innai nach den pro Kopf ausgegebenen Reisdeputaten.
28  Vgl. ISHIKAWA: *Ikuno ginzan to Ikuno daikan*, S. 238.

werkssiedlung Iwami (Ginzan-machi 銀山町) zeigt sich ein enger Zusammenhang zwischen der Silberproduktion und der Bevölkerungszahl, die in einer Phase rückläufiger Silberproduktion allein in den sieben Jahren zwischen 1740 und
1747 um mehr als 130 Haushalte mit 290 Personen schrumpfte.[29] Am Beispiel
des kleinen, aber bedeutenden Goldbergwerks Ōkuzo lassen sich aufgrund der
Quellenlage die Schwankungen und der generelle Niedergang über den gesamten Zeitraum hin besonders gut verdeutlichen (vgl. Schaubild 1). KOBATA Atsushi betont, dass für *bakufu* und Lehensfürsten die Landwirtschaft immer absolu-
ten Vorrang vor dem Bergbau hatte und bergbauliche Aktivitäten nur bewilligt
wurden, wenn sie der Landwirtschaft keinen Schaden, etwa durch Abzug von
Arbeitskräften, zufügten.[30]

Das Schicksal der Bergwerkssiedlungen blieb während der gesamten Edo-
Zeit eng mit der Bergbauproduktion verknüpft, und die großen Schwankungen
in der Produktion wirkten sich unmittelbar auf die Siedlungen aus, die dadurch
sehr instabil waren. Anders als Häfen oder Herbergsorte in Japan entfalteten sie
daher trotz ihrer zeitweilig beachtlichen Größe, wohl auch aufgrund der Abge-
schiedenheit, in aller Regel keine über den Bergbau hinausgehende, allgemeine
städtebildende Wirkung.

## 6   DIE MOBILITÄT DER BERGLEUTE

In der Blütezeit des Bergbaus um die Wende vom 16. zum 17. Jahrhundert vor
der Konsolidierung des TOKUGAWA-*bakufu* war die Mobilität der Bevölkerung
größer als in späteren Jahrzehnten. Die Entdeckung der Goldvorkommen in Aikawa auf Sado 1601 oder die Erschließung der Silbermine in Innai 1606 führten
jeweils zu einem großen Zustrom von Menschen, die in den Bergwerksgebieten
Arbeit und Verdienst suchten. Offenbar verbreiteten sich Nachrichten über neue
Gold- und Silberfunde nicht nur in der Umgebung der Bergwerke, sondern sehr
schnell auch unter den *yamashi* in anderen Regionen.[31]

Kurz nach der Erschließung des Silberbergwerks in Innai 1606 kam es z. B.
zu einem „Silber-Rausch", in dessen Folge Arbeitskräfte aus dem ganzen Land
in das abgelegene Tal von Innai kamen (vgl. Tab. 2). Unter ihnen waren auch
viele *yamashi* aus anderen Bergbauregionen, so z. B. einige sehr erfahrene aus
Sado, die ihr Wissen um moderne Technik nach Innai mitbrachten. Die Situation elf Jahre später, 1617, weist noch deutlich den großen überregionalen Ein-
zugsbereich des Bergwerks aus. Die meisten im Bergbau Beschäftigten kamen

---

29   Vgl. NAKANO: *Ginzan shakai no kaimei*, S. 148.
30   Vgl. KOBATA: *Nihon kōzanshi no kenkyū*, S. 20.
31   Vgl. WATANABE: *Innai ginzan shi*, S. 27f.

aus Bizen, Ise, und Kaga, aus Hokuriku, aus den Städten Kyōto, Ōsaka und Edo sowie aus Owari und Harima.[32] Der Bergbau vermochte damals offenbar viele Menschen zu mobilisieren. Ähnliches wird auch über Sado berichtet, wo nach 1601 ebenfalls eine große Zahl von „Goldsuchern" nach Aikawa strömte.[33]

| Region | Personen |
|--------|----------|
| Tōsan | 507 |
| San'yō | 482 |
| Tōkai | 405 |
| Hokuriku | 311 |
| Kinai | 106 |
| San'in | 76 |
| Saikai | 52 |
| Nankai | 22 |
| Gesamt | 1961 |

Tab. 2: Herkunft der Arbeitskräfte im Silberbergwerk Innai 1617, nach Regionen (in Personen); aus: SAITŌ: *Kōzan to kōzan shūraku*, S. 88.

In der Schrift „Erzählungen über Bergleute" (*Kōfu zatsudan* 鉱夫雑談) von 1825 heißt es in einem allerdings deutlich nostalgisch gefärbten Rückblick:

> Die früheren Bergleute vergaßen nicht einen Augenblick ihren Beruf, der zur Mehrung des Reichtums der Welt / des Landes beitrug; sie sahen es als Schande [*haji*] an, Frauen und Kinder zu haben; unabhängig wanderten sie von Bergwerk zu Bergwerk und „polierten" ihre „Arbeitstechnik" [*waza*] [...].[34]

Aber es gibt einige Beispiele, dass es zumindest in der späten Edo-Zeit sehr unterschiedliche Wege in den Bergbau gab:

— Arbeitskräfte, die als temporäre Arbeitskräfte aus den Dörfern in die Bergwerke gingen und jung und ledig waren;

— Arbeitskräfte, die lang genug dort lebten, um Wurzeln zu schlagen und im Bergwerk zu heiraten;

---

32  Vgl. KOBATA: *Nihon kōzanshi no kenkyū*, S. 559; 604, Tab. 2.44.

33  TANAKA (*Sado Kinginzan no shiteki kenkyū*, S. 269) nennt ca. 40000 Personen. Nach FUMOTO (*Sado kinginzan shiwa*, S. 88) kehrten von diesen offenbar nur die wenigsten – einer Quelle zufolge einer aus zehn – wieder in ihre Heimat zurück, viele starben in den ersten drei Jahren.

34  Zitiert nach OGI: *Kinsei kōzan wo sasaeta hitobito*, S. 39; ausführlicher in OGI: *Kinsei kōzan shakaishi no kenkyū*, S. 454. Das Werk selbst ist nur in Manuskriptform überliefert. Sein Autor, SUGIHARA Juzan 杉原寿山 (o.A.), war Bergbaubeamter (*kōzan gedai* 鉱山下代) des Akitahan.

— Bauern, die ihren Stand verließen und zu hauptberuflichen (herumwandern-
  den) Bergleuten wurden;
— Kinder solcher Bergleute, die selbst Bergleute wurden, im Bergwerk einen
  Ehepartner fanden und dort heirateten;
— Bergleute mit Familie, die wegen der schlechten Arbeitsbedingungen in andere Bergwerke abwanderten oder blieben und für bessere Arbeitsbedingungen kämpften.

Schätzungen zufolge waren 30–40 % der Bergleute verheiratet, und die Zahl derer, die Junggesellen blieben, ging im Lauf der Edo-Zeit zurück.[35]

Andere Quellen zeigen aber, dass es auch schon in der ersten Hälfte der Edo-
Zeit Bergleute gab, die auf Dauer mit Familie in einem Bergwerk lebten. Die
Bevölkerungszahlen der Bergwerkssiedlung Iwami (Ginzan-machi) weisen etwa
1678 und 1692 zwar einen leichten Männerüberschuss aus, doch waren 45 % und
mehr der Bevölkerung dort weiblich. Im frühen 19. Jahrhundert war die Anzahl
von Frauen und Männern sogar nahezu ausgeglichen.[36] Dies ist auch nicht verwunderlich, da Frauen vielfach in die Arbeitsprozesse einbezogen und wichtige
Arbeitskräfte waren, vor allem was die Weiterverarbeitung der Erze wie das Zer-
kleinern und Waschen betraf.

Trotz der zunehmenden Sesshaftigkeit der Bergleute in den Bergwerkssiedlungen gab es offenbar während der gesamten Edo-Zeit auch die umherziehenden Bergleute. Hinweise auf sie finden sich in Form eigener Bestimmungen für
ihre Einstellung oder Beherbergung, aber auch in der späteren Edo-Zeit in Form
eigener Grußformeln und Verhaltensweisen, wie man sie etwa auch bei den Outcast-Gruppen der Yakuza findet. Ihr Anteil an der Belegschaft ist mangels geeigneter Quellen schwer zu bestimmen. In Ōkuzo (Akita) wird Ende der Edo-Zeit
der Anteil der *watari yama horiko* 渡り山堀子 auf ca. 10 % der Arbeitskräfte ge-
schätzt.[37]

Insgesamt wird deutlich, dass sich mit der Professionalisierung der Arbeit
im Bergbau eine Gruppe hauptberuflicher Bergleute herausbildete, die Familien
gründeten und den Beruf oft auch an ihre Kinder weitergaben. Die so neu ent-
stehende Berufsgruppe wurde in den Bergwerkssiedlungen zunehmend sesshaft,
umfasste aber immer auch solche Bergleute, die umherzogen und aufgrund ihrer
Fähigkeiten in verschiedenen Bergwerken Arbeit fanden. Diese Mobilität war
zweifellos notwendig, da Produktion und Arbeitskräftebedarf in den Bergwerken stark schwankten. Sie ist also auch Ausdruck eines in Ansätzen entstehenden
überregionalen Arbeitsmarkts.

---

35  Beispiele zusammengefasst nach ebd., S. 455f.
36  Vgl. NAKANO: *Ginzan shakai no kaimei*, S. 148, Tab. 31.
37  Vgl. ebd., S. 150.

## 7 ZUR SOZIALEN STELLUNG DER BERGLEUTE

Die frühen *yamashi*, die Anfang des 17. Jahrhunderts maßgeblich zur Erschließung der großen Bergwerke beitrugen, kamen zum Teil aus dem Kriegerstand, darunter etliche herrenlose Samurai (*rōnin* 浪人), die bei der Schlacht von Sekigahara 1600 mitgekämpft hatten. In Sado sollen zwischen 1604 und 1624 rund 100 *yamashi* tätig gewesen sein, die das Recht hatten, einen Namen und ein Schwert zu tragen (*myōji taitō* 名字帯刀). Sie kamen aus den Regionen San'in, Chūgoku, Hokuriku, Kinai und Tōkai.[38] Zurückgeführt wird dieses Recht in einer Legende auf TOKUGAWA Ieyasu 徳川家康 (1542–1616), der nach der Schlacht von Sekigahara von zwei Bergleuten gerettet worden sein soll und daraufhin „in einem 53 Paragraphen umfassenden Bergbau-Erlass (*sanrei gojūsankajō* 山例五十三箇条) den *yamashi* als Land-Samurai (*nō-bushi* 農武士) das Recht zusprach, ein Schwert zu tragen, und den Bergleuten weitere Sonderrechte verlieh. Dieser Erlass, der KOBATA und anderen Historikern zufolge allerdings erst ab Mitte der Edo-Zeit historisch fassbar wird, enthielt ein detailliertes Regelwerk zum Bergbau insgesamt, das offenbar die Grundlage für viele Bergbau-Gesetze darstellte. *Yamashi* in der späteren Edo-Zeit sollen das Regelwerk als Erlass des Ieyasu (*Tōshō gongen no o-sada* 東照権現の御定) verehrt und zum Teil auch mit sich getragen haben, um ihre Privilegien durchzusetzen.[39]

Auch in Iwami hatten viele *yamashi* das Recht auf Namen und Schwert und bildeten eine lokale Oberschicht, die auch Ehrenämter in der Verwaltung innehatte. In der späten Edo-Zeit konnten auch Kaufleute in Iwami diesen Status und dieses Recht als *yamashi* erwerben.[40] Diese Rechte und Privilegien wurden an „Anteile" (*kabu* 株) an den Abbaubezirken (*mabu*) gebunden und mit dem Status des *yamashi* weitergegeben.[41] Zudem gab es unter den *yamashi* in Iwami auch einige, die Land in den umliegenden Dörfern besaßen und dieses verpachteten, die also Einkommen aus Grundbesitz und Bergbau hatten.[42]

Während die *yamashi* oft das Kapital für die Erschließung etc. bereitstellten, bildeten die *kanako* die eigentliche „Unternehmer"-Schicht, die von den *yamashi* Abbauorte pachtete und dort auf eigene Kosten und mit eigenen Arbeitskräften (Schlepper, Zimmerhauer, etc.) den Erzabbau vorantrieb. Ihre Eigenständigkeit gegenüber dem *yamashi* nahm im Laufe der Zeit offenbar zu. In Aikawa

---

38 Vgl. ISOBE: *Mushukunin*, S. 21.

39 Vgl. KOBATA: „Sanrei gojūsankajō", S. 627f.; OGI: *Kinsei kōzan shakaishi no kenkyū*, S. 449f. Eine thematisch gegliederte Aufzählung der einzelnen Paragraphen findet sich bei SAITŌ: *Kōzan to kōzan shūraku*, S. 84f. Ein Erlass als solcher ist nicht erhalten, sondern nur einzelne Abschriften in Familienarchiven, die allerdings meist nicht vollständig sind.

40 Ein Beispiel bei NAKANO: *Ginzan shakai no kaimei*, S. 156.

41 Vgl. ebd., S. 155.

42 Vgl. ebd., S. 170ff.

(Sado) wurden ihnen zeitweise sogar Zimmerhauer sowie diverse Güter gestellt und auch die Löhne für die Schmiede und die Gehilfen der Zimmerleute bezahlt. 1723 heißt es, dass die Gewinne im Verhältnis 3:6:1 zwischen Obrigkeit, *kanako* und *yamashi* aufgeteilt wurden.[43] Auch in Akita wurden die *kanako* zu den eigentlichen Bergbau-Unternehmern, so dass man für die Tenpō-Zeit (1830–44) in Innai von einer *kanako*-Betriebsführung /-Management (*kanako keiei* 金子経営) spricht. *Kanako* und Hüttenmeister (*genfuki* 現吹) hatten einen gleichwertigen sozialen Status (*ka-kaku* 家格), während ihre Gehilfen (*hikikae* 引替) ihnen untergeordnet waren.[44] Die vielen Hilfskräfte kamen meist aus den umliegenden Dörfern, wo sie auch wohnten. Die Hüttenmeister waren oft Kaufleute, die sich eigene Hütten einrichteten. Ihre Arbeitskräfte kamen ebenfalls aus den Dörfern oder auch aus der Bergwerkssiedlung.

Quellen zufolge bildete sich in den Bergwerken allmählich ein fiktives Verwandtschaftsverhältnis zwischen dem *kanako*, der auch als „Schlägel-Vater" (*tsuchi-oya* 槌親) bezeichnet wurde, und seinen Arbeitskräften, den Hauern und Schleppern, die er oft aus seiner Heimat mitbrachte, heraus.[45] Die *kanako* mussten für ihre Arbeitskräfte sorgen, auch bei Unfällen oder im Alter, sie „ausbilden" und ihnen „die Unterscheidung von richtig und falsch" beibringen. Bei den Hauern kann man wohl davon ausgehen, dass die Mehrzahl ursprünglich aus der bäuerlichen Bevölkerung kam. Das System der *tsuchi-oya* trug dazu bei, dass sich im Laufe der Zeit und mit der Konsolidierung der Bevölkerung in den Siedlungen der Berufsstatus der hauptberuflichen Bergleute verfestigte.

## 8    WASSERHALTUNG

Ein eigenes und dunkles Kapitel in der Bergbaugeschichte, das negativ konnotierte Ansichten über die Arbeitskräfte im Bergbau förderte, ist das Schicksal der Wasserknechte (*mizukae* 水替, *toibiki ninpu* 樋引人夫). Diese Arbeit war besonders hart, unangenehm und monoton. Um das mit dem Vordringen in größere Tiefen immer dringlicher werdende Problem der Wasserhaltung zu lösen, brauchte man hunderte von Arbeitskräften.

Das eindringende Wasser wurde zunächst per Hand mit Eimern geschöpft. Daneben wurden einfache Saugpumpen, die in manchen Bergwerken zu mehreren Hundert hintereinandergeschaltet wurden, eingesetzt. Mit dem technischen Fortschritt kamen auch in wenigen Fällen Nachbauten einer holländischen Feuerwehrspritze oder Archimedische Schrauben (*suijōrin* 水上輪) zum Einsatz. Aus

---

43    Vgl. KOBATA: *Nihon kōzanshi no kenkyū*, S. 10f.
44    Vgl. OGI: *Kinsei kōzan shakaishi no kenkyū*, S. 206.
45    Vgl. YAMAGUCHI: „Kinginzan no gijutsu to shakai", S. 165.

Sado wird aus den 1630er Jahren das Beispiel eines Unternehmers überliefert, der 260 Archimedische Schrauben hintereinanderschaltete. Damit konnte er das Wasser über 200 Meter heben. Pro Tag waren dazu 780 Arbeiter notwendig.[46]

Wenn das lokale Arbeitskräftereservoir nicht ausreichte, wurden in manchen Bergwerken wie Sado z. B. Bauern zwangsverpflichtet. Eine besondere Situation ergab sich für manche Bergwerke im 18. Jahrhundert, als das *bakufu* die Arbeit im Bergwerk und besonders in der Wasserhaltung als Disziplinierungsmaßname nutzte, um der wachsenden Zahl von in den Städten nicht ordnungsgemäß gemeldeten Zuwanderern und Wohnsitzlosen, insbesondere in Edo, zu begegnen. So wurden auf Initiative des *bakufu* – zunächst gegen den Widerstand der Bergwerksverwaltung – ab 1778 „unschuldige" Wohnsitzlose (*mushuku*) nach Sado gebracht und als Wasserknechte eingesetzt. Später waren auch zunehmend verurteilte Verbrecher darunter, derer man sich in Edo auf diese Weise entledigte. Für die meisten dieser Zwangsarbeiter war die Verbringung nach Sado ein Todesurteil, da die wenigsten die Arbeit des Wasserschöpfens lange überlebten und keine Aussicht bestand, die Insel wieder zu verlassen. Nur ganz wenige erlangten nach guter Führung die Erlaubnis, sich in Aikawa anzusiedeln.[47]

Solche Strafmaßnahmen und die extrem schlechten Bedingungen, unter denen die Wasserknechte dort arbeiten mussten, trugen dazu bei, dass sich der Ruf des Bergwerks Sado und einiger anderer im Land rapide verschlechterte. Bis heute ist das Problem der *mushuku* ein dunkler Punkt in der Vergangenheit der „Goldinsel" Sado, vor allem da diese nicht verurteilt waren und somit als „unschuldig" galten. 1853 stellte man auf dem Gelände eines ehemaligen Nichiren-Tempels einen eigenen Grabstein für die knapp 2000 Zwangsarbeiter auf, die von 1778 bis 1861 nach Sado verbracht wurden und deren Gräber man nicht kennt.[48]

## 9   Die rechtliche Stellung der Bergleute

Die Verwaltung der Bergwerke war, wie gezeigt, in die allgemeine Verwaltungsstruktur des *bakufu* bzw. der Lehensfürstentümer eingebunden. Innerhalb dieses Rahmens besaßen die Bergwerke und die zugehörigen Siedlungen in der

46   Vgl. Isobe: *Mushukunin*, S. 22. Diese Archimedischen Schrauben wurden kurze Zeit später von eindringendem Wasser geflutet und offenbar zerstört. Später ging man zu einfachen Pumpen und dem Schöpfen mit Eimern zurück.

47   Ausführlich dazu die Beiträge von Isobe (*Mushukunin*, 1964) sowie Fumoto: *Sado kinginzan shiwa*, S. 249–268 u. Tanaka: *Sado Kinginzan no shiteki kenkyū*, S. 388–408.

48   Eigene Berechnungen nach Isobe (*Mushukunin*, S. 226–229) ergaben 1858 Personen, die in den knapp 100 Jahren nach Sado verbracht wurden; verschiedene Quellen zu diesem Thema vgl. Tanaka: *Sado Kinginzan no shiteki kenkyū*, S. 388–412.

Regel eine eigene Rechtsordnung (*yama hō* 山法), die den *yamashi* und der Bevölkerung in den Siedlungen eine gewisse Freiheit gab, ihre Belange selbst zu
regeln.[49] Viele dieser Ordnungen weisen ähnliche Bestimmungen auf wie der erwähnte, TOKUGAWA Ieyasu zugeschriebene Bergbau-Erlass.

Drei Aspekte lassen sich bei der Rechtsordnung in den Bergwerken unterscheiden: Der Aspekt der „Freiheit des Berg(werk)s" (*yama no jiyū* 山の自由),
verbunden mit dem Privileg, der Obrigkeit in begrenztem Umfang den Eintritt
zu verwehren (*funyū* 不入), die den Bergbau selbst betreffenden Regularien sowie die allgemeinen, vom *bakufu* oder den Lehensfürsten erlassenen Gesetze.[50]

Die Erlasse der Obrigkeit wurden am Eingang des Bergwerks in einem An-
schlag (*seisatsu* 制札) zur Kenntnis gebracht und mussten strikt befolgt werden.
Ein Beispiel für ihren Inhalt bieten die Regeln aus dem Jahr 1792 aus Ōkuzo, die
kurzgefasst wie folgt lauteten:

— Die öffentlichen Gesetze (*bakufu* / *han*) sind zu befolgen.
— Die speziellen Regeln für das Bergwerk (*yama-rei* 山例) sind zu befolgen.
— Streiten, Gewaltausbrüche und Glücksspiel sind nicht zulässig.
— Schurken, Verbrecher (*akutōnin* 悪党人) sollen nicht eingestellt werden.
— Der heimliche Abbau und der heimliche Handel mit Erz sind verboten.
— Hausieren im Bergwerksgebiet ist nicht zulässig.
— Nur der Erschließer des Bergwerks (*yamasaki* 山先) darf ein Schwert tragen.
— Beim Transport des geförderten Kupfers oder Bleis ist eine Überprüfung
  durch die Wachen am Umschlagplatz zuzulassen.
— Bettelmönchen und Bettlern ist das Betreten des Bergwerks verboten.
— Die Besichtigung des Bergwerks ist nur Beamten, die eine Erlaubnis des *han*
  haben, zu gestatten.[51]

Weitere Regelungen betrafen auch die Beherbergung von durchreisenden oder
Arbeit suchenden Bergleuten (*watari kanehori* 渡金堀) und deren Anstellung sowie die Belieferung des Bergwerks mit bestimmten Ressourcen (Silber, Blei etc.)
und Lebensmitteln etc.[52] In den speziellen Regularien für das Bergwerk wurden
offenbar die die Produktion, die Arbeit und das Leben im Bergwerk regelnden
Gesetze und teilweise auch Präzedenzfälle und Gewohnheitsrecht festgeschrieben sowie auch die Strafen für Vergehen gegen diese Regeln.[53]

Die Strafen wurden im Bergwerk selbst festgelegt und waren oft drakonisch:
so dienten Körperstrafen, die zum Teil noch aus älteren Epochen stammten, wie
das Abschneiden von Nase oder Ohren oder das einseitige Scheren des Schläfen-

49  Vgl. YAMAGUCHI: „Kinginzan no gijutsu to shakai", S. 168f.
50  Vgl. ebd., S. 168.
51  Zusammengefasst bei OGI: *Kinsei kōzan wo sasaeta hitobito*, S. 29f.
52  Vgl. ders.: *Kinsei kōzan shakaishi no kenkyū*, S. 492ff.
53  Vgl. ebd., S. 497–514.

haars, offenbar zur Stigmatisierung der Verurteilten. Aber auch Geldstrafen und Entlassung waren üblich. Bei Mord waren die Behörden des Lehensfürstentums zuständig, die aber sonst kaum Zugriffsmöglichkeiten auf die Bergwerkssiedlungen hatten.[54]

Die Bergwerksregularien räumten dem Bergwerk gegenüber der Obrigkeit eine starke Stellung ein und wurden gegen Ansprüche des Lehensfürstentums verteidigt. So gab es im Kupferbergwerk Osarizawa 尾去沢銅山 (heute Präfektur Akita) den Fall eines Bergmanns namens Shōhachi, der sich außerhalb des Bergwerks mit jemandem geprügelt hatte: Die *han*-Beamten wollten ihn verhaften und zur Burgstadt bringen; das Bergwerk machte geltend, dass, anders als ein Dorfbewohner, ein Bergmann nicht von *han*-Beamten festgenommen werden durfte. Das Tauziehen zog sich über ein Jahr hin und endete mit einem Sieg für das Bergwerk.[55]

Im Rahmen dieser Rechtsordnung bot das Bergwerk den dort Arbeitenden auch einen gewissen Schutz vor der Obrigkeit. Wer bei der Einstellung den Namen eines *kanako* nannte, unter dem er arbeiten wollte, wurde selten nach Vorstrafen oder Stand gefragt. Insofern waren die Bewohner der Bergbausiedlungen, sofern sie nicht einen Mord verübt hatten oder sich direkt gegen das Lehensfürstentum wendeten, tatsächlich dem unmittelbaren Zugriff der Obrigkeit entzogen. Das war sicher ein Grund für Vorstellungen, wie z. B. bei SATŌ Nobuhiro beschrieben, dass Bergwerke ein Hort für Verbrecher gewesen seien. Die Quellen zeigen allerdings, dass man Unruhestifter und Gewalttäter sehr schnell aus der Gemeinschaft entfernte. Bleiben konnte, wer arbeitete und die Regeln einhielt.

## 10 FORMEN DER SELBSTORGANISATION

Neben der eigenen Rechtsordnung entwickelte sich in den Bergwerkssiedlungen im Laufe der Zeit auch eine Form der Selbstorganisation der Bergleute, die vor allem in der späteren Edo-Zeit fassbar wird. Einer der Ausgangspunkte war wohl das System der *tsuchi-oya*, in dem die *kanako* und ihre Arbeitskräfte organisiert waren. Die Anfänge liegen im Dunkeln, aber später bildeten *kanako* und *kanehori*, d. h. Hauer (*horidaiku*) und Schlepper (*horiko*), Vereinigungen, die zwar keine überregionale Organisation im eigentlichen Sinn darstellten, aber ein Netzwerk formten, das über das einzelne Bergwerk hinausging. Die wichtigsten Funktionen dieses Systems waren die gegenseitige Unterstützung der Bergleute,

---

54 Vgl. ders.: *Kinsei kōzan wo sasaeta hitobito*, S. 30f.
55 Vgl. ebd., S. 35f.

die Weitergabe von Wissen und Technik und die Integration in die (Bergwerks-) Gesellschaft durch soziale Erziehung.[56]

Diese frühe Form der Selbstorganisation ging vermutlich in der zweiten Hälfte der Edo-Zeit zunehmend in das „Bruderschaftssystem" (*tomoko seido* 友子制度) über, eine bis in die Zeit vor dem Zweiten Weltkrieg existierende Form der Arbeiterorganisation im japanischen Bergbau. Die genauen Zusammenhänge sind unklar, und die Frage, ob die *tomoko* in der Edo-Zeit eine Art frühe Gewerkschaft oder doch eher eine Art Gilde darstellten, ist umstritten.[57] Unumstritten hingegen ist, dass sich die *kanako*-Organisation und später die *tomoko*-Vereinigung oft generell für die Interessen der Bergleute einsetzten. Sie verhandelten in Krisen mit der Bergwerksleitung, organisierten Protestmaßnahmen wie verabredete „Massenausflüge", bei denen die Bergleute das Bergwerk verließen und die Arbeit verweigerten, um bessere Arbeitsbedingungen zu erreichen, und waren auch für die Beherbergung und Versorgung von wandernden Bergleuten aus anderen Revieren zuständig.[58]

Aufgenommen als Bergmann wurde man in einer speziellen Zeremonie, bei der ein fiktives Blutsverwandtschaftsverhältnis geschlossen wurde. Der Arzt KADOYA Yōan 門屋養安 (1792–1873) aus Innai beschreibt 1858 in seinem Tagebuch eine solche Zeremonie. Sie wurde im Haus eines bestimmten *kanako* vor einer großen Zahl von Zuschauern durchgeführt. In dieser Zeremonie erhielten Arbeitskräfte, die aus der ländlichen Gesellschaft kamen (*murakata mono* 村方者), den Status von hauptberuflichen Bergleuten und wurden in die Gemeinschaft der Bergleute und in die Bergwerkssiedlung aufgenommen. Dabei vollzog der „Bergmannsanwärter" den Bruch mit dem bisherigen Lebensumfeld (Dorf) und wurde sozusagen neu geboren. Fortan galt der Ort dieser Aufnahmezeremonie als „Geburtsort" (*shusshōyama* 出生山) und wurde bei der Einstellung in einem Bergwerk als solcher vermerkt.[59] Ähnlich wie bei anderen verschworenen Gemeinschaften gab es auch für die bergmännischen Mitglieder eine Fülle von mehr oder weniger geheimen Regeln und Verhaltensweisen, an denen man sich erkennen konnte.

Die Selbstorganisation erfolgte in einem traditionellen, paternalistischen Rahmen, aber sie zeigt, dass die Bergleute sich auch selbst zunehmend als eigenständige Berufsgruppe wahrgenommen haben und als solche versuchten, ihre speziellen Arbeitsbedingungen zu gestalten. Die Weitergabe ihres spezialisierten Wissens, gegenseitige Unterstützung angesichts einer harten, gefährlichen und

---

56  Vgl. ders.: *Kinsei kōzan shakaishi no kenkyū*, S. 612.
57  Vgl. zu diesen Diskussionen MURAKUSHI: *Nihon no kōfu*, Kap. 2, S. 17–38.
58  Beispiele für den Protest bei OGI: *Kinsei kōzan wo sasaeta hitobito*, S. 84–94.
59  Vgl. ebd., S. 43; demnach unterschied man zwischen *san* 産 Geburt und *shusshō* 出生 Geburt als Bergmann.

gesundheitsgefährdenden Arbeit, die Ermöglichung der notwendigen Mobilität in Reaktion auf eine stark schwankende Nachfrage auf dem Arbeitsmarkt, all das waren Aufgaben, die vom System der *tsuchi-oya* und mehr noch von der späteren *tomoko*-Bruderschaft wahrgenommen wurden.

In den bereits erwähnten „Erzählungen über Bergleute" kritisiert der Autor Sugihara Juzan den Übergang vom paternalistischen *tsuchi-oya*-System zu einer stärker horizontal ausgerichteten Gruppenbeziehung (*ko-bun deshi-bun to ieru tō wo musuban* [...] 子分弟子分といへる党を結ばん) als Niedergang des Systems und stellt dieser Entwicklung das Idealbild des „guten Bergmanns in früheren Zeiten" (*inishie no kōfu* いにしへの鉱夫) entgegen. Ein solcher guter Bergmann, ein *yoki kanehori* ヨキカネホリ, hält die von einem Bergmann zu achtenden Gesetze und Regeln ein, erkennt selbstbewusst die soziale Bedeutung seiner Arbeit, die den allgemeinen Reichtum mehrt, arbeitet unabhängig und ohne Familie in verschiedenen Bergwerken und häuft Ehren an, indem er die Arbeit unermüdlich vorantreibt und sich ohne Furcht der schwierigen und gefährlichen Arbeit stellt.[60] Untermauert wird diese Vorstellung bei Sugihara durch beispielhafte Lebensläufe vorbildlicher Bergleute. Ogi spricht im Zusammenhang mit Sugiharas Beschreibung davon, dass hier die Arbeit und die Lebensweise des Bergmanns als ein „Weg des Bergmanns" (*kōfu no michi* 鉱夫の道) zum Ausdruck gebracht und gelehrt werde.[61] Das ist ein weiteres Indiz dafür, dass Anfang des 19. Jahrhunderts, aber vermutlich schon sehr viel früher, der Bergbau und die in ihm Tätigen als eine von anderen gesellschaftlichen Gruppierungen unterscheidbare soziale Einheit wahrgenommen wurden.


## 11 Fazit

Der Bergbau hat zweifellos einen wichtigen Beitrag zur Entwicklung von Wirtschaft und Kultur in der Edo-Zeit geleistet. So trug die Arbeit der Bergleute maßgeblich dazu bei, dass sich Kultur und Kunst entfalten konnten, dass Reichtum und (militärische) Macht entstanden und zur Schau getragen wurden, von buddhistischen Klöstern ebenso wie von weltlichen Burgherren.

Die Bergwerke wurden im Rahmen der Feudalordnung verwaltet, deren Vertreter zwar durchaus ein großes Interesse an der Förderung von Edelmetallen hatten, aber diesen Bereich immer den Bedürfnissen der Landwirtschaft unterordneten. Förderbetrieb und Wohnsiedlungen bildeten eine Einheit, die in den meisten Fällen von der Außenwelt abgeschlossen war und von der Obrigkeit strikt kontrolliert wurde. Dadurch und aufgrund ihrer geographischen Lage in

---

60  Vgl. ders.: *Kinsei kōzan shakaishi no kenkyū*, S. 449.
61  Vgl. ebd., S. 448–453; zum „Weg des Bergmanns" vgl. besonders S. 453.

den Bergen blieben die Bergwerksstädte und -siedlungen isoliert und ihre Entwicklung eng an die Entwicklung der Erzförderung gekoppelt.

Die Arbeitskräfte im Bergbau kamen ursprünglich aus verschiedenen Bevölkerungsgruppen wie Krieger (*bushi* 武士, *rōnin*), Bauern, Händler und Mitglieder städtischer Unterschichten. Ihre Führungsschicht in den großen Bergwerken trug Namen und Schwert und genoss ein gewisses Ansehen. Paternalistische Formen der Arbeitsorganisation, die in der zweiten Hälfte der Edo-Zeit in überregionale Netzwerke übergingen, aber auch die zunehmende Bildung von Familien und die Vererbung des Bergmannberufes führten dazu, dass die verschiedenen Gruppen in die Bergwerksgesellschaft integriert wurden und sich selbst als eine eigene Berufsgruppe wahrnahmen. In Schriften wie den „Erzählungen über Bergleute" werden die dieser Berufsgruppe zugeschriebenen spezifischen gesellschaftlichen und lebensweltlichen Konturen auch allgemein fassbar.

Diese beruflich spezialisierte und relativ mobile Community hatte unterhalb des allgemeinen Rechtsrahmens eine gewisse Freiheit, ihre Belange selbst zu regeln, was durch eigene Regulative und mit paternalistisch geprägten Organisationsformen umgesetzt wurde. Ihre Rechte und Privilegien endeten allerdings „am Zaun", d. h. sie waren an die Existenz des Bergwerks gebunden und nicht ohne dieses gültig.

Isolation, besondere Rechtsstellung und fehlende Interaktion mit der übrigen Gesellschaft nährten aber auch negative Vorstellungen über das Leben und Treiben im Bergwerk und seine Bewohner. Hinzu kam, dass bei der Einstellung als Bergmann oft nicht nach dem Vorleben gefragt wurde, so dass auch Delinquenten dort Arbeit und Unterschlupf finden konnten. Die Nutzung der Bergarbeit zur Disziplinierung und als Strafmaßnahme wie im Falle von Sado und einigen anderen Orten verstärkte diese negative Konnotation weiter.

Das Bild der Bergleute in der Edo-Zeit hat somit viele Facetten. Bergleute waren keine Outcasts im strengen Sinn, obwohl eine gewisse negative Konnotation der Arbeit in den Bergwerken in den Quellen aufscheint. Aber sie blieben eine isolierte und auch zahlenmäßig relativ kleine Berufsgruppe, so dass man trotz der Bedeutung ihrer Arbeit von einer Randgruppe sprechen kann, die anders als die europäischen Bergleute nie in der Mitte der Gesellschaft ankam.

LITERATURVERZEICHNIS

FUMOTO, Saburō 麓三郎: *Sado kinginzan shiwa* 佐渡金銀山史話. Tōkyō: Mitsubishi kinzoku kōgyō ²1973 (1956).

ISHIKAWA, Junkichi 石川準吉: *Ikuno ginzan to Ikuno daikan – Ikuno daikan yori kanjō bugyō ni tai suru rinshi to sono kaitō* 生野銀山と生野代官 — 生野代官

より勘定奉行に対する稟伺とその回答. Tōkyō: Tsūshō sangyō kenkyūsha ²1974 (1959).

ISHIMOTO, Shidzue: *Facing Two Ways. The Story of my Life*. London u. a.: Cassell and Company 1935.

ISOBE, Kinzō 磯部欣三: *Mushukunin – Sado kinzan hishi* 無宿人 — 佐渡金山秘史. Tōkyō: Jinbutsu ōraisha 1964.

KOBATA, Atsushi 小葉田淳: *Zoku Nihon kōzanshi no kenkyū* 続日本鉱山史の研究. Tōkyō: Iwanami shoten 1986.

KOBATA, Atsushi 小葉田淳: „Kōzan 鉱山". In: *Kokushi daijiten* 国史大辞典, Bd. 5. KOKUSHI DAIJITEN HENSHŪ IINKAI 国史大辞典編集委員会 (Hrsg.). Tōkyō: Yoshikawa kōbunkan 1985, S. 354–355.

KOBATA, Atsushi 小葉田淳: „Sanrei gojūsankajō 山例五十三箇条". In: *Kokushi daijiten* 国史大辞典, Bd. 6. KOKUSHI DAIJITEN HENSHŪ IINKAI 国史大辞典編集委員会 (Hrsg.). Tōkyō: Yoshikawa kōbunkan 1985, S. 627–628.

KOBATA, Atsushi 小葉田淳: *Nihon kōzanshi no kenkyū* 日本鉱山史の研究. Tōkyō: Iwanami shoten 1968.

KOBATA, Atsushi: „The Production and Uses of Gold and Silver in Sixteenth- and Seventeenth-Century Japan". In: *The Economic History Review*, New Series, Nr. 18.2 (1965), S. 245–266.

MORI, Tomohisa 森朋久: „Akita-han dō yakunin no shokusei-teki kōsatsu 秋田藩銅役人の職制的考察". In: *Meiji daigaku daigakuin kiyō* 明治大学大学院紀要, Nr. 26 (1989.2), S. 205–221.

MURAKAMI, Ryū 村上隆: *Kingindō no Nihonshi* 金銀銅の日本史 (Iwanami shinsho 岩波新書). Tōkyō: Iwanami shoten 2007.

MURAKUSHI, Nisaburō 村串仁三郎: *Nihon no kōfu. Tomoko seido no rekishi* 日本の鉱夫　友子制度の歴史. Tōkyō: Seikai shoin 1998.

NAKANO, Yoshifumi 仲野義文: *Ginzan shakai no kaimei – Kinsei Iwami ginzan no keiei to shakai* 銀山社会の解明 — 近世石見銀山の経営と社会 (San'in kenkyū shirīzu 山陰研究シリーズ). Ōsaka: Seibundō 2009.

NATSUME, Sōseki: *Der Bergmann (Kōfu)* [übers. v. Franz HINTEREDER-EMDE]. Berlin: be.bra Verlag 2016.

NATSUME, Sōseki 夏目漱石: *Kōfu* 坑夫 (Natsume Sōseki zenshū 夏目漱石全集 5). Tōkyō: Kadokawa shoten 1978.

OGI, Shin'ichirō 荻慎一郎: *Kinsei kōzan wo sasaeta hitobito* 近世鉱山をささえた人びと (Nihonshi riburetto 日本史リブレット 89). Tōkyō: Yamakawa shuppan 2012.

OGI, Shin'ichirō 荻慎一郎: *Kinsei kōzan shakaishi no kenkyū* 近世鉱山社会史の研究. Kyōto: Shibunkaku shuppan 1996.

SAITŌ, Sanenori 斎藤実則: *Kōzan to kōzan shūraku – Akita-ken no kōzan to shūraku no eiko seisui* 鉱山と鉱山集落 — 秋田県の鉱山と集落の栄枯盛衰. Tōkyō: Ōmeidō 1980.

SATŌ, Nobuhiro 佐藤信淵: *Kōjō hōritsu* 坑場法律, 1827. Nachdruck in: *Nihon kagaku koten zensho* 日本科学古典全書, Bd. 9, Teil 3: *Sangyō gijutsu hen*. *Saikō yakin* 産業技術篇　採鉱冶金 1. SAIGUSA Hiroto 三枝博音 (Hrsg.). Tōkyō, Ōsaka: Asahi shinbunsha 1942, S. 1–67.

TANAKA, Keiichi 田中圭一: *Sado kinginzan no shiteki kenkyū* 佐渡金銀山の史的研究. Tōkyō: Tōsui shobō ²1991 (1986).

WADA, Miyuki 和田美幸: „Edo jidai kōzan machi no tokushitsu 江戸時代鉱山町の特質". In: *Tatara seitetsu, Iwami ginzan to chiiki shakai – Kinsei kindai no Chūgoku chihō* たたら製鉄・石見銀山と地域社会 — 近世近代中国地方. SAGARA EISUKE SENSEI TAISHOKU KINEN RONSHŪ KANKŌKAI 相良英輔先生退職記念論集刊行会 (Hrsg.). Ōsaka: Seibundō 2008, S. 155–172.

WATANABE, Kazuo 渡部和男: *Innai ginzan shi* 院内銀山史. Akita: Mumeisha shuppan 2009.

YAMAGUCHI, Keiji 山口啓二: „Kinginzan no gijutsu to shakai 金銀山の技術と社会". In: *Saikō to yakin* 採鉱と冶金 (Kōza: Nihon gijutsu no shakaishi 講座日本技術の社会史 5). NAGAHARA Keiji 永原慶二 u. YAMAGUCHI Keiji 山口啓二 (Hrsg.). Tōkyō: Nihon hyōronsha 1983, S. 141–176.

# Fürstenprivilegien oder Bettlerarmut – Statuskonstruktionen und Berufsbilder blinder Männer in der Edo-Zeit

## Ingrid Fritsch

Bei uns rühmen sich die Adligen, Saiteninstrumente zu spielen; in Japan ist es das Amt von Blinden [...]. Bei uns sind die Blinden sehr friedliebend; in Japan sehr streitsüchtig, tragen Stöcke und Wakizashi [-Schwerter] und sind sehr verliebt (Luis FROIS S.J., 1585).[1]

## 1 EINLEITUNG

Spätestens seit dem 13. Jahrhundert haben blinde Menschen eine besondere Rolle in der japanischen Kultur gespielt. Die Erschaffung und Überlieferung der „Erzählungen von den Heike" (*Heike monogatari* 平家物語) geht auf Blindentradition zurück, große Bereiche der edo-zeitlichen Musik sowie der Heilkünste (Akupunktur und Massage) wurden von ihr geprägt, und die Philologie empfing eine unschätzbare Bereicherung durch die bis 1819 edierte monumentale Quellensammlung „Klassifizierte Schriftenanthologie" (*Gunsho ruijū* 群書類従), die von dem blinden HANAWA Hokiichi 塙保己一 (1746–1821) zusammengestellt wurde.

Wie sehr Blinde zum Alltagsbild Japans gehörten, zeigt sich an der Vielzahl von Sprichwörtern, witzigen Geschichten, Legenden und Theaterstücken (*zatō kyōgen* 座頭狂言), in denen Blinde belächelt, betrogen, verehrt und verteufelt werden. Ermöglicht wurde der große Wirkungsbereich durch eine Monopolisierung ihrer Berufe und den Zusammenschluss in gildenartige, hierarchisch strukturierte Verbände, die auch als eine Art Selbsthilfe-Organisationen zu sehen sind.

Blinde befanden sich als Menschen mit Behinderung zwar außerhalb der „Normalität" – und waren damit häufig negativ konnotiert und diskriminiert –, doch führten sie kein Schattendasein, und ihre Geschichte stellt in Japan keineswegs eine *invisible history* dar. Im Folgenden wird ihre Präsenz im soziopolitischen Kontext der Edo-Zeit (1603–1868) verdeutlicht und untersucht, welche existentiellen Möglichkeiten die Shōgunatsregierung (*bakufu* 幕府) bot und welche Maßnahmen seitens der Sehbehinderten ergriffen wurden. Dabei stellen sich auch Fragen nach Ausmaß und Bedeutung staatlicher Wohlfahrt, dem dialek-

---

1 FROIS: *Kulturgegensätze Europa – Japan (1585)*, S. 249.

tischen Verhältnis von gesellschaftlicher Integration und Segregation[2] und der Platzierung und Mobilität im neuzeitlichen Standesgefüge.


## 2   GESELLSCHAFTSORDNUNG IN DER EDO-ZEIT

Von entscheidender Bedeutung für das Leben eines jeden Einzelnen in der edo-zeitlichen Gesellschaft waren zwei grundlegende Kategorien: soziale Stellung (*mibun* 身分) und Kontrolle (*shihai* 支配). Die Erwähnung des Wortes *mibun* nimmt seit Ende des 18. Jahrhunderts drastisch zu, und der Hinweis auf ein „dem Status nicht-entsprechendes, unschickliches Benehmen" (*mibun fusōō* 身分不相 応) als Normverstoß kommt in Bekanntmachungen und Gesetzestexten häufiger vor.[3] Das Bewußtsein des standesgemäßen Verhaltens und der verantwortungs-vollen Erfüllung damit verbundener Aufgaben (*yaku* 役) durchdrang sämtliche Lebensbereiche; es bestimmte – oder sollte bestimmen –, wer wie mit wem in welcher Art agieren und kommunizieren durfte, wie man zu wohnen, zu essen und sich zu kleiden hatte. Mit einer ständig weiteren Ausdifferenzierung der ge-sellschaftlichen Beziehungen und der Zunahme wirtschaftlicher Möglichkeiten seit der Mitte des 18. Jahrhunderts wurden auch überkommene Rollenzuschrei-bungen mehrdeutiger und damit noch komplexer und unüberschaubarer.

Der zweite Grundpfeiler der *bakufu*-Regierung betraf folgerichtig das Kon-zept der überall gegenwärtigen Aufsicht und Kontrolle (*shihai*). Für jede über *mibun* definierte Gruppe und Untergruppe wurden, häufig aus den eigenen Rei-hen, Führungs- und Verwaltungsinstanzen eingesetzt, die über das regelkonfor-me Verhalten ihrer Mitglieder rechenschaftspflichtig zu wachen hatten. Der *mi-bun*-Status einer Person war somit auch erkennbar an deren mehr oder weniger freiwilligen Registrierung bei einer Verwaltungsorganisation. Im Bestreben, die Vielfalt der verachteten Berufe möglichst einfach und effektiv zu kontrollieren, kategorisierte die TOKUGAWA-Regierung sie in einige wenige Verwaltungsein-heiten, die besonders in der Hauptstadt Edo und dem Kantō-Gebiet wirksam wurden. In Westjapan unterstanden „niedere, verfemte Berufsgruppen" (*senmin* 賤民) manchmal direkt dem Verwaltungszentrum des jeweiligen Daimyats oder des Shōgunats. Im Wesentlichen seien kurz die folgenden Gruppierungen in Edo genannt:

— *eta* 穢多, d.h. aufgrund der beruflichen Tätigkeit als „stark Verunreinigte" geltende und daher stigmatisierte Personen;

— *hinin* 非人, Personen, die qua Geburt permanent oder ausgeübter Tätigkeit

---

2   Vgl. die Arbeit von HANSEN / SPETSMANN-KUNKEL (*Integration und Segregation*, 2008).

3   Vgl. GROEMER: *Street Performers and Society in Urban Japan, 1600–1900*, S. 15; 42, Anm. 24.

temporär als „Nicht-Menschen" außerhalb der Statusgesellschaft standen[4];
— *gōmune* 乞胸, d. h. Straßen-und Bettelkünstler unter der Führung von Yamamoto Nidayū 山本仁太夫. Unter seiner Verwaltung standen z. B. Jonglier-
künstler (*ayatori* 綾取, *tsuji-hōka* 辻放下), *Edo-manzai* 江戸萬歳, Rezitatoren
von *jōruri* 浄瑠璃-Balladen und dramatisch oder melodiös vorgetragenen
Sutraerklärungen (*sekkyō* 説教) sowie Imitationskünstler (*monomane* 物真
似). Ihr *mibun* als Outcast bezog sich aber nur auf ihren Beruf und konnte abgelegt werden, wenn sie ihre *gōmune*-Lizenz an Nidayū zurückgaben.[5]
Nidayū, seinerseits Untergebener vom *hinin*-Oberhaupt Kuruma Zenshichi
車善七 in Edo und damit indirekt vom *eta*-Oberhaupt Danzaemon 弾左衛門,
erhob auch Anspruch auf die Kontrolle der Straßenkünstler, die in Buden auf
Schrein- und Tempelgeländen Kuriositäten aller Art zur Schau stellten (*misemono* 見世物) und er geriet damit immer wieder in Konflikte mit der nächsten
Gruppe, die hier noch zu erwähnen ist;
— *yashi* 香具師, also Straßenhändler, die alles mögliche feilboten und zum An-
locken der Käufer auch Unterhaltungskünste aufführten; ihr Beruf bzw. *mibun* schwankte zwischen Handwerker, Kaufmann und nomadischem Unter-
haltungskünstler.[6]

Neben diesen Gruppen gab es anderes „niederes Volk" (*zasshu senmin* 雑種賤
民), häufig nicht sesshaft, welches aufgrund gesetzlicher Regelungen und gesellschaftlicher Normen marginalisiert wurde, so etwa auch Vertreter von heute
als „klassisch" angesehenen Musik- und Bühnenkünsten, wie etwa Nō, Kabuki
und Puppentheater (*ningyō jōruri* 人形浄瑠璃). Die Nähe solcher Unterhaltungsformen zu Outcast-Gruppen und die sich daraus entwickelnden Auseinandersetzungen und Querelen bestimmten auch das Leben vieler blinder Menschen in
der Edo-Zeit.

Um einer Outcast- bzw. *hinin*-Zuordnung zu entgehen, gab es mehrere Möglichkeiten: etwa der im allgemeinen fingierte Nachweis guter Beziehungen zu
früheren Herrschern und Adelsfamilien mit jahrhundertealten verbrieften Son-
derrechten oder die (vorgebliche) Registrierung bei einer anerkannten klerikalen
Institution.[7] Die Berufung auf religiöse Aktivitäten war eine gern genutzte Ver-
teidigungsstrategie, wenn Patrouillen der *hinin* kamen und Bettler ihrer Organisation einverleiben wollten.

4   Zu *eta* und *hinin* vgl. die Beiträge von Stephan KÖHN, Klaus VOLLMER und Volker ELIS in die-
    sem Band.
5   Vgl. WENDEROTH: *Sekizoro*, S. 81; 149–152. Zur Lesung Nidayū (bzw. bei WENDEROTH
    Jindayū) vgl. GROEMER: *Street Performers and Society in Urban Japan, 1600–1900*, S. 40,
    Anm. 4.
6   Vgl. ebd., S. 31f.; 268–336.
7   Vgl. dazu FRITSCH („The Sociological Significance of Historically Unreliable Documents in
    the Case of Japanese Musical Guilds", 1991).

## 3 BEHINDERTE IN DER EDO-ZEIT

Die sozioökonomischen und politischen Veränderungen seit Beginn der Shōgu-nats- und Daimyō-Regierung hatten für die gesellschaftliche Akzeptanz behinderter Menschen weitreichende Folgen. Während in den ländlichen Großhaus-halten des Mittelalters behinderte Kinder meist auch nach dem Erwachsenwerden in ihren Familien blieben und dort versorgt wurden, brachte ihre Existenz in der neuzeitlichen monogamen Kleinfamilie (*tankon shōkazoku* 単婚小家族) nicht nur für die Anverwandten, sondern für die gesamte Dorfgemeinschaft gravie-rende Probleme mit sich. Schließlich war das Dorf als Ganzes für die Jahresab-gaben, die dem Feudalherrn zu entrichten waren, verantwortlich und somit auf die Kooperation aller registrierter Bewohner angewiesen.[8] Entscheidend für die Anerkennung einer Person als vollwertiges, verantwortliches (Dorf-)Mitglied (*ichininmae no hyakushō* 一人前の百姓) war deren Fähigkeit zu effektiver Mitar-beit, andernfalls wurde sie schnell als „Schmarotzer" (*kakariudo* 掛人) und „Bal-last" (*yakkai* 厄介) abgestempelt. Die Behinderungswahrnehmung richtete sich also nach dem Grad der Eingliederungsmöglichkeit in den normalen Arbeits-ablauf. In einem System, in dem das Kriterium des gesellschaftlichen Nutzens ausschlaggebend war, sollten auch behinderte Menschen kein faules Leben füh-ren (*mui toshoku* 無為徒食). Ohne familiäre oder dörfliche Unterstützung ende-ten aber viele gehandicapte Menschen als invalide Bettler und landeten damit unter den Fittichen der *hinin*-Verwaltung. Wohl auch um diesem Schicksal zu entgehen, schlossen sich Blindengruppen stärker und effektiver zusammen. In der Behindertengeschichte Japans nehmen diese autonomen, offiziell außerhalb des Einflussbereichs von Outcast-Verwaltungen angesiedelten Organisationen einen besonderen Platz ein, den keine andere Handicap-Gruppe für sich errei-chen konnte.

## 4 DIE BLINDENORGANISATION TŌDŌ-ZA

In der Edo-Zeit existierten Gemeinschaften blinder Männer (*tōdō-za* 当道座 und *mōsō* 盲僧) und Gruppierungen blinder Frauen (*goze* 瞽女 sowie Schamaninnen unterschiedlicher Bezeichnungen). Einzig die *tōdō-za* besaß eine für ganz Japan geltende Dachorganisation, die anderen Gruppen hatten jeweils nur einen be-schränkten regionalen Einflussbereich. Unklar, und lokal unterschiedlich, ist das

---

8 Laut KATŌ („Kinsei no shōgaisha to mibun seido", S. 130f.) waren Schwerbehinderte, also auch blinde Bauern, zwar von der Fronarbeit (*bueki* 夫役) befreit, mussten aber Ersatzabgaben leisten.

Abhängigkeitsverhältnis der *gōze* zur *tōdō*-Verwaltung. Mit Ausnahme dieser Wandermusikerinnen, die zur Shamisen-Begleitung Lieder und Balladen vortrugen und an den Haustoren segenbringende Floskeln sangen (*kadozuke* 門付), wurden alle anderen Blindenberufe zu Beginn der Meiji-Zeit (1868–1912) verboten.

Seit dem ausgehenden 10. Jahrhundert werden in der Literatur blinde Lautenspieler (*biwa hōshi* 琵琶法師) erwähnt, die Erzählungen und Balladen vortrugen und auch Gebete rezitierten. Nachdem Anfang des 13. Jahrhunderts das *Heike monogatari* geschaffen worden war, spezialisierten sich einige ganz auf dessen Rezitation (*heikyoku* 平曲), distanzierten sich von ihren ehemaligen Kollegen und schlossen sich wohl zu Beginn des 14. Jahrhunderts zu einer gildenmäßigen Organisation zusammen, die bis 1871 bestehen blieb.

Im 17. Jahrhundert, als in der allgemeinen Bevölkerung die Popularität des *heikyoku* zurückging, verschaffte sich dieser, nur aus männlichen Blinden bestehende Berufsverband zusätzlich noch das Monopol über die professionelle Ausübung der von den Instrumenten Koto, Shamisen und Spießgeige (*kokyū* 胡弓) getragenen Kammermusik sowie die Berufe der Akupunktur, Moxa-Heilkunst und Massage.

Die Organisation, die durch Sonderrechte von der TOKUGAWA-Regierung begünstigt wurde, gab sich eine äußerst differenzierte, streng hierarchische Ordnung nach „Blindenrängen" (*kokan* 瞽管, *mōkan* 盲官), deren einzelne Positionen erkauft werden mussten. Das System bestand aus insgesamt 73 (67) Ebenen (*kizami* 刻), gegliedert in sechzehn Stufen und vier große, titelgebende Ränge: *zatō* 座頭 (Ebenen 4–18)[9], *kōtō* 勾当 (Ebenen 19–53), *bettō* 別当 (Ebenen 54–63) und *kengyō* 検校 (Ebenen 64–72).[10] Die Titel waren klerikalen Rängen nachgebildet, und die für alle sichtbare Tonsur der Mitglieder verwies ebenfalls auf die Analogie zum Priestertum. Die allerersten Ebenen 1–3 (*uchikake* 打掛) zählten nicht als Stufe, diese begann, wie gesehen, erst mit dem untersten *zatō*-Titel ab Ebene 4.

Während diese Titel ursprünglich die künstlerischen Fähigkeiten bei der Rezitation des *Heike monogatari* anzeigten, erfolgte in der Edo-Zeit der Aufstieg, wenn man die jeweils dafür vorgeschriebenen Gebühren bezahlte.[11] Die Aufnah-

---

9  Die Bezeichnung *zatō* bezog sich sowohl auf den entsprechenden Rang als auch allgemein auf die Mitgliedschaft in der *tōdō* und wurde manchmal auch in Vernachlässigung der eigentlichen Bedeutung im Volksmund allgemein für Blinde benutzt, auch wenn sie nicht der Organisation angehörten.

10  Zur Diskussion der Anzahl der Ebenen (je nach Zählweise werden in *tōdō*-Schriften zwischen 67 oder 73 genannt) vgl. KATŌ: *Nihon mōjin shakaishi kenkyū*, S. 179.

11  Vgl. die Tabelle der Ränge und Gebühren (*kankin* 官金) bei KATŌ: „Kinsei no shōgaisha to mibun seido", S. 160f.

mekosten in die erste, unterste Ebene (*han-uchikake* 半打掛), betrugen 4 *ryō*[12], dann bezahlte man Ebene für Ebene recht unterschiedliche Preise – z. B. für den höchsten *zatō*-Rang 25 *ryō* und für die unterste *kengyō*-Ebene 45 *ryō* –, bis man in der Hierarchie ganz oben angekommen, insgesamt etwa 720 *ryō* für die erfolgreiche Karriere in der *tōdō-za* ausgegeben hatte.

Für die allermeisten Mitglieder waren die oberen Ränge unerschwinglich. Über 90 % kamen nicht über die dritte Stufe im *zatō*-Rang eines *shūbun* 衆分 (Ebene 11–13) hinaus, und nur etwa 8 % erreichten überhaupt die Aufnahme in die beiden oberen Ränge.[13] Die Anzahl der jährlichen Ernennungen zum *kengyō* spiegelt auch die jeweilige allgemeine Wirtschaftslage wider. In der Jōkyō- (1684–88) und Genroku-Zeit (1688–1704) gelang pro Jahr durchschnittlich sechs Mitgliedern der *tōdō-za* dieser Karrieresprung, während vorher jährlich höchstens drei *kengyō*-Ernennungen verzeichnet sind.[14] Seinen Höhepunkt erreichte der Anstieg im Jahr Shōtoku 2 (1712) mit 74 *kengyō*-Ernennungen. In Zeiten des wirtschaftlichen Aufschwungs konnten blinde Musiker und Akupunkturärzte mehr finanzielle Unterstützung durch ihre Familien oder einflussreiche Mäzene der *chōnin*- und *bushi*-Schicht erhalten.

Der Eintritt in die *tōdō-za* erforderte eine behördliche Genehmigung des jeweiligen Daimyats, da hiermit – ähnlich wie bei priesterlichen Novizen – ein Austritt aus der bisher angestammten (Bauern-)Bevölkerung und eine Statusänderung verbunden waren.[15] Viele Blinde übersiedelten, meist noch im Kindesalter, in das Haus ihres Lehrers, wo sie mit ein, zwei weiteren Schülern eine Art Familie bildeten. Nach der offiziellen Aufnahme in die *tōdō-za* wurde ihr *mibun*-Status im Zensusregister (*ninbetsuchō* 人別帳) geändert, und sie standen von nun an unter der Verwaltung der Blindenorganisation. Ihre Zugehörigkeit zum Dorf und zum Kreismagistrat blieb zwar bestehen, doch sie wurden nun mit einem speziellen Status (z. B. *zatō* oder *goze*), gesondert von der allgemeinen Dorfbevölkerung, in einer Reihe etwa mit Bergasketen (*yamabushi* 山伏), Straßenkünstlern (*geinin* 芸人), Priestern (*shukke* 出家) oder auch Diskriminierten (*hisabetsumin* 被差別民) üblicherweise am Ende eines Behördendokuments aufgeführt.

Die Mitgliedschaft in der *tōdō-za* war unter Umständen auch mit einem mehrmaligen Namenswechsel verbunden. Bereits ohne in die erste Ebene auf-

---

12  Die Gewichts- und Währungseinheit *ryō* 両 entsprach etwa 15 Gramm Gold. Münzen im Wert von einem *ryō* hießen *koban* 小判. Ihr Goldwert unterlag allerdings im Lauf der Edo-Zeit großen Schwankungen.

13  Vgl. Katō: „Kinsei no shōgaisha to mibun seido", S. 162. Katō wertet von der Genroku-Zeit bis zum Ende der Edo-Zeit reichende Angaben im „Protokoll über den Eintritt in die *zatō*-Organisation" (*Zatō nyūmon nikki* 座頭入門日記) (o. A.) aus. Die Schrift ist als Digitalisat der Japanischen Nationalbibliothek verfügbar.

14  Vgl. ebd., S.166.

15  Dies gilt auch für die *goze*-Organisationen blinder Frauen.

genommen worden zu sein, erhielt man als Anfänger (*shoshin* 初心) einen Blin-
denstock und einen *tōdō-za*-Namen, der später hierarchieabhängig modifiziert
wurde. Ab der obersten *zatō*-Stufe (*shido* 四度 oder *zaimyō* 在名; Ebenen 14–18)
änderte sich das *mibun*-Ansehen erheblich. Es wurde erlaubt, einen Familienna-
men zu führen (z. B. SUGIYAMA Zatō Waichi 杉山座頭和一) – ein Standesprivileg,
das in der Edo-Zeit dem Samuraistand vorbehalten war –, im Freien seine Be-
diensteten ein Langschwert tragen zu lassen, einen langstieligen Schirm aufge-
spannt zu bekommen und in einer besonderen Sänfte befördert zu werden.[16] Erst
ab dieser, obersten *zatō*-Ebene nahm man auch an der Verteilung der Ranggebühren teil, auf die im Folgenden noch genauer eingegangen wird.

Für alle Stufen waren Rechte und Pflichten aufs genaueste geregelt: Der Rang
eines Mitglieds war bereits äußerlich an Stoff, Farbe und Stil seiner Kleidung sowie der Beschaffenheit des Blindenstockes er-
kennbar. Die Benutzung eines Bambusstockes
war den Mitgliedern nicht gestattet. Bambus-
verarbeitung war ein verachtetes Handwerk
und mit den Angehörigen dieses Berufsstan-
des wollte die *tōdō-za* nicht in Zusammenhang
gebracht werden. Die Kommunikation unter
den Mitgliedern der *tōdō-za* war geprägt von
hierarchie-abhängigen Verhaltensvorschriften,
über deren korrekte Ausführung sehende Diener der hochrangigen Blinden wachten (vgl.
Abb. 1).

Abb. 1: Begrüßung zwischen einem *shoshin*
und einem *kengyō*; in: *Shiji no yukikai*, 1789.

Das System der käuflichen Ränge, der Pomp und Prunk, den hochrangige
Mitlieder der *tōdō-za* zu Schau stellten, wirkte nicht nur auf das „einfache Volk"
eindrucksvoll; tatsächlich wurde der eigentlich organisationsinterne hohe Status
auch von der *bakufu*-Regierung anerkannt; ein *kengyō* galt so viel wie ein *hatamoto* 旗本–Vasall.[17] *Kōtō*- und *kengyō*-Titelinhaber erhielten Einladungen bei
Lehensfürsten, und zur Einführung eines neuen *sō-kengyō* 総検校, der in Kyōto
an der Spitze der Blindenorganisation stand, gewährte ihm der Shōgun eine Au-
dienz im Schloss von Edo.[18] Hochrangige blinde Männer, die als Akupunkturärzte oder Musiker für Daimyōs arbeiteten, wurden mit Formalitäten empfan-
gen, wie sie sonst nur konfuzianischen Gelehrten oder Tee-Meistern vorbehalten
waren.

Indem Blinde bei Eintritt in die *tōdō-za* ihre Familie und ihren angestammten Status aufgaben, war es ihnen – falls sie finanzkräftig und geschäftstüchtig

---

16   Vgl. KATŌ: „Kinsei no shōgaisha to mibun seido", S. 165.
17   Vgl. TAKAHASHI: „Edo jidai no shakai kyūsai", S. 36.
18   Vgl. KATŌ: „Kinsei no shōgaisha to mibun seido", S. 168.

genug waren – durchaus möglich, dauerhaft bis in den Samuraistand aufzusteigen, auch wenn sie ursprünglich aus einfachen Verhältnissen kamen. Berühmtes Beispiel dafür ist YONEYAMA Kengyō Gin'ichi 米山検校銀一 (späterer Name OTANI Rōichi 男谷銀一, 1702–72), der Urgroßvater des Marineexperten und Staatsmannes KATSU Kaishū 勝海舟 (1823–99). YONEYAMA entstammte einer Bauernfamilie in Echigo, arbeitete nach seiner Erblindung als Akupunkturarzt in Edo, verlieh in großem Stil gegen Wucherzinsen sein Geld und wurde im Jahr Genbun 4 (1739) mit 38 Jahren *kengyō*. Durch seine Finanzgeschäfte und seinen Reichtum gelang es ihm, sechs seiner neun Kinder durch Einheirat oder Adoption in den Samuraistand zu bringen.[19] Auch HANAWA Hokiichi, Kompilator des erwähnten *Gunsho ruijū*, stammte aus einer Bauernfamilie.

Die *tōdō*-Organisation war in ganz Japan verbreitet und es gab überall Verwaltungshäuser (*shioki yashiki* 仕置屋敷), die für die Belange der regionalen Gruppen zuständig waren. Zentrum war seit Mitte des 16. Jahrhunderts das Hauptquartier (*shokuyashiki* 職屋敷) in Kyōto, das auch die alleinige Verkaufsautorität der Ränge besaß. Alle Gelder gingen zuerst hier ein. In Kyōto residierte der Vorsteher (*sō-kengyō*, auch *shoku-kengyō* 職検校), in der Regel der älteste Inhaber des obersten Ranges. Wichtige Entscheidungen wurden in einem Zehnergremium getroffen. Ende des 17. Jahrhunderts kam für kurze Zeit noch ein Zentralamt in Edo, das *sōroku yashiki* 惣録屋敷, hinzu, als der inzwischen in der Hierarchie weiter aufgestiegene SUGIYAMA Kengyō Waichi, der Leibarzt des Shōgun TOKUGAWA Tsunayoshi 徳川綱吉 (1646–1709), das Amt des *shoku-kengyō* übernehmen sollte, die Hauptstadt Edo aber nicht verlassen durfte.

Die *tōdō-za* hatte eine eigene Gerichtsbarkeit, die zeitweilig auch zur Verhängung der Todesstrafe berechtigt war.[20] Ein Urteil erfolgte durch das Zehnergremium in Kyōto, bei Meinungsverschiedenheiten wurde das *bakufu* zu Rate gezogen.[21] Verbrechen, bei denen Außenstehende beteiligt waren, wurden erst vom *bakufu* entschieden, die Ausführung der Strafe oblag aber der *tōdō-za*. Zumindest in Edo hat die Organisation wohl auch manchmal die Bestrafung blinder Nichtmitglieder übernommen.[22] Als z. B. ein blinder Shamisen-Spieler, der kein registriertes Mitglied war, unter Alkoholeinfluss seinem Kontrahenten bei einer Schlägerei seine Tabakspfeife ins Auge stach, wurde er vom *bakufu* zu einer Haftstrafe verurteilt, die ihn dann an den *sōroku* in Edo überstellte. In dessen Gebäude gab es auch Gefängniszellen – die übrigens in ihrer Annehmlich-

---

19  Vgl. ebd., S. 170f.

20  Vgl. ISHII: „Zatō shioki", S. 771. Formen der Todesstrafe waren z. B. *ishikozume* 石子詰 (Lebendigbegraben unter Steinen) oder *sumaki* 簀巻 (Einwickeln in eine Matte und ins Wasser werfen); vgl. KATŌ: „Kinsei no shōgaisha to mibun seido", S. 157.

21  Vgl. auch ŌKUMA: *Mōjin no seikatsu*, S. 164 ff.

22  Vgl. den Beitrag von ISHII („Zatō shioki",1994) sowie KATŌ: *Nihon mōjin shakaishi kenkyū*, S. 220.

keit nach Blindenrangzugehörigkeit differenziert waren.[23] Immer wieder wird in *tōdō*-Schriften vor einem Umgang mit niederem Volk gewarnt:

> Wer in die verachtenswerten Häuser von *maimai*-Tänzern, *sarugaku*-Schauspielern und solchem Volk zum Saketrinken geht, der muss seine [*tōdō*-]Kleidung ablegen und wird aus der Gilde [*za*] ausgeschlossen.[24]

Gegen die sakrale Berufsausübung nach dem Vorbild ihrer eigenen *biwa hōshi*-Musikerahnen war die *tōdō*-Verwaltung hart. In Satzungen heißt es:

> Blinde *tōdō*, die das „Sutra für die Erdgottheiten" (*Jishinkyō* 地神経) rezitieren, dürfen [nur] bis zur neunten Ebene gelangen [...]. Wenn man allerdings das Sutrasingen aufgibt und sich dem *tōdō*-Weg widmet, kann man sehr wohl aufsteigen.[25]

Die meisten *biwa*-Kollegen, die sich als so genannte „blinde Mönche" (*mōsō*) mehr der Religionsausübung verpflichtet sahen, verzichteten allerdings darauf und bildeten eigene Gruppen.

Zwischen der *tōdō-za* und diesen Laute-spielenden Mönchen, die auch schon mal zur Unterhaltung Possen und Balladen vortrugen, kam es immer wieder zu regionalen Auseinandersetzungen und Kompetenzstreitigkeiten, die 1674 in einem von der *tōdō-za* angestrengten Gerichtsprozess in Edo kulminierten. Die *mōsō* von Nord-Kyūshū und Chūkoku, gegen die sich die Anklage richtete, konnten ihre angeblich seit alters bestehende Beziehung zum mächtigen Kloster Enryakuji auf dem Berg Hiei nicht geltend machen und verloren gegen die Übermacht der *tōdō-za*, die die Regierung hinter sich hatte. Zwei *mōsō*-Anführer wurden hingerichtet. Das Gerichtsurteil verbot den *mōsō* die Ausübung aller *zatō*-Künste. Einzig die Rezitation für die Erdgottheiten mit *biwa*-Begleitung wurde ihnen für den Lebensunterhalt zugestanden. Sie durften dafür aber nur eine kleinere Laute mit Hanfsaiten, und nicht mit Seidensaiten, benutzen. Seit 1783 unterstanden sie dann tatsächlich der Verwaltung des Hieizan-Zweigtempels Shōren'in in Kyōto.[26]

## 4.1 *Einkünfte und ihre Verteilung*

Die *tōdō-za* war eine weitgehend eigenwirtschaftliche Organisation. Höherrangige Mitglieder bezogen ihre Einkünfte aus dem damals sehr beliebten Hausmusikunterricht und dem Spiel bei Angehörigen der Kaufmanns- und Samuraischicht und natürlich in den Freudenvierteln. Der Gesangsstil des *jiuta* 地歌[27]

---

23  Vgl. GROEMER: „The Guild of the Blind", S. 360.

24  ATSUMI: *Okamurake-zō tōdō-za, Heike biwa shiryō*, S. 71.

25  Ebd., S. 66. Im Text steht *nido no chūrō* 二度の中老, dies entspricht der neunten Hierarchie-Ebene.

26  Vgl. FRITSCH: *Japans blinde Sänger*, S. 140 ff.

27  Schreibweise seit 1965; in der Edo-Zeit schrieb man 地唄.

von TSURUYAMA Kōtō 鶴山勾当 (18. Jh., o. A.) wurde dort derartig populär, dass seine Musik schließlich aus Yoshiwara verbannt wurde. Die Obrigkeit fürchtete, der emotionale und melancholische Charakter dieser Gesänge könnte die Zuhörer gar zum Selbstmord aus Liebe anregen.[28]

Viele Shōgune, Daimyō und wohlhabende Familien beschäftigten in ihren Residenzen auch blinde Akupunkturärzte. Die Ausführung von Massagen brachte zwar keine großen Einnahmen, erforderte aber eine geringere Ausbildung als Akupunktur. Ende des 18. Jahrhunderts blühte dieses Geschäft besonders in Yoshiwara so sehr, dass die Regierung ein Gesetz gegen überhöhte Preise und unlautere Praktiken erließ.[29] Anfang der Meiji-Zeit waren etwa 80 % der arbeitenden männlichen Blinden als Masseure tätig, und es ist davon auszugehen, dass sie auch schon zu Ende der Edo-Zeit einen beträchtlichen Teil der Mitglieder der *tōdō-za* ausmachten – wenn sie denn überhaupt registriert waren.[30]

## 4.2 *Verwendung der Blindenranggebühren*

Die wichtigste Strategie der *tōdō*-Organisation bestand in der Beschaffung von Geldern aus der Gesellschaft und der Verteilung dieser Mittel an die Mitglieder. Dabei handelte es sich zum einen um die Ranggelder und zum anderen um staatlich festgelegte Almosen. Das Blindenranggeld, das bei jeder „Beförderung" eines Mitglieds im Verwaltungshaus in Kyōto einging, diente mehreren Zwecken. Es wurde für die laufenden Betriebskosten verwendet, und es gab auch eine Rücklage zur Unterstützung der Angehörigen von Mitgliedern, die schwer erkrankt oder verstorben waren. Diese finanzielle Hilfe[31] war allerdings gering und in ihren Genuß kamen erst Mitglieder ab der obersten *zatō*-Stufe.[32] Der größte Teil des Rangeldes wurde in einem äußerst komplizierten Verteilungssystem jährlich an „vollwertige" Mitglieder ab dieser Stufe „ausgeschüttet" (*haitō* 配当), wobei höhere Ranginhaber auch höhere Dividenden erhielten. Mitte des 19. Jahrhunderts betrugen die jährlichen Ausschüttungen für einen *kengyō* 20 *ryō*, einen *kōtō* 6 *ryō* und einen hochrangigen *zatō* 3 *ryō*.[33] Zusammen mit Positionszulagen sowie Einnahmen aus Prüfungsgeldern der Schüler, die für den Aufstieg in die nächste Schwierigkeitsstufe an ihren Lehrer Gebühren zahlten, konnte man als höherrangiges Mitglied der *tōdō-za* sehr reich werden. Als oberster „Geschäftsführer" der Organisation und Träger des Titels *sō-kengyō* kam man angeb-

---

28  Vgl. „Jiuta sōkyoku no sakkyokukatachi" (Internetquelle).
29  GROEMER: „The Guild of the Blind", S. 361.
30  KATŌ: *Nihon mōjin shakaishi kenkyū*, S. 397ff.
31  Zu dieser finanziellen Unterstützung (*kōmotsu* 公物) siehe auch KATŌ: *Nihon mōjin shakaishi kenkyū*, S. 188.
32  Vgl. TAKAHASHI: „Edo jidai no shakai kyūsai", S. 31.
33  Vgl. ebd.

lich auf jährliche Einnahmen von 300–400 *ryō*, ein „normaler" *kengyō* erhielt 200–300 *ryō*.[34] Verharrte man allerdings fünf Jahre lang auf derselben Ebene und stieg nicht weiter auf, drohte als Disziplinarmaßnahme die Aussetzung der Verteilung.[35]

## 4.3 *Almosen*

Die Mitglieder der *tōdō-za* der untersten drei Ebenen, die den *zatō*-Status eines *shūbun* (noch) nicht erreicht hatten, wurden bei der Verteilung der Ranggelder nicht berücksichtigt. Sie erhielten, zusätzlich zu dem durch ihre Arbeit verdienten Geld, noch Zuwendungen seitens der allgemeinen Bevölkerung.[36] Dies waren festgelegte Spenden, die bei glücklichen und unglücklichen Anlässen landesweit zugunsten der Blinden abzugeben waren. Im Grunde waren das Almosengelder (*shūgi* 祝儀, *fuse* 布施), und man kann darin auch ein Zeichen der Wohlfahrtspolitik seitens der Tokugawa-Regierung sehen. Die Gelder wurden normalerweise dem lokalen *kengyō* ausgehändigt, der sie dann an die niederen Ebenen (einschließlich der weiblichen *goze*) verteilen sollte, aber häufig nahmen arme Blinde dies auch selbst in die Hand. Sie taten sich zu mehreren zusammen und wanderten dann in andere, ferne Provinzen, wo sie solange krakeelten und randalierten, bis sie bekamen, was sie wollten. Dieses Verhalten wurde seitens der *tōdō*-Verwaltung mehrmals untersagt.[37]

Mitglieder der niedrigsten Ebenen hatten auch das behördlicherseits verbriefte Recht, Almosen zu erbitten (*kaizai kange* 廻在勧化)[38], um dadurch das Ranggeld für den nächsten Hierarchiegrad aufbringen zu können. Maren Ehlers sieht darin auch eine Wohlfahrtsmaßnahme der *bakuhan*-Regierung:

> I argue that in Tokugawa Japan [...] the begging rights of the blind were transformed from an informal custom into an officially acknowledged and enforced way to support handicapped paupers.[39]

Je nach wirtschaftlicher Beschaffenheit des Gebiets, in dem eine solche Betteltour stattfand, fielen die Almosen unterschiedlich aus. So schaffte ein Blinder in

---

34 Vgl. Katō: „Kinsei no shōgaisha to mibun seido", S. 162.
35 Vgl. Takahashi: „Edo jidai no shakai kyūsai", S. 31.
36 Diese Zuwendungen wurden *unjō* 運上 genannt. Der Terminus *haitō* bezeichnete ursprünglich die Vergabe der Ranggelder, wurde jedoch später auch für die Austeilung der *unjō*-Zuwendungen gebraucht und schließlich mit diesen gleichgesetzt. Vgl. Fritsch: *Japans blinde Sänger*, S. 77, Anm. 84 sowie Katō: *Nihon mōjin shakaishi kenkyū*, S. 191.
37 Groemer: „The Guild of the Blind", S. 363.
38 Vgl. Katō: *Nihon mōjin shakaishi kenkyū*, S. 406–415.
39 Ehlers: *Poor Relief and the Negotiation of Local Order*, S. 194. Zur Legitimität des Bettelns bei Blinden- und auch speziellen *hinin*-Bettlerorganisationen sei hier nachdrücklich auf Ehlers verwiesen, besonders S. 227–247.

der Bunka-Bunsei-Zeit (1804–30) den Aufstieg vom *shoshin* zur untersten *zatō*-Ebene (i. e. *saishiki shūbun* 才敷衆分, also die vierte Ebene), indem er drei Monate lang in der Provinz Sōshū (Präfektur Kanagawa) durch 17 Dörfer zog, um die erforderlichen 8 *ryō* anzusammeln. Dagegen mußte ein *tōdō*-Aspirant im ärmeren Shimotsuke (Präfektur Tochigi) drei Jahre lang Almosen erbitten, um es mit dem gesammelten Geld schließlich doch nur bis zum *han-uchikake* zum Preis von 4 *ryō* zu bringen.[40] Zur Erleichterung des Wanderlebens blinder musizierender Männer und Frauen war die Landbevölkerung angewiesen, ihnen Unterkunft und Bewirtung zu gewähren und beim Erreichen des nächsten Dorfes behilflich zu sein.[41]

### 4.4 *Geldverleih*

Eine sehr beträchtliche Einnahmequelle der *tōdō-za* war der Geldverleih (*zatō-gane* 座頭金, *mekuragane* 盲金). Die als Ranggebühren eingegangenen Gelder wurden im großen Stil und zu hohen Zinsen an Angehörige der Samurai- und Kaufmannsschicht – zunächst mit Unterstützung der Regierung – verliehen, und dies Unternehmen war so einträglich, dass allmählich die Geldgeschäfte wichtiger wurden als die Überlieferung der Künste. Es scheint so, dass die Blindenorganisation fast wie eine Bank funktionierte, indem nämlich nicht nur das eigene Geld der Gilde verliehen wurde, sondern auch von anderen Geschäftsleuten deponiertes Kapital.

Wegen seiner Wuchergeschäfte und seines ausschweifenden Lebensstils berühmt-berüchtigt wurde TORIYAMA Kengyō 鳥山検校 (o. A.), der 1775 eine Edelprostituierte namens Segawa aus dem Hause Matsubaya für die stattliche Summe von 1500 *ryō* auslöste.[42] Drei Jahre später wurde er zusammen mit vierzehn anderen *tōdō*-Kollegen wegen überzogener Kreditpraktiken vor Gericht gestellt. Es zeigte sich, dass die *tōdō-za* Außenstände in Höhe von 360000 *ryō* hatte, wobei einige der Kredite jährliche Zinssätze von über 60 % einbrachten. Nach dem Prozess starben mehrere Mitglieder der *tōdō-za* im Gefängnis, andere wurden verbannt, im Rang zurückgestuft oder von der Blindenorganisation ausgeschlossen. Der Fall von TORIYAMA Kengyō erregte großes Aufsehen, und nicht ohne Häme wird in mehreren zeitgenössischen Schriften darüber berichtet.[43]

---

40  Vgl. KATŌ: *Nihon mōjin shakaishi kenkyū*, S. 409f.
41  Vgl. NAKAYAMA: *Nihon mōjinshi*, S. 393ff. EHLERS (*Poor Relief and the Negotiation of Local Order in Early Modern Japan*, S. 224) weist auf behördlicherseits geforderte Reiseunterstützung, sog. *jige makanai* 地下賄, in der Provinz Tosa (Präfektur Kōchi) hin.
42  Vgl. NAKAYAMA: *Nihon mōjinshi*, S. 352; 356–359. Vgl. auch TAKAGI: „Toriyama segawa no gojitsutan" (Internetquelle).
43  Vgl. KATŌ: *Nihon mōjin shakaishi kenkyū*, S. 314f. In unterschiedlichen Genres wie *zuihitsu* 随筆 (Miszellenliteratur), *sharebon* 洒落本 (Witzige Bücher verfeinerter Lebensart) und

Nachdem immer wieder Beschwerden über Mitglieder der *tōdō-za* wegen überhöhter Kredite vorgebracht wurden, ernannte der Shōgun-Berater MATSU-DAIRA Sadanobu 松平定信 (1759–1829) im Jahr 1791 den damals bereits sehr angesehenen blinden philologischen Gelehrten HANAWA Kengyō (Hokiichi) zusammen mit FUJIUE Kengyō zum in Edo ansässigen Kontrollbeamten. Doch letztendlich scheiterten die Bemühungen, die Blindenorganisation zu reformieren – nicht zuletzt wegen des Widerstandes einiger einflussreicher *kengyō*.[44]

Das wegen der Wucherzinsen angekratzte Renomee der *tōdō-za* schädigte auch das allgemeine Image der Blinden. Mehrere edo-zeitliche Redensarten verdeutlichen ihren schlechten Ruf: „Bis einer *kengyō* wird, ist er bei allen verhasst"[45], heißt es, und „Ein *zatō* ist so querköpfig wie sieben Kühe."[46] Voller Abscheu schreibt der (herrenlose) Samurai Buyō inshi 武陽隠士 (o.A.) 1816 in seinem „Alltägliche Angelegenheiten. Berichte von Gehörtem und Gesehenem" (*Seji kenbunroku* 世事見聞録) ausführlich über die Blinden, die nur die Leute betrügen wollen, nach Profit jagen und für andere Menschen keine Barmherzigkeit haben.[47] Auch in manchen Sprichwörtern wird die Gemeinheit der Blinden thematisiert: „Ein *zatō*, der in Schmutz tritt, wird seinen hinter ihm gehenden blinden Kollegen nicht warnen, sondern sich ein Vergnügen daraus machen, ihn extra auch hineintreten zu lassen."[48]

## 4.5 *Spannungen zwischen* tōdō-za *und Outcast-Verwaltern*

Der in Ostjapan wirkende *eta*-Führer Danzaemon erhob immer wieder Ansprüche auf die Kontrolle der Blinden, und es kam wiederholt zu Auseinandersetzungen zwischen ihm und der *tōdō-za*. Beide Seiten versuchten, die Rechtmäßigkeit ihrer Ansprüche durch allerlei schriftliche Dokumente zu belegen. Danzaemon verwies in seinen „Abstammungsberichten" (*Danzaemon yuishogaki* 弾左衛門由 緒書) auf ein angeblich von MINAMOTO no Yoritomo 源頼朝 (1147–99) im Jahr 1180 ausgestelltes Dokument, in dem einem seiner Vorfahren die Kontrolle über etwa 30 verschiedene Berufsgruppen zugestanden worden sein soll, u.a. eben auch über die Blinden (*heike-zatō*).[49] Dies führte natürlich zu heftigen Protes-

*kibyōshi* 黄表紙 (Gelbumschlagheft), z.B. in der „Niederschrift flüchtiger Begebenheiten" (*Kaganroku* 過眼録) des KITAMURA Nobuyo 喜多村信節. Vgl. auch SEIGLE: *Yoshiwara*, S.160ff.

44 Vgl. KATŌ: „Kinsei no shōgaisha to mibun seido", S.174.

45 Ders.: *Nihon mōjin shakaishi*, S.327.

46 SUZUKI / HIROTA: *Koji kotowaza jiten*, S.385.

47 Vgl. TEEUWEN / WILDMAN NAKAI: *Lust, Commerce, and Corruption*, S.193–208.

48 SUZUKI: *Zoku koji kotowaza jiten*, S.157.

49 Es existieren vom späten 17. bis 18.Jahrhundert zahllose Versionen solcher Schriftstücke, bei denen die Liste der von Danzaemon zu verwaltenden „Mitglieder"-Berufe teilweise variiert. Vgl. ARAI („Danzaemon yuishogaki ni tsuite", 1978).

ten seitens der *tōdō-za*. In vielen Dokumenten der Edo-Zeit wird ein Prozess erwähnt, der Ende des 17. Jahrhunderts stattgefunden haben soll, zwischen der Blindenorganisation bzw. IWAFUNE Kengyō 岩船検校 (o. A.) als deren Vertreter und Danzaemon – allerdings je nach Autor und Perspektive mit unterschiedlichem Ausgang. In Pro-Danzaemon-Berichten heißt es, der *eta*-Führer habe die Behauptung des *tōdō-za* Vertreters, der angab, die Blinden seien immer schon unabhängig gewesen, widerlegt, indem er eine Liste der von ihm verwalteten Berufe hervorholte und triumphierend noch ein zweites (gefälschtes) Dokument zeigte, das beweisen sollte, dass der Familie Danzaemon diese Rechte bereits von Kinmei tennō 欽明天皇 (539–71) zugesichert worden seien. Der blinde IWA-FUNE habe angesichts solcher erdrückender Beweise klein beigeben müssen und sei noch in der selben Nacht wieder abgereist.[50] In Pro-*tōdō-za*-Dokumenten geht die Sache jedoch ganz anders aus. Demnach entspann sich bei einer zweiten Gerichtsverhandlung ein Streitgespräch zwischen den beiden Kontrahenten, das schließlich zum Sieg des blinden *kengyō* führte. Hier seien nur einige Kernaussagen beider Parteien kurz zusammengefasst wiedergegeben:

> (IWAFUNE Kengyō): „Selbst wenn die Vorfahren des Danzaemon von MINAMOTO no Yoritomo besondere Rechte erhielten und Blinde kontrollieren durften, ist der heutige Danzaemon doch nur ein *eta* エタ, und es gibt für uns keinen Grund, ihm untertan zu sein."
>
> (Danzaemon): „Aber heute spielen die Blinden beruflich auch Shamisen-Stücke, und das bedeutet, dass sie manchmal die [Katzen-]Haut, mit der der Resonanzkörper des Instruments bespannt ist, auswechseln müssen. Als derartig Verunreinigte gehören sie unter meine Verwaltung."
>
> (IWAFUNE Kengyō): „*Zatō* spielen seit alters professionell nur die *biwa* [, die einen hölzernen Resonanzkörper hat]. Zwar hat NISHIYAMA Kengyō zur Zeit des *kanpaku* Hideyoshi die Shamisen aus Ryūkyū nach Japan geholt und zur Unterhaltung des *dainagon* KOGA[51] auf ihr gespielt – sie dient aber ausschließlich der Zerstreuung, von Berufs wegen spielen die Blinden sie nicht! Außerdem wurde die Organisation der *tōdō-za* schon durch Prinz Amayō, einen blinden Sohn des Kōkō tennō 光孝天皇 [830–87] begründet und besteht daher viel länger als Danzaemons vorgeblich gute Beziehungen zu MINAMOTO no Yoritomo."[52]

Der *eta*-Führer habe sich schließlich geschlagen geben müssen, so heißt es, und die *tōdō-za* aus seinem Verwaltungsregister gestrichen. Wie dem auch sei, Eingliederungsversuche, wenigstens der untersten Blindenränge bzw. der ranglosen *zatō* durch Danzaemon gab es weiterhin – bis zum Ende der TOKUGAWA-Regierung.

---

50   NAKAYAMA: *Nihon mōjinshi*, S. 387 f.; ob ein Treffen von IWAFUNE und Danzaemon überhaupt stattgefunden hat, wird heute kontrovers diskutiert; vgl. GROEMER: „The Guild of the Blind", S. 353.

51   Die Adelsfamilie KOGA war die Patronatsfamilie der *tōdō-za*; vgl. FRITSCH: *Japans blinde Sänger*, S. 73.

52   Vgl. GROEMER: „The Guild of the Blind", S. 355 sowie NAKAYAMA: *Nihon mōjinshi*, S. 386ff.

## 5    Vermeiden der Gildenmitgliedschaft

Durchaus nicht alle Blinden gehörten den vorhin erwähnten Blindenverwaltungsorganisationen (*tōdō-za*, *goze*) oder – wie etwa die *mōsō* – einer klerikalen Organisation an. Die Zahl derer, die – sei es um Aufnahme- und Mitgliedsgebühren zu sparen oder einem ständigen Kontroll- und Rechtfertigungsmechanismus zu entgehen – völlig frei und ohne offizielle Gruppenzugehörigkeit lebten, stieg seit Ende des 18. Jahrhunderts ständig.

1772 reichte das *tōdō*-Oberhaupt in Edo bei der Regierung eine Petition ein, in der er um die Erlaubnis bat, alle blinden Männer, die irgendwie die Künste der *tōdō-za* ausübten, unter seine Kontrolle zwingen zu dürfen. Es gab ein längeres Hin und Her, zumal das *bakufu* die Sonderrechte von blinden Akupunkturärzten bei der Samuraischicht erhalten wollte und vorschlug, stattdessen einfach alle Musik- und *geinō*-Ausübende, egal ob blind oder sehend (natürlich gegen Gebühr), unter *tōdō*-Verwaltung zu stellen. Es gab auch interne Verbote, dass Mitglieder der *tōdō-za* ihre Künste nicht an Blinde weitergeben durften, die keine Mitglieder waren. Offenbar halfen solche Maßnahmen wenig. In Ōsaka wurden seit Anfang des 19. Jahrhunderts etwa alle zehn Jahre Gesetze gegen diesen „Wildwuchs" erlassen, nachdem immer häufiger sehende Koto- und Shamisen-Musiker in Restaurants Konzerte gaben.

Besondere Probleme machte der *tōdō-za* auch die steigende Zahl verarmter und bettelnder Blinder, die rufschädigend wirkten, die sie aber in ihrem strikten Hierarchiedenken und der äußerst ungleichen Geldverteilung auch nicht auffingen (vgl. Abb. 2).[53] Neben dem reinen Betteln gab es z. B. die Möglichkeit, verschiedene verachtete *geinō*-Straßenkünste aufzuführen, wie z. B. an Straßenecken, auf Jahrmärkten und bei Schrein- und Tempelfesten kleine Liedchen zum Besten zu geben oder die Passanten mit Stimmenimitation (*kowairo* 声色), Redekünsten oder auch akrobatischen Kunststückchen (*karuwaza* 軽業) zu unterhalten. Derartige *geinō*-Künste, wie *daidōgei* 大道芸 (Straßenkünste) oder *yosegei* 寄席芸 und *misemono*, die in Schaubu-

Abb. 2: Blinder Bettler; in: *Ehon Kagamitogi*, 1752.

den an einem festen Platz stattfanden, fielen unter die Verwaltung der *yashi*-Straßenhändler bzw. in Edo unter die des *gōmune*-Führers Nidayū.

Ganz unabhängig arbeiten und nur in die eigene Tasche wirtschaften konnte man also als blinder *geinō*-Straßenkünstler auch nicht, zumal vom *gōmune*-Führer eine Lizenz (*kansatsu* 鑑札) einzuholen war, die monatlich gegen Geld

---

53    Vgl. Groemer: „The Guild of the Blind", S. 368f.

erneuert werden musste. Spielte man ohne Lizenz und wurde erwischt, gab es
harte Strafen, z. B. wurde einem das Instrument abgenommen. Besonders erbit-
terte Konkurrenz entstand, wenn die *geinō*-Kunst auch von Sehenden ausgeführt
werden konnte.

Eine Auftrittsmöglichkeit, die tatsächlich nur blinden Männern vorbehalten
war, war das *zatō-sumō* 座頭相撲. Es handelt sich dabei um Sumōringkämpfe
zwischen blinden Männern oder zwischen blinden Männern und sehenden Frau-
en (*mō-onnazumō* 盲・女相撲). In der Literaturgattung „Zeitgenössische Hefte"
(*ukiyozōshi* 浮世草子) wird Anfang des 18. Jahrhunderts mehrfach über die Idee
geschrieben, nackte Frauen Sumō ringen zu lassen. Vielleicht um diese Vorstellung noch zu überbieten, fand ein wohl erster sozusagen geschlechts- und seh-
gemischter Sumōkampf, der im „Lächelnde Betrachtung fröhlicher Spielereien"
(*Kiyū shōran* 嬉遊笑覧) im Jahr 1830 von KITAMURA Nobuyo 喜多村信節 (1784–
1856) erwähnt wird, im Jahr Kan'en 1 (1748) in Ryōgoku in Edo statt.[54]

In „Wunderbare Anblicke von Setsuyō" (*Setsuyō kikan* 摂陽奇観) aus dem
Jahr 1833 von HAMAMATSU Utakuni 浜松歌国 (1776–1827) wird berichtet, dass
sich im fünften Monat des Jahres Meiwa 6 (1769) Blinde und Frauen aus verschiedenen Gegenden Japans 15 Tage lang bei gutem Wetter in Sakamachi versammelten und den Ringplatz betraten.[55] Die Namen der Kämpfenden, die auf
der Ringerliste aufgeführt werden, lauten z. B. auf der westlichen, männlichen,
blinden Seite: Ōgasumi 大霞 (Großer Dunst); Ichimejima 一目嶋 (Einäugige Insel); Tsukimizuyama 月不見山 (Berg, der den Mond nicht sieht). Auf der östlichen, weiblichen, sehenden Sei-
te werden u. a. folgende Namen
aufgeführt: Horagatani 洞ヶ谷
(Grotten-Tal); Futorijishi 太り獅子
(Fette Löwin); Tokonoumi 床の海
(Tränennasses Bett).

Im Jahr Kansei 2 (1790) erschien von SANTŌ Kyōden 山東
京伝 (1761–1816) die Geschichte
„Aotos Münzen polieren" (*Tama
migaku Aoto ga zeni* 玉磨青砥銭)
als illustriertes Gelbumschlagheft (*kibyōshi*)[56] mit Illustratio-

Abb. 3: *Zatō-sumō*; in: *Tama migaku Aoto ga zeni*, 1790.

54  Vgl. KITAMURA: *Kiyū shōran*, Bd. 1
    (Kap. 4), S. 499.

55  Zitiert in FURUKAWA: *Edo no misemono*, S. 69. Zu *zatō-sumō* vgl. auch den Blog: „Misemono
    kōgyō nenpyō" (Internetquelle).

56  Eine kurze Inhaltsangabe sowie ein Bild des *zatō-sumō* findet sich in KERN: *Manga from the
    floating world*, S. 220f. („Buffin Up Aoto's Loose Coins").

nen von KITAGAWA Utamaro 喜多川歌麿 (1753–1806). In diesem ist ein Kapitel dem Sumōkampf zwischen *zatō*-Ringern und syphilitischen Frauen gewidmet (vgl. Abb. 3):

> An der Westseite standen die Blinden ohne Rang und Fähigkeiten [*munō mukan no zatō* 無能無官の座頭] und an der Ostseite unterste, an Syphilis leidende Prostituierte [*kirimise* 切店], die für nichts anderes mehr zu gebrauchen waren. Zwischen den *zatō* und den Frauen fand ein Sumōwettkampf statt [...]."[57]

Abb. 4: Flyer für ein Sumō zwischen Blinden und Frauen (Ausschnitt).

Sumōringkämpfe zwischen Blinden, z. B. als *misemono* im Tempelbezirk des Asakusadera oder an der Ryōgoku-Brücke, werden in edo-zeitlicher Miszellenliteratur mehrfach geschildert, und man delektierte sich an den unbeholfenen Bewegungen der Blinden, die „mit den Armen ruderten wie Weidenzweige."[58] Reine *zatō*- oder geschlechtsgemischte Sumō wurden immer mal wieder verboten[59] – dass sie trotzdem stattfanden, zeigt z. B. ein erhaltener Werbezettel vom Winter 1826, der ein „gemischtes" Sumō in Edo Ryōgoku hirokōji ankündigt. Solche Werbeflyer wurden auch auf den Straßen verteilt (vgl. Abb. 4).[60]

Eine andere, ursprünglich typische Blindenkunst, die nicht in der Verwaltungsorganisation der *tōdō-za* vorgesehen war, sondern zu den *misemono*-Künsten und deren Obrigkeit gehörte, war die Vorführung des „Acht *zatō* in einem" (*hachinin-zatō* 八人座頭), das sich später zum *hachinin-gei* in *yose*-Theatern entwickelte (vgl. Abb. 5). Ein blinder Mann spielt dabei acht verschiedene Instrumente bzw. verstellt mehrfach seine Stimme. Vor allem im 19. Jahrhundert finden sich wiederholt Be-

Abb. 5: *Hachinin zatō*; in: *Hanhyakunin ikku*, o. A.

---

57  IKKAI: „Edo jidai no misemono onnazumō", S. 25. Die Novelle ist wohl als satirische Kritik an dem Shōgun-Berater MATSUDAIRA Sadanobu und dem bestehenden (neo-)konfuzianischen Gesellschaftssystem zu verstehen, in dem noch die unfähigsten Gesellschaftsmitglieder zu harter Arbeit gezwungen werden. Auch bei SANTŌ Kyōden werden sonderbare Namen genannt.

58  FURUKAWA: *Edo no misemono*, S. 70.

59  Zur Tenmei-Zeit (1781–89) wurden „gemischte" Sumō verboten, nachdem, so wird berichtet, der Wettkampf zwischen einem sehenden Mädchen und acht Blinden, betitelt „Ein Mädchen mit acht Bräutigamen" (*Hitori musume muko hachinin* 一人娘聟八人) in Asakusa doch zu arg war. Vgl. ebd.

60  Vgl. IKKAI: „Edo jidai no misemono onnazumō", S. 28.

schreibungen dieser Kunst, die Mitte des 17. Jahrhunderts entstand.[61] Allmählich übernahmen auch Sehende – unter erbittertem Protest der Blinden – die Fertigkeiten der *hachinin-gei*, und zu Beginn der Meiji-Zeit verschwand diese Kunst. Der *tōdō-za* waren alle solche „niederen" Aktivitäten ein Dorn im Auge, doch ihr Einfluss – und zwar über Blinde und Sehende – wurde spätestens seit Ende des 18. Jahrhunderts immer geringer. Schon vor ihrem Verbot 1871 war sie als Blindenorganisation kaum noch effektiv.

## 6  FAZIT

Die Betrachtung der *tōdō-za* als Selbsthilfeorganisation kann aus drei Blickwinkeln geschehen: aus der Sichtweise der Akteure selbst, vom Standpunkt der *bakufu*-Regierung und unter dem Aspekt der Disability Studies. Während die Gilde im 16. und 17. Jahrhundert noch als eine Art Interessengemeinschaft und Auffangbecken für männliche Sehbehinderte fungierte und ihre Mitglieder durch berufliche Möglichkeiten auch vor der Outcast-Kategorisierung bewahrte, entfernte sie sich später mehr und mehr von ihren wirklich bedürftigen Schutzbefohlenen. Durch striktes Hierarchiedenken und eine äußerst ungleiche Verteilung der enormen Ranggelder wurde die Kluft zwischen Arm und Reich immer größer. In ihrer konservativen Haltung neuen Beschäftigungen und Bestreben gegenüber und in ihrer Abhängigkeit von der *bakufu*-Regierung und vom Geldverleih an die Krieger- und Kaufmannsklasse wurde die Blindengemeinschaft ihrer Aufgabe als Selbsthilfe-Organisation nicht (mehr) gerecht.

Während der Edo-Zeit gab es zwar keinen allgemeinen Rechtsanspruch auf Armen- und Behindertenunterstützung, doch gewährte die Regierung etwa im Falle der *tōdō-za* eine Reihe von Privilegien zur Sicherung der Existenzgrundlage. Neben der anerkannten Monopolisierung bestimmter Musiker- und Heilberufe bestanden diese Vergünstigungen im offiziellen Recht, zu betteln (*kanjinken* 勧進権), im Anspruch auf den Erhalt sog. *unjō*-(Steuer-)Gelder, in der Unterstützung des Geldverleihgeschäfts sowie in der Anerkennung der Blindenränge, wodurch auch eine gesellschaftliche Neuplazierung bzw. Statusänderung ermöglicht wurde. Im Gegenzug war die *tōdō-za* für das regierungstreue Wohlverhalten ihrer Mitglieder und deren Pflichterfüllung verantwortlich. Die – frei-

---

61  Vor allem ausführlich in „Kritischer Überblick über die Sitten von Edo" (*Edo fūzoku sōmakuri* 江戸風俗惣まくり), Autor unbekannt, vermutlich nach 1830–43. Der Autor IHARA Saikaku 井原 西鶴 (1642–93) erwähnt in seinem „Eine Frau, die die Liebe liebte" (*Kōshoku ichidai onna* 好 色一代女) aus dem Jahr 1686 bereits für Mitte des 17. Jahrhunderts einen Blinden aus Suruga (Präfektur Shizuoka), der in Edo diese Kunst hinter einem Vorhang mit großem Erfolg aufgeführt habe. Vgl. TERUOKA / HIGASHI: *Ihara Saikaku shū*, Bd. 1, S. 403, den achtteiligen Blog „Hachinin-gei" (Internetquelle) sowie FURUKAWA: *Edo no misemono*, S. 100ff.

lich selten gelingenden – finanziellen und gesellschaftlichen Aufstiegschancen in der Blindenhierarchie dienten auch einer Identifikation mit dem *bakufu*-System. Die staatsdienliche Rolle blinder Musiker als Übermittler neokonfuzianisch geprägter Werte durch Gesangstexte, welche auf Anpassung und Wohlverhalten eines guten Untertanen-Bürgers abzielten, konnte hier nicht angesprochen werden, es sei aber auf sie verwiesen.[62]

Durch die Institutionalisierung eines speziellen Aufgabenbereichs für Blinde unterstützte die TOKUGAWA-Regierung, für die das Kriterium sozialer Nützlichkeit oberste Priorität besaß, auch die Eigenständigkeit von Menschen mit gravierender Sehbehinderung. Nachdem in den 1980er Jahren in Japan eine neue Debatte um die Stärkung der Rechte von Menschen mit Behinderung bei gleichzeitigem Rückzug des Wohlfahrtsstaates angestoßen wurde, einhergehend mit einem Paradigmenwechsel von „Schutz" zu „Unterstützung", stellt sich die Frage, wie sehr in der Edo-Zeit vielleicht etwas von dem verwirklicht wurde, was das im Jahr 2005 verabschiedete „Gesetz zur Unterstützung der Selbständigkeit behinderter Menschen" (*Shōgaisha jiritsu shien hō* 障害者自立支援法) anstrebt, nämlich behinderten Menschen zu ermöglichen „ein ihren Fähigkeiten und ihrer Eignung angemessenes, selbständiges Leben im Alltag und in der Gesellschaft zu führen."[63]

## ABBILDUNGSVERZEICHNIS

Abb.1: Begrüßung zwischen einem *shoshin* und einem *kengyō*. In: *Shiji no yukikai* 四時交加. SANTŌ Kyōden 山東京伝 (Text/Illus.). Edo: Tsuruya Ki'emon 1789; abgedruckt in KATŌ Yasuaki 加藤康昭: *Nihon mōjin shakaishi kenkyū* 日本盲人社会史研究, S.202; verfügbar als Digitalisat: http://dl.ndl.go.jp/info:ndljp/pid/2534277 (letzter Zugriff am 25.05.2018).

Abb.2: „Blinder Bettler". In: *Ehon Kagamitogi* 絵本家賀御伽. RIKKATEI Bokutan 栗柯亭木端 (Text) u. HASEGAWA Mitsunobu 長谷川光信 (Illus.). Ōsaka 1752. Abgedruckt in KATŌ Yasuaki 加藤康昭: *Nihon mōjin shakaishi kenkyū* 日本盲人社会史研究, S.396; verfügbar als Digitalisat: http://book.geocities.jp/hf2929/86meisyo/8626/sub8626.html (letzter Zugriff am 25.05.2018).

Abb.3: „*Zatō*-sumō". In: *Tama migaku Aoto ga zeni* 玉磨青砥銭. SANTŌ Kyōden 山東京伝 (Text) u. KITAGAWA Utamaro 喜多川歌麿 (Illus.). Edo: Tsutaya Jūzaburō 1790; verfügbar als Digitalisat: http://archive.wul.waseda.ac.jp/kosho/he13/he13_02946/he13_02946_0033/he13_02946_0033.pdf (letzter Zugriff am 25.05.2018).

---

62  Vgl. ACKERMANN: *Kumiuta. Traditional Songs for Certificates*, S.63f.; 518.
63  ZACHMANN: „Eine andere Form der Ungleichheit", S.77.

220 Ingrid Fritsch

Abb. 4: Werbezettel (*hikifuda* 引札) eines Blinden- u. Frauen-Sumō. Abgedruckt (als Ausschnitt) in FURUKAWA Miki 古河三樹: *Zusetsu Shomin geinō – Edo no misemono* 図説　庶民芸能 — 江戸の見世物, S. 72. Als ganzes Digitalisat: http://blog.livedoor.jp/misemono/search?q=%E5%BA%A7%E9%A0%AD (letzter Zugriff am 25.05.2018).

Abb. 5: „Acht *zatō* in einem" (*Hachinin zatō* 八人座頭). Abbildung in: *Han-hyakunin ikku* 半百人一句. ŌOKA Shunboku 大岡春卜 (Verf.). o. A. 1749; verfügar als Digitalisat: http://blog.livedoor.jp/misemono/search?q=%E5%BA%A7%E9%A0%AD (letzter Zugriff am 25.05.2018).

LITERATURVERZEICHNIS

ACKERMANN, Peter: *Kumiuta. Traditional Songs for Certificates. A study of their Texts and Implications* (Schweizer Asiatische Studien, Monographie 10). Bern u. a.: Peter Lang 1990.

ARAI, Kōjirō 荒井貢次郎: „Danzaemon yuishogaki ni tsuite 弾左衛門由緒書について". In: *Kinsei Kantō no hisabetsu buraku* 近世関東の被差別部落. ISHII Ryōsuke 石井良助 (Hrsg.). Tōkyō: Akashi shoten 1978, S. 209–218.

ATSUMI, Kaoru 渥美かをる u. a. (Hrsg.): *Okamurake-zō tōdō-za, Heike biwa shiryō* 岡村家蔵当道座・平家琵琶資料. Kyōto: Daigakudō shoten 1984.

EHLERS, Maren Annika: *Poor Relief and the Negotiation of Local Order in Early Modern Japan*. University of Princeton (Ann Arbor), Dissertation 2011, UMI 3463306.

FRITSCH, Ingrid: *Japans blinde Sänger im Schutz der Gottheit Myōon-Benzaiten*. München: iudicium 1996.

FRITSCH, Ingrid: „The Sociological Significance of Historically Unreliable Documents in the Case of Japanese Musical Guilds". In: *Tradition and its future in music: report of SIMS 1990 Ōsaka*. Yoshihiko TOKUMARU u. a. (Hrsg.). Tōkyō, Ōsaka: Mita Press 1991, S. 147–152.

FROIS, Luis S. J.: *Kulturgegensätze Europa – Japan (1585)* (Monumenta Nipponica Monographs 15) [hrsg. u. übers. von Josef F. SCHÜTTE S. J.]. Tōkyō: Sophia Universität 1955.

FURUKAWA, Miki 古河三樹: *Zusetsu: Shomin geinō – Edo no misemono* 図説　庶民芸能 — 江戸の見世物. Tōkyō: Yūzankaku shuppan 1982.

GROEMER, Gerald: *Street Performers and Society in Urban Japan, 1600–1900. The beggar's gift*. London, New York: Routledge 2016.

GROEMER, Gerald: „The Guild of the Blind in Tokugawa Japan". In: *Monumenta Nipponica*, Nr. 56.3 (2001), S. 349–380.

HANSEN, Georg u. Martin SPETSMANN-KUNKEL: *Integration und Segregation. Ein Spannungsverhältnis*. Münster u. a.: Waxmann 2008.

IKKAI, Chie 一階千絵: „Edo jidai no misemono onnazumō 江戸時代の見世物女相撲". In: *Japan Journal of Sport Anthropology*, Nr. 2002.4 (2003), S. 17–40.

ISHII, Ryōsuke 石井良助: „Zatō shioki 座頭仕置". In: *Edo jidai no hisabetsu shakai* 江戸時代の被差別社会. DERS. (Hrsg.). Tōkyō: Akashi shoten 1994, S. 769–781.

KATŌ, Yasuaki 加藤康昭: „Kinsei no shōgaisha to mibun seido 近世の障害者と身分制度". In: *Nihon no kinsei* 日本の近世, Bd. 7: *Mibun to kakushiki* 身分と格式. ASAO Naohiro 朝尾直弘 (Hrsg.): Tōkyō: Chūō kōronsha 1992, S. 125–178.

KATŌ, Yasuaki 加藤康昭: *Nihon mōjin shakaishi kenkyū* 日本盲人社会史研究. Tōkyō: Miraisha ⁴1985 (1974).

KERN, Adam L.: *Manga from the floating world: comicbook, culture and the kibyōshi of Edo Japan*. Cambridge u. a.: Harvard University Press 2006.

KITAMURA, Nobuyo 喜多村信節: *Kiyū shōran* 嬉遊笑覧, 2 Bde., Tōkyō: Meicho kankōkai 1979 (Reprint von 1903) (Erstdruck 1830).

NAKAYAMA, Tarō 中山太郎: *Nihon mōjinshi (sei, zoku)* 日本盲人史　正・続, 2 Bde. Tōkyō: Yagi shoten 1976 (Reprint von Bd. 1 aus 1934 und Bd. 2 aus 1936).

ŌKUMA, Miyoshi 大隈三好: *Mōjin no seikatsu* 盲人の生活 (Seikatsushi sōsho 生活史叢書 34) [revidiert u. mit Nachwort versehen von NAMASE Katsumi 生瀬克己]. Tōkyō: Yūzankaku 1998.

SEIGLE, Cecilia Segawa: *Yoshiwara: the glittering world of the Japanese courtesan*. Honolulu: University of Hawai'i Press 1993.

SUZUKI, Tōzō 鈴木棠三 (Hrsg.): *Zoku koji kotowaza jiten* 続故事ことわざ辞典. Tōkyō: Tōkyōdō shuppan ⁴²1979 (1958).

SUZUKI, Tōzō 鈴木棠三 u. HIROTA Eitarō 広田栄太郎 (Hrsg.): *Koji kotowaza jiten* 故事ことわざ辞典. Tōkyō: Tōkyōdō shuppan ⁸⁵1979 (1956).

TAKAHASHI, Seiichi 高橋精一: „Edo jidai no shakai kyūsai – mōjin no shakai to kyōsai seido (The Social Relief in Edo-Ages. The Society of Blinds and Their Mutual Aid) 江戸時代の社会救済 — 盲人の社会と共済制度". In: *Daitō bunka daigaku kiyō, shakai – shizen kagaku* 大東文化大学紀要　社会・自然科学, Nr. 14 (1976), S. 23–54.

TEEUWEN, Mark u. Kate WILDMAN NAKAI (Hrsg): *Lust, Commerce, and Corruption. An Account of What I Have Seen and Heard, by an Edo Samurai*. New York: Columbia University Press 2014.

TERUOKA, Yasutaka 暉峻康隆 u. HIGASHI Akimasa 東明雅 (Hrsg.): *Ihara Saikaku shū* 井原西鶴集, Bd. 1: *Kōshoku ichidai otoko* 好色一代男; *Kōshoku gonin onna* 好色五人女; *Kōshoku ichidai onna* 好色一代女 (Shinpen Nihon koten bungaku zenshū 新編日本古典全集 66). Tōkyō: Shōgakukan. 1996.

WENDEROTH, Ingrid: *Sekizoro. Geschichte und Wandel einer Straßen- und Bettelkunst marginalisierter Gruppen im vormodernen Japan* (Mitteilungen der Gesellschaft für Natur- und Völkerkunde Ostasiens 147). Hamburg: Gesellschaft für Natur- und Völkerkunde Ostasiens 2008.

ZACHMANN, Urs Matthias: „Eine andere Form der Ungleichheit: Behinderung und soziale Stratifikation in Japans *kakusa shakai*-Diskussion". In: *Contemporary Japan*, Bd. 22.1 / 2 (2010), S. 75–98; Online abrufbar unter: https://www.de-gruyter.com/downloadpdf/j/cj.2010.22.issue-1-2/cj.2010.006/cj.2010.006.pdf (letzter Zugriff am 20.03.2018).


Internetquellen

„Hachinin-gei 八人芸"; abrufbar unter: http://blog.livedoor.jp/misemono/archives/cat_50050358.html (letzer Zugriff am 28.03.2018).

„Jiuta sōkyoku no sakkyokukatachi 地唄箏曲の作曲家達"; abrufbar unter: http://www.shamisen.info/kengyo.09/kengyo.html (letzter Zugriff am 17.05.2018).

„Misemono kōgyō nenpyō 見世物興行年表"; abrufbar unter: http://blog.livedoor.jp/misemono/ (letzter Zugriff am 28.03.2018).

TAKAGI, Gen 高木元: „Toriyama segawa no gojitsutan 鳥山瀬川の後日譚"; abrufbar unter: http://www.fumikura.net/paper/edoyo/edoyo24.html (letzter Zugriff am 21.05.2018).

# Schmuggler, Räuber, Mörder –
# Outlaws (*nobinin*) als Helden auf den Bühnen der Edo-Zeit

Martina Schönbein

Der Sammelband *Outcasts in Japans Vormoderne: Mechanismen der Segregation marginalisierter Gesellschaftsgruppen in der Edo-Zeit* befasst sich vor allem mit Outcasts im Sinne diskriminierter Gruppen am vermeintlich unteren Rand der Gesellschaft (*eta* 穢多 und *hinin* 非人). Im Titel des vorliegenden Beitrags wurde hingegen das Wort Outlaws verwendet, denn in den Fokus sollen Personen genommen werden, die über keinen offiziellen sozialen Status verfügten und völlig außerhalb der Gesellschaft und ihren Regeln standen. Diese waren aus den Haushaltsregistern (*ninbetsuchō* 人別帳; heutiges *koseki* 戸籍), die seit 1613 im Zuge der Christenverfolgung wiederbelebt und in den jeweiligen Haustempeln oder Stadtvierteln geführt wurden, gestrichen worden und verfügten weder über einen festen Wohnsitz (*mushuku* 無宿 bzw. *yado nashi* 宿無) noch über eine geregelte Arbeit. Somit waren sie keiner Familie, keinem Dorf oder Stadtbezirk zugehörig und damit auch keiner Statusgruppe zuzuordnen (so genannte *nobinin* bzw. *no-hinin* 野非人).[1] Die Shōgunatsregierung (*bakufu*) versuchte diese im Laufe der Edo-Zeit (1603–1868) immer stärker anwachsende Personengruppe mit mehr oder weniger Erfolg beaufsichtigen zu lassen und in bestehende Strukturen zu integrieren (*kakae-hinin* 抱非人). So wurden sie den *eta*- bzw. *hinin*-Anführern unterstellt, in speziellen Behausungen untergebracht, mit zwar minderwertigen, aber ein Auskommen garantierenden Arbeiten versorgt und stellten so gleichzeitig in den sich rasch entwickelnden Städten ein dringend benötigtes Reservoir an Tagelöhnern dar.[2] Besonders in der späteren Edo-Zeit wurde auch ver-

---

1    Eine Ausnahme stellten Samurai dar, deren gesellschaftlicher Status auch bei Löschung aus dem Haushaltsregister nicht verloren ging. Sie machten nur einen kleinen Teil der japanischen Gesamtbevölkerung aus, und an der Spitze der Gesellschaft stand wiederum nur ein Teil, die Elite dieser Statusgruppe. Sepp Linhart äußert sich hierzu wie folgt: „Je nach Provinz schwankte ihr Anteil zwischen 3 und 25 Prozent, insgesamt dürften etwa 5 bis 7 Prozent diesem Stand zugerechnet worden sein." (Ladstätter / Linhart: *China und Japan*, S. 350).

2    Flankiert wurde dies von diversen, immer wieder verschärften Kontrollverordnungen, wie etwa der Notwendigkeit eines Bürgen bei Anmietung einer Wohnung in Edo ab 1648 (zunächst nur für *rōnin* 浪人, stellungslose Samurai) oder der um 1700 angeordneten Maßnahme, selbst für Tagelöhner in den Stadtvierteln monatlich kontrollierte Melderegister führen zu müssen (vgl. Abe: *Edo no autorō*, S. 84–92). In den 1740ern wurde sogar gezielt „Jagd" auf Wohnsitzlose gemacht, die dann auch bei Verhängung geringer Strafen vermehrt auf In-

sucht, diese in Auffanglagern zu sammeln und durch Arbeit oder Ausbildungs-
angebote zu resozialisieren.[3]


## 1   Typischer Werdegang zum Outlaw (*nobinin*)

Im Prinzip konnten alle Bevölkerungsgruppen, beispielsweise Ärzte oder Mönche, die genauso außerhalb des „offiziellen" Ständesystems (wenn auch nicht
unbedingt am unteren Rand) standen, betroffen sein; von Frauen wird seltener,
oft im Zusammenhang mit verhafteten Bandenmitgliedern (als Ehefrauen oder
Geliebte) berichtet.[4] In den meisten Fällen dürfte der Auslöser in der Verarmung
der Bevölkerung (auf dem Land) zu suchen sein, die von Naturkatastrophen und
Hungersnöten noch forciert wurde und eine massive Flucht vom Land in die
Städte auslöste.[5] Als ein weiterer Grund kann sicherlich Enterbung (*kandō* 勘
当) genannt werden (hier war nach zehn Jahren jedoch ein „Wiederein- bzw.
aufstieg" möglich), außerdem kann das Durchbrennen von Liebespaaren, denen
eine Heirat versagt blieb, oder das Ausreißen Minderjähriger angeführt werden
(*kakeochi* 駆け落ち). Manche glaubten auch einfach nur, dass das Leben mehr zu
bieten habe, als gemäß der durch Geburt erworbenen Vorbestimmung sein Leben
etwa als Bauer fristen zu müssen, und suchten ihr Glück vielmehr in den Metro-
polen, und wieder andere fanden ihre Anstellung als Bedienstete oder Lehrlinge
derart unerträglich, dass sie lieber davonliefen oder auch entlassen wurden. Wenn
solche Personen dann nicht mehr aufzufinden waren oder bei ihrer Rückführung
keiner im Dorf die Verantwortung für sie übernehmen wollte, was manchmal
auch eine Schutzmaßnahme für die betroffene Familie darstellen konnte, wurden
sie aus dem Haushaltsregister gestrichen. Wie die späteren Beispiele zeigen wer-

seln verbannt oder zu Zwangsarbeit, etwa in den Gold- und Silberminen Sados, herangezogen
wurden (vgl. ebd., S. 47); ferner wurde selbst bei leichtem Diebstahl wie Mundraub zeitweise
die Todesstrafe verhängt (vgl. ebd., S. 64ff.). Die bei ABE (ebd., S. 109; 280) nachzulesenden
Zahlen von den 1751 in Edo den vier *hinin*-Anführern zugeordneten *kakae-hinin* (6871) und
der übrigen *nobinin* (3983) bzw. 5643 *kakae-hinin* im Jahr 1843 erscheinen angesichts der hohen Gesamteinwohnerzahl Edos jedoch viel zu gering. INAGAKI (*Edo seikatsu jiten*, S. 241)
spricht von 23480 Personen in Edo um ca. 1860, eine aber auch nicht unbedingt als hoch zu
bezeichnende Zahl.

3   Vgl. hierzu den Beitrag von Chantal WEBER in diesem Band.
4   Vgl. IMAGAWA: „Kunisada Chūji", S. 322.
5   Das Phänomen der Landflucht führte einerseits zu einer deutlichen, für eine geregelte Landwirtschaft zunehmend bedrohliche Ausmaße erreichenden Abnahme der Bevölkerung und damit der verfügbaren Arbeitskräfte im Umkreis der großen Städte (verschärft noch durch den
Umstand, dass allmählich nur durch das zusätzliche Einkommen von Familienmitgliedern,
die in der Stadt arbeiteten, das Überleben gesichert werden konnte), auf der anderen Seite jedoch war etwa die rasche Stadtentwicklung Edos letztlich nur mit Hilfe dieser Arbeitskräfte
aus dem Umland zu bewerkstelligen. Vgl. hierzu u. a. ABE: *Edo no autorō*, S. 163.

den, kann vor allem das Glücksspielmilieu als typischer Einstieg für Jugendliche gelten, um auf die schiefe Bahn zu geraten und infolgedessen eventuell enterbt oder als Verbrecher degradiert aus dem Haushaltsregister entfernt zu werden. Das illegale Glücksspiel um Geld fand in konspirativen Spielertreffs statt und wurde durch miteinander konkurrierende Verbünde (*kumi* 組) kontrolliert, die auf diese Weise teils ihren Lebensunterhalt verdienten und – wie es heute noch z. B. bei der Yakuza üblich ist – in pseudo-familiären hierarchischen Strukturen (*oyabun* / *kobun* 親分 / 子分 bzw. *ani* / *otōto* 兄 / 弟) organisiert waren.

Im Folgenden möchte ich einige prominente Vertreter der *nobinin* und ihre Repräsentationen auf der Bühne vorstellen – in der Regel gehen die hier ausgewählten Beispiele auf konkrete Modelle, also historisch belegbare Personen zurück. Aufgrund von ausgeprägten Legendenbildungen liegen manchmal mehrere, teils divergierende Biographien vor. Wie wird dieser Personenkreis im Theater dargestellt und welche Veränderungen ergeben sich vor dem Hintergrund der typischen Umarbeitungen von Stücken (oft in Form der Collage von Stoffkreisen bzw. „Welten", die in verschiedenen Epochen angesiedelt sind, so genannte *naimaze* 綯交) im Laufe der Zeit? Es muss wohl nicht extra erwähnt werden, dass das im Rahmen dieses Beitrags nur ansatzweise zu leisten ist. Bei zwei der im Folgenden behandelten Bühnenhelden ist übrigens schon beim Namen ein Bezug zur Streichung aus dem Haushaltsregister gegeben – *kezori* けぞり (entfernt) und *yado nashi* 宿無 (ohne Wohnsitz). Letztlich sind, wie die Ausführungen zeigen werden, zwei Hauptgruppen zu unterscheiden: erstens Räuberbanden und Meisterdiebe sowie zweitens meist Kleinkriminelle, teils aber auch Mörder aus dem Glücksspielmilieu, die sowohl in der Bevölkerung als auch auf den Bühnen als so genannte „Dandys mit edler Gesinnung" (*otokodate* 男伊達) stilisiert und idealisiert wurden, aber in Bezug auf Auftreten und Strukturen eher an Netzwerke organisierter Kriminalität erinnern und somit den heutigen Yakuza vergleichbar erscheinen.[6]

## 2    Vom Schmuggler zum Seeräuber: Kezori Ku'emon

Kezori Ku'emon けぞり / 毛剃九右衛門 hieß in Wirklichkeit Ishigaki Hachi'emon 石垣八右衛門, stammte aus Bizen (Präfektur Okayama), soll zur Miete in Ōsaka

---

6    Eine solche Gleichsetzung mag auf den ersten Blick gewagt erscheinen. Aber auch in der Sekundärliteratur ist von identischen Organisationsstrukturen bzw. Vorläufern der Yakuza die Rede. Inagaki (*Edo seikatsu jiten*, Kap. 5 „Yakuza to hinin", S. 228–250) spricht schon für die Edo-Zeit explizit von Yakuza. Miyazaki (*Yakuza to Nihon*, S. 1–41) unterscheidet zwischen *kabukimono* 歌舞伎者 (dazu vgl. Fußnote 11 dieses Beitrags), die er als Ursprung der Yakuza sieht, ordnet die (in Abschnitt 3 ausführlicher besprochenen) *machi yakko* 町奴 als „zweite Generation" ein, denen die Feuerwehrleute dann als „dritte" folgten.

sowie auf Geschäftsreisen in Nagasaki gewohnt haben und gehörte einem ca. sechzig Personen umfassenden Schmugglerring an, wo er für die Verwaltung der Finanzen zuständig war. Das Verb *kezoru* bzw. *kezuru* (streichen, entfernen) verweist hier auf die durch eine Vorstrafe bedingte Löschung aus dem Haushaltsregister. Etwa einen Monat vor der Uraufführung des Puppentheaterstücks *Hakata Kojorō namimakura* 博多小女郎波枕 (Kojorō, das Freudenmädchen aus Hakata und die Wellen als Kissen) in Ōsaka Ende 1718 war der Schmugglerring aufgeflogen und die daran Beteiligten mit nur wenigen Todesurteilen und ansonsten mit relativ milden Strafen belegt worden. Hintergrund für die Schmuggelaktivitäten war, dass nach der Landesabschließung im Jahr 1631 ein großer Bedarf für ausländische Luxuswaren bestand; die Schmuggelware wurde mit dem Schiff nach Shimonoseki (Präfektur Yamaguchi) gebracht, umgeladen und über die Inlandsee ins damalige Wirtschaftszentrum Ōsaka verschifft.[7]

In den späteren Umarbeitungen des Stückes stand jedoch nicht mehr das tragische Ende eines Liebespaares – der Händler Sōshichi aus Kyōto und die Prostituierte Kojorō –, das sich unglücklich in die Schmuggelaktivitäten verstrickt hatte, im Fokus. Während die damaligen Zuschauer also das bereits 1703 von CHIKAMATSU Monzaemon 近松門左衛門 (1653–1724) im Puppentheater eingeführte Genre der *sewamono* 世話物 (zeitgenössische Stücke, die das Leben der einfachen Städtebürger behandelten) besonders schätzten, rückte in späteren Umarbeitungen Kezori, dem Wandel des Publikumsgeschmacks folgend, dann nicht mehr als vergleichsweise harmloser Schmuggler, sondern als „grimmiger" Pirat (*kaizoku* 海賊)[8] in den Mittelpunkt des Geschehens. Spätestens seit der Aufführung des Kabuki-Stücks *Yamato Suikoden* 和訓水滸伝 in Ōsaka im Sommer 1776 avancierten deshalb exotisch-prachtvolle chinesische Kleidung und die Aufführung im bombastisch übersteigerten „rauh-wilden" *aragoto* 荒事-Spielstil der Superhelden, auf den die Schauspielerfamilie ICHIKAWA 市川 spezialisiert war, zu seinen Markenzeichen.[9]

---

7   Vgl. SUWA: *Chikamatsu sewa jōruri no kenkyū*, S. 195–218; FUJINO: *Chikamatsu meisaku jiten*, S. 319–336; MITAMURA / ASAKURA: *Edo no shiranami*, S. 200–205; 323–326 sowie SATŌ: „Kezori Ku'emon", S. 341f.

8   Damit erinnert er an die gefürchteten Seeräuber des 14.–16. Jahrhunderts (*wakō* 倭寇), die teils sogar im Auftrag lokaler japanischer Fürsten ganze Küstenstriche im In- und Ausland plünderten und erst durch TOYOTOMI Hideyoshi 豊臣秀吉 (1535–98) zurückgedrängt werden konnten. Zur Metamorphose Kezori Ku'emons im Theater vgl. auch UKAI: *4-daime Tsuruya Nanboku ron*, S. 97–119.

9   Der Titelbestandteil *Suikoden* verweist auf den chinesischen, in Japan seit Anfang des 18. Jahrhunderts mehrfach übersetzten und durch viele an die japanischen Verhältnisse angepassten Roman- und Bühnenfassungen überaus populären Räuberroman *Shuihuzhuan* (Die Räuber vom Liang Schan Moor, dt. Übers. von Franz KUHN) aus der Ming-Zeit (1368–1644). Das Stück ist seit der Adaption *Koi minato Hakata no hitofushi* 恋湊博多諷 im Edo-Kabuki 1840 eher unter dem Kurztitel *Kezori (Ku'emon)* bekannt.

## 3  DIE TRADITION DER *OTOKODATE* (DANDYS MIT EDLER GESINNUNG)

*Otokodate* 男伊達 (auch *machi yakko* genannt)[10] waren bewaffnete Gruppen junger Männer, die sich vor allem zu Beginn der Edo-Zeit als eine Art Bürgerwehr zusammentaten. Sie waren sich untereinander durch Treueschwur verbunden und standen unter der Leitung eines *oyabun*. Solche Zusammenschlüsse schützten sich und die einfache Bevölkerung gegen Übergriffe aus den Reihen der Samurai, z. B. den *hatamoto yakko* 旗本奴. Diese rekrutierten sich aus den vielen in Friedenszeiten beschäftigungslos gewordenen Samurai, den Reihen unzufriedener direkt dem Shōgun unterstellter Vasallen, die als Beamte die laufenden Verwaltungsgeschäfte in Edo führten (*hatamoto*), Pagen (*koshō* 小姓) und manchmal sogar Söhnen von Daimyō.[11] Doch auch bei den *machi yakko* waren, ganz entgegen des Namens, der auf die Zugehörigkeit zu den Bürgern der Städte (*chōnin* 町人, im engeren Sinne Handwerker und Kaufleute) verweist, viele Samurai vertreten, die – teils aus freien Stücken, teils gezwungenermaßen – kommerzielle Berufe ausübten. Das Image als „Dandys mit edler Gesinnung" – ehrenhaft, treu, galant und modisch auf dem neusten Stand – die sich für die Rechte der Schwächeren einsetzten, war jedoch allenfalls zu Anfang gegeben, denn diese „Dandys" wandelten sich schnell zu Raufbolden, Wegelagerern oder Dieben und verloren durch ein strenges Durchgreifen des *bakufu* schon um 1700 an Bedeutung. Nichtsdestotrotz wurden sie unter den Städtern idealisiert – gebürtige Samurai setzten sich aus freien Stücken für die Unterdrückten ein! Einige *otokodate* erreichten aufgrund zahlreicher Anekdoten, die um sie gesponnen wurden, wahren Kultstatus, gehörten besonders im Kabuki sogar noch bis zum Ende der Edo-Zeit zu den populärsten Heldengestalten überhaupt und avancierten – fernab jeglicher Realität – zu eifrigen Verteidigern der Schwachen und Rechtlosen.

### 3.1 *Banzui(in) Chōbē*

BANZUI(IN) Chōbē 幡随(院)長兵衛 (ca. 1622–57)[12] stammte aus Edo und war Sohn eines stellungslosen Samurai, der ursprünglich dem Lehen Bizen Karatsu (Präfektur Okayama) gedient hatte. Schon mit 18 Jahren hatte er sich einen Ruf als

---

10  Vgl. die NKDJ-Einträge zu *otokodate* (Bd. 2, S. 663) und *machi yakko* (Bd. 9, S. 1092), die jeweils die Idealisierung betonen sowie auch THORNBURY: *Sukeroku's Double Identity*, S. 66f.

11  Ebenso *kabukimono* genannt; allgemein hierzu vgl. IKEGAMI: *Bonds of Civility*, S. 260–271. Aufgrund ihres rebellischen subversiven Potentials – relativ gleichberechtigt in Bruderschaften organisiert, massive Störung der öffentlichen Ordnung, exzentrisches Benehmen und modische Extravaganz – wurden sie aufs Strengste vom *bakufu* verfolgt.

12  Vgl. HANAMURA: „Banzuiin Chōbē", S. 729. Offensichtlich wird BANZUI Chōbē (wie auch der später noch erwähnte KUNISADA Chūjirō) von heutigen Yakuza als eine ihrer legendären Gründerfiguren betrachtet. Vgl. HERBERT / DABRUNZ: *Japans Unterwelt*, S. 42.

hoch angesehener (zudem groß gewachsener) *otokodate* erarbeitet (der Namens-
bestandteil BANZUIIN verweist auf einen Tempel in der heutigen Stadt Koga-
nei, Großraum Tōkyō). Chōbē betrieb als *oyabun* mehrerer *machi yakko*-Verbän-
de (z. B. die Asakusagumi, mit ca. 100 *kobun*) Glücksspielstätten und unterhielt

ferner ein florierendes Gewerbe zur Vermittlung von Arbeitskräften für Gebäudereparaturen.
1657 kam er in einer Auseinandersetzung mit einer *hatamoto
yakko*-Bande unter Führung von
MIZUNO Jūrōzaemon 水野十郎左
衛門 (?–1664) ums Leben. In dem
1881, also über 200 Jahre nach
seinem Tod aufgeführten Kabuki-Stück *Kiwametsuki Banzui
Chōbē* 極付幡随長兵衛 (The Re-
nowned Banzui Chōbei[13]) stellte

Abb. 1: BANZUI Chōbē mit MIZUNO Jūrōzaemon (*Kiwametsuki Banzui Chōbē*, 1881) © Waseda daigaku engeki hakubutsukan.

ihm besagter MIZUNO eine Falle bei einem fingierten Versöhnungsbankett und
tötete den Unbewaffneten im Bad seines Anwesens (vgl. die Kampfszene in
Abb. 1).[14]

Chōbē in enger Freundschaft verbunden war der etwas jüngere TŌKEN
Gonbē 唐犬権兵衛 (o. A.)[15], Anführer der *machi yakko* Tōkengumi. Er kümmerte
sich nach dem Mordkomplott im Bad u. a. um dessen Witwe Okin und schwor
Blutrache zu üben, wurde aber schon kurz nach dem Tod des Freundes gefasst
und geköpft. Über Gonbē ist ansonsten nur bekannt, dass er sehr modeaffin war
(auffällige Kleidung und Frisur); außerdem vermutet HANAMURA Susumu, sein
Name habe vielleicht etwas damit zu tun, dass er einen großen ausländischen
Hund (*yōken* 洋犬) erschlagen hatte oder aber der Sohn eines Vermittlers namens TŌKEN Jū'emon 唐犬十右衛門 (o. A.) gewesen war. Im Kabuki wird BANZUI
Chōbē auch oft mit SHIRAI Gonpachi 白井権八 (?–1679) verknüpft, einem zum
Straßenräuber verkommenen Samurai, der einen Schwerthändler in der Nähe
von Edo erschlagen und ausgeraubt hatte und nach seiner Verhaftung in Shina-
gawa hingerichtet wurde.[16]

---

13  Die Übersetzung stammt von THORNBURY: „The Renowned Banzui Chōbei", S. 202.
14  Es gibt zudem eine Vielzahl von Vorgängerwerken, deren Auflistung hier zu weit führen wür-
    de.
15  Die Ausführungen zu seiner Person folgen HANAMURA: „Tōken Gonbē", S. 630.
16  Gonpachi ist vor allem für seine Liaison mit der berühmten Kurtisane Komurasaki II.
    小紫 (1674–81 in Yoshiwara tätig) bekannt geworden; in Theaterstücken werden die beiden in
    der Regel als tragisches Liebespaar inszeniert, und so nimmt sie sich an seinem Grab das Le-
    ben (was jedoch nicht der Realität entspricht). Vgl. HAYASHI: „Gonpachi Komurasaki", S. 390.

### 3.2 *(Yadonashi) Danshichi Kurobē bzw. Mohē*

Über die historische Person ist kaum etwas bekannt: Es handelte sich um einen Wohnsitzlosen (*yado nashi*) der Genroku-Zeit (1688–1704), der als Straßenräuber agierte, möglicherweise Mitglied einer *otokodate*-Vereinigung war und den eigenen Vater tötete. Seine Hinrichtung erfolgte wohl 1698 oder früher (überliefert ist 1701, was offensichtlich falsch ist), denn in diesem Jahr wurden seine Taten erstmals im Kabuki in Ōsaka aufgegriffen, wobei allerdings nur der Titel *Danshichi otokodate kyōgen* und die Besetzung überliefert sind.[17] Im Theater ist Yadonashi Danshichi eine äußerst populäre Bühnenfigur – die so genannten „Danshichi-mono" können grob in zwei Traditionen eingeteilt werden.

Danshichi Kurobē 団七九郎兵衛 tritt als Hauptfigur im Puppentheaterstück *Natsumatsuri Naniwa kagami* 夏祭浪花鑑 (Summer Festival: Mirror of Osaka[18]) auf, das im Sommer 1745 als *jidai-sewamono*[19] in neun Akten von einem Autorenkollektiv verfasst uraufgeführt wurde und so erfolgreich war, dass es nicht nur bis Ende des Jahres am Takemotoza, einem berühmten Puppentheater in Ōsaka, gegeben, sondern auch sofort von den Kabuki-Theatern in Kyōto und Ōsaka ins Programm genommen wurde; 1747 erfolgte dann auch die Adaption im Edo-Kabuki. Wie allgemein bei Theaterproduktionen üblich, wurde ein aktueller Vorfall, hier aus dem Jahr 1744, in die Handlung eingebaut: Ein Fischhändler aus Sakai hatte einen Mord im Glücksspielmilieu begangen, wobei die Leiche des Opfers erst aufgefunden werden konnte, nachdem im nächsten Frühjahr der Schnee weggetaut war.

Im Stück kommt der Fischhändler Danshichi Kurobē gerade aus dem Gefängnis (er hatte einen Gefolgsmann des korrupten Samurai Ōtori Saga'emon 大鳥佐賀右衛門 fast getötet). Wie schon in der Aufführung von 1698 stehen ihm zwei *otokodate* als Blutsbrüder zur Seite: der Fischhändler Tsurifune no Sabu 釣船三婦 und der Samurai Issun Tokubē 一寸徳兵衛.[20] Danshichi gerät nun erneut in Konflikt mit Saga'emon, da dieser der Kurtisane Kotoura 琴浦, die mit dem jungen Samurai Tamashima Isonojō 玉島磯之丞, dem er sich verpflichtet fühlt, liiert ist, nachstellt. Er kann auch nicht verhindern, dass sein geldgieriger Schwieger-

---

17 Vgl. Torigoe: *Genroku kabuki kō*, S. 378; Nihon meicho zenshū kankōkai: *Jōrurishū*, Bd. 2, S. 3ff. und Sakurai: „Danshichi", S. 585f.

18 Die Übersetzung stammt von Iezzi: „Summer Festival: Mirror of Osaka. Introduction", S. 198.

19 Hierbei handelt es sich um die Kombination eines historischen mit einem zeitgenössisch-bürgerlichen Drama.

20 Es soll nicht unerwähnt bleiben, dass in diesem Stück den drei *otokodate* als weibliches Pendant jeweils ihre Frauen als idealtypische *onnadate* 女伊達 gegenübergestellt sind. Vgl. auch Zusammenfassung und Kommentar in Kokuritsu gekijō: *Jōruri sakuhin yōsetsu*, Bd. 5, S. 428–438.

vater Mikawaya Giheiji 三河屋儀平次 Kotoura ent-
führt, um sie zu Saga'emon zu bringen und für
seine Dienste bezahlt zu werden. Nach massiven
Beleidigungen verliert er die Beherrschung, tötet Giheiji mit seinem Schwert und versteckt die
Leiche im Schlamm. Danach wäscht er sich den
Schmutz mit (echtem) Wasser vom Körper, was
auch im Puppentheater zur Anwendung kam, und
mischt sich anschließend unter die Menschen-
menge des Sommerfestumzugs. Diese Mordszene
untermalt von der rhythmischen *matsuri*-Musik
gilt als Höhepunkt des Stückes, der dem Publikum in der heißen Sommerzeit kühlende Schau-
er über den Rücken laufen ließ.[21] In späteren Ka-
buki-Adaptionen wird die Tattoo-Mode, die durch
eine 1827–30 von UTAGAWA Kuniyoshi 歌川国芳

Abb. 2: Danshichi Kurobē (Serie *Edo meisho mitate jūnikagetsu no uchi*, 1852) © Sammlung Luke Atkinson.

kreierte Farbholzschnitt-Serie mit Helden aus
dem bereits erwähnten Räuberroman *Suikoden*
ausgelöst worden war, für die Bühne übernommen – während sich Danshichi
wäscht, gibt er den Blick auf seine Ganzkörpertätowierung frei (vgl. Abb. 2).[22]

Repräsentativ für die zweite Gruppe ist das 1768 in Ōsaka aufgeführte Kabuki *Yadonashi Danshichi shigure no karakasa* 宿無団七時雨傘 (Der obdachlose
Danshichi unter einem Schirm im Winterregen). Mit dem Mord an einer Badefrau wurde auch hier ein aktueller Vorfall aufgegriffen: Im Iwaiburo in Ōsaka
hatte kurz zuvor ein Friseur namens Sasuke (Neffe der Inhaberin) aus Eifersucht
die Badefrau Tomi sowie den Besitzer Rihē getötet und anschließend Selbstmord
begangen.

Im Kabuki-Stück verdient der Samurai Danshichi Mohē 団七茂兵衛, ein guter Schwertkämpfer und Ringer, der auch für seinen aufbrausenden Charakter
bekannt ist, in Sakai als Fischhändler seinen Lebensunterhalt. Er ist bei seinem
Feudalherrn in Ungnade gefallen, weil er ein ihm anvertrautes kostbares Schwert
verloren hat, und ist nun auf der Suche nach diesem Familienschatz (ein für das
Kabuki stereotypischer Plot). Dabei entpuppt sich ein Samurai namens Takai-

---

21 IEZZI schreibt in ihrer Einleitung zur Übersetzung (S. 199): „A chilling murder and cooling
   water are two elements typical of a kabuki play produced in summer."
22 Vgl. GULIK: *Irezumi*, S. 78ff.; RÖDEL: *Alles über Japanische Tätowierungen*, S. 62ff. sowie
   den Beitrag von FIORILLO („The Beauty of Cruelty", 2007 / 08). Schmucktattoos, die in den
   Jahren 1804–18 und erneut 1841 verboten wurden, können als Ausdruck von Individualismus
   bzw. der Zugehörigkeit zu einer Bande aufgefasst werden. Nach FIORILLO (ebd., S. 40) zeigt
   Abb. 2 den Schauspieler NAKAMURA Uta'emon IV 四代目 中村歌右衛門 (?–1852) aus der Aufführung des Kabuki *Zōho Naniwa kagami* 1845 am Nakamuraza in Edo.

shi Kazu'emon als sein Erzfeind,
weil er einerseits im Besitz des
die Echtheit des Schwertes bewei-
senden Zertifikates ist und andererseits plant, seine Geliebte, die
Kurtisane Otomi, freizukaufen.
Nach diversen Verwicklungen –
so ist der Badehausbesitzer Jisuke im Besitz des Schwertes und
will mit einer List und Otomis
Hilfe das Zertifikat (für Mohē,
der davon aber nichts weiß) an

Abb. 3: Danshichi Mohē (Bühnentextbuch *Ehon shibai no shi-ori*, 1802) © Waseda daigaku engeki hakubutsukan.

sich bringen – ermordet er schließlich zwei Gefolgsleute von Kazu'emon sowie
Jisuke und begeht dann Selbstmord (vgl. Abb. 3).[23]

In anderen Variationen des Stoffes, die offenbar den jeweiligen Zeitge-
schmack oder möglicherweise spezifische Umstände der Aufführung widerspie-
geln, tötet Danshichi Mohē seine Geliebte Otomi aufgrund ihrer vermeintlichen
Untreue[24] oder es kommt sogar zum Happy End: Er tötet auch seinen Widersacher Kazu'emon, wird dann von Jisuke an einer Selbsttötung gehindert und erhält sowohl das verlorene Schwert als auch das dazugehörige Zertifikat, so dass
er – obendrein glücklich vereint mit Otomi – seine Ehre wiederherstellen kann.[25]

## 4  DER BERÜCHTIGTE RÄUBER ISHIKAWA GO'EMON

ISHIKAWA Go'emon 石川五右衛門 (ca. 1558–94)[26] wurde beim Versuch, in TOYO-
TOMI Hideyoshis 豊臣秀吉 (1535–98) Schloss in Momoyama einzudringen, festgenommen und zusammen mit seinem (minderjährigen) Sohn zum Tod in ko-
chendem Öl verurteilt; die Mutter und zwanzig weitere Bandenmitglieder
wurden gekreuzigt. Nach einer von vielen verschiedenen Versionen über seine
Herkunft soll er aus Ishikawa bei Ōsaka stammen, wo er mit 16 Jahren im Haus

---

23  Die Aufführungsgeschichte bis zur Konsolidierung des Stückes um 1790 ist mit verschiedenen Varianten und Teilaufführungen bereits ab ca. 1740 sehr komplex, zumal aus der Anfangs-
zeit keine Textbücher erhalten sind. Vgl. TSUCHIDA: „Yadonashi Danshichi shigure no karakasa", S. 63f.

24  Vgl. LEITER: *Kabuki Encyclopedia*, S. 427.

25  In dieser Variante hatte der Badehausbesitzer Jisuke Otomi unter Druck gesetzt und benutzt,
um selbst in den Besitz der begehrten Gegenstände zu gelangen, ändert am Ende aber (aus
Rührung?) seinen ursprünglichen Plan. Vgl. hierzu die Zusammenfassung in HALFORD / HAL-
FORD: *The Kabuki Handbook*, S. 349–352.

26  Die Ausführungen folgen EZAKI: „Ishikawa Go'emon", S. 71f.

seines Herrn einen Diebstahl begangen und bei seiner Festnahme drei Personen
getötet haben soll. Nach gelungener Flucht soll er sich dann einer Räuberbande
in den Wäldern angeschlossen haben und deren Anführer geworden sein. In einer
anderen Variante hieß er angeblich Ishikawa Bungo, war Schüler eines Ninja-
Meisters aus Iga Ueno, fiel dort aufgrund einer ans Licht gekommenen Affäre in
Ungnade und ging nach Kyōto, wo er fortan seine erworbenen Talente – z. B. die
Kunst, sich unsichtbar zu machen – als Räuber nutzte. Auf der Bühne wird seine
Geschichte erst seit Mitte der 1680er Jahre, also gut hundert
Jahre nach seiner Hinrichtung, zunächst im Repertoire des
frühen Puppentheaters unter dem Titel *Ishikawa Go'emon*
verarbeitet. In der Folge entstanden diverse Bühnenfassun-
gen von denen hier nur zwei näher vorgestellt werden sollen.[27]

Im 1737 am Toyotakeza in Ōsaka uraufgeführten drei-
aktigen Jōruri *Kamagafuchi futatsudomoe* 釜淵雙級巴[28] steht
die persönliche familiäre Tragödie Ishikawa Go'emons im
Mittelpunkt, während er in den Stücken zuvor meist als
treuer Vasall in einer Auseinandersetzung um die Erbnach-
folge in Familien des Kriegeradels (*oie sōdōmono* お家騒動
物) dargestellt worden war. Als Sohn eines Samurai wird
er nach seiner Geburt an einem Unglück verheißenden Tag
verstoßen, wächst bei Bauern, die ihm verhasst sind (vgl.
die Abstammung Toyotomi Hideyoshis[29]) auf, verlässt diese, wird Räuber und begeht im Zuge dessen auch mehrere
Morde. Als ein Höhepunkt des Stückes gilt selbstredend die
Hinrichtungsszene, das Sieden im großen Kessel, bei der
Ishikawa Go'emon seinen kleinen Sohn so lange hoch über
das kochende Öl hält, bis ihn die Kräfte verlassen.

Abb. 4: Ishikawa Go'e-
mon mit Mashiba Hisayo-
shi (*Sanmon gosan no kiri*,
1826) © Waseda daigaku
engeki hakubutsukan.

Im Kabuki *Kinmon gosan no kiri* 金門五山桐 (The Gol-
den Gate and the Paulownia Crest[30]), 1778 in Ōsaka aufgeführt, wurden verschiedene populäre Überlieferungen zur Auseinandersetzung

27  Ausführlich zu den verschiedenen Bühnenstücken und zum ambivalenten Charakter Ishikawa
    Go'emons vgl. Ukai: *4-daime Tsuruya Nanboku ron*, S. 138–157.
28  Der Titel spielt auf die gemeinsame Hinrichtung von Vater und Sohn an, im Ortsnamen Kama-
    gafuchi ist zudem das Wort Kessel (*kama*) als *kakekotoba* enthalten. Vgl. auch Zusammenfas-
    sung und Kommentar in Kokuritsu gekijō: *Jōruri sakuhin yōsetsu*, Bd. 5, S. 321–327 sowie
    Mitamura / Asakura: *Edo no shiranami*, S. 32–38.
29  Der Reichseiniger war selbst gebürtiger Bauer. Vgl. dazu auch Keene: *World Within Walls*,
    S. 231.
30  Die Übersetzungen folgen Cummings: „The Temple Gate and the Paulownia Crest", S. 74. Im
    Titel steht das Wort *kiri* (Paulownia) für das Paulownia-Wappen von Toyotomi Hideyoshi,
    *gosan* bezieht sich auf den Nanzenji in Kyōto als einen der unter dieser Bezeichnung geführ-

zwischen Go'emon und Hideyoshi, die in der Realität nie aufeinander getroffen waren, verarbeitet. Beliebt ist insbesondere die abschließende Szene, in der es zu einer direkten Auseinandersetzung zwischen Go'emon (diesmal der leibliche Sohn eines von Hideyoshi getöteten chinesischen Agenten des Ming-Reiches) und Hideyoshi (wie in Theaterstücken üblich als MASHIBA Hisayoshi 真柴久吉 camoufliert) kommt: Am Haupttor des Tempels Nanzenji wehrt Hisayoshi als Bettelmönch verkleidet die Angriffe des auf der Veranda über ihm posierenden Go'emon mit einer Wasserschöpfkelle ab (vgl. Abb. 4).

Dass er sich mit dem mächtigen Hideyoshi anlegte und dann eine ungewöhnlich harte Bestrafung erfuhr, brachte ISHIKAWA Go'emon großes Mitgefühl bei der Bevölkerung ein. Obwohl er eigentlich für seine Grausamkeit bekannt war, zeigt sich hier deutlich die Tendenz, Räuber (*tōzoku* 盗賊) – ganz ähnlich wie im Falle Robin Hoods in England – als edle und gerechte Wohltäter (*gizoku* 義賊) zu idealisieren.

## 5 MEISTERDIEBE

### 5.1 *Nezumi Kozō Jirokichi*

NEZUMI Kozō Jirokichi 鼠小僧次郎吉 (ca. 1796–1832)[31] war klein von Gestalt, unauffällig elegant gekleidet und soll durch Glücksspiel auf die schiefe Bahn geraten sein. Er stammte möglicherweise aus Ōsaka, andere Quellen weisen ihn als Sohn eines Angestellten des Nakamuraza in Edo aus, der dort für die Eingangskontrolle zum Theater zuständig gewesen war. 1832 wurde er im Alter von ca. 36 Jahren beim Einbruch in eine der MATSUDAIRA-Residenzen in Edo (Lehen Sanuki, heute Präfektur Kagawa) verhaftet und an den Stadtmagistrat, zuständig für Polizeigewalt und Gerichtsbarkeit in der südlichen Hälfte Edos, überstellt – im Bericht stehen die Vermerke wohnsitzlos (*mushuku*) und straftätowiert (*irezumi*) – und zum Tode verurteilt. Damals hatte er bereits eine gut zehnjährige Einbruchskarriere hinter sich, bei der er in über hundert Einbrüchen, und zwar nahezu ausschließlich in Daimyō-Residenzen, gut 3000 *ryō* in Gold[32] erbeutet

---

ten fünf Tempel des Zen-Buddhismus. Ab der Kabuki-Aufführung in Edo 1800 wurde als Titel *Sanmon Gosan no kiri* 楼門五山桐 (The Temple Gate and the Paulownia Crest) üblich.

31 Zu den allgemeinen Angaben zur Person vgl. ABE: *Edo no autorō*, S. 212–228. Bei KEENE (*World Within Walls*, S. 472) wird NEZUMI Kozō als „The Rat Boy" übersetzt.

32 Nach den Angaben bei RAZ (*Audience and Actors*, S. 170) betrug das durchschnittliche Jahresgehalt eines Schauspielers im 18. Jahrhundert um 500 *ryō*, was er mit 22500 $ umrechnet. Bei KEENE (*World Within Walls*, S. 450) ist nachzulesen, das sich um 1800 das Jahresgehalt des Kabuki-Autors NAMIKI Gohei 並木五瓶 (1747–1808) auf 300 *ryō* belief, was dort mit 10000 $ (Stand 1960) gleichgesetzt wird.

haben soll. Seine Masche war offensichtlich, ohne viel Aufsehen zu erregen oder Gewalt anzuwenden, nur Handgeld zu stehlen – also nicht in die gut gesicherten Speicherhäuser einzubrechen. Nur in wenige Anwesen konnte er nicht eindringen, die meisten wurden alle zwei Jahre von ihm heimgesucht, manche waren sogar viermal betroffen, was diese Fürsten natürlich der Lächerlichkeit preisgab und zum Gespött von ganz Edo machte. Nezumi Kozō war zwar schon mehrfach festgenommen worden, blieb aber stets unerkannt, wurde nur für illegales Glücksspiel angeklagt und straftätowiert (was aber wohl relativ leicht entfernt werden konnte). Das von ihm erbeutete Geld gab er für Essen und Trinken, Vergnügungen und Glücksspiel aus und war in diesen Kreisen auch entsprechend gern gesehen.

Das Kabuki *Nezumi komon haru no shingata* 鼠小紋東君新形, das im Jahr 1857 in Edo aufgeführt wurde, war ein Riesenerfolg, der die Legendenbildung um den Meisterdieb und seine Idealisierung als Held des einfachen Volkes beflügelte. In diesem Stück tritt er als Kōzō 幸蔵 unter dem (nochmals verfremdeten) Namen eines 1785 verurteilten Räubers namens Inaba Kozō 稲葉／因幡小僧[33] auf, wohl um pro forma eine zu große Aktualität zu vermeiden. Hier sind deutlich die als typisch zu bezeichnenden Strategien zur Umformung einer historischen Person (aus einem kriminellen Umfeld) in eine fiktive Bühnenfigur zu erkennen: die Stilisierung als Held (*eiyūka* 英雄化), die Legendenbildung um seine Person (*densetsuka* 伝説化) und die Idealisierung als edler Räuber (*gizokuka* 義賊化).

## 5.2 *Benten Kozō Kikunosuke*

Bei Kawatake Mokuami 河竹黙阿弥 (1816–93), der im 19. Jahrhundert die Räuberstücke (*shiranamimono* 白波物), die ihren Ursprung eigentlich viel früher in Ōsaka hatten, wieder aufleben ließ – auch weil er sie dem auf solche Rollen spezialisierten Ichikawa Kodanji 市川小団次 IV (1812–66) auf den Leib schrieb –, sind Räuber wieder deutlicher als Schurken zu erkennen. Gezeichnet werden aber gestrauchelte Helden, die sich mit ihrem Karma abfinden müssen und nicht selten am Ende ihres Lebens die begangenen Taten bereuen. Eines seiner beliebtesten Kabuki-Stücke aus dem Jahr 1862 ist das bis heute kontinuierlich aufgeführte *Benten Kozō* 弁天小僧.[34] Als Anführer der dort auftretenden Räuberbande fungiert Nippon Da'emon 日本駄右衛門 (i.e. der historische Ha-

---

33  Vgl. Abe: *Tōzoku no Nihonshi*, S. 180f. sowie Matsunaga: „Inaba Kozō", S. 101.

34  Das Stück ist auch bekannt unter den Titeln *Shiranami gonin otoko* 白浪五人男 (Die fünf Räuber) und *Aotozōshi hana no nishikie* 青砥稿花紅彩画 (The Glorious Picture Book of Aoto's Exploits; Übersetzung nach Cummings, S. 75).

MASHIMA Shōbē 浜島庄兵衛 (1719–47) alias NI-
HON Zaemon 日本左衛門)[35], Benten Kozō Kikuno-
suke 弁天小僧菊の助 scheint hingegen eine fiktive
Figur zu sein. Die beliebteste Szene des Stückes
spielt im Stoffgeschäft Hamamatsuya, wo Benten Kozō als angebliche höhere Tochter (*buke
musume* 武家娘) mit Begleitschutz Einkäufe tätigen möchte und den Ladenbesitzer durch einen
vorgetäuschten Diebstahl austrickst. Als die beiden Schmerzensgeld verlangen, eilt besagter NIP-
PON Da'emon, der im Stadtviertel ein Doppelle-
ben als Samurai führt, vermeintlich zu Hilfe und
zwingt die beiden, ihre wahre Identität preiszuge-
ben – Benten Kozō verändert nun plötzlich seine Stimmlage, wechselt zu einem vulgären Jargon
und stellt seine Schmucktätowierungen zur Schau
(vgl. Abb. 5)[36]; tatsächlich hatte die Bande von
Anfang an geplant, das gut gefüllte Speicherhaus auszurauben.

Abb. 5: Benten Kozō (*Aotozōshi hana no nishikie*, 1862) © Waseda daigaku engeki hakubutsukan.

Theaterstücke, in denen fünf Räuber auftreten (so genannte *gonin otokomono*) gab es schon seit 1702, als KARIGANE Bunshichi 雁金文七, Sohn eines Fär-
bers, und vier weitere Diebe, alle in ihren Zwanzigern, in Ōsaka gefasst und
hingerichtet worden waren und bereits einen Monat später das Kabuki *Karigane Bunshichi aki no shimo* 雁金文七秋の霜 (Karigane Bunshichi im herbstlichen
Reif) aufgeführt wurde. Sehr bekannt und verschiedene Vorgängerwerke zusammenfassend ist das im Sommer 1742 in Osaka als Jōruri in sieben Akten urauf-
geführte *Otokodate itsutsu karigane* 男作五雁金 (auch als *Naniwa gonin otoko* 浪

---

35 Laut HANAMURA („„Nihon Zaemon", S. 682f.) war er gebürtiger Samurai und 1747 im Alter
von 29 Jahren hingerichtet worden, nachdem er mit seiner Bande in Ostjapan sein Unwesen
getrieben hatte, wo er bevorzugt Stoffgeschäfte ausraubte. Eines seiner Markenzeichen soll
seine ausgefallene schwarze Kleidung gewesen sein. Als Kind, so berichten die Quellen, zeigte er sich sowohl in den zivilen als auch den kriegerischen Künsten sehr begabt, verlor dann
jedoch das Interesse und erpresste stattdessen Geld für seine Vergnügungen, so dass sich sein
Vater gezwungen sah, ihn wegen seiner Eskapaden zu enterben. Seine Bande, die um 1740
ca. zwanzig Mitglieder umfasst haben soll, ging offenbar besonders grausam vor – dass er den
Armen von seinen Beutezügen etwas abgegeben haben soll, gehört wohl zur Legendenbildung um seine Person. Vgl. dazu auch ABE: *Tōzoku no Nihonshi*, S. 135–141. Erstmals wurde
NIHON Zaemon 1762 als Figur im Kabuki eingeführt, wo er seither in diversen Werken zum
Einsatz kommt; vgl. TAKEI: „Shiranami gonin otoko", S. 471. Bei TSURUYA Nanboku 鶴屋南
北 IV (1755–1829) ist er beispielsweise im 2. Akt des 1827 in Edo aufgeführten Kabuki *Hi-
toritabi gojūsan tsugi* 独道中五十三駅 (Allein entlang der 53 Tōkaidō-Stationen) zu finden, in
dem auch BANZUI Chōbē und SHIRAI Gonpachi auftreten. Das Stück thematisiert das damals
in der Bevölkerung ausgebrochene Reisefieber und kombiniert diverseste Stoffkreise.

36 Vgl. auch GULIK: *Irezumi*, S. 80f.

花五人男 bekannt), wo im Konflikt zwischen Städtebürgern und Samurai schon zumindest zwei der fünf Räuber idealisiert werden.[37]


## 6 RESÜMEE

An den Stücken ist ein mit dem Fortschreiten der Edo-Zeit zunehmend desolater Zustand der japanischen Gesellschaft ablesbar – immer größere und gut bewaffnete Banden, für deren Festsetzung offenbar Hundertschaften an Polizeikräften nötig waren, bildeten Glücksspielnetzwerke und zogen marodierend durch die Provinzen des ganzen Landes. Das „offizielle" Ständesystem war an seine Grenzen geraten. Zu viele fielen heraus und konnten nun nicht mehr – auch nicht als *kakae-hinin* – integriert werden. Stellvertretend sei die um hundert Mitglieder im Alter von zwanzig bis vierzig Jahren umfassende Bande des KUNISADA Chūji(rō) 国定忠次(郎) genannt. 1810 im gleichnamigen Dorf in der heutigen Präfektur Gunma in eine wohlhabende Bauernfamilie hineingeboren, kam er im Alter von 17 Jahren mit dem Glücksspiel in Berührung, tötete jemanden im Streit und verließ sein Dorf, woraufhin sein Name aus dem Haushaltsregister gestrichen wurde. Er stieg im Glücksspielmilieu schnell zum *oyabun* auf und wurde ab 1834 erneut zum mehrfachen Mörder; er und seine Bande verfügten nicht nur über illegale Waffen, sondern umgingen auch die Kontrollen an den Grenzposten zwischen den Provinzen, was ebenfalls unter schwerer Strafe stand. Nach Jahren auf der Flucht wurde er 1849 schließlich gefasst und hingerichtet. In der Bevölkerung galt er gleichwohl als Wohltäter, weil er Reis und Geld verteilte, aber durchaus mit dem eigennützigen Motiv, sein Gewerbe weitgehend ungestört betreiben zu können.[38]

Bei den vorgestellten Dramatisierungen sind zunächst Kombinationen von historischen Personen aus verschiedenen Jahrhunderten, die man offenbar als unerschöpflichen Fundus nutzte, mit fiktionalen auffällig – z. B. NIHON Zaemon und Benten Kozō; NEZUMI Kozō wurde im Stück verfremdet als historischer Räuber INABA Kozō bzw. nochmals zu Kōzō abgeändert, wohl um Zensurmaßnahmen zu umgehen. Außerdem wurden neben den üblichen Umarbeitungen stets aktuelle Mordfälle oder brisante Skandale integriert, die offensichtlich ein volles Haus zu garantieren vermochten, auch die Aufnahme zeitgenössischer

---

37  Vgl. NAKAMURA: „Karigane gonin otoko", S. 274f. sowie den Kommentar zum Stück in KO-KURITSU GEKIJŌ: *Jōruri sakuhin yōsetsu*, Bd. 4, S. 217–227, wo es heißt, dass das *giri*-Verständnis (dem Einzelnen von der Gesellschaft auferlegte Pflichten und Verhaltensnormen) noch dem der Samurai gleiche, ohne typische Komponenten der aufstrebenden Schicht der Städtebürger aufzuweisen.

38  Vgl. zur Bande des *mushuku* Sasuke ABE: *Edo no autorō*, S. 9–20; 24f.; sowie IMAGAWA: „Kunisada Chūji", S. 322f.

Moden wie etwa der Ganzkörpertätowierung ab den 1830er Jahren gehen in diese Richtung.

Das Publikum wollte seinem Alltag entfliehen und sich in eine andere Realität hineinträumen, Tabus scheinbar ausleben oder sich der Illusion hingeben, gegen die an der Spitze der gesellschaftlichen Hierarchie stehenden Samurai bestehen und eine gerechte Behandlung einfordern zu können. Somit waren Helden gefragt, mit denen sich die Bürger in den Städten identifizieren konnten.[39] Während bei Kezori Ku'emon (Abschnitt 2) anfangs Luxus, Pracht und später die Chinamode thematisiert wurde, ging es bald nicht mehr um den (eher langweiligen) Schmuggler, sondern um einen schillernden Seeräuber. Auch der Räuber Ishikawa Go'emon (Abschnitt 4) bot sich als Identifikationsfigur an, da er für seinen Mut, sich mit dem mächtigen Reichseiniger Toyotomi Hideyoshi anzulegen, bewundert wurde und seine grausame Bestrafung Mitgefühl hervorzurufen vermochte. Der dreiste Meisterdieb Nezumi Kozō (Abschnitt 5.1) wiederum weckte die Schadenfreude, da er die Mächtigen dumm aussehen ließ. Und wie ein *otokodate* (Abschnitt 3) hätte wohl ein jeder gern agiert – als gutaussehender, selbstbewusster, von allen bewunderter Dandy, der die Schwachen beschützen und ihnen zu ihrem Recht verhelfen konnte. Die Autoren setzten deshalb auf Legendenbildungen und Idealisierungen: Aus respektlosen und egoistischen *machi yakko*-Verbänden wurden von Freundschaft und Blutsbrüderschaft getragene *otokodate*-Bünde, die sich aus einem Gerechtigkeitsgefühl und ihrem Selbstverständnis heraus bedingungslos für Arme und Unterdrückte einsetzten. Aus grausam vorgehenden Räuberbanden (*tōzoku*) wurden edle *gizoku*, die ihre Beute gern mit den Armen teilten, wenn sie nicht gar erst nur aus diesem Grunde stahlen (vgl. die Robin Hood-Legende) – der Konflikt zwischen Städtebürgern und Samurai[40] wird hier, alltagsfremd, zugunsten Ersterer gelöst.

In diesem Zusammenhang sei abschließend der ab 1713 im Kabuki-Stück *Sukeroku yukari no Edo-zakura* 助六所縁江戸桜 (Sukeroku: Flower of Edo[41]) auf den Bühnen der Hauptstadt gefeierte Sukeroku (alias der mittelalterliche Krie-

---

39   Theaterbezirke gehörten zu den moralisch verwerflichen „Orten des Bösen" (*akusho* 悪所); möglichst an der Peripherie der Städte, weit weg vom Zentrum verlagert galten sie als notwendiges Übel eigentlich nur zur Unterhaltung der unteren Stände. Dennoch waren Samurai aller Rangstufen unter den Kabuki-Fans zu finden (vgl. Gerstle: „Flowers of Edo", S. 39ff.), denn Moden und Gebärden etwa der *kabukimono* vom Beginn der Edo-Zeit wurden in den *aragoto*-Stil der Superhelden integriert oder traditionelle (kaum die historische Realität abbildende) Werte der Kriegerklasse wie extreme Loyalität und Opferbereitschaft für den Lehnsherrn in den bürgerlichen Theaterformen konserviert. Insofern wurde also auch Samurai reichlich Möglichkeit geboten, sich in längst vergangene, „glorreiche" Zeiten hineinzuversetzen.

40   Gemeint sind hier höhere Ränge, denn wie bereits erwähnt, arbeiteten viele Samurai, um ihren Lebensunterhalt zu bestreiten, in kommerziellen Berufen, heirateten in bürgerliche Familien ein oder wurden adoptiert.

41   Die Übersetzung folgt Brandon: *Kabuki. Five Classic Plays*, S. 50.

ger SOGA Gorō Tokimune 曽我五郎時宗[42] quasi in seiner zeitgenössischen Version) angeführt, der als blendend aussehender, galanter, ritterlicher und nicht auf den Mund gefallener Bürger Edos (Edokko) brilliert, mit der berühmten Agemaki aus dem Hause Miuraya liiert ist, sich aber auch bei den anderen Kurtisanen Yoshiwaras größter Sympathie erfreut und als Volksheld im Kampf gegen die Samurai – hier dramatisch zugespitzt gegen den extrem unsympathischen ältlichen Hige no Ikyū – stilisiert wird.[43] Hier zeigt sich sehr deutlich die Vereinnahmung früherer Samurai-Helden durch die Städtebürger und auch der Kultstatus, den die Kabuki-Schauspieler trotz ihrer geringen gesellschaftlichen Position (*hinin*) besaßen.[44]


ABBILDUNGSVERZEICHNIS

Abb. 1: BANZUI Chōbē mit MIZUNO Jūrōzaemon (*Kiwametsuki Banzui Chōbē*, Harukiza 1881; UTAGAWA Chikashige). In: *Kabuki Plays on Stage*, Bd. 4. James R. BRANDON u. Samuel L. LEITER (Hrsg.). Honolulu: University of Hawai'i Press 2002, S. 200 © Waseda daigaku engeki hakubutsukan.

Abb. 2: Danshichi Kurobē (Serie *Edo meisho mitate jūnikagetsu* 江戸名所見立十二ヶ月, 1852; Ichiyūsai Kuniyoshi). In: *Alles über japanische Tätowierungen*. Dirk-Boris RÖDEL. Uhlstädt-Kirchhasel: Arun 2004, S. 62 © Sammlung Luke Atkinson.


42  Das Stück wurde erst seit 1716 mit dem Stoffkreis um die historische Blutrache der SOGA-Brüder (1193), die bei den Neujahrsaufführungen der Kabuki-Theater obligatorisch zur Aufführung kam und entsprechend populär war, verbunden. Zudem überschneiden sich hier zwei historische Personen: 1) der Kaufmannssohn YOROZUYA Sukeroku 万屋助六, der mit Agemaki 揚巻 aus Kyōtos Freudenviertel Shimabara um 1694 Freitod aus Liebe (*shinjū* 心中) beging und 2) ein TOZAWA Sukeroku 戸沢助六 aus Hanakawado in Edo, der als *otokodate* beschrieben wird. Daraus erklärt sich auch, dass für die Rolle des Sukeroku der in Westjapan bevorzugte „weiche" *wagoto* 和事-Spielstil mit dem „rauhen" *aragoto*-Spielstil aus Edo kombiniert wird. Vgl. TAKEI: „Sukeroku", S. 488f.

43  Das *sewamono* wurde für ICHIKAWA Danjūrō 市川団十郎 II (1689–1758) verfasst, erreichte seine heutige Form um 1749 und wurde in die so genannten „Kabuki jūhachiban", eine Zusammenstellung von Stücken mit Paraderollen dieser Schauspielerfamilie, aufgenommen. Zur Bedeutung vgl. ferner THORNBURY: *Sukeroku's Double Identity*, S. 66–72.

44  Bei RAZ (*Audience and Actors*, S. 170) findet sich die Angabe, dass Topschauspieler im 18. Jahrhundert bis zu 2000 *ryō* (90000 $) jährlich verdienten; zur Entwicklung der Honorarhöhe vgl. auch BARTH: *Japans Schaukunst im Wandel der Zeiten*, S. 267ff. BARTH (ebd., S. 273ff.) äußert sich ferner zur gesellschaftlichen Stellung der Schauspieler wie folgt: „Tatsächlich war der soziale Abstand der Paria [*eta*] zu den Kabuki-Schauspielern ebenso groß wie zur bürgerlichen Gesellschaft, in die die Schauspieler spätestens seit der Genroku-Zeit [1688–1704] faktisch integriert waren, trotz aller auf Trennung beharrenden Verordnungen des Bakufu."

Abb. 3: Danshichi Mohē (*Ehon shibai no shiori* 絵本劇場栞. *Yadonashi Danshichi shigure no karakasa*; e'iri nehon, 1802; Shōkōsai Hanbē) © Waseda daigaku engeki hakubutsukan (autorisierter Abdruck).

Abb. 4: ISHIKAWA Go'emon mit MASHIBA Hisayoshi (*Sanmon gosan no kiri*, Nakamuraza 1826; UTAGAWA Toyokuni II). In: *Kabuki Plays on Stage*, Bd. 2. James R. BRANDON u. Samuel L. LEITER (Hrsg.). Honolulu: University of Hawai'i Press 2002, S. 73 © Waseda daigaku engeki hakubutsukan.

Abb. 5: Benten Kozō (*Aotozōshi hana no nishikie*, Ichimuraza 1862; UTAGAWA Toyokuni III) © Waseda daigaku engeki hakubutsukan (Postkarte des Museums).

## LITERATURVERZEICHNIS

Verwendete Abkürzungen

NDDJ: *Nihon denki densetsu daijiten* 日本伝記伝説大事典. INUI Katsumi 乾克己, KOIKE Masatane 小池正胤, SHIMURA Kunihiro 志村有弘 u. a. (Hrsg.). Tōkyō: Kadokawa shoten ⁷1990 (1986).

NKBD: *Nihon koten bungaku daijiten* 日本古典文学大辞典, 6 Bände. NIHON KO-TEN BUNGAKU DAIJITEN HENSHŪ IINKAI 日本古典文学大辞典編集委員会 (Hrsg.). Tōkyō: Iwanami shoten 1982–85.

NKDJ: *Nihon Kokugo daijiten* 日本国語大辞典, 10 bd. NIHON DAIJITEN KANKŌKAI 日本大辞典刊行会 (Hrsg.). Tōkyō: Shōgakukan 1979–81.

ABE, Akira 阿部昭: *Edo no autorō. Mushuku to bakuto* 江戸のアウトロー　無宿と博徒 (Kōdansha sensho mechie 講談社選書メチエ 152). Tōkyō: Kōdansha 1999.

ABE, Takeshi 阿部猛: *Tōzoku no Nihonshi* 盗賊の日本史. Tōkyō: Dōseisha 2006.

BARTH, Johannes: *Japans Schaukunst im Wandel der Zeiten*. Wiesbaden: Franz Steiner Verlag 1972.

BRANDON, James R.: *Kabuki. Five Classic Plays*. Honolulu: University of Hawai'i Press 1992 (1975).

CUMMINGS, Alan: „The Temple Gate and the Paulownia Crest. Introduction". In: *Kabuki Plays on Stage*, Bd. 2: *Villainy and Vengeance, 1773–1799*. James R. BRANDON u. Samuel L. LEITER (Hrsg.). Honolulu: University of Hawai'i Press 2002, S. 72–81.

EZAKI, Atsushi 江崎惇: „Ishikawa Go'emon 石川五右衛門": In: NDDJ, S. 71f.

FIORILLO, John: „The beauty of cruelty. The origins of Danshichi and his evolution as a tattooed anti-hero in Natsu matsuri". In: *Andon*, Nr. 87 (2007 / 08), S. 27–43.

FUJINO, Yoshio 藤野義雄: *Chikamatsu meisaku jiten* 近松名作事典. Tōkyō: Ōfūsha 1988.

GERSTLE, C. Andrew: „Flowers of Edo: Kabuki and its patrons". In: *18th Century Japan. Culture and Society*. C. Andrew GERSTLE (Hrsg.). Sydney u. a.: Allen & Unwin 1989, S. 33–50.

GULIK, W. R. van: *Irezumi. The Pattern of Dermatography in Japan* (Mededelingen von het Rijksmuseum voor Volkenkunde Leiden 22). Leiden: Brill, Rijksmuseum voor Volkenkunde Leiden 1982.

HALFORD, Aubrey S. u. Giovanna M. HALFORD: *The Kabuki Handbook. A Guide to Understanding and Appreciation, with Summaries of Favourite Plays, Explanatory Notes, and Illustrations*. Rutland, Vermont, Tōkyō: Tuttle [13]1983 (1956).

HANAMURA, Susumu 花村奨: „Banzuiin Chōbē 幡随院長兵衛". In: NDDJ, S. 729.

HANAMURA, Susumu 花村奨: „Nihon Zaemon 日本左衛門". In: NDDJ, S. 682f.

HANAMURA, Susumu 花村奨: „Tōken Gonbē 唐犬権兵衛". In: NDDJ, S. 630.

HAYASHI, Kyōhei 林京平: „Gonpachi Komurasaki 権八小紫". In: NDDJ, S. 390.

HERBERT, Wolfgang u. Dirk DABRUNZ: *Japans Unterwelt. Reisen in das Reich der Yakuza*. Berlin: Reimer 2017.

IEZZI, Julie A.: „Summer Festival: Mirror of Osaka. Introduction". In: *Kabuki Plays on Stage*, Bd. 1: *Brilliance and Bravado, 1697–1766*. James R. BRANDON u. Samuel L. LEITER (Hrsg.). Honolulu: University of Hawai'i Press 2002, S. 196–233.

IKEGAMI, Eiko: *Bonds of Civility. Aesthetic Networks and the Political Origins of Japanese Culture*. Cambridge, New York, Melbourne u. a.: Cambridge University Press 2005.

IMAGAWA, Tokuzō 今川徳三: „Kunisada Chūji 国定忠治". In: NDDJ, S. 322f.

INAGAKI, Shisei 稲垣史生: *(Mitamura Engyo) Edo seikatsu jiten* (三田村鳶魚) 江戸生活事典. Tōkyō: Seiabō [15]1976 (1958).

KEENE, Donald: *World Within Walls. Japanese Literature of the Pre-modern Era, 1600–1867*. London: Secker & Warburg 1976.

KOKURITSU GEKIJŌ GEINŌ CHŌSASHITSU 国立劇場芸能調査室 (Hrsg.): *Jōruri sakuhin yōsetsu* 浄瑠璃作品要説, Bd. 5. Tōkyō: Kokuritsu gekijō 1988.

KOKURITSU GEKIJŌ GEINŌ CHŌSASHITSU 国立劇場芸能調査室 (Hrsg.): *Jōruri sakuhin yōsetsu* 浄瑠璃作品要説, Bd. 4. Tōkyō: Kokuritsu gekijō 1986.

LADSTÄTTER, Otto u. Sepp LINHART: *China und Japan. Die Kulturen Ostasiens*. Wien, Heidelberg: Verlag Carl Ueberreuter 1983.

LEITER, Samuel L.: *Kabuki Encyclopedia. An English Language Adaption of KABUKI JITEN*. Westport, Connecticut; London: Greenwood Press 1979.

MATSUNAGA, Yoshihiro 松永義弘: „Inaba Kozō 因幡小僧". In: NDDJ, S. 101.

MITAMURA, Engyo 三田村鳶魚 u. ASAKURA Haruhiko 朝倉治彦 (Hrsg.): *Edo no shiranami* 江戸の白浪 (Engyo Edo bunko 鳶魚江戸文庫 6). Tōkyō: Chūō kōronsha 1997.

MIYAZAKI, Manabu 宮崎学: *Yakuza to Nihon. Kindai no burai* ヤクザと日本　近代の無頼 (Chikuma shinsho ちくま新書 702). Tōkyō: Chikuma shobō ²2008 (2008).

NAKAMURA, Toyohide 中村豊秀: „Karigane gonin otoko 雁金五人男". In: NDDJ, S. 274f.

NIHON MEICHO ZENSHŪ KANKŌKAI 日本名著全集刊行会 (Hrsg.): *Jōrurishū* 浄瑠璃集, 2 Bde. (Nihon meicho zenshū. Edo bungei no bu 日本名著全集　江戸文芸之部 6 + 7). Tōkyō: Nihon meicho zenshū kankōkai 1927 / 1929.

RAZ, Jacob: *Audience and Actors. A Study of their Interaction in the Japanese Traditional Theatre.* Leiden: E. J. Brill 1983.

RÖDEL, Dirk-Boris: *Alles über japanische Tätowierungen. Die japanische Tätowierkunst der Edo-Zeit und ihre Entwicklung bis zur Gegenwart.* Uhlstädt-Kirchhasel: Arun 2004.

SAKURAI, Hiroshi 桜井弘: „Danshichi 団七". In: NDDJ, S. 585f.

SATŌ, Akira 佐藤彰: „Kezori Ku'emon 毛剃九右衛門". In: NDDJ, S. 341f.

SUWA, Haruo 諏訪春雄: *Chikamatsu sewa jōruri no kenkyū* 近松世話浄瑠璃の研究. Tōkyō: Kasama shoin ²1982 (1974).

TAKEI, Kyōzō 武井協三: „Shiranami gonin otoko 白波五人男". In: NDDJ, S. 471.

TAKEI, Kyōzō 武井協三: „Sukeroku 助六". In: NDDJ, S. 488f.

THORNBURY, Barbara E.: „The Renowned Banzui Chōbei. Introduction". In: *Kabuki Plays on Stage*, Bd. 4: *Restauration and Reform, 1872–1905*. James R. BRANDON u. Samuel L. LEITER (Hrsg.). Honolulu: University of Hawai'i Press 2003, S. 202–232.

THORNBURY, Barbara E.: *Sukeroku's Double Identity. The Dramatic Structure of Edo Kabuki* (Michigan Papers in Japanese Studies 6). Ann Arbor: Center for Japanese Studies, The University of Michigan 1982.

TORIGOE, Bunzō 鳥越文蔵: *Genroku kabuki kō* 元禄歌舞伎攷. Tōkyō: Yagi shoten 1991.

TSUCHIDA, Mamoru 土田衛: „Yadonashi Danshichi shigure no karakasa 宿無団七時雨傘". In: NKBD, Bd. 6, S. 63f.

UKAI, Tomoko 鵜飼伴子: *4-daime Tsuruya Nanboku ron – akujingeki no keifu to shukō wo chūshin ni* 四代目鶴屋南北論 — 悪人劇の系譜と趣向を中心に. Tōkyō: Kazama shobō 2005.

# Die Rolle der Freudenviertel bei der Entwicklung des populärsten Spiels Japans

Sepp Linhart

## 1 Einleitende Bemerkungen

Die zwei im Westen bekanntesten und einflussreichsten „traditionellen" japanischen Künste, die während der Edo-Zeit (1603–1868) entstanden und in ihr ihre Blütezeit erlebten, sind zweifellos das Kabuki-Theater einerseits und der japanische Farbholzschnitt (*nishikie* 錦絵) als Teil der bürgerlichen Holzschnitte (*ukiyoe* 浮世絵) andererseits.[1] Letztere beeinflussten ab der zweiten Hälfte des 19. Jahrhunderts die moderne europäische Malerei, erstere die Aufführungspraxis der europäischen Theater durch Übernahme der Drehbühne oder des Auftrittstegs (*hanamichi* 花道). Was in Europa oder Amerika weniger, in Japan hingegen stärker problematisiert wird, ist der Umstand, dass diese Kulturformen in Japan unmittelbar mit der Kultur der Freudenviertel zusammenhingen, die als ihre wichtigste Inspirationsquelle bezeichnet werden muss. Viele Kabukistücke spielen im Milieu der Freudenviertel und handeln von Prostituierten, was man auch leicht an der Verwendung des Begriffs *keisei* 傾城[2] im Titel zahlreicher Stücke, vor allem in Kansai (Westjapan) ersehen kann. Als eine der Regierungen der Meiji-Zeit (1868–1912) eine Umgestaltung des Kabuki in ein japanisches Nationaltheater herbeiführen und alle Bezüge des Kabuki zu den Freudenvierteln streichen lassen wollte, hätte diese Politik das Kabuki-Theater beinahe völlig ruiniert, als derart unmöglich erwies sich diese „Bereinigung". Die beliebten Schauspieler des Kabuki und die berühmten Freudenmädchen bildeten auch die wichtigsten Sujets der Farbholzschnitte, wenn man einmal von den pornografischen Drucken absieht, die wahrscheinlich das wichtigste Genre der *nishikie*

---

1   Unter *ukiyoe* 浮世絵, wörtl. „Bilder der fließenden Welt", versteht man die gesamte bürgerliche Kunst der Edo-Zeit, egal ob Malerei oder Druckkunst, während die Farbholzschnitte, die um 1765 durch die Erfindung einer Druckmarke, nämlich des *kentō* 見当, technisch möglich gemacht und alsbald als *Azuma nishikie* 東錦絵 zu einem Kennzeichen der Kultur der Stadt Edo wurden, nur ein Genre der gesamten *ukiyoe* darstellten. Im Westen wird der Begriff *ukiyoe* synonym mit „japanischem Farbholzschnitt" verwendet.

2   Der aus dem Chinesischen übernommene Begriff *keisei* bezeichnet eine hochrangige Prostituierte.

repräsentierten. Angesichts der europäisch-amerikanischen Begeisterung für die japanischen Holzschnitte war das offizielle Japan peinlich berührt, weil es nicht wollte, dass eine Kunstform, die so sehr mit den Vergnügungsvierteln und Pornografie zu tun hatte, als die wichtigste Kunstform Japans galt. Aus diesem Grund wurden die Farbholzschnitte in offiziellen Statements zur unbedeutenden Volkskunst erklärt, die bei wichtigen Events, wie etwa Weltausstellungen, nicht länger die japanische Kunst repräsentieren sollten, weshalb ab der Weltausstellung 1900 in Paris Farbholzschnitte nicht länger gezeigt werden durften, während das bei früheren Weltausstellungen sehr wohl der Fall war. Neben den Theaterstücken und den Inhalten der Holzschnitte waren auch Stoffe der unterhaltenden Prosaliteratur (*gesaku* 戯作)[3] häufig in den Freudenvierteln angesiedelt. Das heißt aber, dass die Produzenten all dieser Künste – Theaterschriftsteller, Schauspieler, Ukiyo-Künstler, *gesaku*-Autoren etc. – engen Kontakt zu den Freudenvierteln und Theatern pflegen mussten. SANTŌ Kyōden 山東京伝 (1761–1816) kaufte eine Prostituierte aus ihrem Vertrag frei und machte sie zu seiner zweiten Frau; ISODA Koryūsai 磯田湖竜斎 (o.A., aktiv 1772–79) gab seinen Samurai-Status auf, um sich der minder geachteten Kunst des *ukiyo* ungehindert von gesellschaftlichen Rücksichten widmen zu können; der Samurai ŌTA Nanpo 大田南畝 (1749–1823) verkehrte tagtäglich in Shin'yoshiwara. Verleger wie TSUTAYA Jūzaburō 蔦屋重三郎 (1750–97) betrieben in Shin'yoshiwara mehrere Salons, in welchen Künstler, Schriftsteller, Poeten und Kurtisanen miteinander engen Verkehr pflegten.[4]

Im Verständnis des japanischen Bürgertums der Edo-Zeit galten die Theater und die Freudenviertel als *akusho* 悪所, als Orte des Bösen.[5] Dies nicht aus religiösen oder moralischen Gründen oder weil sie auch von vielen Angehörigen der *senmin* 賤民, der diskriminierten und verachteten Unterschicht, die sich aus *kawata* 皮田 (oder andere Schreibweisen) oder pejorativ *eta* 穢多, *hinin* 非人, *kawaramono* 河原者 etc. zusammensetzte[6], bewohnt wurden, sondern vor allem weil Theater und Freudenviertel für die Bürger, die sich zu sehr in ihren Einfluss verstrickten, leicht ökonomisch ruinös werden konnten, was auch den Inhalt

---

3   *Gesaku*-Literatur, wörtl. „zum Spass geschaffene" Literatur, bezeichnet die Prosaliteratur, die von den Autoren um des schnellen Erfolgs beim Publikum willen produziert wurde und bei der die künstlerischen Ansprüche in den Hintergrund traten. Ihr bekanntester Repräsentant ist vielleicht JIPPENSHA Ikku 十返舎一九 (1765–1831).

4   Vgl. MORIKAWA: *Liebessemantik und Sozialstruktur*, S. 73f.

5   Zur Diskussion des Begriffs *akusho* vgl. LINHART: „Verdrängung und Überhöhung als Probleme beim Verständnis von Freizeit und Unterhaltung in Japan am Beispiel der späten Edo-Zeit", S. 32–36.

6   Zu den verschiedenen diskriminierten Gruppen und Berufen vgl. die Arbeit von KANEKO („Sozialgeschichte der Straßen- und Bühnenkünste", 1985), zur gesellschaftlichen Schichtung VOLLMER („Vorstellungen und Grundlagen gesellschaftlicher Ordnung in Ostasien", 2004).

zahlreicher Theaterstücke bildete. Die Freudenmädchen wurden von den Besitzern der Freudenhäuser bei verarmten Bauern oder auch Stadtbewohnern angeworben und mussten sich verpflichten, eine bestimmte Anzahl von Jahren ihren Dienst zu versehen, ehe sie das Freudenviertel wieder verlassen durften.[7] Tatsächlich starben viele Prostituierte sehr jung: der Alkohol, Geschlechtskrankheiten, Abtreibungen und schlechte hygienische Verhältnisse forderten einen hohen Blutzoll. Frauen, die die Arbeit in den Freudenvierteln überlebten, waren allerdings wegen ihrer ‚Kultiviertheit‘ in den Dörfern beliebte Heiratspartnerinnen.

Obwohl die Freudenviertel von den Herrschenden möglichst abseits der Wohngebiete der Mehrheitsbevölkerung angelegt wurden, um durch diese räumliche Trennung den Zugang zu erschweren, wurden deren weibliche Hauptfiguren, die *tayū* 太夫 und später die *ōiran* 花魁, zu von allen Bevölkerungsteilen beachteten und verehrten Trendsettern für Kimonos, Accessoires und Frisuren. Zu den täglichen Prozessionen dieser höchstrangigen Kurtisanen durch Shin'yoshiwara versammelten sich Schaulustige aus allen Teilen Edos und zeigten sich von den prächtigen Gewändern der Freudenmädchen, auf zahllosen Farbholzschnitten dargestellt, beeindruckt oder waren völlig überwältigt. Die Pracht und Großartigkeit der Mode der Kurtisanen, die als Vertreterinnen mehrerer Freudenhäuser miteinander wetteiferten, hat wohl auch damit zu tun, dass in der Männerstadt Edo – vor allem durch das System der abwechselnden Residenz der Fürsten in ihren Lehen und in Edo – Männer die große Mehrheit der Bewohner bildeten und die Vertreter der verschiedenen Lehen zumindest im 17. Jahrhundert die wichtigsten Kunden der Freudenmädchen waren. Während der Genroku-Periode (1688–1704) allerdings kam es zu einer Umschichtung des Publikums: Nun wurden die inzwischen reich gewordenen städtischen Bürger ebenso wichtige Kunden wie die Fürsten und ihre Samurai.

Freudenmädchen hatten im Altertum die Bezeichnung *asobime* 遊女, was später, ab dem 16. Jahrhundert, *yūjo* gelesen wurde. *Asobi* 遊び heißt nicht nur spielen, sondern auch unterhalten, sich vergnügen, und bereits die *asobime* verkauften nicht nur Sex, sondern sie unterhielten ihre Kunden mit Musikdarbietungen, Gesang und Tanz.[8] Diese Tradition lebte zumindest bis in die Edo-Zeit fort, obwohl sich neben den *yūjo* ein eigenes, spezialisiertes Unterhaltungsgewerbe entwickelte, das der *geisha* 芸者. Da die Gäste unterhalten werden und meist nicht nur einen raschen Bordellbesuch zum Abbau sexueller Spannungen hinter sich bringen wollten – dafür gab es die Geheimbordelle (*okabasho* 岡場所) in der Nähe der Wohnbezirke –, bemühten sich die Freudenmädchen, ständig neue Unterhaltungsformen zu erfinden: neue Musik, neue Tänze, neue Spiele, die bei Erfolg rasch in der ganzen Stadt Edo Verbreitung fanden.

---

7    Vgl. auch den Beitrag von Franziska Eʜᴍᴄᴋᴇ in diesem Band.
8    Vgl. dazu die Arbeit von Sᴛᴇɪɴ (*Japans Kurtisanen*, 1997).

Im Folgenden möchte ich als ein Beispiel für ein aus den Freudenvierteln hervorgegangenes Kulturphänomen das *ken*-Spiel besprechen, das ab dem Beginn seiner literarischen Erfassbarkeit in Japan stets mit den Freudenvierteln verknüpft war und von dort aus immer wieder neue Impulse erhielt, was den meisten Japanern der Gegenwart allerdings nicht bewusst ist. *Ken* 拳, heute vor allem bekannt als *janken* ジャンケン (Schere, Stein, Papier) ist ein äußerst bedeutendes Element der japanischen Kultur. Es ist Thema von zahlreichen Gedichten, vor allem von *kyōka* 狂歌 und *senryū* 川柳, es wird in etlichen Bühnenwerken verwendet und findet sich in einigen Titeln der *gesaku*-Prosa[9], und schließlich gibt es zahlreiche *ken*-Lieder, die man vor einem Spiel sang und die mit entsprechenden Tanzfiguren auf Farbholzschnitten oder in eigenen Büchlein überliefert sind. Ohne zu übertreiben, kann *ken* von der Mitte des 18. bis zur Mitte des 20. Jahrhunderts wohl als das populärste Spiel Japans bezeichnet werden, während es heute meist als Mittel zur Entscheidungsfindung Anwendung findet und seinen ursprünglichen Spielcharakter eher verloren hat.[10]

## 1   Die Verdienste der Tamagiku

Im siebenten Monat des Jahres Ansei 6, also im August 1859, begann der Verlag von Totoya Eikichi 魚屋栄吉 (o.A.) in Shitaya 下谷 in Edo, im heutigen Taitō-ku 台東区 in Tōkyō, eine Serie von Farbholzschnitten im vertikalen *ōban* 大判-Format mit dem Titel *Kokon meifuden* 古今名婦伝, also so viel wie „Biographien berühmter Frauen aus Vergangenheit und Gegenwart", zu veröffentlichen, die zumindest bis zum ersten Monat des Jahres Keiō 2 (1866) fortgesetzt wurde und von der 34 verschiedene Blätter bekannt sind.[11]

Vermutlich war diese Serie immer noch eine Reaktion auf die Tenpō-Reformen (*Tenpō kaikaku* 天保改革) von 1842, die unter anderem strenge Maßnahmen gegen die florierende Druckindustrie enthielten. Am vierten Tag des sechsten Monats des Jahres Tenpō 13 (1842) war ein Edikt (Nr. 4708) gegen die Inhalte der Brokatbilder erlassen worden. Die Ukiyoe-Künstler mussten davon Abstand nehmen, Bilder von Freudenmädchen, weiblichen Geishas (*bijinga* 美人

---

9   So z.B. das *kibyōshi* 黄表紙 *Ken-zumō* 拳角力 (Der *ken*-Wettkampf, 1784) von Ōta Nanpo, das Kabuki-Stück *Ken-mawashi sato no daitsū* 拳褌廓大通 (Der große Kenner der Freudenviertel mit der *ken*-Schürze, uraufgeführt im zehnten Monat Kyōwa 2, d.h. im Jahr 1802), oder das *yomihon* 読本 *(Kanayomi shōsetsu) Mushi-ken* (国字小説) 三虫拊戦 (Das Kleintier-*ken*. Ein Roman in den Landeszeichen, 1819) von Ryūtei Tanehiko 柳亭種彦 (1783–1842).

10   Vgl. allgemein zum *ken*-Spiel Rinharuto (*Ken no bunkashi*, 1998).

11   Alle 34 Blatt sind im Besitz der National Diet Library in Tōkyō und können in deren digitaler Datenbank eingesehen werden. Die lange Ausgabezeit von sechseinhalb Jahren deutet wohl darauf hin, dass sich die Serie damals nicht besonders gut verkaufte.

画) und Schauspielern (*yakushae* 役者絵) zu malen, Motive, die bis dahin neben den pornografischen Bildern, die ohnehin verboten waren, die Welt der *ukiyoe* dominiert hatten. Freudenmädchen, weibliche Geishas und Schauspieler waren im Grunde, selbst wenn sie beliebte Stars waren und Treffen mit ihnen Unsummen kosteten, Angehörige der diskriminierten Bevölkerungsteile außerhalb des Ständesystems und Repräsentanten der so genannten Orte des Bösen (*akusho*). Stattdessen sollten moralisch hochstehende Vorbilder aus der japanischen Geschichte gezeigt werden. Die Serie *Kokon meifuden* lässt sich gut in diesen Kontext einreihen.

Es wurde eine Zensur durch monatlich wechselnde Vertreter der Verlegergilde eingerichtet, die darauf zu achten hatten, dass nur Bilder, die den Anordnungen entsprachen, veröffentlicht wurden.[12] Auch Form und Preis der Bilder wurden reguliert. Am letzten Tag des elften Monats wurde im Edikt (*ofuregaki* 御触書) Nr. 4717 festgelegt, dass keine Holzschnitte mehr aufgelegt werden sollten, die aus mehr als drei Drucken im Standardformat bestanden, und dass maximal sieben bis acht Druckstöcke für einen Holzschnitt verwendet werden durften, was natürlich die Zahl der Farben sehr stark beschränkte. Ein Druck im *ōban*-Format durfte nicht mehr als 16 *mon* kosten, und das, obwohl der bisherige Durchschnittspreis bei 24 *mon* gelegen hatte. In einem weiteren Edikt (Nr. 4718), das zwei Wochen später folgte, heißt es, dass junge und erwachsene Frauen überhaupt nicht mehr dargestellt werden sollten und dass nur noch Bilder von Mädchen erlaubt waren.[13] Diese Vorschriften galten bis zum Ende der Edo-Zeit, obwohl die Regierung in den 1850er und 1860er Jahren sie nicht länger durchzusetzen versuchte oder dazu nicht mehr in der Lage war.

Zurück zur Serie *Kokon meifuden*. Als Künstler engagierte ToTOYA Eikichi dafür Toyokuni III. 三代目豊国 (1786–1865), der sich selbst der Zweite nannte und damals zweifellos die Nummer Eins der Holzschnittentwerfer repräsentierte, und für die Texte bekannte *gesaku*-Schriftsteller wie RYŪTEI Senka 笠亭仙果 bzw. Tanehiko II. 二代目種彦 (1804–68; 25 Texte), BAISOTEI Gengyo 梅素亭玄魚 (1817–80; 7 Texte), BAIKA Sanjin 梅華山人 (1731–1808; 1 Text) und RYŪTEI Umehiko 柳亭梅彦, wohl ein anderer Name für YOMO Umehiko 四方梅彦 (1822–96; 1 Text). Neben allgemein bekannten, historisch jedoch nur schwer verifizierbaren weiblichen Persönlichkeiten wie Sei Shōnagon 清少納言, Kaga no Chiyo 加賀千代, Ono no Komachi 小野小町, Shizuka Gozen 静御前, Tokiwa Gozen 常磐御前 oder Tomoe Gozen 巴御前 und den auf Farbholzschnitten immer wieder dargestellten Freudenmädchen Takao 高尾 und Jigoku tayū 地獄太夫, befindet sich darunter eine heute weniger bekannte Frau, nämlich das Freuden-

---

12 Vgl. IshII / HARAFUJI: *Bakumatsu ofuregaki shūsei*, Bd. 5, S. 298f.
13 Vgl. ebd., S. 302f.

mädchen Tamagiku 玉菊 aus dem Haus Nakamanji 中万字. Der Text von BAISOTEI Gengyo zur Illustration von Toyokuni III. lautet (Abb. 1):

In der Periode Kyōhō [1716–36] gab es im Hause Nakamanji in Shin'yoshiwara das Freudenmädchen Tamagiku, das zwar keine überragende Schönheit war, jedoch von gutem Charakter und bei jedermann beliebt, weshalb es im ganzen Freudenviertel keine gab, die ihr gleichkam. Zu jener Zeit florierte das Spiel *ken-zumō* 拳相撲 außerordentlich, und Tamagiku, deren Können in diesem Spiel bekannt war, machte aus schwarzem Samt eine *ken*-Schürze, bestickte diese mit einem Wappen in Goldfäden und benutzte sie beim *ken-zumō*. Sie starb 25-jährig am 29. Tag des dritten Monats des Jahres Kyōhō 11 [Ende April 1726]. Sie wurde im Tempel Kōkanji 光感寺 in Asakusa 浅草 beigesetzt. Ab dem ersten Bon-Fest (*niibon* 新盆)[14] nach ihrem Tod begann man, Laternen für ihr Seelenheil zu opfern. Der *haikai*-Dichter CHIKU Fujin 竹婦人 [i.e. Kenjū 乾什, ?–1778 ] schrieb anlässlich ihres zweiten Todestages ein Stück für das Puppentheater (*jōruri* 浄瑠璃). Da Tamagiku die Shamisen für die Katō-bushi[15] sehr gut gespielt hatte, schrieb MASUMI Ranshū II. 二代目十寸見蘭州 [?–1734] dieses Stück mit dem Titel „Nach Art des Wassers" (*Mizu chōshi* 水調子) als Katō-bushi auf. In einem *haikai*, von wem auch immer, heißt es: „Ach die Nacht, in der die von uns gegangene Tamagiku in einer Laterne kommt (*Tōrō ni naki Tamagiku no kuru yo kana* 燈篭になき玉きくのくる夜かな)."

Abb. 1: Toyokuni III.: Die Kurtisane Tamagiku.

Das seither im siebten Monat abgehaltene Laternenfest der Tamagiku (Tamagiku tōrō 玉菊灯篭), das es bis heute gibt, wurde zu einer der drei großen Attraktionen (*sandai keiyō* 三大景容) von Shin'yoshiwara neben der Kirschblütenschau (*hanaue* 花植え oder *Naka no chō no sakura* 仲の町の桜) im dritten Monat und der *niwaka* 俄-Aufführung im achten Monat.[16] Der Holzschnitt zeigt das Freudenmädchen Tamagiku, hinter ihr eine Shamisen und ein (Lieder-)Buch, vor ihr

14  Erstmalige Abhaltung des buddhistischen Allerseelen-Festes (*o-bon* お盆) nach dem Tod einer Person. Das Fest findet traditionell alljährlich vom 13. bis 16. Tag des siebten Monats im Mondkalender statt, was nach dem heutigen Sonnenkalender Mitte August entspricht. Sollte dieses Datum in die ersten 49 Tage nach dem Tode fallen, findet das *niibon* erst im nächsten Jahr statt. Man lädt dazu die Familienmitglieder, Verwandte und enge Freunde der / des Verstorbenen ein, und ein buddhistischer Priester liest eine Totenmesse.

15  Katō-bushi 河東節 bezeichnet eine Art der Shamisen-Musik, die von MASUMI Katō 十寸見河東 (1684–1725) ab 1717 in Edo vorgetragen wurde. Das besondere Kennzeichen dieser Musik ist die tiefe Stimmung der Saiten.

16  Der Yoshiwara-niwaka ist eine Stegreiftheateraufführung durch männliche Unterhalter (*hōkan* 幇間). Genaue Inhalte der Aufführungen sind nicht überliefert.

eine eiserne Kanne für warmen Sake sowie einen mit Sake gefüllten Becher – die nötigen Utensilien für ein unterhaltsames *ken*-Spiel. Denn bei diesem muss der Verlierer einen bereitgestellten Becher Sake trinken. Mit beiden Händen hält sie ihren besonderen Beitrag zur japanischen Kultur in die Höhe, eine *ken*-Schürze bestickt mit ihrem Wappen und besetzt mit Goldfransen. Bemerkenswert ist, dass der Holzschnitt über Tamagiku zur ersten Tranche der ausgelieferten Blätter dieser Serie gehörte. Die anderen beiden Holzschnitte zeigen die Haiku-Dichterin Kaga no Chiyo, die vor allem wegen ihres Loblieds auf eine Morgenwinde bis heute berühmt ist, und die Kurtisane Takao II.[17] Diese soll eine außerordentliche, in der Dichtkunst höchst bewanderte Schönheit gewesen sein, die von einem ihrer Kunden, einem jungen Fürsten aus Sendai, stranguliert wurde, als er erfuhr, dass sie einen Geliebten hatte, worauf er zurücktreten musste. Dass Tamagiku in eine Reihe mit diesen beiden Berühmtheiten gestellt wird, deutet darauf hin, dass sie in der zu Ende gehenden Edo-Zeit weithin bekannt gewesen sein dürfte, denn die ersten Blätter einer neuen Serie waren sozusagen die Zugpferde für diese.

Zwischen dem frühen Tod der Tamagiku im Jahr 1726, angeblich wegen übermäßigen Sake-Genusses, und dem Erscheinen des ihr gewidmeten Holzschnitts 1859 liegen 133 Jahre. Eine frühere Erwähnung von Tamagiku, allerdings ohne ihr Bild, findet man im achten Kapitel des 1804 erschienenen fünften Heftes des bekannten Werkes „Gedanken über erstaunliche Spuren der neueren Zeit" (*Kinsei kiseki kō* 近世奇跡考) des bekannten vielseitigen Künstlers und Schriftstellers SANTŌ Kyōden. Kyōden schreibt über Tamagiku unter dem Titel „Die *ken*-Schürze der Tamagiku" (*Tamagiku ken-mawashi* 玉菊拳まはし):

> Während der Periode Kyōhō spielten die Sake-Liebhaber *ken-zumō*, und es war außerordentlich populär. Weil Tamagiku darin sehr gut war, bedeckte ein gewisser Herr aus dem Etablissement Odawaraya 小田原屋 in Shin'yoshiwara die Hand der Tamagiku, und dieses *ken-mawashi* 拳まはし genannte Ding gibt es bis heute. Es ist etwas wie eine Bedeckung des

---

17 Takao ist ein Ehrentitel für die schönste Kurtisane von Yoshiwara. Je nach Zählung soll es während der Edo-Zeit sechs, sieben oder elf Takaos gegeben haben. Die zweite war zweifellos die berühmteste und wurde auch in das Kabuki-Stück *Meiboku Sendai Hagi* 伽羅先代萩 (1777) eingebaut. Dieser Titel besteht aus einer Aneinanderreihung von assoziationsreichen Wörtern: *meiboku* 銘木 ist Edelholz, die verwendeten Schriftzeichen *kyara* 伽羅 definieren das Edelholz als duftendes Aloe-Holz, aus dem die Geta des Fürsten, der sich in Takao II. verliebte, gefertigt waren. Die Zeichen *sendai* 先代 verweisen auf einen Fürsten aus einer früheren Generation, gleichzeitig aber von der Aussprache her auf die Stadt Sendai in Nordostjapan. Hagi 萩, der Buschklee, ist ein Symbol des Herbstes, gleichzeitig aber auch eine Bezeichnung für eine Süßigkeit, die man bei den Feiern zur Tag-und-Nachtgleiche im Herbst (*aki no o-higan* 秋のお彼岸) opfert und die in dem Stück eine große Rolle spielt. KANEDA (*The Precious Incense and Autumn Flowers of Sendai*, Internetquelle) übersetzt den Titel mit „The Precious Incense and Autumn Flowers of Sendai".

Handrückens, und Tamagiku machte es aus schwarzem Samt und nähte mit Goldfäden ein Wappen darauf. Das ist jene Handbedeckung, die beim *ken-zumō* Verwendung findet.[18]

BAISOTEI Gengyo hat den Text von Kyōden sicherlich gekannt und für die Liebhaber des Katō-bushi entsprechend erweitert. Kyōdens kurze Bemerkung über Tamagiku und ihre Pionier-Rolle für das *ken*-Spiel in der Form des *ken-zumō* blieb übrigens nicht unwidersprochen. KITAMURA Nobuyo 喜多村信節 (1783–1856), ein Vertreter der „nationalen Schule" (*kokugaku* 国学) und Verfasser eines Sittenlexikons unter dem Titel „Vergnügliche Unterhaltung und lächelnde Blicke" (*Kiyū shōran* 嬉遊笑覧) aus dem Jahr 1830 vertritt im zehnten Heft seines gewaltigen Werkes, der dem „Essen und Trinken" (*inshoku* 飲食) gewidmet ist, im Unterkapitel „*Ken-zumō*", nachdem er zunächst Kyōden zitiert, die folgende Meinung:

> Es scheint, dass es [i.e. das *ken*-Spiel] zu jener Zeit noch nicht so beliebt war, denn im Freudenviertelführer „Führer durch Yoshiwara: Briefe des Tigers / Betrunkenen" (*Yoshiwara saiken Tora ga fumi* 吉原細見虎が文) aus dem Jahr Enkyō 2 [1745][19] wird *ken* anhand einer Skizze genau beschrieben. Daher sollte diese *ken*-Handbedeckung auch aus einer späteren Zeit stammen. Ich kann sagen, dass im Buch „Der Garten im Südosten" (*Tatsumi no sono* 辰巳園) aus dem Jahr Meiwa 7 [1770] *ken-zumō* vorkommt.[20]

## 2 *KEN-ZUMŌ*: DAS *KEN*-SPIEL ALS EIN MINIATUR-SUMŌ-RINGKAMPF

Nun interessiert uns dieser Intellektuellenstreit hier weniger als die Begriffe *ken* und *ken-zumō*. *Ken* ist ein einfaches Fingerspiel, das aus China übernommen wurde, wo es bis heute sehr gerne bei feuchtfröhlichen Unterhaltungen gespielt wird. Auf den edo-zeitlichen Holzschnitten aus Nagasaki, den *Nagasakie* 長崎絵, die vornehmlich die chinesische Kultur in Nagasaki abbilden, kommt es praktisch auf jedem Bild, das ein chinesisches Gelage zeigt, vor. Es entspricht dem italienischen *morra* oder unserem Knobeln. Zwei Spieler, die sich gegenübersitzen, zeigen mit den Fingern der rechten Hand eine Zahl zwischen Null und Fünf an, während sie gleichzeitig das von ihnen erwartete Resultat, nämlich die Summe der von beiden Spielern angezeigten Zahlen, ausrufen, die eine Zahl zwischen Null und Zehn sein kann. Vorher wird ausgemacht, auf wie viele gewonnene Spiele man spielt, meistens fünf. Da die fünf Spiele aber hintereinander

18 SANTŌ: *Kinsei kiseki kō*, Heft 5, Kap. 8, Bl. 9u.
19 Im *Kokusho sōmokuroku* 国書総目録 lautet der Titel des Freudenviertelführers für Enkyō 3 (1746) *Yoshiwara kotowaza hakkei* 吉原諺八景 (Die acht Ansichten von Yoshiwara in Sprichwörtern) mit dem Alternativtitel *Tora ga fumi* とらがふみ. *Tora* bedeutet Tiger, aber auch Betrunkener, der auffällig wird.
20 KITAMURA: *Kiyū shōran*, S. 428. Mit dem Garten im Südosten ist das Freudenviertel Fukagawa in Edo gemeint. Fukagawa liegt im Südosten der Burg von Edo.

gewonnen werden müssen, kann es ewig dauern, bis man zu einem endgültigen Ergebnis kommt. Die Finger der linken Hand werden zum Zählen der eigenen Siege verwendet. Wer verliert, darf als Trost ein Schälchen Sake trinken. Um das Spiel noch interessanter zu machen, wurden die Zahlen bei diesem Zahlen-*ken* (*kazu-ken* 数拳) oder auch ursprünglichen *ken* (*hon-ken* 本拳) in vermeintlichem Chinesisch gerufen. Der Kenner der Freudenviertelkultur, der *tsū* 通 oder *tsūjin* 通人, musste sich daher diese Zahlen merken, sonst konnte er nicht mitspielen. Man zählte also nicht „*Ichi, ni, san* ... 一、二、三“ oder „*Hitotsu, futatsu, mittsu* ... 一つ、二つ、三つ“, sondern „*Ikko* いっこ, *ryan* りゃん, *sanna* さんな, *sū* すう, *u* う, *roma* ろま, *chema* ちぇま, *pama* ぱま, *kyū* きゅう, *tōrai* とうらい“, wobei in der Literatur erhebliche Unterschiede in der Zählweise auftauchen.[21]

Wir haben keine Belege dafür, dass *ken-zumō* wirklich bereits zur Zeit von Tamagiku gespielt wurde, und es könnte auch durchaus sein, dass man Tamagiku im Nachhinein als einer Art Kulturheroin aus den Freudenvierteln eben neben ihrer Fertigkeit im Vortragen der Katō-bushi auch die Erfindung des *ken-mawashi* zugeschrieben hat, ähnlich wie der buddhistische Mönch Kōbō daishi 弘法大師 (774–835) posthum zum Dichter des *I-ro-ha*-Gedichts, zum Erfinder der Kana-Schriftzeichen oder zum ersten Importeur von Tee aus China hochstilisiert wurde. Bleiben wir bei den schriftlichen Quellen, dann liefert uns ein Freudenviertelführer vom Frühling – die Führer erschienen zweimal jährlich, im Frühling und im Herbst – des Jahres Kanpō 3 (1743) mit dem Titel „Führer durch Yoshiwara: Der Stammgast“ (*Yoshiwara saiken – Kayou kami* 吉原細見通家美) den Beweis, dass es zumindest damals bereits *ken-zumō* gab. Dieser Führer enthält insgesamt neun Seiten über das *ken*-Spiel und vor allem eine zweiseitige Illustration von diesem Spiel in Yoshiwara aus der Hand von NISHIMURA Shigenaga 西村重長 (1697–1758) (vgl. Abb. 2).

Abb. 2: NISHIMURA Shigenaga: Freudenmädchen aus dem Shin'yoshiwara beim *ken*-Spiel.

21  Eine Zusammenstellung der unterschiedlichen Zählweisen mit Nennung der Belege ist zu finden in RINHARUTO: *Ken no bunkashi*, S. 15–24.

Alle namentlich gekennzeichneten Mitspielerinnen sind natürlich liebliche Freudenmädchen, eingeteilt, wie beim Sumō-Ringen üblich, in die östliche und die westliche Liga. Die 26 Kämpferinnen der östlichen Liga werden angeführt von der *tayū* Komurasaki 太夫小むらさき, ihre 23 Kontrahentinnen der westlichen Liga von der *tayū* Usugumo 太夫うすぐも. Schiedsrichterin ist die *tayū* Hanamurasaki 太夫花むらさき, natürlich ausgestattet mit einem Schiedsrichterfächer.[22] Ganz deutlich zu erkennen ist, dass sämtliche Spielerinnen eine *ken-mawashi* um ihre schlanken Handgelenke gebunden haben. Zwischen dem Tod von Tamagiku und dem ersten Freudenviertelführer, der über das *ken-zumō* in Yoshiwara berichtet, liegen 17 Jahre. Es ist durchaus möglich, dass die Erfindung des *ken-zumō* erst in den frühen 1740er Jahren erfolgte und nachträglich einem berühmten Freudenmädchen, nämlich Tamagiku, zugeschrieben wurde. Wenn *ken-zumō* in Shin'yoshiwara tatsächlich bereits in der Periode Kyōhō äußerst populär war, dann ist es nur schwer erklärlich, warum *ken-zumō* 1743 in den Freudenviertelführern zu so einem großen Thema gemacht wurde. Ein weiterer Hinweis, dass *ken-zumō* in der ersten Hälfte der 1740er Jahre im Freudenviertel Shin'yoshiwara zu einer neuen Attraktion geworden war, ist ein großformatiger Farbholzschnitt von FURUYAMA Moromasa 古山師政 (o. A.) mit dem Titel *Shin'yoshiwara zashiki ken-sumō* 新吉原座鋪けんすもふ, der aus dieser Zeit stammt. Zwar tragen hier die Spieler keine *ken-mawashi*, doch der Ausdruck *ken-zumō* wird im Titel des Bildes verwendet.

Auf dem perspektivischen Bild (vgl. Abb. 3)[23] spielt eine *tayū*, erkenntlich an ihrem vorne gebundenen Obi, mit einem Gast Zahlen-*ken*, während drei Männer und eine Frau fasziniert zusehen. Was auf Moromasas Holzschnitt nicht oder noch nicht zu sehen ist, ist der dem Sumō-Ring nachempfundene Ring für den *ken*-Wettkampf. Den findet man zum ersten Mal im von einer Gruppe von *ken*-Liebhabern in Ōsaka herausgegebenen Buch „Eine andere Überlieferung von Wind und Mond" (*Fūgetsu gaiden* 風月外伝) aus dem Jahr Meiwa 8 (1771) abgebildet.

Obwohl in Japan jeder Wettkampf leicht zu einem Sumō wird, war es den *ken*-Liebhabern anscheinend bei der Benennung ihrer Lieblingsbeschäftigung als Sumō bitterernst, denn neben dem Ring wurden auch die Wassergefäße für

---

22  *Tayū* war bis 1750 der höchste Rang, der für Kurtisanen in Shin'yoshiwara vergeben wurde. Sie waren daran erkenntlich, dass sie nie Socken tragen durften und dass sie ihren Obi vorne banden. In den Künsten Tanzen, Singen, Musizieren, Dichten etc. von einer hohen Fertigkeit, hatten sie auch das Recht, Kunden abzuweisen. Der Titel *tayū* wurde nicht nur in den Freudenvierteln, sondern auch in vielen japanischen Künsten verwendet.

23  Traditionell wurden *ukiyo-e* ohne Perspektive gemalt, doch ab dem Ende der 1730er Jahre wurde die Perspektive unter holländischem Einfluss besonders bei der Darstellung von inneren Räumlichkeiten (Theater, Freudenhäuser etc.) immer wieder verwendet. Dieses besondere Genre bezeichnet man als *ukie* 浮絵.

die Kämpfer und die Bogen als Preise für die Sieger nachgemacht, vor allem aber auch die Tabellen, in welchen
die Stärke der einzelnen Spieler notiert
wurden, die *banzuke* 番付. Dass dann
auch die einzelnen Sumō-Ränge übernommen wurden – *ōzeki* 大関, *sekiwake*
関脇, *komusubi* 小結 und *maegashira* 前
頭[24] – versteht sich wohl von selbst (vgl.
Abb. 4).

Abb. 3: FURUYAMA Moromasa: *Ken*-Wettkampf in den Tatami-Zimmern des Shin'yoshiwara, um 1740.

    Wichtig für unser Thema ist natür-
lich die Verknüpfung von Freudenviertel
und *ken*-Spiel, und auf diese stoßen wir
immer wieder. Das größte und schönste
*ken*-Lehrbuch, das zweibändige „Illustrierter *ken*-Gruppenwettkampf" (*Ken
sarae sumai zue* 拳会角力図会), stammt
aus dem Jahr Bunka 6 (1809). Zugleich
in Ōsaka und in Edo von mehreren Verlegern als Gemeinschaftsprodukt herausgegeben, enthält es neben der Erklärung der häufigsten *ken*-Spielweisen
zahlreiche über zwei Seiten reichende

Abb. 4: Die nötigen Utensilien für das *kenzumō* aus dem *Fūgetsu gaiden* (1771).

Bilder von SHŌKŌSAI Hanbē 松好斎半兵衛 (o. A., aktiv 1795–1809), einem der
bedeutendsten Ukiyoe-Künstler aus dem Kansai-Gebiet. Der Text stammt von
zwei *ken*-Meistern aus Ōsaka, Gojaku 吾雀 und Yoshinami 義浪, die 31-silbigen
humoristischen Gedichte (*kyōka*) auf den Bildern von TETSUGŌSHI Namimaru 鉄
格子浪丸 (?–1811). Zu Beginn des Buches geben die Autoren die Standardbegrü-
ßung der Gäste bei einem großen Treffen von *ken*-Spielern durch den Schieds-
richter der Wettkämpfe wieder, in der dieser erläutert, wie das *ken*-Spiel in Japan
eingeführt wurde:

> Zur Zeit der Gründung des Freudenviertels Maruyama 円山 in Nagasaki 長崎 in der Provinz
> Hishū 肥州 kam eine größere Zahl Chinesen in ein Freudenhaus und machte ein Bankett, zu
> dem sie Freudenmädchen einluden. Sie ließen die Tische mit Jade- und Bernstein-Gefäßen
> schmücken, auf einem Gitter die acht Köstlichkeiten präsentieren[25] und auf beiden Seiten des
> Raumes Orgelpfeifen erklingen bzw. chinesische Lieder singen. Ferner ließ man Trommeln
> schlagen und Trompeten blasen, um den Kampfeswillen der Teilnehmer zu heben, und stärk-
> te sich mit seltenem Rotwein. Danach teilten sie sich in rechts und links und begannen, ganz

---

24  Der heute höchste Rang *yokozuna* 横綱 war lange Zeit ein Ehrentitel der *ōzeki* und wurde erst
    1909 als eigenständiger Rang festgelegt.

25  Unter den „acht Köstlichkeiten" (*hatchin* 八珍) versteht man ausgewählte Leckerbissen.

gesittet von oben nach unten ihre Hände zu öffnen und *ken* zu spielen, worauf man wiederum von unten nach oben spielte. Sie kämpften so sehr, dass die Funken flogen. Die, die verloren zu haben schienen, nahmen zwei, drei Schluck aus einem großen Glasgefäß und zogen sich zurück. Es ist schwer mit Worten zu beschreiben, wie gesittet das alles ablief. Das war der Beginn dessen, was man heute Nagasaki-*ken* 長崎拳 nennt. Damals wollte man auch die fünf Personen, die am besten *ken* spielten, eruieren, und man hatte für sie fünf Tigerfelle, fünf Leopardenfelle, fünf Rollen von scharlachrotem Wollstoff, fünf Schönheiten usw. als Preise bereitgestellt, und alle Anwesenden drängten sich, diese Wettkämpfe zu sehen. Aber da trat von ganz hinten plötzlich ein Chinese hervor und besiegte die fünf Besten ganz ohne Mühe, und weil er auch die fünf Schönheiten besiegte, ist das der Beginn der „Fünf auf einmal!"-Regel.[26] Das ist das Wesen der Harmonie von Yin und Yang.[27]

Diese Begebenheit im Freudenviertel Maruyama in Nagasaki ist wohl nichts weiter als ein Gründungsmythos für das *ken*-Spiel sowie ein Loblied auf die wunderbare chinesische Kultur, aber es ist ungewiss, ob irgendeine wahre Geschichte dahintersteht. Interessant ist jedenfalls, dass sich alles im Jahr 1642 zugetragen haben soll, also gerade 100 Jahre bevor das *ken*-Spiel in Shin'yoshiwara in den Freudenviertelführern als große Attraktion propagiert wurde. Ebenso interessant ist, dass *ken* nach dieser Ursprungsmythe in Japan vom Beginn an eine überaus enge Beziehung zu den Freudenvierteln hatte.

## 3   Auch Kitsune-*ken* in der Version Tōhachi-*ken* stammt aus dem Freudenviertel

Das Zahlen-*ken*, von dem bisher immer die Rede war, scheint gegen Ende des 18. Jahrhunderts etwas von seiner Popularität eingebüßt zu haben, denn um diese Zeit berichtet die Literatur von einem neuen *ken*, dem *ken* der „Drei, die sich voreinander fürchten" (*sansukumi-ken* 三竦拳), das es in verschiedenen Ausprägungen gibt. Wir alle kennen das Spiel „Schere, Stein, Papier", auf Japanisch *janken* oder *jankenpon* ジャンケンポン, als einen seiner heute noch geübten Vertreter. Genauso wie das Zahlen-*ken* könnte das *sansukumi-ken* schon vor mehr als tausend Jahren aus China nach Japan gekommen sein, wahrscheinlich als Kleintier- oder *mushi-ken* 虫拳, das auf ein taoistisches Paradoxon zurückgeht. Gibt man gewisse Tiere gemeinsam in ein Gefäß, dann haben diese jeweils ein Tier, vor dem sie sich fürchten, so dass sie alle vor Angst erstarren. Von diesem Spiel gibt es dutzende Varianten, und man kann natürlich immer wieder die Figuren auswechseln und neue Spielvarianten erfinden. Ich möchte hier nur die während der Edo-Zeit beliebteste Variante vorstellen, das Fuchs-*ken* (*kitsune-ken* 狐拳), das

---

26   Die „Fünf auf einmal!"-Regel besagt, dass man während eines Spiels, das normalerweise nach fünf hintereinander gewonnenen Spielen endet, ansagen kann: „Fünf auf einmal!", worauf der Sieger beim nächsten Spiel ermittelt wird.

27   Yoshinami / Gojaku: *Ken sarae sumai zue*, Bd. 1, Bl. 4o–4u.

bis in die fünfziger Jahre des 20. Jahrhunderts viel gespielt wurde, heute aber verschwunden ist, wenn wir von einigen Traditionsvereinen absehen, die es nach wie vor pflegen. Der Gelehrte, Erfinder und Schriftsteller HIRAGA Gennai 平賀源内 (1728–80) erwähnte es bereits 1763 in seinem satirischen Roman (*kokkeibon* 滑稽本)[28] „Gras ohne Wurzeln" (*Nenashigusa* 根南志具佐), und um die gleiche Zeit zeichneten die Ukiyoe-Künstler SUZUKI Harunobu 鈴木春信 (1725–70) oder ISODA Koryūsai etliche Druckvorlagen für Holzschnitte von diesem Sujet, meist mit lieblichen, für sie typischen Freudenmädchen oder Geishas als Spielerinnen (Abb. 5).

Abb. 5: ISODA Koryūsai: Handspiele durch die vier Jahreszeiten: Dorfvorsteher-*ken*.

Beim *kitsune-ken*, auch Dorfvorsteher-*ken* (*shōya-ken* 庄屋拳 oder *nanushi-ken* 名主拳) genannt, gibt es als Spielfiguren neben dem Fuchs und dem Dorfvorsteher noch den Jäger. Dieser kann zwar den Fuchs erschießen, aber er ist dem Dorfvorsteher untergeordnet, welcher wiederum, weil er kein Gewehr hat, dem Fuchs mit seinen übernatürlichen Kräften unterliegt. Der Fuchs, dargestellt mit zwei erhobenen Vorderpfoten beim Männchen-Machen, dürfte wohl die größte Faszination auf die Spieler ausgeübt haben.

In der Literatur gibt es Beispiele, dass Männer Frauen heiraten, von welchen sich herausstellt, dass es Füchse sind. Am bekanntesten ist wohl die diesbezügliche Geschichte der Kuzunoha 葛の葉. Anders ausgedrückt: Hinter jeder japanischen Frau kann sich ein Fuchs verbergen, und daher kann natürlich jeder Fuchs sich in eine Frau verwandeln. Kein Wunder, dass das, was durch japanische Gespenstervorstellungen bei diesem Spiel mitschwingt, auch direkt in neue Spielfiguren umgewandelt wurde. So gibt es etwa im Heft 63 der berühmten, aus 278 Heften bestehenden Essaysammlung „Nächtliche Plaudereien im Jahr Kasshi [1838]" (*Kasshi yawa* 甲子夜話) des Daimyō von Hirado, Essayisten und Schwertkämpfers MATSURA Seizan 松浦静山 (1760–1841), die er im Jahr 1821 zu schreiben begann, die folgende Erwähnung eines neu ausgedachten *ken*-Spiels. Als der russische Adelige Nikolai REZANOV (1764–1807) im Herbst 1804 als Abgesandter des Zaren nach Nagasaki kam und Japan vorschlug, Handelsbeziehungen mit Russland aufzunehmen, wartete er über ein halbes Jahr in Nagasaki auf eine Antwort des Shōguns aus Edo. Um ihm seine Zeit zu verkürzen, stellte der Statthalter von Nagasaki dem Russen ein Freudenmädchen zur Verfügung, in

---

28  Das Werk wird oft auch als *dangibon* 談義本 bezeichnet, worunter man ebenfalls einen humoristischen, satirischen Roman versteht. *Dangibon* gelten als Vorläufer der *kokkeibon*.

welches sich der Abgesandte des Zaren Hals über Kopf verliebte. Die amüsier-
ten Bewohner von Nagasaki, bei welchen sich die Verliebtheit des Russen rasch
herumsprach, erfanden daraufhin ein neues *ken*-Spiel, bei welchem REZANOW
zwar über den Statthalter von Nagasaki siegt, aber dem kleinen Freudenmädchen unterliegt, welches wiederum dem Statthalter, der sie bezahlt, Gehorsam
schuldet.[29]

Das neue *sansukumi-ken* fand natürlich gemeinsam mit anderen *sansukumi*-
Varianten rasch Verbreitung in den Freudenvierteln. Man brauchte nicht die Zahlen von Eins bis Zehn auf Chinesisch lernen, und man kam auch rascher zu einem Spielergebnis. Und offensichtlich fanden auch die männlichen Kunden der
Freudenviertel Gefallen an den mannigfaltigen erotischen oder sexuellen An-
spielungen des *kitsune-ken*. Im Unterschied zu den Spottgedichten (*senryū*) über
das Zahlen-*ken*, die mehr oder weniger ohne sexuelle Konnotationen auskommen, können viele *senryū* zum *kitsune-ken* erotisch interpretiert werden, was
auch für das erwähnte Kleintier-*ken* gilt. Einige *senryū* aus der großen Antholo-
gie „Das Weidenfass voller Gedichte im Haiku-Stil" (*Haifū yanagidaru* 誹風柳
多留), die über den langen Zeitraum von 1765 bis 1840 Jahre kompiliert wurde,
mögen das im Folgenden verdeutlichen.

Neben der schon besprochenen Figur des Fuchses mit seiner Ambivalenz
Fuchs / Frau gibt es die des Jägers, die auch „Gewehr" (*teppō* 鉄砲) genannt wird.
*Teppō* ist auch eine Bezeichnung für Prostituierte niedrigsten Ranges (*teppō jorō*
鉄砲女郎); das *teppō-mise* 鉄砲店, wörtl. ein „Gewehrgeschäft", ist ein ganz billi-
ges Freudenhaus.

| | |
|---|---|
| *Shōyadono* | Der Dorfvorsteher |
| *teppō misete* | wird vom auf ihn gerichteten Gewehr |
| *bakasareru* | verzaubert. |
| (Tenpō 3 [1832])[30] | |

Der Dorfvorsteher wird beim Fuchs-*ken* vom Fuchs verzaubert und damit besiegt und nicht vom Gewehr. Das Gedicht kann daher auch übersetzt werden:
„Der Dorfvorsteher wird von einem billigen Freudenmädchen verzaubert" und
ist somit eigentlich ein *senryū*, in dem sich die Stadtbewohner über die dummen
Landbewohner lustig machen, die, einmal in die Stadt gekommen, bei Freudenmädchen nicht auf deren Stellung achten, sondern gleich von der billigsten Hure
begeistert sind.

Zwei sehr ähnliche *senryū* über das Kleintier-*ken* sind wohl ohne lange Erklärung allgemein verständlich:

---

29   Vgl. MATSURA: *Kasshi yawa*, Bd. 4, S. 125f.
30   OKADA: *Haifū yanagidaru zenshū*, 116:18 (Bd. 9, S. 80). Bei diesem Zitat und bei den folgen-
     den Zitaten verweisen die ersten Zahlen ohne Klammer auf das originale Heft und das jewei-
     lige Kapitel, die Zahlen in Klammer beziehen sich auf die moderne gedruckte Ausgabe.

| *Mushi-ken no* | Die Schlange |
| *hebi wa oriori* | des Kleintier-*ken* |
| *anabairi* | kriecht von Zeit zu Zeit ins Loch. |
| (Bunsei 8 [1825])[31] | |

| *Mushi-ken no* | Die Schlange des Kleintier-*ken* |
| *hebi kusa wo wake* | teilt das Gras |
| *ana e hairi* | und schlüpft in ein Loch. |
| (Tenpō 3 [1832])[32] | |

Bei diesen beiden *senryū* über das Kleintier-*ken* kann man die Schlange als Penis und das Loch als Vagina interpretieren, während das Gras wohl für die Geschlechtshaare steht. *Anabairi* ist allerdings auch ein Ausdruck für den Besuch eines Freudenviertels, das Gedicht ist also zweideutig.

| *Janken no* | Die Figur Stein |
| *ishi wa oriori* | beim Stein-*ken* |
| *mame ni nari* | erscheint immer wieder als Bohne. |
| (Tenpō 9–11 [1838–40])[33] | |

Die Bohne wird beim Bohnen-*ken* mit einer Faust dargestellt, bei der die Spitze des Daumens zwischen Zeigefinger und Mittelfinger herausschaut, während bei der richtigen Darstellung des Steins die Spitze des Daumens in der Faust nicht sichtbar ist. Daneben gelten auch ein übereinandergelegter Zeige- und Mittelfinger als Darstellung der Bohne, dem Symbol für die Vagina. Dass aus der Figur des Steins immer wieder die Figur der Bohne wird, ist ein Hinweis darauf, dass *ken* in den Freudenvierteln gewissermaßen ein Vorspiel zum anschließenden Geschlechtsverkehr war.

Eine eindringliche, über mehrere Seiten gehende Schilderung eines *sansukumi-ken*-Spiels dieser Art von zwei Gästen des Badeorts Arima in der Nähe von Kōbe mit zwei Bademädchen (*yuna* 湯女), findet sich in dem Reisebuch „Heiterer Reisebericht über Arima" (*Kokkei Arima kikō* 滑稽有馬紀行) aus dem Jahr Bunsei 10 (1827) von ŌNE Tsuchinari 大根土成 (o.A.), illustriert von FUKUCHI Hakuei 福智白瑛.[34] *Yuna* waren zwar keine offiziellen Prostituierten, standen den männlichen Badegästen aber mit sexuellen Dienstleistungen zu Verfügung, wie wir das ja auch aus KAWABATA Yasunaris 川端康成 (1899–1972) Roman „Schneeland" (*Yukiguni* 雪国, 1935–48) noch für die erste Hälfte des 20. Jahrhunderts kennen. Nachdem die zwei Bademädchen eine Weile mit den beiden Gästen aus Edo und Kyōto Zahlen-*ken* gespielt haben, schlägt die eine den Gästen vor, Boh-

---

31  Ebd. 85:4; 8 (Bd. 6, S. 303; 305).
32  Ebd. 120:4 (Bd. 9, S. 165).
33  Ebd. 164:2 (Bd. 12, S. 249).
34  Bei ŌNE und FUKUCHI handelt es sich um die gleiche Person, die verschiedene Künstlernamen benutzte.

nen-*ken* (*mame-ken* 豆拳) zu spielen, ein Spiel mit einer eindeutigen Symbolik. Die drei Figuren, die die Spieler mit den Fingern anzeigen, sind Chrysantheme (*kiku* 菊), dargestellt mit der Faust; Bohne (*mame* 豆), Zeigefinger und Mittelfinger übereinandergelegt; und *en* ゑん, ausgestreckter Zeigefinger und Mittelfinger. Das sind bekannte Symbole für den Hintern, vor allem bei der Knabenliebe, die Vagina und den Penis. Als der eine Gast immer nur die Figur Bohne anzeigt und beteuert, dass er Bohnen am liebsten hat, brechen die beiden Bademädchen in ein lang anhaltendes lautes Gelächter aus.[35] Das Spiel wird übrigens auch zwanzig Jahre später im „Mittagsschlaf in der kaiserlichen Hauptstadt" (*Miyako no hirune* oder *Kōto gosui* 皇都午睡) aus dem Jahr Kaei 2 (1847) des Kabuki-Dramatikers Nishizawa Ippō 西沢一鳳 (1802–52) erwähnt[36], dürfte also doch eine gewisse Verbreitung gehabt haben.

Aus dem *kitsune-ken* entwickelte sich das *Tōhachi-ken* 藤八拳, das seinen Namen von den Pillenverkäufern der Marke Tōhachi aus Nagasaki hat, die zum Preis von 5 *mon* verkauft wurden. Die Wanderhändler traten üblicherweise wie die *yomiuri* 読売 genannten Verkäufer von Flugblättern zu zweit auf und riefen „Tōhachi-Pillen! Nur 5 *Mon*! Aber was für eine Wirkung!" (*Tōhachi – gomon – kimyō!* 藤八　五文　奇妙). Dieser Werbespruch wurde ab der Mitte der 1840er Jahre als Auftakt beim *ken*-Spiel verwendet. Für uns interessant ist, dass mehrere Ursprungslegenden für diese Verwendung und für die Umbenennung des *kitsune-ken* wiederum mit dem Freudenviertel Shin'yoshiwara zu tun haben. So gab es einerseits einen Spaßmacher (*taikomochi* 太鼓持) aus Shin'yoshiwara namens Tōhachi, der den Einfall gehabt haben soll, den Werbespruch anstelle des üblichen „*Ichi ni no san* 一二の三" zu verwenden. Eine andere Erklärung sagt, bei einem Gelage zu Ehren eines Fischers, der einen besonders großen Fisch gefangen hatte, wären Tōhachi-Pillenverkäufer durch Shin'yoshiwara gezogen, worauf man den Spruch beim folgenden *ken*-Spiel verwendete.[37]

## 4   Yokohama-*ken* oder *chonkina*: Sex und *ken* bis heute

Ich möchte meine kurzen Bemerkungen mit einem Blick auf das Yokohama-*ken* abschließen. Yokohama-*ken* bedeutet nichts anderes als *kitsune-ken*, das vor allem in den Freudenhäusern in Yokohama, die um ausländische Gäste warben, den so genannten *chabuya* (小飲食店／ちゃぶ屋), gespielt wurde. Seine Besonderheit lag darin, dass die Verlierer nicht wie sonst Sake trinken mussten, sondern dass die Mitspieler, die verloren, ein Kleidungsstück ablegen mussten, bis nur

---

35   Vgl. Itasaka: *Edo onsen kikō*, S. 47; 49f.
36   Vgl. Nishizawa: „Miyako no hirune", S. 493.
37   Vgl. Rinharuto: *Ken no bunkashi*, S. 160f.

noch eine Teilnehmerin irgendein oder mehrere Kleidungsstücke am Körper trug. Dabei konnten beliebig viele Personen mitspielen, in der Regel nur Frauen. Da man dazu das Lied *Chonkina* sang, hieß das Spiel auch *chonkina-ken* oder einfach *chonkina*.[38] Der Ukiyo-Zeichner Yoshitora 芳虎 hat als einer der ganz wenigen Künstler die Spielpraxis des *chonkina* in einem Freudenhaus in Yokohama bildlich festgehalten (vgl.

Abb. 6: Yoshitora: Unterhaltung im Freudenviertel, 1861.

Abb. 6). Zwei Freudenmädchen oder Geishas machen Musik, zwei spielen *chonkina*, und vier lüsterne westliche Besucher warten auf das Ablegen der Kleidungsstücke, wozu ihnen ein Japaner Sake einschenkt.

Vom Lied *Chonkina* gibt es unzählige Varianten (*kaeuta* 替歌), die auch in mehreren kleinen Büchlein und auf Holzschnitten im *ōban*-Format erschienen. Das ursprüngliche Lied dürfte lauten: *Chonkina, chonkina / chonchon, kinakina / chon ga nan no sono / chochon ga yoyasa*. Die Übersetzung dieses Liedes ist jedoch umstritten.[39] Das Lied *Chonkina* wird übrigens in der Operette *Die Geisha* (1896) verwendet, und zwar in einer ziemlich authentischen, also dem japanischen Original sehr ähnlichen musikalischen Fassung. Kein Wunder: *chonkina* war nach der Öffnung Japans ein wichtiges Fremdwort aus dem Japanischen, und Matrosen aus aller Welt, die mit ihren Schiffen Japan anliefen, hofften, in Hakodate, Yokohama oder Kōbe den berühmten *chonkina*-Tanz zu sehen.

Natürlich verblieb auch die zugehörige einfache Musik, die immer wieder intoniert wurde, bis das Spiel, wenn alle Hüllen gefallen waren, zu Ende war, vielen westlichen Beobachtern im Gedächtnis. Der Liedtexter der Operette *Die Geisha*, Harry GREENBANK (1865–99), hat ganz eindeutig gewusst, was *chonkina* bedeutet, wenn er die Hauptfigur Molly singen lässt:

I'm the smartest little geisha in Japan,
And the people call me Roli-Poli San,
    Lost in admiration utter
    At the variegated flutter
Of my cleverly manipulated fan!
I can dance to any measure that is gay,
To and fro in dreamy fashion I can sway,
    And if still my art entices,
    Then at extra special prices
I can dance for you in quite another way!

38  Zu *chonkina* siehe ders. („Chonkina", 1992) und LINHART („Chonkina", 1993).
39  Vgl. hierzu ebd., S. 215.

Chon Kina – Chon Kina
Chon Chon – Kina, Kina
Nagasaki – Yokohama
Hakodate – Hoi!

1890 einigten sich die Betreiber der *chabuya* in Yokohama, in welchen bis dahin der *chonkina* vorgeführt wurde, diesen nicht mehr anzubieten, wohl auch auf Druck der Regierung, um die endgültige Abschaffung der ungleichen Verträge nicht zu gefährden. In den Hinterzimmern wurde er aber noch etliche Jahre lang für ausländische Touristen angeboten. Heute wird es nicht mehr mit *kitsune-ken* gespielt, sondern mit *janken*, und ist unter dem Titel Baseball-*ken* (*yakyū-ken* 野球拳) allgemein bekannt.

## 5   SCHLUSSBEMERKUNG

Im Essay (*zuihitsu* 随筆) „Der Asuka-Fluss" (*Asukagawa* あすか川, 飛鳥川, 安壽嘉川) schrieb SHIBAMURA Morikata 柴村盛方 (o. A.) im Jahr Bunka 7 (1810):

> An Kinderspielen spielten die Kinder früher „Reiten auf dem Muschel-Pferd"[40] oder sie kämpften in einem Spiel mit Muschelschalen um den Sieg[41], aber heute kennt kein Kind diese Spiele mehr. Wenn sie sich heutzutage treffen, dann spielen sie meistens „Großvater ging in den Wald, um Brennholz zu sammeln, und die Großmutter ging zum Fluss, um Wäsche zu waschen", aber es ist besonders merkwürdig, dass sie daneben auch Kleintier-*ken*, Fuchs-*ken*, Zahlen-*ken* und ähnliche Spiele spielen.[42]

Nach dem Gesagten sollte klar sein, warum sich SHIBAMURA so empörte, dass die Kinder um 1810 *ken* spielten: *ken* war eben ein Teil der Freudenviertel-Kultur und daher seiner Meinung nach für Kinder unpassend.

Aber nicht alle Japaner waren dieser Meinung. Aus dem Jahr Bunsei 4 (1821), nur elf Jahre später, existiert ein privat in Auftrag gegebener Druck (*surimono* 摺物), der gleichzeitig ein Kalenderdruck (*koyomie* 暦絵) ist, der zeigt, wie ein Kind zu Neujahr mit seinem Großvater am Neujahrstag *kitsune-ken* spielt. Am oberen Rand des Drucks gibt es zwei Gedichte, von welchen eines lautet:

40  Japan.: *akagaiuma* 赤貝馬. Man machte durch zwei Schalen einer *akagai* (rotfleischige Archenmuschel) je ein Loch und zog eine Schnur durch. Dann stieg man auf die Muschelschalen und hob abwechselnd ein Bein, wodurch der Gang eines Pferdes imitiert wurde. Auf Holzschnitten von Kiyonaga und Shunshō sind Kinder, die auf einem *akagaiuma* reiten, zu sehen.
41  Spiel mit Schalen der japanischen Teppichmuschel (*asari*), einer Unterart der Venusmuscheln. Über den Inhalt des Spieles ist mir nichts bekannt. Im Internet fand ich ein Spiel „Muschelwettkampf" (*kai shōbu* 貝勝負), bei dem die eigene Muschelschale auf die des Spielpartners geworfen wird und diese zerstören soll, also ein Spiel ähnlich dem in der Meiji-Zeit bei Knaben sehr beliebten *menko* 面子, bei dem auf Karton aufgeklebte meist runde Illustrationen verwendet wurden.
42  SHIBAMURA: *Asukagawa*, S. 419.

*Medetai zo – mago to jijī de – kitsune-ken*
Wie wunderbar! Enkel und Großvater spielen Fuchs-*ken*.

Der unbekannte Autor nennt sich selbst Mago no Arindo 孫の有人, was so viel bedeutet wie „Mann, der ein Enkelkind hat".[43]

Es ist klar, dass die verschiedenen *ken*-Spiele nicht innerhalb der Freudenviertel bewahrt werden konnten, sondern deren Grenzen rasch überschritten und auch in den bürgerlichen Familien gespielt wurden. Als ich vor rund 25 Jahren in einem Antiquariat in Ōsaka nach Material über *ken* suchte, erzählte mir eine damals wohl über 60-jährige Angestellte, dass sie dieses Spiel hasse, weil sie ihr Vater in den dreißiger Jahren immer gezwungen hatte, mit ihm *kitsune-ken* zu üben, damit er bei seinen abendlichen Touren in der Unterhaltungswelt eine entsprechend Fertigkeit aufweisen konnte.

Sogar der *chonkina* wurde von den Kindern imitiert, wie uns der Schriftsteller SHIBUZAWA Seika 渋沢青花 (1889–1983) in seinem Buch *Asakusakko* 浅草っ子 (Kinder aus Asakusa) aus dem Jahr 1966 mitteilt:

> *Chonkina, chonchon, kinakina, chon* auf den Rapsblüten, *chochon ga yoiyasa*. Zwei Kinder stehen sich einander gegenüber, nachdem sie ihre Handflächen aneinandergelegt haben, worauf sie die Handhaltungen für Fuchs, Jäger oder Dorfvorsteher einnehmen, um einen Sieger zu bestimmen. Der Verlierer muss ein Kleidungsstück ablegen, bis schließlich eines von ihnen ganz nackt ist. Wie die kleinen Kinder an kalten Wintertagen zittern, wenn sie ein Kleidungsstück nach dem anderen ausziehen müssen, das ist eine Szene, die man heutzutage nicht mehr zu sehen bekommt. Dieses Spiel ist ein ganz spezielles Element der Kultur von Shitamachi.[44]

Bei meinen eigenen Forschungen habe ich in Japan oft erlebt, dass Leute, vor allem Frauen, unbewusst mehr Abstand von mir nahmen, wenn ich ihnen sagte, dass ich über Tōhachi-*ken* forsche. „Aber das ist doch ein *zashiki-gei* 座敷芸!", also ein Spiel, das man in den Hinterzimmern eines Teehauses spielt, bekam ich mehrmals erstaunt-entrüstet zu hören. Die Beziehungen von *ken* zu den Freudenvierteln bis 1955 und heute zum „Wassergewerbe" (*mizu shōbai* 水商売) sind eine unverrückbare Tatsache. Ein Großteil der japanischen *ken*-Kultur stammt aus den Freudenvierteln, aus welchen selbstverständlich auch viele hervorragende *ken*-Spielerinnen und -Spieler hervorgingen. Für die weiblichen (*geisha*) und männlichen Unterhalter (*hōkan* oder *taikomochi*), aber auch für die Freudenmädchen der Edo-Zeit war eine gute Kenntnis aller gängigen *ken*-Spiele eine unabdingbare Notwendigkeit, vor allem wegen der grausamen Regel, dass der Verlierer Sake trinken musste. Auch beim *yakyū-ken* heute haben die Amateure, also die Kunden der Unterhaltungsbranche, keine Chance gegen die Profis, die im Unterhaltungssektor beschäftigt sind.

---

43  Vgl. *Ojīsan to mago ga 'kitsune-ken'* (Internetquelle).
44  SHIBUZAWA: *Asakusakko*, S. 10f.

Wahrscheinlich besteht für die Japaner von heute ein Unterschied zwischen dem harmlosen *janken* und dem lasziven *yakyū-ken*, obwohl letzteres nur ein ‚*janken* + Lied + besondere Sanktion' ist. Wie ich in meinem Buch „Kulturgeschichte des *ken*" (*Ken no bunkashi* 拳の文化史, 1998) zu beschreiben versuchte, hat *ken* seit seiner ersten Erfassbarkeit in der Literatur um 1700 in der japanischen Kultur eine sehr große Bedeutung bekommen, die man eigentlich gar nicht hoch genug einschätzen kann. Aber auch wenn das vielleicht vielen Japanern nicht so gut gefällt, sollte man den Zusammenhang zwischen dieser *ken*-Kultur und den Angehörigen diskriminierter Bevölkerungsteile in den Freudenvierteln, die diese Kultur sehr kreativ beförderten, nie aus den Augen verlieren.

ABBILDUNGSVERZEICHNIS

Abb. 1: Farbholzschnitt im *ōban*-Format von Toyokuni 豊国 III. (Bild) und BAISOTEI Gengyo 梅素亭玄魚 (Text): *Kokon meifuden: Nakamanji no Tamagiku* (Biographien berühmter Frauen aus Vergangenheit und Gegenwart: Tamagiku aus dem Haus Nakamanji). Holzschneider YOKOGAWA Takejirō, Verlag Totoya Eikichi in Shitaya, Edo. Siebter Monat des Jahres Ansei 6 (August 1859). Sammlung des Autors.

Abb. 2: NISHIMURA Shigenaga 西村重長: Freudenmädchen aus dem Shin'yoshiwara beim *ken*-Spiel. Illustration aus dem Freudenviertel-Führer *Yoshiwara saiken. Kayou kami* 吉原細見　通家美 (Führer durch Yoshiwara: Der Stammgast). Kanpō 3 (1743).

Abb. 3: Handgefärbter Holzschnitt im Überformat von FURUYAMA Moromasa 古山師政 mit dem Titel *Shin'yoshiwara zashiki ken-zumō* 新吉原座鋪けんすもふ (Ken-Wettkampf in den Tatami-Zimmern von Shin'yoshiwara). Verlag Igaya いがや, Motohama-chō もとはま町, um 1740. Nachdruck aus der ersten Hälfte des 20. Jahrhunderts. Sammlung des Autors.

Abb. 4: Die nötigen Utensilien für das *ken-zumō*. Illustrationen aus dem *Fūgetsu gaiden* 風月外伝 (Eine andere Überlieferung von Wind und Mond, 1771), Bd. 1, Bl. 5u; 6o.

Abb. 5: ISODA Koryūsai 磯田湖竜斎: *Shiki tezuma no tawamure: Nanushi-ken* 四季手妻戯　名主けん (Handspiele durch die vier Jahreszeiten: Dorfvorsteher-*ken*). Farbholzschnitt im *chūban*-Format. Sammlung des Autors.

Abb. 6: Yoshitora 芳虎: *Kuruwa no asobi* 廓のあそび (Unterhaltung im Freudenviertel). Teilansicht des *ōban* Triptychons *Bushū Yokohama gaikokujin yūkō no zu* 武州横浜外国人遊行之図 (Illustration der Vergnügungen der Ausländer in Yokohama in Musashi). Erster Monat Bunkyū 1 (1861). Sammlung des Autors.

LITERATURVERZEICHNIS

ISHII, Ryōsuke 石井良助 u. HARAFUJI Hiroshi 服藤弘司 (Hrsg.): *Bakumatsu ofure-gaki shūsei* 幕末御触書集成, Bd. 5. Tōkyō: Iwanami shoten 1994.

ITASAKA, Yōko 板坂曜子: *Edo onsen kikō* 江戸温泉紀行 (Tōyō bunko 東洋文庫 472). Tōkyō: Heibonsha 1987.

KANEDA, Eiichi: *The Precious Incense and Autumn Flowers of Sendai. Shochiku und National Diet Library Japan*, 2014; Online abrufbar unter: http://enmo-kudb.kabuki.ne.jp/repertoire_en/meiboku-sendai-hagi-the-precious-incen-se-and-autumn-flowers-of-sendai (letzter Zugriff am 15.07.2018).

KANEKO, Martin: „Sozialgeschichte der Straßen- und Bühnenkünste: Die gesell-schaftliche Stellung der japanischen Schauspieler ab dem Mittelalter bis zur Meiji-Zeit". In: *Japan. Sprache, Kultur, Gesellschaft*. Sepp LINHART (Hrsg.): Wien: Literas Universitätsverlag 1985, S. 117–139.

KIKUSHA, Namitaka 菊社波高: *Fūgetsu gaiden* 風月外伝, 2 Bde. Ōsaka: o. A. 1771; Online abrufbar unter: http://dl.ndl.go.jp/info:ndljp/pid/2565834?tocOpened=1 (Bd. 1), http://dl.ndl.go.jp/info:ndljp/pid/2565835?-tocOpened=1 (Bd. 2) (letzter Zugriff am 21.05.2018).

KITAMURA, Nobuyo 喜多村信節: *Kiyū shōran* 嬉遊笑覧 (*Nihon zuihitsu taisei* 日本随筆大成, Sonderbd. 2). Tōkyō: Seikōkan shuppan 1932 (Erstdruck 1830); Online abrufbar unter: http://dl.ndl.go.jp/info:ndljp/pid/1123104 (letzter Zugriff am 21.05.2018).

LINHART, Sepp: „Chonkina – ein japanischer Tanz in europäischen Schilderun-gen". In: *Festgabe für Nelly Naumann*. Klaus ANTONI u. Verena-Maria BLÜMMEL (Hrsg.): Hamburg: Gesellschaft für Natur- und Völkerkunde Ostasiens 1993, S. 211–243.

LINHART, Sepp: „Verdrängung und Überhöhung als Probleme beim Verständnis von Freizeit und Unterhaltung in Japan am Beispiel der späten Edo-Zeit". In: Referate des 1. Japanologentags der OAG in Tokyo, 7. / 8. April 1988. Ernst LOKOWANDT (Hrsg.). München: iudicium 1990, S. 29–51.

MATSURA, Seizan 松浦静山: *Kasshi yawa* 甲子夜話, Bd. 4 (Tōyō bunko 東洋文庫 333). Tōkyō: Heibonsha 1978.

MORIKAWA, Takemitsu: *Liebessemantik und Sozialstruktur: Transformationen in Japan von 1600 bis 1920*. Bielefeld: transcript Verlag 2015.

NISHIZAWA, Ippō 西沢一鳳: „Miyako no hirune 皇都午睡". In: *Shin Gunsho ruijū* 新群書類従, Bd. 1. Tōkyō: Kokusho kankōkai 1906 (Erstdruck 1850).

*Ojīsan to mago ga 'kitsune-ken'* おじいさんと孫が「きつね拳」; Online abgeru-fen unter: http://koyomi.wafusozai.com/archives/44/2 (letzter Zugriff am 22.06.2014, inzwischen gelöscht).

OKADA, Hajime 岡田甫: *Haifū yanagidaru zenshū* 誹風柳多留全集, 12 Bde. Tōkyō: Sanseidō 1976–84.

RINHARUTO, Seppu セップ・リンハルト (= LINHART, Sepp): *Ken no bunkashi* 拳の文化史 (Kadokawa sōsho 角川叢書 3). Tōkyō: Kadokawa shoten 1998.

RINHARUTO, Seppu セップ・リンハルト (= LINHART, Sepp): „Chonkina – 19-seiki Kyokutō ni okeru ‚me no hoyō' – チョンキナ ― 一九世紀極東における目の保養 ―". In: *Shikaku no 19-seiki* 視覚の一九世紀. YOKOYAMA Toshio 横山俊夫 (Hrsg.). Kyōto: Shibunkaku shuppan 1992, S. 269–326.

SANTŌ, Kyōden 山東京伝: *Kinsei kiseki kō* 近世奇跡考, Heft 5. Kyōto, Ōsaka: Fushimiya Hanshirō u. a. o. J.; Online abrufbar unter: http://dl.ndl.go.jp/info:ndljp/pid/2533765 (letzter Abruf am 21.05.2018).

SHIBAMURA, Morikata 柴村盛方: „Asukagawa 飛鳥川". In: *Nihon zuihitsu taisei* 日本随筆大成, 2. Lieferung, Bd. 10. Tōkyō: Yoshikawa kōbunkan 1974 (Erstdruck 1810), S. 411–428.

SHIBUZAWA, Seika 渋沢青花: *Asakusakko* 浅草っ子. Tōkyō: Mainichi shinbunsha 1966.

STEIN, Michael: *Japans Kurtisanen: Eine Kulturgeschichte der japanischen Meisterinnen der Unterhaltungskunst und Erotik aus zwölf Jahrhunderten*. München: iudicium 1997.

UTAGAWA, Toyokuni 歌川豊国 III. (Text) u. RYŪTEI Tanehiko 柳亭種彦 II. (Text): *Kokon meifuden* 古今名婦伝, 34 Blatt. Edo: Totoya Eikichi 1859–66; Online abrufbar unter: http://dl.ndl.go.jp/info:ndljp/pid/1304585 (letzter Zugriff am 21.05.2018).

VOLLMER, Klaus: „Vorstellungen und Grundlagen gesellschaftlicher Ordnung in Ostasien". In: *Ostasien 1600–1900. Geschichte und Gesellschaft*. Sepp LINHART u. Susanne WEIGELIN-SCHWIEDRZIK (Hrsg.). Wien: Promedia 2004, S. 115–138.

YOSHINAMI 義浪 und GOJAKU 吾雀: *Ken sarae sumai zue* 拳会角力図会, 2 Bde. Ōsaka, Edo: Kawachiya Taisuke u. Murataya Jirōbē 1809; Online abrufbar unter: http://dl.ndl.go.jp/info:ndljp/pid/2538800 (letzter Zugriff am 21.05.2018).

# Käufliche Liebe auf Reisen – Prostituierte als „Spezialitäten-Motiv" auf Bildern der Tōkaidō-Serien

Franziska Ehmcke

In der Edo-Zeit (1603–1868) bedeutete Reisen selten, dass man zu seinem Vergnügen unterwegs war. Die Gründe waren anderer Natur. Auf dem Weg traf man vorwiegend Händler, Warentransporteure, Wanderhandwerker, Wanderkünstler, fliegende Händler, Männer in offiziellen Angelegenheiten, Eilboten oder Prozessionen verschiedenster Landesfürsten (*daimyō gyōretsu* 大名行列) von und nach Edo. Private Motive für Reisen gab es jedoch auch. Überwiegend handelte es sich um Pilgerreisen, für die man die Erlaubnis bekam, sich von seinem Wohnort zu entfernen. Oder man unternahm Bildungsreisen im Sinne eines Aufsuchens beispielsweise von Haikai-, Tee- oder Ikebana-Freunden. Derlei Reisen konnte man meist erst nach dem Rückzug aus dem offiziellen Berufsleben unternehmen.

Obwohl das Reisen in dieser Zeit anstrengend war und viel Zeit beanspruchte, bot sich unterwegs auf den offiziellen Reisewegen und Straßen auch Neues; so konnten die Reisenden z. B. berühmte Orte und Landschaften (*meisho* 名所) und vielerlei regionale Spezialitäten (*meibutsu* 名物) kennenlernen. Zu den Vergnügungen ausschließlich männlicher Reisender zählte die käufliche Liebe, auch für viele Pilger. Einem Tempelbesuch oder einer Pilgerfahrt ging oft eine Periode der Enthaltsamkeit und des religiös motivierten Fastens voraus. Daher freuten sich manche Männer darauf, wieder in das Leben der Sinnesfreuden zurückzukehren. Man sprach dann von dem „Beenden der Enthaltsamkeit" (*shōjin age / ake* 精進上げ / 明け bzw. *shōjin ochi / otoshi* 精進落ち / 落し). Dieses wurde häufig mit käuflicher Liebe in einem Freudenhaus bzw. Gasthaus (*hatagoya* 旅籠屋)[1] gekrönt. Die große Beliebtheit von Prostituierten erklärt sich auch daraus, dass in der Edo-Zeit nur wenige „private Freizeitvergnügungen" auf Reisen existierten: Essen, Trinken und käufliche Liebe.[2] Letztere wurde jedoch in den Her-

---

1   In der Heian-Zeit (794–1185) hieß ursprünglich der Korb, in dem das Futter für die Pferde mitgeführt wurde, *hatago*. Seit dem 11. Jahrhundert erweiterte sich die Bedeutung zu allgemeinen Reisebehältern, um dann im nächsten Schritt das Haus zu bezeichnen, an dem man den ursprünglich mitgeführten Proviant und andere Reiseutensilien gestellt bekam. Vgl. USAMI: *Shukuba to meshimorionna*, S. 51 f. sowie EHMCKE: „Reisefieber in der Edo-Zeit", S. 58.

2   Vgl. HAYASHI: *Enpon kikō Tōkaidō gojūsan tsugi*, S. 44. Glücksspiel gehörte sicher auch dazu. Es war aber gesellschaftlich nicht so akzeptiert wie die Prostitution, weshalb es auf den als Reiseandenken und -werbung gedachten Tōkaidō-Holzschnittserien nicht zu finden ist. Au-

bergen, die einen Vertrag zum kostengünstigen Übernachten mit einer der vielen Pilgervereinigungen (*kō* 溝) hatten, nicht angeboten.[3]

Zu den Outcasts der Edo-Zeit gehörten auch die Prostituierten. Neben „illegalen Prostituierten" (*shishō* 私娼) gab es „amtlich anerkannte Prostituierte" (*kōshō* 公娼). Grob kann man zwei Arten von erlaubter Prostitution unterscheiden. Zum einen wurden in größeren Städten streng abgeriegelte Bordellviertel, „Freudenhäuser" (*yūkaku* 遊廓), errichtet. Weil sie von hohen Zäunen oder Gräben umgeben waren, nannte man sie auch „eingezäunte [Vergnügungsorte]" *kaku* 郭 oder *kuruwa* 曲輪. Hier war das „Geschäftsgebaren" von der Regierung durch amtliche Bekanntmachungen (*ofure* 御触) streng reglementiert.[4] Frauen, die sich auf eigene Faust prostituierten, verstießen gegen die Gesetze und wurden bestraft.

In Edo konzentrierte das Shōgunat 1617 die über ganz Edo verteilten Etablissements im Bordellviertel Yoshiwara 吉原.[5] In Ōsaka wurde 1629 das Freudenviertel Shinmachi 新町 von der Shōgunatsregierung (*bakufu* 幕府) offiziell erlaubt. Das erste Freudenviertel Kyōtos war bereits 1589 genehmigt worden; nach zwei Ortswechseln befand es sich ab 1641 in Shimabara 島原. Auch in Fuchū 府中 in der Provinz Sunpu (Präfektur Shizuoka) auf der Tōkaidō gab es seit 1619 ein Bordellviertel (s. u.).

Die Mädchen und Frauen, die in den Bordellvierteln lebten und arbeiteten, durften diese nicht verlassen, solange ihr Vertrag andauerte. Aus wirtschaftlicher Not heraus waren sie als kleine Mädchen im Alter von etwa sieben Jahren von ihren armen Eltern, größtenteils Bauern, verkauft worden und mussten die Summe abarbeiten. Liefen sie davon, waren die Eltern verpflichtet, den gesamten Verkaufspreis zu erstatten. Nur wenigen Frauen war es vergönnt, durch einen Freier freigekauft zu werden. Die talentiertesten Mädchen durchliefen eine vielseitige Ausbildung bis zur hochrangigen Kurtisane, in Edo *oiran* 花魁 und in Kyōto / Ōsaka *tayū* 太夫 / 大夫 genannt. Im Freudenviertel Yoshiwara in Edo hatte eine Kurtisane zwei Schülerinnen. War ein etwa zehn Jahre altes kleines Mädchen ihrer äußeren Erscheinung sowie künstlerischer und intellektueller Fähigkeiten nach vielversprechend, wurde es einer *oiran* als „Lehrling" (*kamuro* 禿) zugeteilt. Falls sie sich im weiteren Verlauf zur gebildeten Kurtisane geeignet er-

---

berehliche Sinnesfreuden wurden in der männlich orientierten Gesellschaft natürlich nur bei diesen toleriert.

3   Vgl. Utagawa Hiroshiges Blatt *Totsuka* aus der *Hōeidōban Tōkaidō*-Serie (1833 / 34, siehe Anmerkung 47). Dort hängen an der Herberge sechs Täfelchen verschiedener Pilgervereinigungen wie zum Beispiel Ōyama-kōchū 大山溝中 (geeignet für den Ōyama-Wallfahrtsverein), Kanda-kōchū 神田溝中 (geeignet für den Ise-Wallfahrtsverein) oder Hyakumikō 百味溝 (Enoshima-Wallfahrtsverein)

4   Vgl. Usami: *Shukuba to meshimorionna*, S. 9f

5   Vgl. auch den Beitrag von Sepp Linhart in diesem Band.

wies, konnte sie mit etwa 14 Jahren zur „jungen Kurtisane" (*shinzō* 新造) aufstei-
gen. Die in Dichtung, Kalligraphie, Musik, Teekunst oder Literatur bewanderten
namhaften Kurtisanen schufen eine Art von intellektuell-kulturellem Salon, in
dem sie die reichsten Männer ihrer Zeit versammelten. Zahlreiche Theaterstücke, Romane oder Holzschnitte romantisierten das Leben der Kurtisanen, hinter
deren prächtiger Fassade sich ein hartes Los verbarg.

Die überwiegende Zahl der Frauen in den Bordellvierteln waren jedoch nur
einfache Prostituierte, deren Vertrag erst mit 27 Jahren endete. Starb ein Mädchen vor Ablauf dieser Frist, wurde es in Edo in nahegelegenen Tempeln wie
dem Jōkanji 浄閑寺 bestattet, die im Volksmund „Hineinwerf-Tempel" (*nage-
komidera* 投げ込み寺) genannt wurden. Denn es stand in ihrem Verkaufsver-
trag, dass die Familie nicht benachrichtigt werden sollte, wenn sie starb, und ihr
Leichnam solle „einfach fortgeworfen" werden.[6] Allein im Jōkanji sind die Ur-
nen von 25000 Prostituierten[7] in einer unterirdischen Höhle in mehreren Schichten übereinander aufgereiht.[8]

In diesem Beitrag soll es um die zweite Art offizieller Prostituierter in Häusern außerhalb der Freudenviertel gehen, genauer um die so genannten „Serviererinnen" (*meshimorionna* 飯盛女) in den *hatagoya*-Herbergen der Tōkaidō-
Raststationen. Nur in diesen waren offiziell Prostituierte gestattet, wie im
Folgenden dargestellt wird.[9]

Auch die *meshimorionna* gehörten zur armen Bevölkerungsschicht. Es waren junge Frauen aus den Raststationen und dem Umland, die sich aus wirtschaftlicher Not prostituieren mussten und daher im Schatten der Gesellschaft
standen. Im Gegensatz zu den als Mädchen verkauften und an ihren Vertrag un-
lösbar gebundenen Mädchen, die in den Bordellvierteln wie Gefangene lebten,
wurden sie nicht als Kinder verkauft. USAMI Misako bringt als Beispiel eine Tabelle mit Altersangaben von 81 in einer Herberge arbeitenden „Serviererinnen":
Eine ist mit 13 Jahren die jüngste, und drei sind mit 28 Jahren die ältesten.[10] Die
Familie der *meshimorionna* bekam keine Summe im voraus, sondern sie arbeiteten wie andere berufstätige Frauen auch. In den „Einstellungsbestätigungen"
(*ukejō* 請状) der Herbergsbetreiber sind in der Regel folgende Angaben vermerkt:

---

6  Vgl. KONDŌ: *Die Frauen in der Feudalgesellschaft*, S. 99.
7  Vgl. „Yoshiwara no yūjo ga nemuru Jōkanji" (Internetquelle).
8  Vgl. KONDŌ: *Die Frauen in der Feudalgesellschaft*, S. 99.
9  Neben den *hatagoya* für die Bürger gab es außerdem separate Unterkünfte für die obersten
   Gesellschaftsschichten: *honjin* 本陣, wörtlich „wahres Quartier", also Hauptunterkünfte für
   die Daimyō", und *wakihonjin* 脇本陣, „Nebenunterkünfte für die Daimyō". Menschen mit
   sehr geringem Reisebudget übernachteten in den *kichin yado* 木賃宿, „Holzgebührunterkünf-
   ten", in denen man nur für das Feuerholz zum Kochen des selbst mitgeführten Proviants bezahlte. Vgl. EHMCKE: „Methodologische Überlegungen zur kulturwissenschaftlichen Erforschung der Tōkaidō-Holzschnittserien", S. 244.
10 Vgl. USAMI: *Shukuba to meshimorionna*, S. 108.

Name der Frau, Heimatort, Eltern, Alter, Einstellungsdatum, etc.[11] Kontakt zu ihren Familien war nicht verboten, und sie konnten theoretisch aufhören, wenn sie nicht mehr aus finanziellen Gründen dazu gezwungen waren. Wenn sie starben, wurden sie auch oft von ihren Herbergsbetreibern traditionell bestattet. Im Tempel Eijōji in Fujisawa (s. u.) sind die Grabstellen von mehr als 40 *meshimorionna* der Herberge Komatsuya erhalten.[12]

## 1  DER SOZIOPOLITISCHE HINTERGRUND

Zunächst bedarf es einiger Angaben zum soziopolitischen Hintergrund der Entstehung der Tōkaidō-Raststationen. TOKUGAWA Ieyasu 徳川家康 (1543–1616) hatte bereits im Jahr Keichō 6 (1601) etwa 40 Raststationen (*shukuba* 宿場) auf der Tōkaidō 東海道, der wichtigsten Überlandstraße zwischen Heian-kyō (Kyōto) und Edo (Tōkyō), amtlich festgelegt. Um das Jahr Kan'ei 10 (1633) war die Zahl der Stationen von der Nihonbashi in Edo bis zur Sanjō ōhashi in Kyōto auf 55 angestiegen. Die Zahl der *shukuba* zwischen diesen beiden Fixpunkten betrug 53 Orte.[13] Die Titel vieler Tōkaidō-Holzschnittserien führten als „Reise-Illustrationen" nur diese auf, zum Beispiel „Die dreiundfünfzig Stationenfolge der Tōkaidō" (*Tōkaidō gojūsan tsugi* 東海道五拾三次), obwohl die Serien in der Regel alle 55 Orte umfassten.

Diese offiziellen *shukuba* besaßen das Recht, in ihren *hatagoya* genannten Herbergen Reisende übernachten zu lassen. Im Gegenzug mussten die Raststationen „Männer und Pferde" (*jinba* 人馬) kostenlos bereitstellen. Die Männer – Lastenträger, Furtträger und Pferdeführer – wurden unter dem Oberbegriff *ninsoku* 人足 zusammengefasst. Die Pferde bezeichnete man als „Wechselpferde" (*tenma* 伝馬), die für Boten in offizieller Mission zur Verfügung zu stellen waren. Nur wenn Träger sowie Pferde an Bürger vermietet wurden, konnte man Gebühren erheben.[14] Die Zahlen für die bereitzustellenden Pferde und *ninsoku* stiegen im Zuge der Kriegsmaßnahmen wegen des Shimabara-Aufstandes in Kyūshū im Jahr 1637 enorm an. Ab dem Jahr Kan'ei 15 (1638) waren es pro Tag und

---

11  Vgl. ebd., S. 105–150.

12  Die Zahlen variieren; vgl. HORI: *Tenpō kaihō dōchūzu de tadoru*, S. 23 sowie YOKOHAMASHI REKISHI HAKUBUTSUKAN: *Tōkaidō shukueki seido 400 nen kinen tokubetsu ten*, S. 39.

13  Vgl. YOKOHAMASHI REKISHI HAKUBUTSUKAN: *Tōkaidō shukueki seido 400 nen kinen tokubetsu ten*, S. 90.

14  Zu Angaben über Gebühren für zu befördernde Lasten, Lastenträger und Pferde für alle Stationen der Tōkaidō vgl. IMAI (*Shinsōban: Imamukashi Tōkaidō hitori annai*, 1994) sowie TOYOHASHISHI FUTAGAWASHUKU HONJIN SHIRYŌKAN: *Toyohashishi Futagawashuku honjin shiryōkan kaikan kinen tokubetsu ten*, S. 35.

pro Raststation 100 Pferdeführer mit 100 Pferden.[15] Diese finanzielle Belastung war für die Stationen trotz ihres privilegierten Status nicht mehr zu stemmen, so dass sie sich um neue Einnahmequellen bemühen mussten. Daher nimmt es nicht Wunder, dass in den *hatagoya* die Anzahl der Prostituierten drastisch erhöht wurde, um möglichst viele zahlende Gäste anzulocken.[16]

Bereits im Jahr Keichō 6 (1601) hatte die Shōgunatsregierung Prostituierte entlang der Tōkaidō erlaubt. Als deren Zahl jedoch explodierte, wurde im Jahr Manji 2 (1659) erstmalig die Anstellung von Prostituierten in allen Raststationen durch den neu eingesetzten Reisemagistrat (*dōchū bugyō* 道中奉行) strengstens untersagt.[17] Diese und weitere Verbote ließen sich aber nicht durchsetzen, denn Männer und Pferde mussten weiterhin finanziert werden. So erließ das *bakufu* im Jahr Kyōhō 3 (1718) die Verordnung, dass in jeder Raststation pro Herberge zwei Prostituierte angestellt werden durften.[18] Die Zahl dürfte jedoch bei weitem höher gelegen haben. In Fujisawa 藤沢 (Präfektur Kanagawa)[19] beispielsweise kreuzten sich zwei bedeutende Pilgerrouten. Die eine führte zum Berg Ōyama 大山 (Präfektur Kanagawa). Die Wallfahrt dorthin war in der Kantō-Region sehr beliebt. Bauern beteten um Regen, Fischer um Fangglück und die Bürger um Heilung und das Gedeihen von Handel und Gewerbe. Die andere Pilgerroute führte auf die Insel Enoshima 江ノ島 (Präfektur Kanagawa). Zu dem Shintō-Heiligtum dort pilgerten die Bürger, um für das Wohlergehen in allen Belangen der Familie zu beten. Besonders bekannt waren die Wallfahrten der blinden Musiker nach Enoshima, um bei ihrer Schutzgottheit Benzaiten 弁才天 deren Segen für Glück und Gesundheit zu erbitten.[20] Daher gab es in Fujisawa auch zahlreiche Herbergen mit Prostituierten.

## 2  DAS PHÄNOMEN *MESHIMORIONNA* ALS *MEIBUTSU*

Die allgemeine Bezeichnung für Prostituierte in der Edo-Zeit war *joro* 女郎 oder *joro* 妓. Auf der Tōkaidō wurden die in den Herbergen angestellten Prostituierten umschreibend als *meshimorionna*, wörtlich „Frauen, die gekochtes Essen

---

15  Vgl. USAMI: *Shukuba to meshimorionna*, S. 36.

16  Vgl. HAYASHI: *Enpon kikō Tōkaidō gojūsan tsugi*, S. 43.

17  Zu den wiederholten Verbotserlassen vgl. USAMI: *Shukuba to meshimorionna*, S. 12–16.

18  Vgl. ebd., S. 17.

19  Fujisawa war die siebte Station auf der Tōkaidō mit 919 Haushalten, 1 *honjin*, 1 *wakihonjin*, 45 *hatagoya*, 2046 Männer und 2043 Frauen. Vgl. TOYOHASHISHI FUTAGAWASHUKU HONJIN SHIRYŌKAN: *Toyohashishi Futagawashuku honjin shiryōkan kaikan kinen tokubetsu ten*, S. 8. Alle Zahlen der einzelnen Stationen beziehen sich auf das Jahr Tenpō 14 (1843).

20  Zur Verehrung der Gottheit Benzaiten vgl. die Arbeit von FRITSCH (*Japans blinde Sänger im Schutz der Gottheit Myōon-Benzaiten*, 1996), speziell zu Enoshima in der Sagami-Bucht S. 28f.

in Schälchen füllen", d. h. Serviererinnen, bezeichnet.[21] Sie „servierten" jedoch meist Sake in Verbindung mit Liebesdiensten. In den offiziellen Bekanntmachungen der Shōgunatsregierung wurden die Prostituierten entlang der Tōkaidō als *meshitakionna* 飯炊女, „Frauen, die Essen zubereiten", oder *shokubaionna* 飯売女, „Frauen, die Essen verkaufen", bezeichnet.[22] Da auch die Regierung ganz genau wusste, dass es sich um Prostituierte handelte, wurden strenge Anti-Luxus-Kleidervorschriften erlassen.[23] Die Frauen stammten mehrheitlich aus der jeweiligen Region.

Besonders hoch war der Bedarf an Trägern und Pferden in Shinagawa 品川, der zweiten Station nach der Nihonbashi. In dem im Jahr 1797 von AKISATO Ritō 秋里籬島 (aktiv zwischen 1776–1830) publizierten sechsbändigen Werk „Illustrierter Reiseführer der Tōkaidō" (*Tōkaidō meisho zue* 東海道名所図会) beginnen die Reisebeschreibungen in Kyōto und enden mit der Nihonbashi in Edo. Eine Durchzählung der einzelnen Raststationen gibt es nicht. Demgegenüber wurden die ab 1804 publizierten Tōkaidō-Holzschnitte umgekehrt von Edo bis Kyōto durchnummeriert. Der Grund dafür ist schnell gefunden. Im Jahr 1802 erschien der erste Band der humoristischen Reiseromanreihe „Auf Schusters Rappen über die Ostmeerstraße" (*Tōkaidōchū hizakurige* 東海道中膝栗毛) von JIPPENSHA Ikku 十返舎一九 (1765–1831), der zu einem unglaublichen Erfolgsschlager wurde. Fortsetzungen der Reiseabenteuer erschienen bis 1822. Die beiden Protagonisten Yajirobē und Kitahachi sind gewitzte Bürger aus Edo (*Edokko* 江戸っ子), weshalb ihre Reise in Edo beginnt. Wegen seiner großen Popularität griffen auch die Verleger der Holzschnittkünstler die Thematik des Reisens auf der Tōkaidō auf und behielten die Reihenfolge bei.

Die offiziell erlaubten zwei „Serviererinnen" pro Herberge zur Finanzierung der Arbeitskräfte und Wechselpferde waren für Shinagawa wegen seiner Nähe zum Regierungssitz bei weitem nicht ausreichend. Daher gestattete die Regierung im Jahr Meiwa 1 (1764), dass fortan 500 „Serviererinnen" in den 93 Herbergen arbeiten durften.[24] Diese hießen offiziell „Raststationsdirnen" (*shukubajorō* 宿場女郎).[25] Bis zum Jahr Tenpō 14 (1843) stieg die illegale Zahl sogar auf 1348 Prostituierte in Shinagawa. Die Zahl der Gäste nahm dadurch rapide zu. Die Prostituierten waren von größerer Eleganz als in den anderen Stationen, weshalb

---

21  Zur Entstehungsgeschichte der *meshimorionna* vgl. USAMI: *Shukuba to meshimorionna*, S. 3–8.
22  Vgl. das *ofure* im *Ekitei shikō* 駅逓志稿, „Aufzeichnungen zu den Raststationen", 1882 (die Neuausgabe von 1928 erhielt den Titel *Dai Nihon kōtsūshi* 大日本交通史, „Große Verkehrsgeschichte Japans"); hier zitiert nach USAMI: *Shukuba to meshimorionna*, S. 12f.
23  Vgl. ebd., S. 12–16.
24  Vgl. MIYAMOTO: *Tabi no minzoku to rekishi*, S. 153 sowie USAMI: *Shukuba to meshimorionna*, S. 19.
25  Vgl. HAYASHI: *Enpon kikō Tōkaidō gojūsan tsugi*, S. 44.

nicht nur Reisende hier gern verweilten, sondern auch die Lebemänner aus Edo (*ikikyaku* 粋客) extra hierherkamen.[26] Die Preise für eine gehobene Prostituierte waren nicht sehr hoch: Während diese in Yoshiwara von 1 *bu* 分 [27] und 2 *shu* 朱[28] bis zu 3 *bu* kostete, betrug ihr Preis in Shinagawa nur 2 *shu* bzw. 10 *monme* 匁 (Silbermünzen), was sicher als ein weiteres Lockmittel für Übernachtende diente.[29]

Shinagawa rühmte sich, die betriebsamste der 53 Raststationen zu sein.[30] Der Ort wurde durch eine Brücke in zwei Teile geteilt; Herberge reihte sich an Herberge. Im gehobenen Ortsteil waren die Häuser prächtig. Im zweiten Ortsteil, der etwas ärmlicher war, gab es vor allem sehr billige Prostituierte. In beiden Ortsteilen war die Nachfrage nach käuflicher Liebe groß.

In diese Abhandlung über Prostituierte der Tōkaidō-Herbergen wird Nichōmachi Abekawa yūkaku 二丁町安部川遊郭, das einzige offiziell lizensierte Freudenviertel der Tōkaidō in Fuchū nicht einbezogen. Auf den Tōkaidō-Bildern ist es als *meisho* präsent und kann daher im Rahmen der Untersuchung von „Serviererinnen" als *meibutsu* hier nicht berücksichtigt werden. Als *meibutsu* wurde etwas bezeichnet, das man nur an einem bestimmten Ort oder in einer bestimmten Region verzehren, erwerben oder erleben konnte. Jeder Ort hatte meist mehrere *meibutsu* aufzuweisen, die in den in der Edo-Zeit populären „Illustrierten Reiseführern" (*meisho zue* 名所図会) der einzelnen Regionen Japans aufgeführt waren.[31] Einige wurden gleichermaßen zu Symbolen dieser Orte.

Auch jede Raststation der Tōkaidō rühmte sich mehrerer Spezialitäten. Für die in Zusammenhang mit unserem Thema noch zu betrachtende zwölfte Station Mishima 三島 (Präfektur Shizuoka) waren beispielsweise seit dem Mittelalter die „Kalender aus Mishima" (*Mishimagoyomi* 三島暦) als *meibutsu* bekannt und

---

26 Zu ihren Preisen vgl. YASUDA: *Hatago no onna*, S. 101.

27 1 *bu* war entweder eine kleine Goldmünze, die einem Viertel der großen Goldmünze *ryō* 両 entsprach, oder eine kleine Silbermünze, die den Wert von 60 *monme* besaß.

28 1 *shu* war eine kleine Goldmünze, die einem Sechzehntel der großen Goldmünze *ryō* 両 entsprach.

29 Zu den Preisen vgl. MIYAMOTO: *Tabi no minzoku to rekishi*, S. 154; YASUDA: *Hatago no onna*, S. 101; IMAI: *Shinsōban: Imamukashi Tōkaidō hitori annai*, S. 28 sowie „Yūjo no nedan" (Internetquelle).

30 Shinagawa umfasste 561 Haushalte, 1 *honjin*, 2 *wakihonjin*, 93 *hatagoya*, 3272 Männer und 3618 Frauen. Vgl. TOYOHASHISHI FUTAGAWASHUKU HONJIN SHIRYŌKAN: *Toyohashishi Futagawashuku honjin shiryōkan kaikan kinen tokubetsu ten*, S. 6.

31 Das erste Werk des Genres „Illustrierte Reiseführer" ist das im Jahr Kanei 9 (1780) erschienene *Miyako meisho zue* 都名所図会 (Illustriertes Sammelwerk berühmter Stätten der Hauptstadt [Kyōto]) von AKISATO Ritō. Zwischen 1780 und der frühen Meiji-Zeit kamen mehr als 100 *meisho zue* heraus. Vgl. KASUYA: *Tōkaidō meisho zue wo yomu*, S. 199f.

begehrt.[32] Auch auf den Tōkaidō-Holzschnitten finden sich viele Darstellungen von *meibutsu*, wie die folgenden Beispiele kurz illustrieren mögen.

Die zehnte Station Odawara 小田原 (Präfektur Kanagawa) war von Edo aus gesehen die letzte vor der mühsamen Über-

querung der Hakone-Berge. Hier erwarb man z. B. die Spezialität *uirō* ういろう / 外郎. Die Reisenden kauften diese Medizin in Odawara als unverzichtbaren Bestandteil ihrer Rei-seapotheke. *Uirō* sind kleine schwarze Kü-gelchen, einerseits begehrt als Mittel gegen Magen- und Darmbeschwerden sowie Reise-krankheit, andererseits als Mittel gegen Hals-weh und für frischen Atem beim Aufstieg in die Berge.[33] Auf seinem Bild (vgl. Abb. 1) hat

Abb. 1: KATSUSHIKA Hokusai: *Odawara* aus dem Bildbuch *Shunkyō gojūsan tsugi no uchi* (1804).

der Ukiyoe-Künstler KATSUSHIKA Hokusai 葛飾北斎 (1760–1849) die üblicherweise männ-lichen Verkäufer durch schöne Frauen ersetzt. Bei der 50. Station Tsuchiyama 土山 (Präfek-tur Shiga) waren die Haarkämme (vgl. Abb. 2) – neben dem Tamuragawa-Sake 田村川酒 – als Mitbringsel berühmt. Landesweiter Bekannt-heit erfreuten sich zum Beispiel die *Ōtsue* 大津絵, preiswert hergestellte Bilder aus der 54. Sta-tion Ōtsu (Präfektur Shiga), die unter anderem wegen ihrer ironisch-humoristischen Darstel-lungen von Klerikern wie „Der das *nenbutsu*

Abb. 2: KATSUSHIKA Hokusai: *Tsuchiyama* aus dem Bildbuch *Shunkyō gojūsan tsugi no uchi* (1804).

predigende Teufel" (*oni no nenbutsu* 鬼の念仏, vgl. Abb. 3) beliebt waren.[34] In der 21. Station Mariko 鞠子 (Präfektur Shizuoka) verzehrte man das Gericht *to-rorojiru* とろろ汁 (vgl. Abb. 4)[35], das auf vielen Holzschnitten direkt oder indirekt präsent ist. Hier wird es von zwei Reisenden freudig genossen, die auf die beiden

32  Diese Kalender wurden von einer zum Mishima-Schreinkomplex gehörenden Familie ge-druckt und durften in der Edo-Zeit nur in der Provinz Izu, in der Mishima lag, sowie der an-grenzenden Provinz Sagami (Präfektur Kanagawa) offiziell vertrieben werden. Vgl. KASUYA: *Tōkaidō meisho zue wo yomu*, S. 54.

33  Vgl. IMAI: *Shinsōban: Imamukashi Tōkaidō hitori annai*, S. 66. Heute ist die Süßigkeit *uirōgashi* 外郎菓子 die bekanntere Spezialität, die man aus Odawara mitbringt, obwohl auch die Arzneikügelchen noch immer hergestellt werden.

34  Zu den *Ōtsue* vgl. ŌTSUSHI REKISHI HAKUBUTSUKAN (*Kaikan goshūnen kinen kikakuten*, 1998) sowie ŌTSUSHI REKISHI HAKUBUTSUKAN SHISHI HENSANSHITSU: *Zusetsu Ōtsu no rekishi*, S. 238–241.

35  Geriebene *tororo*-Knollen wurden mit Miso-Paste und *aonori*-Seetang vermischt und über *mugimeshi*, eine gekochte Gerste-Naturreis-Mischung, gegeben.

Abb. 3: UTAGAWA Hiroshige: *Ōtsu* aus der Serie *Reishoban Tōkaidō* (1849).

Abb. 4: UTAGAWA Hiroshige: *Mariko* aus der Serie *Gyōshoban Tōkaidō* (1842).

zuvor genannten Helden Kitahachi und Yajirōbē aus dem Roman *Tōkaidōchū hizakurige* anspielen. Als letztes Beispiel sei die fast immer abgebildete Spezialität der 41. Station Narumi 鳴海 (Präfektur Aichi) genannt: *Arimatsushibori* 有松絞り, ein in Schnürbatiktechnik hergestellter leichter Baumwollstoff (vgl. Abb. 5).

Die „Serviererinnen" (*meshimorionna*) möchte ich gleichfalls als *meibutsu* der „Region Tōkaidō" bezeichnen.

Abb. 5: UTAGAWA Hiroshige: *Meibutsu Arimatsu shibori mise Narumi* aus der Serie *Gyōshoban Tōkaidō* (1842).

Da sie sich auf die ganze Region beziehen, werden sie in Literatur und Bildern bei vielen Stationen erwähnt. Als eine der Spezialitäten von Shinagawa wird die „mit Bohnenmus gefüllte *oyone*-Süßigkeit" (*oyone manjū* およねまんじゅう) erwähnt, wobei *oyone* auf den Frauennamen O-yone anspielt und *manjū* auf die Vagina.[36]

## 3 DER WANDEL DER BILDLICHEN DARSTELLUNGEN VON *MESHIMORIONNA* ANHAND AUSGEWÄHLTER BEISPIELE ZWISCHEN 1797 UND 1863

Im Folgenden sollen Darstellungen von *meshimorionna* auf Tōkaidō-Holzschnitten betrachtet werden. Da es unzählige Tōkaidō-Serien gibt, können hier nur einige ausgewählte Beispiele von bekannten Künstlern vorgestellt werden.

Die frühesten Bilder von „Serviererinnen" auf der Tōkaidō stammen allerdings nicht aus einer der erst später geschaffenen Serien, sondern sind in dem bereits erwähnten „Illustrierten Reiseführer der Tōkaidō" zu finden, der 1797 von

---

36 Vgl. YASUDA: *Hatago no onna*, S. 102.

AKISATO Ritō publiziert worden war.[37] Die zahlreichen populären Reiseführer beschrieben die Sehenswürdigkeiten, Spezialitäten, Überlieferungen, Gedichte und Anekdoten der Orte nicht nur mit Worten, sondern streuten auch schwarz-weiße Holzdruckillustrationen ein.

Zu der Raststation Mishima[38] gibt es im *Tōkaidō meisho zue* eine Doppelblatthälfte zu „Prostituierte von Mishima" (*Mishima jorōshu* 三島女郎衆, vgl. Abb. 6)[39]. Auf dem linken Blatt laden zwei bereits fertig herausgeputzte *meshimorionna* aus ihrer Herberge heraus Reisende ein, sie zu „buchen", während sich im Inneren des Hauses zwei weitere, noch halbnackte Frauen zurechtmachen.

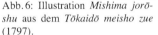

Abb. 6: Illustration *Mishima jorōshu* aus dem *Tōkaidō meisho zue* (1797).

Abb. 7: Illustration *Okazakishuku tenmachō* aus dem *Tōkaidō meisho zue* (1797).

Auf der rechten Hälfte der Doppelblattillustration „Das Viertel Tenma in der Station Okazaki" (*Okazakishuku tenmachō* 岡崎宿伝馬町)[40] zur Station Okazaki 岡崎 (Präfektur Aichi)[41] werden Reisende aus einer Herberge verabschiedet (vgl. Abb. 7). Drei Prostituierte schauen ihnen aus dem Haus nach. Im Text im Bild heißt es: Die hier Rastenden bekommen junge Gefährtinnen, und in einem Lied werden die Prostituierten von Okazaki als modisch-geschmackvoll (*fūryū* 風流) gelobt. In einem Scherzgedicht (*kyōka* 狂歌) auf der linken Doppelblatthälfte wird Okazaki als Ort besungen, an dem selbst Götter nach ihrem Aufbruch aus der Hauptstadt nicht umhin können, ein paar Tage Rast zu machen.[42]

37  Hier nach der Druckausgabe in *Nihon meisho fūzoku zue*, Bd. 17 (1981).

38  In Mishima gab es 1025 Haushalte, 2 *honjin*, 3 *wakihonjin*, 74 *hatagoya*, 1929 Männer und 2119 Frauen. Vgl. TOYOHASHISHI FUTAGAWASHUKU HONJIN SHIRYŌKAN: *Toyohashishi Futagawashuku honjin shiryōkan kaikan kinen tokubetsu ten*, S. 11.

39  Vgl. AKISATO: *Tōkaidō meisho zue*, S. 209 sowie KASUYA: *Tōkaidō meisho zue wo yomu*, S. 55.

40  Vgl. AKISATO: *Tōkaidō meisho zue*, S. 120.

41  In Okazaki gab es 1565 Haushalte, 3 *honjin*, 3 *wakihonjin*, 112 *hatagoya*, 3081 Männer und 3413 Frauen. Vgl. TOYOHASHISHI FUTAGAWASHUKU HONJIN SHIRYŌKAN: *Toyohashishi Futagawashuku honjin shiryōkan kaikan kinen tokubetsu ten*, S. 24.

42  Vgl. AKISATO: *Tōkaidō meisho zue*, S. 120 sowie KASUYA: *Tōkaidō meisho zue wo yomu*, S. 100f. TAKIZAWA (Kyokutei) Bakin 滝沢(曲亭)馬琴 beschreibt überdies in seinem „Allerlei Aufzeichnungen einer Reise" (*Kiryo manroku* 羇旅漫録, 1803), dass die *meshimorionna* in

Alle eingestreuten Schwarzweiß-Illustrationen sind selbstverständlich dem Haupttext untergeordnet. Ihre Funktion besteht allerdings nicht nur darin, vergleichbar heutigen Fotografien in Reiseführern, den Text aufzulockern. In ihnen finden sich auch Details, die nicht im Text vorkommen. Außerdem enthalten alle Bilder im *Tōkaidō meisho zue* noch weitere Textpassagen oder Gedichte, was die Bedeutung der geschriebenen Information zusätzlich verstärkt.

Ganz anders verhält es sich bei den nun zu besprechenden Holzschnitten, die als „Bildbuch" (*ehon* 絵本) oder als „Einzelblätter" (*ichimaie* 一枚絵), geschaffen wurden. Abgesehen vom Titel und von gelegentlich eingestreuten Gedichten gibt es keinen Text. Hier ist das Bild die Aussage.

KATSUSHIKA Hokusai schuf nach dem Romanerfolg *Tōkaidōchū hizakurige* ab 1802 als einer der ersten zahlreiche Tōkaidō-Serien.[43] In Hokusais Serie „Frühlingsfreuden der dreiundfünfzig Stationen" (*Shunkyō gojūsan da no uchi* 春興五十三駄之内) aus dem Jahr 1804 findet sich das Blatt Goyu 御油 (vgl. Abb. 8). Goyu (Präfektur Aichi) war die 36. Station.[44] Eine Schöne sitzt vor einem mit einem Tuch verhängten großen Spiegel – den benötigt sie erst für das anschließende Schminken – und macht ihre Frisur kunstvoll zurecht. Das Zimmer mit Blick auf einen blühenden

Abb. 8: KATSUSHIKA Hokusai: *Goyu* aus dem Bildbuch *Shunkyō gojūsan da no uchi* (1804).

Pflaumenbaum im Garten ist mit prachtvollen Schiebewänden (*fusuma* 襖) versehen. Goyu war für seine Prostituierten berühmt.[45]

---

Okazaki und Yoshida (s. u.) alle aus Ise stammten; hier nach KASUYA: *Tōkaidō meisho zue wo yomu*, S. 103.

43 Die frühesten Drucke zur Tōkaidō sind aus dem Jahr 1690 von HISHIKAWA Moronobu 菱川師 宣 (?–1694) erhalten: Er bestückte verkleinerte Tōkaidō-Landkarten mit Kiefernalleen, Menschen oder Landschaftsansichten berühmter Orte, die als handkolorierte gedruckte Hefte erhältlich waren. Vgl. SHIZUOKA KENRITSU BIJUTSUKAN: *Egakareta Tōkaidō*, S. 36; 109. Als ein weiteres früheres Beispiel vor Hokusai ist das Bildbuch „Illustrierter Kurzführer der Tōkaidō" (*Tōkai benran zuryaku* 東街便覧図略) aus dem Jahr 1795 von KŌRIKI Enkōan 高力猿猴庵 (1756–1831) zu nennen. Vgl. ebd., S. 37; 109. Etwa zeitgleich mit Hokusai, der im ersten Jahrzehnt des 19. Jahrhunderts ca. sieben Tōkaidō-Serien schuf, gab es noch weitere Künstler, deren Werke aber nicht so populär wurden. Vgl. NAGATA: *Katsushika Hokusai*, S. 143.

44 In Goyu gab es 316 Haushalte, 2 *honjin*, keine *wakihonjin*, 62 *hatagoya*, 560 Männer und 728 Frauen. Vgl. TOYOHASHISHI FUTAGAWASHUKU HONJIN SHIRYŌKAN: *Toyohashishi Futagawashuku honjin shiryōkan kaikan kinen tokubetsu ten*, S. 23.

45 Vgl. TOYOHASHISHI FUTAGAWASHUKU HONJIN SHIRYŌKAN: *Tōkaidō gojūsan tsugi shukuba ten IX*, S. 103.

Die Eleganz und Schönheit der gehobenen Prostituierten von Shinagawa wurde bereits angesprochen.
Auch Hokusai zeigt sie auf diese Weise auf seinem
Bild Shinagawa (vgl. Abb. 9) aus dem Bildbuch „Die
dreiundfünfzig Stationenfolge der Tōkaidō. Bildbuch
Pferdeglöckchen auf den Landstraßen" (*Tōkaidō
gojūsan tsugi. Ehon ekiro no suzu* 東海道五十三次　絵
本駅路鈴), entstanden um das Jahr 1810.[46] Vier Frauen befinden sich im Obergeschoss eines geschmackvoll eingerichteten Etablissements, das einen wunderbaren Blick auf die Bucht mit ihren Schiffen und
dem Fujisan bietet. Zwei hochrangige Prostituierte,
erkennbar an den reich geschmückten Frisuren und
dem vorn gebundenem Obi, scheinen sich zu unterhalten. Eine weitere weibliche Person mit auf dem
Rücken gebundenem Obi schaut träumerisch aus den

Abb. 9: Katsushika Hokusai: *Shinagawa* aus dem Bildbuch *Tōkaidō
gojūsan tsugi. Ehon ekiro no suzu*
(um 1810).

geöffneten Schiebetüren aus durchscheinendem Papier (*shōji* 障子) auf das Meer
hinaus, und ein noch jüngeres Mädchen trägt ein Tablett. Hier spielt Hokusai auf
die erwähnten beiden Schülerinnen einer hochrangigen Kurtisane im Bordellviertel Yoshiwara in Edo an, nämlich das kleine Lehrmädchen *kamuro* und die
schon ältere „junge Kurtisane" (*shinzō*). Diese beiden Darstellungen Hokusais
lehnen sich an die Tradition der „Bilder von schönen Frauen" (*bijinga* 美人画) in
den Farbholzschnitten (*ukiyoe* 浮世絵) an. Als Hochblüte der „Bilder von schönen Frauen" gilt die Bunka-Bunsei-Zeit (1804–1830), in der so herausragende
Vertreter dieses Genres wie Torii Kiyonaga 鳥居清永 (1752–1815) oder Kitagawa Utamaro 喜多川歌麿 (1753–1806) ihre Werke schufen. Hokusai integrierte
das populäre Thema „Schönheiten" in seine Tōkaidō-Serien und damit auch in
die Darstellungsweise seiner Prostituierten als Spezialität.

Knapp 30 Jahre später sieht die Darstellung von Prostituierten auf der
Tōkaidō weniger euphemistisch aus. In den Jahren 1833 / 34 schuf Utagawa
Hiroshige 歌川広重 (1797–1858) seine berühmt gewordene *Hōeidōban* 保永堂版
Tōkaidō-Serie.[47] Auf dem Blatt Akasaka 赤坂 mit dem unzweideutigen Nebentitel „Bild [zu Liebesdiensten] einladender Frauen in der Herberge" (*Ryosha shōfu
no zu* 旅舎招婦の図, vgl. Abb. 10) zeigt Hiroshige Reisende in einer gehobenen
Herberge mit Innengarten, Bad und Masseur. Drei *meshimorionna* befinden sich
in einem separaten Raum. Zwei von ihnen sitzen noch vor den Spiegeln, um

---

46   *Ekiro no suzu* ist eine Anspielung auf die Pferdeglöckchen für berittene Boten im Altertum,
     die in offizieller Mission unterwegs waren.
47   Der Name dieser Serie bezieht sich auf den Verlag Hōeidō des Verlegers Takenouchi Magohachi 竹内孫八, der für die Herstellung des Großteils der Drucke verantwortlich zeichnete.

sich zu schminken, die bereits zurecht-
gemachte Dritte richtet ihren Obi. Die
im Hintergrund des Zimmers zu sehenden farbigen Futons sind ein weiterer
eindeutiger Verweis auf Liebesdienste.

Die Entfernung zwischen Goyu, der
bereits vorgestellten 36. Station, und
Akasaka, der 37. Station[48], betrug nur 16
*chō* (ca. 1,7 km)[49], was den Wettbewerb
um Gäste verschärfte.[50] Beide Raststationen beschäftigten sehr viele „Serviererinnen" in ihren jeweils 62 Herber-

Abb. 10: UTAGAWA Hiroshige: *Akasaka* aus der Serie
*Hōeidōban Tōkaidō* (1833 / 34).

gen, worauf auch die Anzahl von drei Prostituierten auf Hiroshiges Hōeidō-Blatt
hinweist. Generell wurde in der traditionellen japanischen Malerei nie die reale Zahl an Personen abgebildet, sondern nur wenige stellvertretend. Die Anzahl
drei weist auf eine relativ hohe Anzahl an *meshimorionna* in diesem Gasthaus
hin. Hier sind die Prostituierten ein selbstverständlicher Teil des „Serviceange-
bots", das reisende Männer in Akasaka gern in Anspruch nahmen.

Dasselbe breite Service-Ange-
bot für die Station Akasaka findet sich
auch auf Hiroshiges *Reishoban* 隷書版
Tōkaidō-Serie aus dem Jahr 1849 (vgl.
Abb. 11).[51] Auf diesem Blatt zeigt er
die Szenerie vor mehreren *hatagoya* in
der Abenddämmerung. Ein männlicher
„Gastanwerber" (*yadohiki* 宿引) bemüht
sich rechts vor seinem Gasthaus ebenso
wie zwei „Reisende anhaltende Frauen"
(*tomeonna* 留女), Reisende zum Übernachten zu überreden. Die Vorzüge der

Abb. 11: UTAGAWA Hiroshige: *Akasaka* aus der Serie
*Reishoban Tōkaidō* (1849).

das Bild dominierenden Herberge sind im Obergeschoss zu sehen. Nach dem

---

48  In Akasaka gab es 339 Haushalte, 3 *honjin*, 1 *wakihonjin*, 62 *hatagoya*, 578 Männer und 726
    Frauen. Vgl. TOYOHASHISHI FUTAGAWASHUKU HONJIN SHIRYŌKAN: *Toyohashishi Futagawashu-
    ku honjin shiryōkan kaikan kinen tokubetsu ten*, S. 23.
49  Vgl. HORI: *Tenpō kaihō dōchūzu de tadoru*, S. 99.
50  Vgl. TOYOHASHISHI FUTAGAWASHUKU HONJIN SHIRYŌKAN: *Toyohashishi Futagawashuku hon-
    jin shiryōkan kaikan kinen tokubetsu ten*, S. 23.
51  Diese „Kanzleischrift-Ausgabe" (*reishoban*) erhielt ihren Namen, weil der Titel „Tōkaidō"
    auf den einzelnen Blättern im offiziellen Kalligraphiestil *reisho* geschrieben wurde. Eine wei-
    tere Tōkaidō-Serie von Hiroshige wird als „Ausgabe in halbkursiver Schrift" (*Gyōshoban
    Tōkaidō* 行書版東海道) bezeichnet; hier wurde der Titel „Tōkaidō" in halbkursivem Kalligra-
    phiestil geschrieben (vgl. Abb. 4).

Bad werden einem Gast von einem Masseur die Beine massiert und einem weiteren wird die Schulterpartie gelockert. In dem Zimmer rechts hält eine „Servie-
rerin" kokett das Sakeschälchen für den Gast in ihrer Hand. Die beiden scheinen
zu scherzen. Nur in diesem Zimmer liegen Futons, einer davon sogar rot – wiederum eine eindeutige Anspielung auf erotische Dienste.

Die *ukiyoe* als Teil des gesamtkulturellen Kontextes ihrer Zeit interagier-
ten mit anderen kulturellen Phänomenen. Hier sei das Augenmerk auf die Vor-
liebe für das Einbauen von Zitaten gelenkt. Das findet sich nicht nur in Bereichen wie Lyrik, Literatur, Theater, Teekunst oder Ikebana, sondern auch in Kunst
und Kunsthandwerk. Dabei wurden neben früheren Bildmotiven auch bekannte Passagen aus Texten in das eigene Bildwerk ein-
gebaut. Die Referenzen in den Holzschnitten setzten somit deren Kenntnis bei den Bürgern voraus.
Sie appellierten an die aktive Teilhabe der Betrachter, den Einbau von Zitaten in einen anderen Kontext zu goutieren.[52] Als erstes Beispiel für diese kulturelle Technik des Zitierens sei das Blatt *Akasaka*
(vgl. Abb. 12) von UTAGAWA Toyokuni III. 三代歌川豊
国 (Kunisada 國貞, 1786–1865) aus der Serie *Tōkaidō
gojūsan tsugi no uchi* 東海道五十三次之内 – auch „Kunisadas schöne Frauen auf der Tōkaidō" (*Kunisada
bijin Tōkaidō* 国貞美人東海道, 1852) genannt – angeführt. Jeder Liebhaber der Tōkaidō-Holzschnitte
kannte die Ansichten der Orte und Landschaften auf
Hiroshiges *Hōeidōban*-Serie. Der vor allem für seine
Landschaftszeichnungen bekannte Hiroshige und der

Abb. 12: UTAGAWA Toyokuni III.:
*Akasaka* aus der Serie *Tōkaidō
gojūsan tsugi no uchi* (1852).

für seine Schauspieler- und Sumōringer-Porträts berühmte Toyokuni III. gehörten beide der UTAGAWA-Schule an und realisierten auch gemeinsame Serien. Daher war es naheliegend, dass Toyokuni III. für seine Serie „Schöne Frauen auf
der Tōkaidō" Bildzitate des Landschaftsmalers Hiroshige wählte, um den Reiz
seiner Serie zu steigern. Im Hintergrund ist unschwer Hiroshiges Darstellung
aus der *Hōeidōban*-Serie mit den sich schminkenden „Serviererinnen" in der
Herberge zu erkennen (vgl. Abb. 10). In den Vordergrund hat der Künstler seine
Schöne mit einem Tuch zwischen den Lippen gesetzt.[53]

---

52  Ausführlicher dazu siehe den Beitrag von EHMCKE („The Tōkaidō Woodblock Print Series as
    an Example of Intertextuality in the Fine Arts", 2005).
53  Den Hintergrund zu Kunisadas „Schöne Frauen auf der Tōkaidō" bilden mehrheitlich die
    Blätter aus Hiroshiges *Hōeidōban*-Serie, erst ab der 42. Station Miya (Präfektur Aichi) be-
    dient er sich Illustrationen aus dem *Tōkaidō meisho zue* und anderen Werken. Vgl. TOYOHA-
    SHISHI FUTAGAWASHUKU HONJIN SHIRYŌKAN: *Ukiyoe ni egakareta san'en no Tōkaidō*, S. 57.

Neben Goyu und Akasaka, die bereits vorgestellt wurden, war auch die 35. Station Yoshida 吉田 (Präfektur Aichi) für ihre *meshimorionna* berühmt.[54] In einem populären Lied (*riyō* 俚謡) heißt es zu den drei direkt hintereinander liegenden Stationen: „Wenn es weder Goyu noch Akasaka oder Yoshida gäbe, was hätte man Gutes gesehen auf dem Weg von und nach Edo" (*Goyu ni Akasaka, Yoshida ga nakuba, nan no yoshi mite Edo kayoi* 御油に赤坂吉田がなくば何のよしみて江戸通い).[55] Yoshida selbst wurde in einem weiteren populären Lied (*zokuyō* 俗謡) so besungen: „Zieht man durch Yoshida: die *furisode* der Hirschkühe und ihrer Kälbchen laden aus dem zweiten Stock ein" (*Yoshida tōreba nikai kara maneku shika mo kanoko no furisode* 吉田通れば二階から招くしかも鹿の子の振り袖).[56]

Abb. 13: UTAGAWA Hiroshige: *Yoshida* aus der Serie *Jinbutsu Tōkaidō* (1852).

Wie eine bildliche Umsetzung dieses Schlagers im Sinne der angesprochenen intertextuellen Referenz wirkt UTAGAWA Hiroshiges Blatt *Yoshida* aus der Serie „Menschen der Tōkaidō" (*Jinbutsu Tōkaidō* 人物東海道) von 1852 (vgl. Abb. 13). Dicht gedrängt passieren Reisende die Straße zwischen den Häusern der Raststation; sie sind nur durch ihre Hüte erkennbar. Aus dem Obergeschoss des Gasthauses rechts winken und rufen lebhaft zwei *meshimorionna* zu potentiellen Kunden hinunter, um auf sich aufmerksam zu machen. Sie stehen in starkem Kontrast zu den drei Reisenden im Obergeschoss des Gasthauses links, die ruhig die Szenerie betrachten.

Das Motiv der von oben herabwinkenden „Serviererinnen" entwickelte sich schnell zum beliebten, vielfältig variierten Motiv für Abbildungen zu Yoshida. UTAGAWA Toyokuni III. zeigt zum Beispiel auf seinem Blatt *Yoshida* (vgl. Abb. 14) aus der Serie „Die dreiundfünfzig Stationenfolge der Tōkaidō" (*Tōkaidō gojūsan tsui* 東海道五三対) aus den Jahren 1854–55[57] eine schöne Prostituierte, die aus dem mit Schnitzereien verzierten Obergeschoss einer Herberge

---

54  In der Burgstadt Yoshida gab es 1293 Haushalte, 2 *honjin*, 1 *wakihonjin*, 65 *hatagoya*, 2505 Männer und 2772 Frauen. Vgl. TOYOHASHISHI FUTAGAWASHUKU HONJIN SHIRYŌKAN: *Toyohashishi Futagawashuku honjin shiryōkan kaikan kinen tokubetsu ten*, S. 22.

55  Zitiert nach HORI: *Tenpō kaihō dōchūzu de tadoru*, S. 98.

56  Zitiert nach BATŌMACHI HIROSHIGE BIJUTSUKAN: *Kaikan nishūnen kinen tokubetsu ten*, S. 83. *Furisode* ist ein Kimonoschnitt mit langen, in der unteren Hälfte weit schwingenden Ärmeln.

57  Diese Serie wurde von den drei großen UTAGAWA-Künstlern Hiroshige, Toyokuni III. und Kuniyoshi geschaffen; vgl. TOYOHASHISHI FUTAGAWASHUKU HONJIN SHIRYŌKAN: *Ukiyoe ni egakareta san'en no Tōkaidō*, S. 57 sowie TOYOHASHISHI FUTAGAWASHUKU HONJIN SHIRYŌKAN: *Tōkaidō gojūsan tsugi shukuba ten IX*, S. 16f.

einen zu ihr aufblickenden
Mann einladend anspricht.
Bei dem gut gekleideten,
mit nur einem Schwert im
Gürtel versehenen Mann
scheint es sich um einen
Samurai zu handeln, der
auf der Suche nach Ver-
gnügen sein Gesicht unter
einem aus Binsen gefloch-
tenen Korbhut (*fukaami-
gasa* 深編み笠) versteckt,
um unerkannt zu bleiben.

Abb. 14: Utagawa Toyokuni III.:
*Yoshida* aus der Serie *Tōkaidō
gojūsan tsui* (1854–55).

Abb. 15: Utagawa Toyokuni III.:
*Yoshida sono ni* aus der Serie
*Tōkaidō meisho fūkei* (1863).

Im Jahr 1863 schuf
Toyokuni III. ein weite-
res Bild mit diesem Mo-
tiv: „Yoshida 2" (*Yos-
hida sono ni* 吉田其二, vgl. Abb. 15) aus der Serie
„Berühmte Stätten und Landschaften der Tōkaidō"
(*Tōkaidō meisho fūkei* 東海道名所風景), auch bekannt als „Prozessionen der Landesfürsten auf der
Tōkaidō" (*Gyōretsu Tōkaidō* 行列東海道).[58] Viele
Herbergen säumen die Straße. Hier sind es wiederum
zwei herausgeputzte „Serviererinnen", die rechts aus
dem Obergeschoss einer Herberge zu Männern auf
der Straße hinunterrufen. Das Etablissement ist überdies mit Lampions geschmückt. Die Männer winken
und scherzen zurück.

Die Kulturtechnik des Aufgreifens eines älteren Bildmotivs findet sich bei einem weiteren Blatt
von Toyokuni III., ebenfalls aus der Serie *Tōkaidō
meisho fūkei*. Seine Darstellung von Mishima (vgl.
Abb. 16) greift auf die Illustration im *Tōkaidō meisho zue* von 1797 (vgl. Abb. 6) zurück. In der oberen

Abb. 16: Utagawa Toyokuni III.:
*Mishima* aus der Serie *Tōkaidō
meisho fūkei* (1863).

Bildhälfte zieht eine Landesfürsten-Prozession an gehobenen zweigeschossigen
Herbergen vorbei. Die untere Bildhälfte, durch „Wolkenbänder" (*genjigumo* 源

---

58  Zu dieser 162 Blätter umfassenden und von mehreren Künstlern verfassten Serie vgl. ebd.,
    S. 24.

氏雲)[59] von der oberen getrennt, bietet einen Blick in das Innere einer Herberge. Hier putzen sich Prostituierte für ihre Dienste heraus. Links sind zwei Frauen mit noch nacktem Oberkörper damit beschäftigt, Schminke aufzutragen bzw. die Frisur zu richten. In der Mitte ist eine weitere schon vollständig bekleidet, malt sich aber noch die Augenbrauen mit Hilfe eines Spiegels auf. Nur die ganz rechte *meshimorionna* ist fertig mit ihrer Verwandlung in eine reizvolle Frau. Auch das inzwischen mehrfach aufgetauchte Erotiksymbol des rotfarbigen Futons fehlt hier nicht. Die Verwandlung von eher unerotisch wirkenden nackten Frauen zu verführerischen Prostituierten ist verblüffend. Der sexuelle Reiz bestand also eindeutig nicht in der natürlichen Nacktheit, sondern in dem künstlich veränderten Aussehen der Frau.

In der Edo-Zeit waren vor allem Männer auf Reisen, während die Frauen in ihrer Mobilität durch die soziopolitischen Restriktionen viel eingeschränkter waren. Vor diesem gesellschaftlichen Hintergrund sind die Abbildungen der Tōkaidō-Serien in erster Linie aus männlicher Perspektive gesehen, auch wenn diese Bilder nicht nur von der männlichen Bevölkerung betrachtet wurden. Männer, die selbst schon einmal die Tōkaidō gegangen waren, schwelgten anhand der Holzschnitte in Erinnerungen oder schauten sie in Vorfreude auf die nächste Reise an. Es nimmt also nicht Wunder, dass auch „Serviererinnen" als eine der „Spezialitäten" dargestellt wurden.

Die *meshimorionna* standen zwar am Rand der Gesellschaft, bildeten aber gleichzeitig einen Teil des kulturellen Kanons, auch wenn sie, anders als die berühmten Kurtisanen, in der Kultur der gebildeten Städter seltener vorkamen. Sie gehörten zum selbstverständlichen Unterhaltungsangebot für die männlich dominierte Gesellschaft, wie ihre Erwähnungen in Reiseromanen wie dem *Tōkaidōchū hizakurige* oder ihre Integration als *meibutsu* in die populären Tōkaidō-Bilder belegen.

LITERATURVERZEICHNIS

AKISATO, Ritō 秋里籬島: *Tōkaidō meisho zue* 東海道名所図会, 6 Bde. In: *Nihon meisho fūzoku zue* 日本名所風俗図会, Bd. 17: *Shokoku no maki* 諸国の巻 2. HAYASHI Hideo 林英夫 (Hrsg.). Tōkyō: Kadokawa shoten 1981 (Erstdruck 1797).

BATŌMACHI HIROSHIGE BIJUTSUKAN 馬頭町広重美術館 (Hrsg.): *Kaikan nishūnen kinen tokubetsu ten „Edo no tabi. Tōkaidō gojūsan tsugi ten"* 開館二周年記念

---

59 Der Ausdruck *genjigumo* bezeichnet ein in der japanischen Malerei weit verbreitetes Mittel, um einzelne, eigentlich weiter auseinanderliegende Szenen in einer Komposition zu vereinigen.

特別展「江戸の旅　東海道五拾三次展」. Batōmachi: Batōmachi Hiroshige biju-tsukan 2002, S. 83.

EHMCKE, Franziska: „The Tōkaidō Woodblock Print Series as an Example of Intertextuality in the Fine Arts". In: *Written Texts – Visual Texts. Woodblock-printed Media in Early Modern Japan*. Susanne FORMANEK u. Sepp LINHART (Hrsg.). Amsterdam: Hotei 2005, S. 109–139.

EHMCKE, Franziska: „Methodologische Überlegungen zur kulturwissenschaftli-chen Erforschung der Tōkaidō-Holzschnittserien". In: *Sünden des Wortes. Festschrift für Roland Schneider zum 65. Geburtstag* (Mitteilungen der Gesellschaft für Natur- und Völkerkunde Ostasiens 114). Judit ÁROKAY u. Klaus VOLLMER (Hrsg.). Hamburg: Gesellschaft für Natur- und Völkerkunde Ostasiens 2004, S. 231–249.

EHMCKE, Franziska: „Reisefieber in der Edo-Zeit". In: *Lifestyle in der Edo-Zeit. Facetten der städtischen Bürgerkultur Japans vom 17.–19. Jahrhundert*. Franziska EHMCKE u. Masako SHŌNO-SLÁDEK (Hrsg.). München: iudicium 1994, S. 55–70.

FRITSCH, Ingrid: *Japans blinde Sänger im Schutz der Gottheit Myōon-Benzaiten*. München: iudicium 1996.

HAYASHI, Yoshikazu 林美一: *Enpon kikō Tōkaidō gojūsan tsugi* 艶本紀行東海道五十三次. Tōkyō: Kawade shobō 61989 (1986).

HORI, Akira 堀晃明: *Tenpō kaihō dōchūzu de tadoru – Hiroshige no Tōkaidō gojūsan tsugi tabikeshiki* 天保懐宝道中図で辿る — 広重の東海道五拾三次旅景色 (Kochizu raiburarī 古地図ライブラリー 5). Tōkyō: Jinbunsha 1997.

IMAI, Kingo 今井金吾: *Shinsōban: Imamukashi Tōkaidō hitori annai* 新装版　今昔東海道独案内. Tōkyō: JTB 71994 (1973).

KASUYA, Hiroki 粕谷宏紀: *Tōkaidō meisho zue wo yomu* 東海道名所図会を読む. Tōkyō: Tōkyōdō shuppan 1997.

KONDŌ, Eiko: „Die Frauen in der Feudalgesellschaft". In: *Lifestyle in der Edo-Zeit. Facetten der städtischen Bürgerkultur Japans vom 17.–19. Jahrhundert*. Franziska EHMCKE u. Masako SHŌNO-SLÁDEK (Hrsg.). München: iudicium 1994, S. 81–99.

MIYAMOTO, Tsuneichi 宮本常一 (Hrsg.): *Tabi no minzoku to rekishi* 旅の民族と歴史, Bd. 1: *Nihon no yado* 日本の宿. Tōkyō: Yasaka shobō 21993 (1987).

NAGATA, Seiji 永田生慈: *Katsushika Hokusai. Tōkaidō gojūsan tsugi* 葛飾北斎　東海道五十三次. Tōkyō: Iwasaki bijutsusha 1994.

ŌTSUSHI REKISHI HAKUBUTSUKAN 大津市歴史博物館 (Hrsg.): *Kaikan goshūnen kinen kikakuten – kaidō no minga: Ōtsue* 開館五周年記念企画展 — 街道の民画　大津絵. Ōtsu: Ōtsushi rekishi hakubutsukan 21998 (1996).

ŌTSUSHI REKISHI HAKUBUTSUKAN SHISHI HENSANSHITSU 大津市歴史博物館市史編さ
ん室 (Hrsg.): *Zusetsu: Ōtsu no rekishi* 図説 大津の歴史, Bd. 1. Ōtsu: Ōtsushi
rekishi hakubutsukan 1999.

SHIZUOKA KENRITSU BIJUTSUKAN 静岡県立美術館 (Hrsg.): *Egakareta Tōkaidō* 描か
れた東海道 – *History of Paintings on Tōkaidō*. Shizuoka: Shizuoka kenritsu
bijutsukan 2001.

TOYOHASHISHI FUTAGAWASHUKU HONJIN SHIRYŌKAN 豊橋市二川宿本陣資料館
(Hrsg.): *Ukiyoe ni egakareta san'en no Tōkaidō* 浮世絵に描かれた三遠の東海
道. Toyohashi: Toyohashishi Futagawashuku honjin shiryōkan 1995.

TOYOHASHISHI FUTAGAWASHUKU HONJIN SHIRYŌKAN 豊橋市二川宿本陣資料館
(Hrsg.): *Toyohashishi Futagawashuku honjin shiryōkan kaikan kinen tokubetsu ten – Tōkaidō gojūsan tsugi* 豊橋市二川宿本陣資料館開館記念特別
展 東海道五十三次. Toyohashi: Toyohashishi Futagawashuku honjin
shiryōkan ³1998 (1991).

TOYOHASHISHI FUTAGAWASHUKU HONJIN SHIRYŌKAN 豊橋市二川宿本陣資料館
(Hrsg.): *Tōkaidō gojūsan tsugi shukuba ten IX: Futagawa – Yoshida* 東海道
五十三次宿場展IX 二川・吉田. Toyohashi: Toyohashishi Futagawashuku honjin shiryōkan 2001.

USAMI, Misako 宇佐美ミサ子: *Shukuba to meshimorionna* 宿場と飯盛女. Tōkyō:
Dōseisha 2000.

YASUDA, Yoshiaki 安田義章 (Hrsg.), SANO Fumiya 佐野文哉 (Übers.): *Hatago no
onna* 旅宿のおんな, *Edo Classic Art*, Bd. 5 (Hizō no meisaku enpon 秘蔵の名
作艶本). Tōkyō: Futami shobō ⁵1990 (1989).

YOKOHAMASHI REKISHI HAKUBUTSUKAN 横浜市歴史博物館 (Hrsg.): *Tōkaidō shukueki seido 400 nen kinen tokubetsu ten „Edo jidai no Tōkaidō – egakareta kaidō no sugata to nigiwai"* 東海道宿駅制度四４００年記念特別展「江戸
時代の東海道 ― 描かれた街道の姿と賑わい」. Yokohama: Yokohamashi rekishi
hakubutsukan 2001.

Internetquellen

*Ō-Edo 300 nen no Yoshiwara yūjo no bunka shi* 大江戸３００年の吉原遊女の文化
史: „Yūjo no nedan 遊女の値段"; abrufbar unter: https://www.wtlcradio.com/
yodhiwara/price.html (letzter Zugriff am 25.09.2018).

*Ō-Edo sansaku tozen hanashi* 大江戸散策徒然噺: „Yoshiwara no yūjo ga nemuru Jōkanji 吉原の遊女が眠る浄閑寺"; abrufbar unter: https://blog.goo.ne.jp/
hmazda_1950/e/7f5fbf463a9af339ea1696dbb6a6ff5a (letzter Zugriff am
27.09.2018).

# Geköpfte Verbrecher und reizende Prostituierte: gesellschaftliche Randgruppen in der Fotografie der Meiji-Zeit

Lena Fritsch

## 1 EINLEITUNG

In den 1850er Jahren endete Japans mehr als 200 Jahre währende Politik relativer Abgeschlossenheit von der Außenwelt. Es begann ein Zeitalter, das durch gravierende politische und soziokulturelle Umstrukturierungen gekennzeichnet sein sollte. Die Öffnung des Suez-Kanals und japanischer Hafenstädte, die technischen Fortschritte von Dampfschiffen und die damit einhergehende Verbreitung des Fernreisetourismus brachten zunehmend Ausländer in das Land. In den 1860er Jahren gründeten europäische Fotografen Fotostudios, vor allem in Yokohama. Zwanzig Jahre später wurde die Gelatinetrockenplatte eingeführt, die sich gegenüber der zuvor üblichen nassen Kollodiumplatte durch ihre Haltbarkeit auszeichnete und Aufnahmen mit erheblich kürzeren Belichtungszeiten erlaubte. Sie erleichterte den Handel mit der fotografischen Technik und verhalf der Fotografie zu einem außerordentlichen Aufschwung. Schon bald florierte das Geschäft mit der Souvenirfotografie: Unzählige pittoreske Aufnahmen gelangten nach Europa und Nordamerika und prägten dort nachhaltig ein vermeintlich authentisches Japan-Bild. Die Fotografien wurden meist für den Export angefertigt, entweder als visuelle Berichterstattungen über das noch weitgehend unbekannte Land oder als Reiseandenken. In beiden Fällen sind sie untrennbar mit einer romantischen Sehnsucht der westlichen Reisenden nach dem „exotischen Anderen" verbunden. Bis weit in das 20. Jahrhundert hinein wurden die Fotografien als realistisches Abbild ihrer Entstehungszeit verstanden. Tatsächlich reproduzierten sie jedoch Stereotype, die auf der vorindustrialisierten Edo-Zeit (1603–1868) basierten. Ihre Ästhetik ist sowohl von populären Holzschnitten der Edo-Zeit als auch von einer traditionellen europäischen Bild-Ikonografie beeinflusst.

Fotografien der Meiji-Zeit (1868–1912) wurden in den vergangenen Jahren mehrfach öffentlich in Museen und Galerien in Europa ausgestellt, und auch die foto- und kunsthistorische Forschung hat wichtige Beiträge hervorgebracht. Hierzulande wurden beispielsweise 2015 bis 2016 in der Ausstellung *Zartrosa und Lichtblau. Japanische Fotografien der Meiji-Zeit* am Museum für Fotografie der Staatlichen Museen zu Berlin ca. 250 Exponate aus den Sammlungen des preußischen Kulturbesitzes gezeigt (aus der Kunstbibliothek, des Ethnologischen Museums, des Museums für Asiatische Kunst, der Staatsbibliothek und aus dem Geheimen Staatsarchiv). Es erschien ein umfangreicher Katalog, in dem sich Kuratoren und Kunsthistoriker mit den Fotografien befassten. 2017 stellte das Museum Angewandte Kunst in Frankfurt am Main in der Ausstellung *Yokohama 1868–1912. Als die Bilder leuchten lernten* mehr als 250 Exponate der meiji-zeitlichen Holzschnittkunst und Fotografie aus. In der Wissenschaft wurden der soziohistorische und politische Kontext der Fotografien und der (entweder japanischen oder ausländischen) Fotografen sowie die bis dahin häufig vernachlässigten Beziehungen zu anderen Bildtraditionen (vor allem Ukiyoe-Farbholzschnitten) untersucht.[1]

In Ausstellungen sowie Bildarchiven mit Fotobüchern und Souveniralben der Meiji-Zeit findet man zunächst nur wenige Fotografien, die Mitglieder gesellschaftlicher Randgruppen zeigen. Die große Mehrheit der sorgfältig inszenierten und handkolorierten Abzüge zeigt hübsche Mädchen bei der klassischen Teezeremonie oder Hausarbeit, stattliche Samurai in Rüstungen, versierte Handwerker mit traditionellem Werkzeug, beeindruckende Tempelarchitektur, rosafarben bemalte Kirschblütenbäume oder pittoreske Straßen. In den ethnologischen Sammlungsbeständen einiger Museen finden sich vereinzelt Aufnahmen von *eta* oder *hinin*. In der lange Zeit unbeachtet gebliebenen fotografischen Sammlung des Pitt Rivers Museums in Oxford beispielsweise gibt es eine Fotografie von ca. 1905, die ein Mädchen neben einem

Abb. 1: Neil Gordon MUNRO: *Eta hut*, ca. 1905–06.

im Bau begriffenen Strohhaus in einer *eta*-Siedlung zeigt (vgl. Abb. 1). Sie wurde vom schottischen Arzt, Anthropologen und Archäologen Neil Gordon MUNRO (1863–1942) aufgenommen, der fast fünfzig Jahre lang in Japan lebte und einen Teil seiner umfangreichen Sammlung dem zur Universität Oxford gehörenden Pitt Rivers Museum vermachte.[2] Doch solche eher dokumentarischen Fotografien von gesellschaftlichen Randgruppen wie *eta*, *hinin* oder auch Leprakranken werden selten öffentlich ausgestellt.

---

1    Siehe beispielsweise die Arbeiten von WAKITA (*Staging Desires*, 2013), FUKUOKA („Selling Portrait Photographs", 2011), FRASER (*Photography and Japan*, 2011), GARTLAN (*History of Photography*, Bd. 33, 2009) oder DELANK / MARCH (*Abenteuer japanische Fotografie 1860–1890*, 2002).

2    Zur fotografischen Sammlung von Neil Gordon MUNRO im Pitt Rivers Museum siehe GROVER (*Renzu ga toraeta*, 2017).

Erst auf den zweiten Blick entdeckt man auch in Ausstellungen, Bildbänden und auf diversen Seiten für Fotosammler und Fotointeressierte im Internet japanische Fotografien, die Außenseiter der Gesellschaft künstlerisch in Szene setzen. Der folgende Beitrag befasst sich mit ausgewählten fotografischen Beispielen und fokussiert zwei Randgruppen: Kriminelle und Prostituierte. Wie werden Kriminelle, also von der Gesellschaft verstoßene Menschen, in der Meiji-Zeit fotografisch gezeigt? Was für eine Rolle nehmen Prostituierte in Fotografien ein? Stehen die Protagonisten – bezugnehmend auf den Titel der Tagung – „im Schatten der Gesellschaft", aber trotzdem „im Zentrum der fotografischen Kultur"?[3]

## 2    GEKREUZIGT, GEKÖPFT ODER DEM HENKER AUSGELIEFERT: FOTOGRAFIEN VON VERBRECHERN

Einer der wichtigsten Fotografen der frühen Meiji-Zeit war der italienische Brite Felice BEATO (1832–1909). Beato, der in Venedig geboren wurde und in Korfu aufwuchs, begann seine Karriere gemeinsam mit dem britischen Fotografen James ROBERTSON (1813–88). Zusammen reisten sie in den 1850er Jahren zunächst nach Malta, anschließend auf die Krim und schließlich nach Indien. BEATO war einer der ersten Fotojournalisten, der Konflikte und Kriegsschauplätze fotografisch dokumentierte. 1860 schloss er sich einer britisch-französischen Militärexpedition an, die während des Opiumkrieges nach China reiste. Seine Fotografien des Zweiten Opiumkrieges gehören zu den ersten, die eine Militärkampagne mithilfe von datierten, thematisch zusammengehörenden Aufnahmen erfassten, und stellen daher einen Vorläufer heutiger Kriegsreportagen dar. 1863 kam BEATO von Shanghai nach Yokohama und blieb für mehr als zwanzig Jahre in Japan. Gemeinsam mit dem Illustrator und Korrespondenten der *Illustrated London News* Charles WIRGMAN (1832–91) gründete er ein Fotostudio in Yokohama. Für die Geschichte der japanischen Fotografie ist BEATO vor allem deshalb wichtig, da er die Studiofotografie mit einführte und die kommerzielle Fotografie sowohl technisch als auch motivisch stark prägte.

1868 veröffentlichte BEATO zwei Fotoalben mit dem Titel *Photographic Views of Japan with Historical and Descriptive Notes, Compiled from Authentic Sources, and Personal Observations During a Residence of Several Years*. Vollständig erhaltene Alben finden sich heute beispielsweise in der Sammlung des J. Paul Getty Museums, Los Angeles, im Smith College Museum of Art in Northampton, Massachusetts und im Victoria & Albert Museum, London.[4] Der erste

---

3    Vgl. zur Entstehung des Bands und der zugehörigen Tagung das Vorwort dieses Bandes.
4    Viele der handkolorierten Silbergelatineabzüge wurden aus den Alben gelöst und sind nun nur einzeln in Privatsammlungen und öffentlichen Sammlungen erhalten.

Band des Albums umfasst hundert Schwarzweißfotografien von Landschaften, Dörfern und Städten, während BEATO im zweiten Band hundert handkolorierte Fotografien von so genannten *native types* vorstellt: Samurai, Geishas, Handwerker, Ärzte, Priester, Händler, Lastenträger etc. Begleitet werden die Fotografien mit vignetierten Bildrändern von Beschreibungen auf Englisch, die von James W. MURRAY, einem Autor von Reiseführern verfasst wurden, und die sich gezielt an nicht-japanische Leser richten. BEATOS Aufnahmen präsentieren eine für die Frühzeit der Fotografie typische „Sachlichkeit", die man in Deutschland vor allem mit Bildern des bekannten Fotografen August SANDER (1876–1964) assoziiert. Sie können daher zur Linie der ethnologisch orientierten Fotografie gezählt werden. Doch gleichzeitig zeigen die sorgfältig arrangierten Studio-Szenen deutlich ihre Künstlichkeit und den subjektiven Standpunkt des ausländischen Fotografen, der sich für bestimmte „exotische" Motive mehr interessierte als für solche, die er auch in seiner europäischen Heimat hätte aufnehmen können.

In diesem zweiten Band der *Photographic Views of Japan* findet sich eine Fotografie mit dem Titel *The Executioner* (vgl. Abb. 2). Die Aufnahme des angeblichen Scharfrichters entstand um 1866, nachdem 1864 bei einem Übergriff in Kamakura zwei englische Offiziere von Samurai ermordet worden waren. BEATO hatte Major Baldwin und Leutnant Bird noch wenige Stunden vor ihrer Ermordung getroffen. Die gestellte Studio-Szene zeigt auf der linken Seite einen Mann, der entweder tatsächlich ein Scharfrichter ist, oder – und dies ist weitaus wahrscheinlicher – ein männliches Modell in der Rolle des Scharfrichters. Er nimmt die linke Hälfte der fotografischen Bildkomposition ein und steht zum Betrachter gewandt breitbeinig und sicher auf dem Boden. Ein

Abb. 2: Felice BEATO: *The Executioner*, 1866–67.

großes Schwert in beiden Händen haltend blickt er zu seiner linken Seite nach unten, wo der junge Verbrecher (bzw. jemand in der Rolle des Verbrechers) auf dem Erdboden kniet: Dieser hat die Augen verbunden und seinen Kopf leicht gesenkt. Die Bildkomposition der beiden Protagonisten lässt eine halbe Dreiecksform entstehen: Der Körper des „Henkers" links in der Fotografie bildet die linke Außenseite des Dreiecks, während sich von seinem Kopf hinab auf der rechten Seite eine Linie zum Kopf des „Verbrechers" ziehen ließe. Im Hintergrund ist ein gemaltes Bühnenbild erkennbar, das den Berg Fuji zeigt und somit unmissverständlich deutlich macht, dass Japan der Ort dieses Geschehens ist. Der spitze Berg wiederholt die Dreieckskomposition im Vordergrund und betont sie, während das Schwert gemeinsam mit dem Rücken des knienden „Verbrechers" eine weitere, umgekehrte Dreiecksform erzeugt. Die nach unten gerichtete Spitze des Schwertes ist nur leicht versetzt von der Bergspitze angeordnet. Während der „Henker" jeden Moment seinen Kopf wenden und den Betrachter direkt ansehen könnte, wird uns der Verbrecher im Profil präsentiert. Durch die verbundenen Augen erkennt man ihn nicht – er bleibt anonym, so dass der Bildbetrachter sich nicht mit ihm identifizieren kann und nicht mit ihm mitfühlt. Die kniende Haltung, sein gesenktes Gesicht und der leicht gebogene Rücken lassen den „Todgeweihten" ruhig und unterwürfig erscheinen. Seine Haltung kontrastiert mit der des Scharfrichters, der das Schwert entschlossen in seinen Händen hält und bereit scheint, es im nächsten Moment schnell und sicher zum tötenden Akt zu erheben. Trotz der offensichtlichen Inszenierung der Fotografie lässt die Dynamik der sorgfältig konstruierten Komposition ein dramatisches und spannungsreiches Bild entstehen, das so manchen Betrachter in seinen Bann schlägt.

Die Fotografie wird gemeinsam mit einer Beschreibung präsentiert, die eine der längsten und „sensationslüsternsten" im gesamten Album ist. Der anschauliche Text erläutert unter anderem den Akt des Tötens:

> On the signal being given, the executioner whisks off the wretched man's head at one blow. A dull thud is all that is heard, and the head drops into the pit with a gush of blood from the trunk. [...] The view represents the execution ground, about a couple of miles from Yokohama, where the murderer of Major Baldwin and Lieutenant Bird – the notorious Shimizu Seiji – was executed in December 1864. The executioner is a well-known old practitioner, who, by his own account, has, in a year when business is brisk, a very tolerable income [...] he has taken off as many as 350 heads in a twelvemonth.[5]

Die Fotografie, ihr Titel sowie die Beschreibung fokussieren den Scharfrichter und seine Arbeit, während der Person des Verbrechers wenig Beachtung geschenkt wird.

Im Jahre 1864 hatte BEATO bereits Fotografien am Original-Exekutionsschauplatz in Kurayamizaka gemacht. Eine Aufnahme zeigt den mit ausgestreckten Gliedern gekreuzigten, etwa 25-jährigen Ladenangestellten Sōkichi neben den abgeschlagenen Köpfen von drei weiteren Verbrechern (vgl. Abb. 3). Es ist überliefert, dass Sōkichi den Ladenbesitzer und seine Familie ermordete und eine Gruppe von Banditen mit in den Laden brachte. Die anderen Schuldigen wurden geköpft, doch Sōkichis Tat wurde als besonders schwerwie-

Abb. 3: Felice BEATO: *Japanese Criminals Crucified and Beheaded*, 1863–68.

---

5  BEATO: *Photographic Views of Japan*, ohne Seitenangaben.

gend angesehen, da er seinen eigenen Vorgesetzten umgebracht hatte. Die äußerst schmerzhafte Kreuzigung (*haritsuke* 磔), die je nach Straftat in unterschiedlichen Varianten durchgeführt wurde und seit der Kamakura-Zeit (1185–1333)
in Japan existierte, stand auf der höchsten Stufe der Strafen, die das *bakufu* 幕府
vollstrecken ließ, und wurde laut Daniel V. BOTSMAN bei Tätern angewandt, die
beispielsweise ihre Eltern, Vorgesetzen oder einen Arzt umgebracht hatten.[6] Die
besondere Härte der Strafe gegenüber denjenigen, die sich ihren Vorgesetzten
oder Eltern widersetzt hatten, spiegelt den Einfluss des konfuzianischen Moral-
systems auf die Bestrafungsstruktur des *bakufu* deutlich wider.[7] BEATO fotogra-
fierte die Leichen aus einer leichten Unterperspektive und von der Seite, um den
Ausdruck der jungen Gesichter im Halbprofil zu betonen. Die in einem warmen
gelbbraunen Ton kolorierten Holzbalken, an denen Sōkichi hängt und auf denen
die Köpfe aufgereiht sind, kontrastieren mit der blassen Farbe der Leichenge-
sichter. Als ehemaliger Kriegsfotograf in Russland, Indien und China war BE-
ATO es gewohnt, Leichen zu fotografieren. Es verwundert daher nicht, dass er
eine Reihe von unterschiedlichen Aufnahmen des Schauplatzes machte. Auch
wusste er sicherlich um das Interesse des Publikums: Hinrichtungen zogen weltweit Schaulustige an, und spätestens seit dem 17. Jahrhundert beschrieben europäische Besucher schockiert und zugleich fasziniert die rituellen Selbstmor-
de (*seppuku* 切腹) in Japan sowie japanische Hinrichtungsmethoden. Auch die
Mitglieder der Perry-Expedition, die in den 1850er Jahren mit ihren „Schwarzen
Schiffen" in Japan ankamen, sollen sich nach japanischen Bestrafungsmaßnah-
men und Hinrichtungsverfahren erkundigt haben.[8] BEATO veröffentlichte diese
Fotografie der hingerichteten Verbrecher auf der letzten Seite der *Photographic
Views of Japan*. Der Fotograf KUSAKABE Kinbē 日下部金兵衛 (1841–1934), der
als Assistent und Kolorist für BEATO arbeitete, bevor er schließlich dessen Fotostudio kaufte, übernahm die Negative von BEATO. Er verkaufte neue Abzüge,
so dass sich BEATOS Fotografien der Hingerichteten in den 1880er Jahren weiter
verbreiteten, obwohl die moderne Meiji-Regierung die Kreuzigung längst abgeschafft hatte.

BEATOS Fotografien können als Fortsetzungen einer Bildtradition sowohl in
Japan als auch in Europa gesehen werden: Künstler und Buchillustratoren befassten sich schon jahrhundertelang mit Tötungen und den toten Körpern von
hingerichteten Verbrechern. So gibt es in Japan beispielsweise Gemälde des bekannten Malers MARUYAMA Ōkyo 円山応挙 (1733–95) von Kreuzigungen, und
„Das große Geheimdokument zur Bestrafung von Straftaten" (*Keizai daihiro-*

---

6   Vgl. BOTSMAN: *Punishment and Power in the Tokugawa Period*, S. 5.
7   Vgl. auch den Beitrag von Chantal WEBER in diesem Band.
8   Vgl. auch WAKITA („Sites of 'Disconnectedness'", 2013), die den Kontext von BEATOS Foto-
    grafien und ihr westliches Publikum genauer untersucht.

*ku* 刑罪大秘錄) aus dem frühen 19. Jahrhundert enthält Illustrationen von Hinrichtungen und Zurschau-
stellungen (*sarashi* 晒) der zum Tode verurteilten
Verbrecher auf Marktplätzen und in Straßenzügen
durch Edo (vgl. Abb. 4).[9] Das undatierte Dokument
über Bestrafungsmethoden ist in der Nationalen Par-
lamentsbibliothek in Tōkyō einsehbar. Die künstlerische Auseinandersetzung mit staatlichen Tötungen
ist nicht überraschend, waren diese doch regelmäßig
in den Städten sichtbar. Die Hinrichtungsstätte Suzu-
gamori 鈴ヶ森 beispielsweise befand sich am südlichen Eingang zu Edo, direkt an der Tōkaidō-Straße.

Abb. 4: Illustration aus dem *Keizai daihiroku*, undatiertes und unpag-niertes Dokument aus dem frühen 19. Jahrhundert.

Die makabren Folter- und Hinrichtungsmethoden,
die je nach Verbrechen variierten, waren eine Form
von „populärem Theater", mit dem Ziel, die Täter
möglichst würdelos zu zeigen – und die Kreativität des *bakufu* in der Erfindung
abschreckender Tötungsmethoden scheint geradezu grenzenlos.[10]

Auch in der europäischen Kunstgeschichte sind Bilder bekannt, die getötete Verbrecher zeigen. Sie finden sich im Œuvre des italienischen Renaissance-
Meisters Leonardo DA VINCI (1452–1519) ebenso wie im Werk des holländischen Künstlers Rembrandt (1606–69). DA VINCIS Zeichnung *Der gehängte
Bernardo Bandini* von 1479, die sich in der Sammlung des Musée Bonnat-Hel-
leu in Frankreich befindet, zeigt den Bankier Bandini, der sich an einer Ver-
schwörung gegen die einflussreiche Medici-Familie beteiligt hatte und als Mörder des Guiliano de MEDICI galt. Er wurde einige Monate nach der Ermordung
gefasst und nach Florenz ausgeliefert, wo er gehängt wurde. DA VINCI fertigte
die Federzeichnung noch am Tag des spektakulären Hinrichtungsereignisses an.
Das dunkle Gesicht hat sich zu einer beängstigend fratzenhaften Sterbemaske
verwandelt. DA VINCI notierte auf dem Blatt in der von ihm immer wieder eingesetzten Spiegelschrift Details zur Kleidung des Attentäters sowie zu ihrem Fal-
tenwurf. Rembrandts Zeichnung *Elsje Christiaens am Galgen* von 1664 befindet
sich in der Sammlung des Metropolitan Museum of Art, New York. Es ist überliefert, dass die 18-jährige Dänin im Streit um unbezahlte Miete ihre Vermieterin
mit einem Beil angriff. Die Vermieterin fiel die Kellertreppe hinunter und starb.
Nach der Tat versuchte das Mädchen zu fliehen, wurde jedoch bald gefasst und
zum Tode verurteilt. Sie wurde an einem Pfahl in Amsterdam zu Tode stranguliert und am Kopf mit demselben Beil verletzt, mit dem sie ihre Wirtin angegrif-

9  Vgl. auch BOTSMAN (*Punishment and Power in the Making of Modern Japan*, 2007).
10  Vgl. auch ders.: „Politics and Power in the Tokugawa Period", S. 3–9 und TSUKADA: „Shokei
     to sarashi no ba", S. 54ff.

fen hatte. Anschließend wurde Elsje Christiaens auf dem Galgenfeld außerhalb der Stadt zur Schau gestellt. Rembrandt unternahm mit einigen seiner Schüler einen Ausflug auf die sogenannte „Toteninsel", um die Leiche am Galgen zu skizzieren.[11] Eine Reihe von Zeichnungen, von denen zwei zweifelsfrei Rembrandt zugeschrieben werden können, zeigen die junge Frau aus verschiedenen Perspektiven – ihre leblose, seltsam verdrehte Körperhaltung am Galgen ruft Assoziationen mit einer Marionette hervor. Auch in der Malerei ist der tote Körper ein wichtiges Motiv. Das Nationalmuseum Stockholm ist in Besitz eines bekannten Werkes der französischen Romantik aus dem Jahre 1818: Das Ölgemälde *Abgetrennte Köpfe* von Théodore GÉRICAULT (1791–1824) zeigt aus einer leichten Oberperspektive die abgetrennten Köpfe einer jungen Frau und eines Mannes auf einem Untergrund aus weißen Laken. Der Blick des Betrachters wird zunächst auf den männlichen Kopf im Vordergrund gelenkt, dessen schmerzverzerrter Gesichtsausdruck mit geöffnetem Mund und Augen eine schockierende Wirkung hat. Der Kopf ist der eines guillotinierten Diebes, den sich der Künstler aus einem Krankenhaus in Paris besorgt hatte.[12] Die Kunsthistorikerin Linda NOCHLIN weist auf das horizontale Arrangement der Köpfe hin, durch welche diese auf die Bedeutungsebene von Gegenständen gerückt werden.[13] Vergleichbar mit BEATOS Fotografien der Verbrecherköpfe auf dem Balken wird auch hier der Zustand der Köpfe als grauenhaft-leblose Fragmente des menschlichen Körpers besonders deutlich.

Eine theatralische oder erotische Schönheit des Toten und Grausamen fasziniert Künstler, Schriftsteller, Fotografen und Betrachter seit jeher. Ein Augenzeuge, der bei BEATOS Aufnahmen während des Opium-Krieges in China dabei war, berichtete:

> The ramparts [...] were thickly strewn with dead – in the North-West angle, thirteen were lying in one group round a gun. Signor Beato was there in great excitement, characterising the group as ‚beautiful' and begging that it might not be interfered with until perpetuated by his photographic apparatus.[14]

BEATOS Fotografien der geköpften Verbrecher finden sich heute auf zahlreichen Internetportalen, die Fotografien und Zeichnungen von Toten, vor allem hingerichteten Verbrechern, aus der ganzen Welt zusammenbringen.[15] Das erotische Element betonte zuletzt der bekannte japanische Fotograf ARAKI Nobuyoshi (geb. 1940), der sich solche Fotografien heimlich als Teenager ansah:

---

11   Vgl. PAWLAK: „Visuelle Archive des Tötens", S. 52f.
12   Vgl. WELEDA: „Je perds une tête – J'en trouve une", S. 38.
13   Vgl. NOCHLIN: *The Body in Pieces*, S. 22.
14   Zitiert nach WAKITA: „Sites of 'Disconnectedness'", S. 20.
15   Beispielsweise ExecutedToday (www.executedtoday.com).

Our neighbourhood used to be a place where criminals were beheaded, and my father showed me those photographs. I think that has probably influenced my photography. I saw these photos of heads on rods. We looked at them in a secretive manner, similar to the way you would look at erotic photographs. That's why I like throats now [laughs].[16]

Im Gegensatz zu BEATOS Fotografien von Kriegsschlachtfeldern und hingerichteten Verbrechern und auch zu den erwähnten Beispielen in der Kunstgeschichte zeigt die gestellte Fotografie *The Executioner* keine Leichen, sondern den spannungsvollen Moment vor der Vollstreckung des Tötungsaktes. Den Gemälden, Zeichnungen und Fotografien ist jedoch gemein, dass sie alle – direkt oder indirekt – als Repräsentation eines staatlichen Bestrafungssystems fungieren: Diejenigen, die sich den Regeln widersetzen, werden bestraft, wenn nötig getötet und dem spottenden Volke zur Abschreckung präsentiert. Michel FOUCAULT beschreibt diesen Moment, in dem das Gesetz und der Verbrecher zusammentreffen wie folgt:

> Die Berührung zwischen dem Gesetz bzw. seinen Vollstreckern und dem Körper des Verbrechers dauert nur den Augenblick eines Blitzstrahls. Es gibt keine körperliche Konfrontation; der Henker hat nur mehr ein sorgfältiger Mechaniker zu sein.[17]

## 3 REIZENDE PROSTITUIERTE UND DER „VERWESTLICHTE" BLICK AUF DEN WEIBLICHEN KÖRPER

Die Fotografien in der bereits erwähnten Berliner Ausstellung *Zartrosa und Lichtblau* boten einen Überblick über Themen und Stilmittel der Meiji-Zeit. Die Sammlung der Staatlichen Museen bewahrt einen Kanon reisefotografischer Aufnahmen und Souvenirfotos, die den Betrachtern vor allem zur Beflügelung ihrer exotischen Fantasien dienten. Es finden sich dabei deutlich mehr Aufnahmen von Frauen als von Männern. Im Kontext der japanischen Souvenirfotografie und der allgemein kolonialen Fotografie des 19. Jahrhunderts ist dies nicht ungewöhnlich.[18] Die Bilder machen die Frauen nicht nur als Ikonen einer imaginären japanischen Weiblichkeit erkennbar, sondern repräsentieren auch die im Orientalismus typische Machtasymmetrie zwischen dem Westen „als Mann", der im Besitz eines autoritären Blickes ist, und dem Osten als unterwürfige, objektivierte „Frau", die sich diesem aussetzt. Die Fotos zeigen dabei vor allem jene Frauen, zu deren Beruf es gehörte, sich anschauen zu lassen: Geishas, Kurtisanen, Prostituierte und lokale Plakatbekanntheiten. Dies liegt darin begründet, dass die Fotografen vor allem zu Beginn der Meiji-Zeit häufig keine anderen Model-

16  Zitiert nach FRITSCH: *Ravens and Red Lipstick*, S. 97.
17  FOUCAULT: *Überwachen und Strafen*, S. 21.
18  Siehe auch WAKITA: *Staging Desires*, S. 10; 166f. sowie dies.: „Selling Japan", S. 210.

le fanden, die sich hätten fotografieren lassen, denn die meisten anderen Frauen empfanden eine Zurschaustellung ihrer Bildnisse als frivol und anmaßend.[19] Wer die individuellen Modelle waren, lässt sich heute nur noch schwer herausfinden, da die wenigsten namentlich dokumentiert wurden. Doch es steht fest, dass vor allem zu Beginn der Meiji-Zeit die Mehrheit der fotografierten Frauen aus dem Bereich der Unterhaltungskunst oder Sexarbeit kamen. Hochrangige Kurtisanen galten in der Edo-Zeit als Inbegriff kultivierter Schönheit, und ihre Erscheinung, die sich maßgeblich aus ihrer Haltung und ihrer aufwendig gestalteten Kleidung zusammensetzte, stand im Mittelpunkt vieler Holzschnitte. Nutzten bessergestellte Kurtisanen und Geishas die Fotografie seit den 1880er Jahren zur Eigenwerbung bzw. die geschäftstüchtigen Fotostudios umgekehrt deren Status als populäre Ikonen zur Vermarktung ihrer Bilder, rangen Prostituierten unter weit unwürdigeren Umständen um ihre Existenz. Für sie konnte das fotografische Modellstehen ein wichtiges Zusatzeinkommen zu ihrer täglichen Arbeit sein.[20]

In der Berliner Ausstellung hing zwischen den zahlreichen Fotografien von Frauen auch ein Gruppenporträt, das sechs Mädchen im Jimpuro Nectarine No. 9 in Yokohama zeigt und um 1885 aufgenommen wurde (vgl. Abb. 5). Das 1872 eröffnete Freudenhaus, das sich großer Beliebtheit erfreute und seinen Betrieb erst nach dem Großen Kantō-Erdbeben 1923 einstellte, ist ein Motiv vieler Fotografien der Meiji- und Taishō-Zeit (1912–26). Einige Bilder aus dem Nectarine No. 9 können KUSAKABE Kinbē zugeschrieben werden.[21] Doch es gibt auch Fotografien der Prostituierten auf dem Korridor des Bordells, die von seinem Zeitgenossen Adolfo FARSARI (1841–98) stammen.[22] Da FARSARI und KUSAKABE, wie viele Fotografen der damaligen Zeit, Negative voneinander übernahmen, ist eine definitive Zuordnung schwierig. Diese Aufnahme ist mit der Zahl 9 nummeriert und als „No. 9 Girls" betitelt. Sie stammt aus dem

Abb. 5: Adolfo FARSARI oder KUSAKABE Kinbē: *No. 9 Girls*, ca. 1885.

Nachlass des Ethnologen und Forschungsreisenden Fedor JAGOR (1816–1900) und ist Teil der Sammlung des Ethnologischen Museums in Berlin.

19  Vgl. dies.: *Staging Desires*, S. 139–143 sowie FRASER: *Photography and Japan*, S. 102.
20  Siehe auch KÜHN: *Zartrosa und Lichtblau*, S. 13 sowie HIGHT („The Many Lives of Beato's 'beauties'", 2002).
21  Vgl. DELANK / MARCH: *Abenteuer Japanische Fotografie 1860–1890*, S. 57; 125 sowie BURNS / BURNS: *Geisha*, S. 43.
22  Vgl. GARTLAN („Types or Costumes?", 2006).

Die Mädchen-Gruppe hat sich vor einem Paravent auf dem langen Holzkorridor (*engawa* 縁側) des Bordells formiert: Vier Prostituierte stehen, zwei weitere sitzen im Vordergrund auf Stühlen.[23] Einige blicken direkt in die Kamera, andere schauen verlegen zur Seite oder an ihr vorbei. Sie tragen luftige helle Kleider, die bis zu den Knöcheln reichen und an Unterkleider oder Nachthemden erinnern, und an den Füßen traditionelle Sandalen (*zōri* 草履). Während zwei der Prostituierten „Hemdkleider" mit langen Ärmeln tragen, zeigen sich die anderen in Kleidern mit schmalen Trägern, welche die Arme unverhüllt lassen. In die Träger und den oberen Kleiderrand eingearbeitete dunkelrote Bänder sind zu kleinen Schleifen gebunden. Auf diese Weise schmiegen sich die Kleider oberhalb der Brust an den Körper und lassen die darunterliegenden Rundungen erahnen. Während die westlichen Frauenkleider des 19. Jahrhunderts – vor allem das Korsett – weibliche Kurven betonten, korrigierte der Kimono diese zu geraden Linien. In der Kunst- und Bildgeschichte Europas ist das spielerische Ver- und Enthüllen nackter Haut ein erotisches Moment, das sich vor allem im Akt manifestiert. Im Gegensatz dazu war es in der vormodernen Bildkultur Japans vielmehr der bekleidete Körper, der als reizvoll angesehen wurde. In erotischen Holzschnitten (*shunga* 春画) wurden die primären Sexualorgane oft in Kombination mit sonst komplett bekleideten Körpern gezeigt.[24] So repräsentieren die ärmellosen und im Vergleich zum Kimono figurbetonten Kleider in der Fotografie im Nectarine No. 9 den Einfluss nicht nur der westlichen Bekleidungskultur, sondern auch des damit verbundenen westlichen Verständnisses von weiblicher Erotik.

Im Zuge der Modernisierung reisten japanische Künstler wie Kuroda Seiki 黒田清輝 (1866–1924) nach Paris, um Techniken der Ölmalerei und diesen zugrunde liegende Kunstkonzepte zu erlernen. Kurodas Gemälde „Morgentoilette" (*Chōshō* 朝妝) von 1893, das fast zehn Jahre nach der vorliegenden Fotografie entstehen sollte, gilt als das erste japanische und in Japan ausgestellte Aktgemälde – es löste einen Skandal aus.[25] Doch es zeigt nicht etwa eine Japanerin, sondern eine Französin dabei, sich für den Tag zurechtzumachen. Nach damaliger Ansicht des Malers Kimura Shōhachi 木村荘八 (1893–1953) waren die Japanerinnen mit ihren „kurzen Beinen [...] und großen Köpfen" für Aktbilder ungeeignet.[26] Das Zitat deutet bereits an, dass die schnelle Übernahme der westlichen Körper- und Bildkonventionen bei vielen Japanern Unsicherheit hervorrief. Auch die jungen Mädchen im Nectarine-Bordell wirken beschämt und

---

23 Vgl. hierzu auch Fritsch („Kleider machen Leute", 2015).
24 Zur Geschichte des Aktes und erotischer Bilder im Vergleich von Japan und Europa vgl. Screech: *Sex and the Floating World*, S. 117–128.
25 Vgl. beispielsweise Clark („Modernity in Japanese Painting", 1986) und Tseng („Kuroda Seiki's Morning Toilette on Exhibition in Modern Kyoto", 2008).
26 Zitiert nach Berndt: „Nationally Naked?", S. 326.

scheinen nicht so recht zu wissen, wie sie ihren Körper in der ungewohnten Kleidung vor der Kamera präsentieren sollten. Besonders auffällig ist das linke, auf dem Stuhl sitzende Mädchen, dessen breitbeinige Haltung eher plump aussieht. Das Museum Angewandte Kunst in Frankfurt zeigte in der erwähnten Ausstellung im Jahr 2017 eine Fotografie aus derselben Reihe, die ebenfalls als *No. 9 Girls* betitelt ist. Sie findet sich in der Sammlung von Karl HENNIG und zeigt zwei der Mädchen in den gleichen unterhemdartigen Trägerkleidern mit rosafarben kolorierten Blumen im Haar. Während das Mädchen auf der linken Seite der Fotografie auf einem Stuhl sitzt, hat das Mädchen rechts den Arm um sie gelegt und blickt verlegen nach unten. Die inszenierte Umarmung der Mädchen sollte sicherlich einen Eindruck von Intimität und erotischer Nähe erwecken, doch die Szene wirkt ebenso gestellt und unbeholfen wie in der bereits beschriebenen Gruppenfotografie.

Interessant ist im Vergleich auch eine weitere Fotografie des Nectarine No. 9 aus der Sammlung des Ethnologischen Museums in Berlin, die fünf Frauen auf demselben Korridor zeigt (vgl. Abb. 6). Sie sind als „Singers" betitelt, tragen Kimono und wirken deutlich selbstbewusster als die Damen in den Hemdkleidchen. Die Übernahme westlicher Kleidung sorgte zu Beginn sowohl bei Ausländern als auch bei Japanern immer wieder für Spott. Der Amerikaner Charles LONGFELLOW (1844–93) schrieb im Jahr 1871: „In ihren schlecht sitzenden europäischen Anzügen sahen sie sehr albern aus, so wie fast alle Japaner, die unsere Kleidungskultur adaptieren – denn sie sind zu kurz und ihre Beine nicht gerade genug."[27] Der Schriftsteller NATSUME Sōseki 夏目漱石 (1867–1916) lässt in seiner Satire *Ich der Kater* (*Wagahai wa neko de aru* 吾輩は猫である) noch

Abb. 6: Adolfo FARSARI oder KUSAKABE Kinbē: *Singers*, ca. 1885.

im Jahr 1905 seine Hauptfigur verächtlich über Frauen in westlichen Kleidern sagen:

> Nach allem aber, was ich höre, sollen diese Damen ihren Brustansatz entblößen, die Schultern unverhüllt lassen und nackte Arme zeigen – das Ergebnis nennen sie dann Abendkleid. Welch unerhörtes Verhalten![28]

In der japanischen Fotografie ab den 1870er Jahren findet man auch Bilder, in denen Frauen mit entblößtem Oberkörper in einem „privat-häuslichen" Arrange-

---

27  Zitiert nach HIGHT: *Capturing Japan in Nineteenth Century New England Photography Collections*, S. 132 (Übers. der Autorin).
28  NATSUME: *Ich der Kater*, S. 321.

ment mit Fächer, Spiegel und weiteren Accessoires gezeigt werden. Gerade die Aufnahmen der liegenden Frauen, beispielsweise von Raimund von STILLFRIED (1839–1911) oder BEATO, erinnern an Gemälde von Odalisken, die im 18. und 19. Jahrhundert ein gängiges Sujet in der Kunst des kolonialherrschaftlichen Europas darstellten. Die Haremskonkubinen, die im Dienst des Sultans sowie anderer gesellschaftlich einflussreicher Personen im Osmanischen Reich standen, wurden meist unbekleidet auf einem Bett oder Teppich liegend imaginiert. Romantische Gemälde wie Jean-Auguste-Dominique INGRES (1780–1867) berühmtes Werk *La Grande Odalisque* (1814), das im Louvre in Paris hängt, präsentieren das Bildmotiv der Frau ebenso als erotisch-exotische Projektionsfläche für den europäischen Betrachter wie die Fotografien von Konkubinen, Prostituierten und Geishas im Meiji-Japan.

Es gibt also zahlreiche Aufnahmen der Meiji-Zeit, in denen die Protagonistinnen ihre weiblichen Kurven in freizügigen Kleidern erahnen lassen oder direkt unbekleidet zeigen. Diese Fotografien folgen einer europäischen Bildtradition und einer damit verbundenen westlich-modernen Idee von femininer Erotik. Es ist nicht verwunderlich, dass der westliche Blick auf das Bildmotiv des weiblichen Körpers für Japaner in der Meiji-Zeit ungewohnt war und selbst die Prostituierten verunsicherte – wie man auf vielen Fotografien erkennen kann, wussten sie nicht, wie sie sich am besten inszenieren sollten. Die Fotografien zeigen den Übergang zu einer neuen und „verwestlichten" Körperästhetik und Bildkultur. Der Fotokritiker IIZAWA Kōtarō 飯沢耕太郎 hat Aktfotografien der frühen und späten Meiji-Zeit miteinander verglichen: Anhand individueller Fotografien argumentiert er überzeugend, dass weder die japanischen Fotografen noch die Modelle zu Beginn wussten, wie

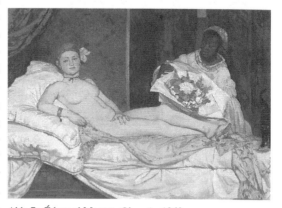

sie die weiblichen Körper „attraktiv" präsentieren sollten, bevor sie zunehmend einen „westlichen" Blick annahmen und künstlerische Techniken des Ver- und Enthüllens erlernten.[29] In den 1860er Jahren, als in Frankreich das skandalöse Gemälde *Olympia* (1863) von Édouard MANET (1832–83) die Darstellung der nackten Frau herausforderte, indem sich eine Pariser Prostituierte in einem japonistisch inspirierten Gemälde vergleichsweise natürlich zeigte und den Blick des Betrachters

Abb. 7: Édouard MANET: *Olympia*, 1863.

29  Vgl. IIZAWA: *Nihon shashinshi wo aruku*, S. 28ff.

selbstbewusst und forsch erwiderte (vgl. Abb. 7), begann Japan, die Tradition des Aktes zu adaptieren. Im Zuge der Modernisierung und innerhalb weniger Jahrzehnte sollte die japanische Kultur den europäischen Blick auf den weiblichen Körper annehmen.

## 4 SCHLUSS

Dieser Beitrag hat exemplarisch Fotografien von Verbrechern und Prostituierten untersucht, um nun auf die zu Beginn gestellten Fragen zurückzukommen: Wie wurden Kriminelle und Prostituierte als Mitglieder gesellschaftlicher Randgruppen in der Meiji-Zeit künstlerisch präsentiert? Standen sie „im Schatten der Gesellschaft", aber trotzdem „im Zentrum der Fotografie"? Die meisten gesellschaftlichen Randgruppen, wie *hinin*, *eta* und auch Verbrecher – ob tot oder lebendig – standen im Schatten nicht nur der japanischen „Normalgesellschaft", sondern auch der Kultur. BEATOs Fotografien von geköpften Verbrechern prägen sich dem Betrachter ein, und ihre makabre Bildsprache haben Künstler und Fotografen wie ARAKI inspiriert. Doch die Verbrecher interessierten nicht als individuelle Personen, sondern schockierten vielmehr als tote Objekte, an denen sich der staatliche Bestrafungsapparat deutlich offenbart. Die Aufnahmen stellen eine unkonventionelle Minderheit in der Fotografie dar, sind es doch außergewöhnliche Bilder, denen etwas Verbotenes anhaftet und die von der heimlichen Schaulust ihrer voyeuristischen Betrachter profitieren.

Sowohl Kurtisanen als auch Prostituierte hingegen standen zwar außerhalb des „normalen" TOKUGAWA-Gesellschaftsgefüges, aber als fotografische Modelle nahmen sie schon zu Beginn der Meiji-Zeit eine zentrale Rolle in der kommerziellen Fotografie ein. Es ließe sich argumentieren, dass Prostituierte daher mitverantwortlich für Japans Übernahme eines westlichen Blickes auf den weiblichen Körper in der Bildkultur waren. Eine reflektierte und kritische Auseinandersetzung mit diesem Blick sollte erst in den letzten Jahrzehnten des 20. Jahrhunderts beginnen. Fragen nach der Rolle weiblicher Fotomodelle in Aktfotografien wurden in Japan gerade in den letzten Wochen virulent: ARAKIS „Muse" Kaori warf dem Fotografen öffentlich vor, sie für ihre Arbeit nicht genug entschädigt zu haben und die Auswahl sowie Vermarktung ihrer Akt-Fotografien ohne Absprache mit ihr durchgeführt zu haben. Kaoris Anschuldigungen zeigen deutlich, dass es auch in Japan an der Zeit ist, die kreative Beziehung zwischen Fotograf und fotografischem Modell und das Machtverhältnis zwischen ihnen neu zu überdenken.

ABBILDUNGSVERZEICHNIS

Abb. 1: MUNRO, Neil Gordon: *Eta hut*, ca. 1905–06, © Pitt Rivers Museum (1998.162.19.1).

Abb. 2: BEATO, Felice: *The Executioner*, 1866–67, handkolorierter Silbergelatineabzug, 18.6 × 15.9 cm, im Album Views of Japan, © J. Paul Getty Museum, Los Angeles (84.XO.613.68).

Abb. 3: BEATO, Felice: *Japanese Criminals Crucified and Beheaded*, 1863–68, handkolorierter Silbergelatineabzug, 19.5 × 24.4 cm, © J. Paul Getty Museum, Los Angeles (2007.26.165), partial gift from the Wilson Centre for Photograph.

Abb. 4: Illustrationen aus dem *Keizai daihiroku* 刑罪大秘録, undatiertes und unpagniertes Dokument aus dem frühen 19. Jahrhundert; online abrufbar unter. http://dl.ndl.go.jp/info:ndljp/pid/1365404 (letzter Zugriff am 17.08.2018).

Abb. 5: FARSARI, Adolfo oder KUSAKABE Kinbē: *No. 9 Girls*, ca. 1885, koloriertes Albuminpapier, 27,5 x 20,6 cm, © Ethnologisches Museum, Staatliche Museen zu Berlin (P 9533–54 / 26a).

Abb. 6: FARSARI, Adolfo oder KUSAKABE Kinbē: *Singers*, ca. 1885, koloriertes Albuminpapier, 27,5 x 20,6 cm, © Ethnologisches Museum, Staatliche Museen zu Berlin (P 9519–54/25a).

Abb. 7: MANET, Edouard: *Olympia*, 1863, Öl auf Leinwand, 130.5 x 190 cm, © Musée d'Orsay, Paris (RF 644).

LITERATURVERZEICHNIS

BERNDT, Jacqueline: „Nationally Naked? The Female Nude in Japanese Oil Painting and Posters (1890s–1920s)". In: *Performing Nation. Gender Politics in Literature, Theatre and the Visual Arts in China and Japan, 1880–1940*. Doris CROISSANT, Joshua S. MOSTOW u. Catherine VANCEYEH (Hrsg.). Leiden: Brill 2008, S. 307–346.

BOTSMAN, Daniel V.: *Punishment and Power in the Making of Modern Japan*. New Jersey: Princeton University Press ²2007 (2005).

BOTSMAN, Dani[el] V.: „Punishment and Power in the Tokugawa Period". In: *East Asian History*, Nr. 3 (1992), S. 1–32.

BURNS, Elizabeth u. Stanley BURNS: *Geisha. A Photographic History*. New York: Powerhouse Books 2006.

CLARK, John: „Modernity in Japanese Painting". In: *Art History*, Nr. 9.2 (1986), S. 213–231.

DELANK, Claudia u. Philip MARCH: *Abenteuer japanische Fotografie 1860–1890*. Heidelberg: Kehrer Verlag 2002.

*ExecutedToday*; online abrufbar unter: http://www.executedtoday.com (letzter Zugriff am 30.07.2018).

FOUCAULT, Michel: *Überwachen und Strafen. Die Geburt des Gefängnisses* (suhrkamp taschenbuch wissenschaft 2271). Frankfurt a. M.: Suhrkamp 1994.

FRASER, Karen: *Photography and Japan*. London: Reaktion Books 2011.

FRITSCH, Lena: *Ravens and Red Lipstick. Japanese Photography since 1945*. London, New York: Thames & Hudson 2018.

FRITSCH, Lena: „Kleider machen Leute – Die Adaption westlicher Kleidung im Meiji-Japan". In: *Zartrosa und Lichtblau. Japanische Fotografie der Meiji-Zeit 1868–1912*. Christine KÜHN (Hrsg.). Berlin, Bielefeld: Kerber 2015, S. 37–46.

FUKUOKA, Maki: „Selling Portrait Photographs. Early Photographic Business in Asakusa, Japan". In: *History of Photography*, Nr. 35.4 (2011), S. 355–373.

GARTLAN, Luke (Hrsg.): *History of Photography*, Nr. 33.2 (2009).

GARTLAN, Luke: „Types or Costumes? Reframing Early Yokohama Photography". In: *Visual Resources*, Vol. XXII, No. 3 (2006), S. 239–263.

GROVER, Philip フィリップ・グローヴァー: *Renzu ga toraeta: Oxford Daigaku shozō: Bakumatsu Meiji no Nihon* レンズが撮らえた　オックスフォード大学所蔵幕末明治の日本. Tōkyō: Yamakawa shuppansha 2017.

HIGHT, Eleanor M.: *Capturing Japan in Nineteenth Century New England Photography Collections*. London: Routledge 2011.

HIGHT, Eleanor M.: „The Many Lives of Beato's 'beauties'". In: *Colonist Photography Imag(in)ing Race and Place*. DIES. u. Gary D. SAMPSON (Hrsg.). London: Routledge 2002, S. 126–158.

IIZAWA, Kōtarō 飯沢耕太郎: *Nihon shashinshi wo aruku* 日本写真史を歩く. Tōkyō: Shinchōsha 1992.

KÜHN, Christine: *Zartrosa und Lichtblau. Japanische Fotografie der Meiji-Zeit 1868–1912*. Berlin, Bielefeld: Kerber 2015.

MUSEUM ANGEWANDTE KUNST FRANKFURT (Hrsg.): *Yokohama 1868–1912. Als die Bilder leuchten lernten*. Frankfurt a. M.: Museum Angewandte Kunst Frankfurt 2017.

NATSUME, Sōseki: *Ich der Kater* [*Wagahai wa neko de aru*; aus dem Japanischen übertragen und mit einem Nachwort versehen von Otto PUTZ]. Frankfurt a. M.: Insel Verlag 1996.

NOCHLIN, Linda: *The Body in Pieces. The Fragment as a Metaphor of Modernity*. London: Thames & Hudson 1994.

PAWLAK, Anna: „Visuelle Archive des Tötens. Die öffentliche Hinrichtung als Bildereignis in der Frühen Neuzeit". In: *töten. Darstellbarkeit eines Prozesses?*. Nadia ISMAIL u. Doris SCHUHMACHER-CHILLA (Hrsg.). Oberhausen: Athena Verlag 2012, S. 45–63.

SCREECH, Timon: *Sex and the Floating World. Erotic Images in Japan 1700–1820*. London: Reaktion Books 1999.

TSENG, Alice Y.: „Kuroda Seiki's Morning Toilette on Exhibition in Modern Kyoto". In: *The Art Bulletin*, Nr. 90.3 (2008), S. 417–440.

TSUKUDA, Takashi 塚田孝: „Shokei to sarashi no ba – ‚migurushiku' miseru 処刑と晒しの場 —「見苦しく」見せる". In: *Gyōretsu to misemono* 行列と見世物 (Rekishi wo yominaosu 歴史を読みなおす 17). HIROTA Hajime 廣田一 u. Ronald TOBY ロナルド・トビ (Hrsg.). Tōkyō: Asahi shinbunsha 1994, S. 54–55.

WAKITA, Mio: *Staging Desires. Japanese Femininity in Kusakabe Kimbei's Nineteenth-Century Souvenir Photography*. Berlin: Dietrich Reimer 2013.

WAKITA, Mio: „Sites of ‘Disconnectedness': The Port City of Yokohama, Souvenir Photography, and its Audience". In: *Transcultural Studies*, Nr. 2 (2013), S. 77–129.

WAKITA, Mio: „Selling Japan. Kusakabe Kimbei's Image of Japanese Women". In: *History of Photography*, Nr. 33.2 (2009; hrsg. v. Luke GARTLAN), S. 209–223.

WELEDA, Katrin: „Je perds une tête – J'en trouve une: Enthauptung als prozessualer Handlungsakt". In: *töten. Darstellbarkeit eines Prozesses?*. Nadia ISMAIL u. Doris SCHUHMACHER-CHILLA (Hrsg.). Oberhausen: Athena Verlag 2012, S. 31–44.

# Index

# Autorinnen und Autoren

FRANZISKA EHMCKE, PROF. I. R. DR. DR. H.C.
1969–78 Studium der Japanologie, Sinologie und Sprachwissenschaft in Hamburg; 1973–74 Promotionsstipendium an der Tōhoku Universität in Sendai, Japan (DAAD); 1978 Promotion im Fach Japanologie in Hamburg; 1978–86 wiss. Assistentin in Köln; 1986–94 freiberufliche Übersetzerin und Autorin; 1994–2012 Professorin für Japanologie in Köln.
*Arbeitsgebiete*: kulturwissenschaftliche Studien zur Kultur- und Geistesgeschichte Japans unter Einbeziehung künstlerischer Ausdrucksformen.


VOLKER ELIS, DR.
1990–98 Studium der Japanologie, Geographie und VWL in Bonn; 1993–94 Japan-Stipendium (DAAD); 1999–2000 Forschungsstipendium (Monbushō); 2004 Promotion in den Fächern Japanologie, Geographie und VWL in Bonn; 2001 und 2003–06 wiss. Mitarbeiter in Bonn sowie 2002–04 in Düsseldorf; 2006–11 wiss. Mitarbeiter am Deutschen Institut für Japanstudien (DIJ) in Tōkyō; 2011–12 wiss. Mitarbeiter in Tübingen; 2013–18 Lecturer in Köln, 2015–16 Vertretungsprofessor in Heidelberg; 2017 Vertretungsprofessor in Leipzig; seit 2018 Lehrbeauftragter in Tübingen.
*Arbeitsgebiete*: Politische Ökonomie und Moderne Gesellschaft Japans; Interdisziplinäre Raumwissenschaften (besonders Wirtschaftsgeographie, Geographie des ländlichen Raumes, räumliche Diskursforschung); Wirtschafts-, Konsum- und Globalgeschichte Japans.


INGRID FRITSCH, PROF. DR.
Klavierstudium in Darmstadt; Studium der Musikwissenschaft, Völkerkunde, Vergleichende Religionswissenschaft und Japanologie an den Universitäten Köln und Bonn; 1978 Promotion im Fach Musikwissenschaft / Musikethnologie; 1979–86 Fortsetzung des Japanologiestudiums in Köln; 1997 Habilitation im Fach Japanologie in Köln; 2003 Ernennung zur außerplanmäßigen Professorin; Lehrbeauftragte in Köln, Marburg, Frankfurt, Würzburg und Wien; 2002 Professurvertretung für außereuropäische Musikgeschichte in Frankfurt a.M.; 2002–03 Professurvertretung für Japanologie in Frankfurt a.M.; 2007 Profes-

survertretung in Wien; 2012–13 Professurvertretung in Köln; 1997–2010 Vor-
standsmitglied der Deutschen Gesellschaft der JSPS-Stipendiaten e. V.; 2010
Gründung des Musikvertriebs edition johannes fritsch.
*Arbeitsgebiete*: Kulturwissenschaft; Musik- und darstellende *geinō*-Künste;
Konstruktionen kollektiver Identität und ihre mediale Vermittlung.


LENA FRITSCH, DR.
2002–06 Studium der Kunstgeschichte, Japanologie und Anglistik in Bonn;
2004–05 Japan-Stipendium (Monbukagakushō); 2008 Lehrauftrag am Kunsthis-
torischen Institut der Kunstakademie Münster; 2008 Japan-Stipendium (JSPS);
2007–10 Promotionsstipendium der Studienstiftung des Deutschen Volkes; 2011
Promotion im Fach Kunstgeschichte in Bonn; 2011–13 wiss. Museumsassisten-
tin an den Staatlichen Museen zu Berlin; 2013–17 Assistenzkuratorin an der Tate
Modern, London; seit 2017 Kuratorin für moderne und zeitgenössische Kunst
am Ashmolean Museum of Art and Archaeology der University of Oxford; Lehr-
aufträge am Oriental Institute der University of Oxford.
*Arbeitsgebiete*: moderne und zeitgenössische Kunst; japanische Fotografie; Neo-
Expressionismus.


MICHAEL KINSKI, PROF. DR.
1982–87 Studium der Japanologie und Politikwissenschaft in Bochum; 1984–85
Studienaufenthalt an der Universität Nagoya (DAAD); 1988–90 Studienaufenthalt an der Universität Tōkyō (Monbushō); 1991 Promotion im Fach Japanologie in Tübingen; 1991–98 wiss. Mitarbeiter in Tübingen; 1993–98 Leiter des
Tübinger Zentrums für japanische Sprache an der Dōshisha-Universität (Kyōto);
1998–2009 wiss. Mitarbeiter an der Humboldt-Universität zu Berlin; 2004 Habilitation an der Humboldt-Universität zu Berlin; 2006–08 Professurvertretung in
Zürich; seit 2009 Professor in Frankfurt a.M.
*Arbeitsgebiet*: Konfuzianismus und politisches Denken der Edo-Zeit; Esskultur;
Ratgeberliteratur (Tischmanieren, Medizin) der frühen Neuzeit; Geschichte der
Kindheit und Kindheitsbilder; Texteditionen der frühen Neuzeit; *digital huma-
nities*.


STEPHAN KÖHN, PROF. DR.
1989–96 Studium der Japanologie, Linguistik und Religionswissenschaften in
Frankfurt a.M.; 1991–93 Japan-Stipendium (DAAD); 1999 Promotion im Fach
Japanologie in Frankfurt a.M.; 1997–2000 sowie 2002 wiss. Mitarbeiter in

Frankfurt a. M.; 2000–01 Japan-Stipendium (Japan Foundation); 2003–07 wiss. Assistent in Würzburg; 2004 Habilitation im Fach Japanologie in Würzburg; 2006 Japan-Stipendium (JSPS); 2007–09 wiss. Assistent in Erlangen-Nürnberg; 2009–10 Professurvertretung in Tübingen; 2010–11 akademischer Oberrat in Erlangen-Nürnberg; 2011–12 Professurvertretung in Düsseldorf; 2012–13 wiss. Mitarbeiter in Leipzig; seit 2013 Lehrstuhlinhaber für Japanologie in Köln; 2015–16 Japan-Stipendium (Japan Foundation).
*Arbeitsgebiet*: Populär- und Medienkultur der japanischen Moderne (1600 bis heute); edo-zeitliche Druck- und Verlagsgeschichte; vormoderne und moderne Literatur; Nationalitäts- und Identitätsdiskurse in Japan.

SEPP LINHART, EMER. O. PROF. DR.
1963–70 Studium der Japanologie und Soziologie in Wien, Hokkaidō und Tōkyō; 1976 Habilitation; 1978–2012 ordentl. Professor. in Wien; Gastprofessuren an der University of Washington in Seattle, Kyōto, Tampere, Paris VIII, Momoyama Gakuin in Ōsaka sowie am International Research Center for Japanese Studies in Kyōto. Yamagata Banto-Preis der Präfektur Ōsaka 2005.
*Arbeitsgebiete*: Japans Image im Westen; Karikaturen auf japanischen Holzschnitten; japanische Gesellschaft und Gesellschaftsgeschichte; Kulturen des Spiels in Japan.

REGINE MATHIAS, PROF. i. R. DR.
1969–77 Studium der Japanologie, Sinologie und Geschichte in Bochum, Wien und Fukuoka; 1977 Promotion in Wien; 1977–92 wiss. Mitarbeiterin in Bonn; 1992–96 Professorin für Japanische Sprache und Kultur in Duisburg; 1996–2016 Professorin für Geschichte Japans in Bochum; 2005–11 Leiterin des DFG-Teilprojekts zum Kupferbergbau in Japan / FGR „Monies, Markets and Finance in China and East Asia, 1600–1900"; seit 2016 tätig am Centre Européen d'Études Japonaises d'Alsace (CEEJA), Kaysersberg Vignoble, Frankreich.
*Arbeitsgebiete*: Japanische Sozial-, Wirtschafts- und Kulturgeschichte der frühen Neuzeit und Neuzeit; verschiedene Arbeiten zur jap. Montangeschichte in der frühen Neuzeit und Neuzeit sowie zur Geschichte der Angestellten und der Frauenarbeit in Japan.

ANKE SCHERER, PROF. DR.
1985–92 Studium der Sinologie und Japanologie in Trier, Wuhan / Volksrepublik China, Heidelberg, London School of Oriental and African Studies; 1992–94

Berufstätigkeit in der Privatwirtschaft; 1994–96 Koordinatorin für Internationale Beziehungen in Nozawa Onsen / Nagano (JET-Programm); 1996–2007 wiss. Mitarbeiterin in Bochum; 2000–01 Forschungsstipendium an der Universität Tōkyō (Japan Foundation); 2006 Promotion im Fach Japanische Geschichte in Bochum; seit 2007 Professorin für East Asia Management an der Cologne Business School; seit 2011 Leiterin des Fachbereichs Intercultural Management; seit 2018 Vorstandsmitglied der Deutschen Gesellschaft der JSPS-Stipendiaten e. V. *Arbeitsgebiete*: Japanische Wirtschafts-, Sozial- und Kulturgeschichte; Interkulturelles Management.

ELISABETH SCHERER, DR.
2000–06 Studium der Japanologie und Allgemeinen Rhetorik in Tübingen und Kyōto; 2007–09 Stipendiatin der Landesgraduiertenförderung Baden-Württemberg; 2009 Stipendiatin am Deutschen Institut für Japanstudien, Tōkyō; 2010 Promotion im Fach Japanologie in Tübingen; seit 2009 wiss. Mitarbeiterin in Düsseldorf.
*Arbeitsgebiete*: Japanische Populär- und Medienkultur; Inter- und Transmedialität; Literatur, Religiosität und Ritual; Gender Studies; Japan-Rezeption und Japan-Bilder im Westen.

MARTINA SCHÖNBEIN, PROF. DR.
1979–86 Studium der Japanologie, Sinologie und Musikwissenschaft in Frankfurt a. M.; 1982–83 Japan-Stipendium (DAAD); 1987–89 Promotionsstipendium (Japanische Regierung); 1991–93 wiss. Mitarbeiterin in Frankfurt a. M.; 1992 Promotion im Fach Japanologie in Frankfurt a. M.; ab 1992 Lehrbeauftragte in Frankfurt a. M.; 1993–95 Habilitationsstipendium (DFG); 1995 Lehrbeauftragte in Marburg; 1996 Lehrbeauftragte in Wien; 1997 Habilitation im Fach Japanologie in Frankfurt a. M.; 1998–2002 Heisenberg-Stipendium (DFG); 1998 Professurvertretung in München; 2001–02 Lehrbeauftragte in Köln; 2002 Professurvertretung in Würzburg; 2003 Berufung auf den Lehrstuhl für Japanologie in Würzburg; ab 2007 Teil- und ab 2010 Vollversetzung nach Erlangen-Nürnberg.
*Arbeitsgebiete*: Populär- und Medienkultur; Literatur (Prosa, Lyrik, Theater); Editionsarbeit; Druckgeschichte der Frühen Neuzeit in Japan.

KLAUS VOLLMER, PROF. DR.
Studium der Japanologie, Neueren Deutschen Literatur, Religionswissenschaft, Sinologie und Geschichte in Hamburg; 1993 Promotion; 1993–94 Research Fel-

low an der Ōsaka City University (DFG); 1997 Habilitation im Fach Japanologie; 1997 Professurvertretung für Geschichte und Kultur des modernen Japan in Duisburg-Essen; seit 1998 Lehrstuhl für Japanologie in München.
*Arbeitsgebiet*: Aspekte der Kultur- und Sozialgeschichte Japans, insbesondere zu Fragen von Identität und Marginalität in Geschichte und Gesellschaft.

CHANTAL WEBER, DR.
1997–2003 Studium der Japanologie, Klassischen Archäologie und Kunstgeschichte in Köln; 2003–05 Mitarbeiterin im Rechenzentrum der Universität Freiburg; 2005–06 Japan-Stipendium (Japan Foundation); 2006–08 Asienbeauftragte im International Office, Universität Freiburg; 2003–10 Lehrbeauftragte des Zentrums für Schlüsselqualifikationen der Universität Freiburg; 2011 Promotion im Fach Japanologie in Köln; 2012–14 Japan-Stipendium (JSPS); 2014–17 Vorstandsmitglied der Deutschen Gesellschaft der JSPS-Stipendiaten e. V.; seit 2008 wissenschaftliche Mitarbeiterin in Köln.
*Arbeitsgebiete*: kulturhistorische Netzwerkanalyse; Tee-Weg als soziale Kunst; Studien zu gesellschaftlichen, historischen und ästhetischen Aspekten des Duft-Weges und Räucherwerkes in Japan.

# Schriftenverzeichnis Ingrid Fritsch

## MONOGRAPHIEN UND HERAUSGEBERSCHAFTEN

HARICH-SCHNEIDER, Eta: *Musikalische Impressionen aus Japan, 1941–1957* [hrsg., kom. und mit einer Einführung versehen von Ingrid FRITSCH]. München: iudicium 2006.

*Walzenaufnahmen japanischer Musik (1901–1913). Berliner Phonogramm-Archiv – Historische Klangdokumente BPhA-WA 1.* CD + 96 seitiges Beiheft (deutsch / englisch). Berlin: Staatliche Museen zu Berlin – Stiftung Preußischer Kulturbesitz 2003.

*Zen. Das Geheimnis des japanischen Zen-Gartens.* Königswinter: Heel-Verlag 2000.

*Japans blinde Sänger im Schutz der Gottheit Myōon-Benzaiten.* München: iudicium 1996.

*Die Solo-Honkyoku der Tozan-Schule. Musik für Shakuhachi zwischen Tradition und Moderne Japans* (Studien zur traditionellen Musik Japans 4). Kassel: Bärenreiter ²1979 (Erstauflage: Wilhelmshaven: Florian Noetzel Verlag, Heinrichshofen-Bücher 2005).

## ARTIKEL UND BEITRÄGE

„Fürstenprivilegien oder Bettlerarmut – Statuskonstruktionen und Berufsbilder blinder Männer in der Edo-Zeit". In: *Outcasts in Japans Frühmoderne: Mechanismen der Segregation marginaliserter Gesellschaftsgruppen in der Edo-Zeit* (Kulturwissenschaftliche Japanstudien 10). Stephan KÖHN u. Chantal WEBER (Hrsg.). Wiesbaden: Harrassowitz 2019, S. 201–222.

„Shakuhachi, Zen und die Globalisierung der japanischen Bambusflöte". In: *Discovery, Research and Presentation – Die ostasiatische Musik und ihre Musikinstrumente in den Sammlungen von Museen.* Yu FILIPIAK u. Dorothee SCHAAB-HANKE (Hrsg.). Gossenberg: Ostasien Verlag 2019, S. 75–100.

„Geschichte und Funktion der Shakuhachi / History and Function of the Shakuhachi" und „Einführung in die Stücke / Introduction to the Musical Pieces". In: *CD booklet Renkei Hashimoto – hi fu mi.* Pagma Verlag 2014, LC-20652, S. 3–10,17–27; 33–34.

„Rihyaruto Shutorausu. Dai kangengaku no tame no Nihon no kōki nisenrop-pyakunen ni yoseru shukutenkyoku リヒャルト・シュトラウス　大管弦楽のための日本の皇紀二千六百年に寄せる祝典曲". In: *Nichidoku kōryū 150nen no kiseki* 日独交流150年の軌跡. NICHIDOKU KŌRYŪSHI HENSHŪ IINKAI (Hrsg.). Tōkyō: Yūshōdō shoten 2013, S. 244–247.

„Japan Ahead in Music? Zur Wertschätzung japanischer Musik im Westen." In: *Japan immer wieder neu gesehen. Perspektiven der Japanforschung an der Universität zu Köln.* Franziska EHMCKE, Chantal WEBER u. Antje LEMBERG (Hrsg.). Berlin: LIT Verlag 2013, S. 249–271.

„Der Barbar und die Geisha oder: Wie Tōjin Okichi Japan retten sollte." In: *Frauenbilder / Frauenkörper. Inszenierungen des Weiblichen in den Gesell-schaften Süd- und Ostasiens* (Kulturwissenschaftliche Japanstudien 5). Stephan KÖHN u. Heike MOSER (Hrsg.). Wiesbaden: Harrassowitz 2013, S. 143–160.

„Richard Strauss: Festmusik zur Feier des 2600jährigen Bestehens des Kaiser-reichs Japan für großes Orchester". In: *Begleitband zur Sonderausstellung ‚Ferne Gefährten – 150 Jahre deutsch-japanische Beziehungen'.* Alfried WIECZOREK (Hrsg.). Regensburg: Schnell & Steiner 2011, S. 243–245.

„Die Tränen der Madame Butterfly. Zum Bild japanischer Weiblichkeit um 1900." In: *China, Japan und das Andere – Ostasiatische Identitäten im Zeitalter des Transkulturellen* (Kulturwissenschaftliche Japanstudien 4). Stephan KÖHN U. Michael SCHIMMELPFENNIG (Hrsg.). Wiesbaden: Harrassowitz 2011, S. 265–285.

„Dentō ongakka to Benzaiten shinkō wo meguru kōsatsu 伝統音楽家と弁財天信仰を巡る考察". In: *Gagaku. Ima to mukashi* 雅楽　いまとむかし (Ongaku kenkyū 2). MABUCHI Usaburō 馬淵卯三郎 (Hrsg.). Habikino: APSARAS 2007, S. 1–17. CD-ROM.

„‚Opas und Omas erste Reise ins Ausland' – Stereotype und Klischees in ei-ner japanischen TV-Serie". In: *Facetten der japanischen Populär- und Medienkultur 1.* Stephan KÖHN u. Martina SCHÖNBEIN (Hrsg.). Wiesbaden: Harrassowitz 2005, S. 195–223.

„Die Bedeutung ostasiatischer Zeit-Raum-Vorstellungen für die Neue Musik". In: *welt@musik – Musik interkulturell* (Veröffentlichungen des Instituts für Neue Musik und Musikerziehung Darmstadt 44). INSTITUT FÜR NEUE MUSIK UND MUSIKERZIEHUNG, DARMSTADT (Hrsg.). Mainz: Schott 2004, S. 54–71.

„Some reflections on the early wax cylinder recordings of Japanese music in the Berlin Phonogramm Archive (Germany)". In: *Musicology and Globalization: Proceedings of the International Congress in Shizuoka 2002 in Celebration of the 50th Anniversary of the Musicological Society of Japan.* NIHON ON-GAKU GAKKAI (Hrsg.). Academia Music Ltd. 2004, S. 224–228.

„A Yen for the Traditional. Street Performers in Modern Japan". In: *Natural History*, Nr. 5 (2003), S. 48–51.

„Chindonya Today. Japanese Street Performers in Commercial Advertising". In: *Asian Folklore Studies*, Nr. LX (2001), S. 49–78.

Beiträge für die Jubiläums-CDs *Music! 100 Recordings. 100 Years of the Berlin Phongramm-Archiv 1900–2000.* Museum Collection Berlin. Wergo SM 1701 2, 2000:

— „Ezo ya Matsumaye", Japanese folk song, sung by a male singer and recorded by Erwin Walter in Niigata, Japan, 1911.

— „Etenraku", Japanese *gagaku*-composition, recorded by Heinrich Werkmeister, 1911.

— „Kuzu no ha no ko wakare". The 'goze'-singer Sugimoto Kikue accompanies herself on the shamisen. Recorded by Eta Harich-Schneider in Takada, 1964.

„Lautenspiel und Kriegsgesang. Zur Biwa-Rezitation in Japan". In: V*on Helden, Mönchen und schönen Frauen: Die Welt des Heike-Epos.* JAPANISCHES KULTURINSTITUT, KÖLN (Hrsg.). Köln: Böhlau 2000, S. 61–87.

„Distanz, Aura, Differenz. ‚Zwischenräume' der japanischen Kultur". In: *Universitas. Zeitschrift für interdisziplinäre Wissenschaft*, Nr. 55 (Lfd. Nr. 644; Februar 2000), S. 167–176.

„Japanische Musikergilden im Schutz der ‚Gottheit des wunderbaren Klangs'". In: *Musik in Japan.* Silvain GUIGNARD u. OAG TŌKYŌ (Hrsg.). München: iudicium 1996, S. 69–85.

„Blinde im traditionellen Japan". In: *Kriegsblinden-Jahrbuch 1996.* BUND DER KRIEGSBLINDEN DEUTSCHLANDS E. V. (Hrsg.). Bonn: 1996, S. 122–126.

„Blindheit in Japan – Stigma und Charisma". In: *Referate des 9. deutschsprachigen Japanologentages in Zürich* (Sondernummer der Asiatischen Studien XLVIII, 1). Eduard KLOPFENSTEIN (Hrsg.). Bern u. a.: Peter Lang 1994, S. 427–438.

„The Social Organization of Goze in Japan: Blind Female Musicians on the Road". In: *CHIME Journal*, Nr. 5 (Frühjahr 1992), S. 58–64.

„Benzaiten, die Göttin mit der Laute". In: *Japan von Aids bis Zen. Referate des 8. deutschsprachigen Japanologentages 1990 in Wien, Erster Teil.* Eva BACHMAYER, Wolfgang HERBERT u. Sepp LINHART (Hrsg.). Wien: Institut für Japanologie, Universität Wien 1991, S. 155–164.

„The Sociological Significance of Historically Unreliable Documents in the Case of Japanese Musical Guilds". In: *Tradition and its future in music: report of SIMS 1990 Ōsaka.* TOKUMARU Yoshiku u. a. (Hrsg.). Tōkyō, Ōsaka: Mita Press 1991, S. 147–152.

„Die Flöte und die Sehnsucht nach dem Verschwundenen". In: *Tibia*, Nr. 2 (1987), S. 406–412.

„Höfische Tanz- und Instrumentalmusik Koreas". In: *Koreana*, Nr. 17.1 (1986), S. 25–41.

„Zur Poesie der Shakuhachi". In: *Nachrichten der Gesellschaft für Natur und Völkerkunde Ostasiens (NOAG)*, Nr. 134 (1983), S. 5–35.

„A Comparison of Tozanryū and Kinkoryū Shakuhachi Arrangements for Sankyoku Gassō made from Identical Originals". In: *Yearbook for Traditional Music*, Nr. 15 (1983), S. 14–30.

„Zur Idee der Weltmusik". In: *Die Musikforschung*, Nr. 3 (1981), S. 259–273.


Rezensionen


von Büchern

„Groemer, Gerald: *The Spirit of Tsugaru: Blind Musicians, Tsugaru-jamisen, and the Folk Music of Northern Japan. With the Autobiography of Takahashi Chikuzan*. Warren, MI: Harmonie Park Press, 1999". In: *Monumenta Nipponica*, Nr. 55.2 (2000), S. 312–315.

„Schmitz, Heinz-Eberhard: *Satsumabiwa. Die Laute der Samurai*. Studien zur traditionellen Musik Japans, 7. Kassel u.a. 1994". In: *The world of music*, Nr. 37.1 (1995), S. 78–82.

„Ackermann, Peter: *Kumiuta: Traditional Songs for Certificates; a Study of Their Texts and Implications*. Swiss Asian Studies: Monographs; Vol. 10. Bern u.a.: Peter Lang, 1990". In: *The world of music*, Nr. 33.1 (1991), S. 101–104.

„Gutzwiller, Andreas: *Die Shakuhachi der Kinko-Schule*. Studien zur traditionellen Musik Japans, Bd. 5, Kassel: Bärenreiter-Verlag, 1983". In: *The world of music*, Nr. 26.2 (1984), S. 112–113 u. in: *Tibia*, Nr. 1 (1985), S. 291–292.


von Schallplatten

„Japon – l'épopée des Heike. Junko Ueda: Satsuma-biwa. Archives internationales de musique populaire. Musée d'ethnographie Genève. AIMP XXI – VDE-GALLO CD 650. 1990". In: *The world of music*, Nr. 33.3 (1991), S. 106–108.

„Der wahre Geist der Leere. Andreas Fuyū Gutzwiller, Shakuhachi, Jecklin 588. Zürich 1984". In: *The world of music*, Nr. 27.1 (1985), S. 98–99.


von Kongressen

„Report on the Third German-Japanese Symposium on traditional music in Cologne (1981)". In: *Asian Music*, Nr. XIII.1 (1981), S. 144–146.

ÜBERSETZUNGEN

KURE, Mitsuo u. Ghislaine KRUIT: *Samurai. Die Geschichte der berühmten Kriegerklasse Japans.* [engl. Originaltitel: *The Samurai*]. Königswinter: Heel Verlag 2001.